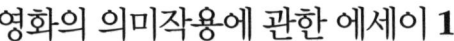

영화의 의미작용에 관한 에세이 1

영화의 의미작용에 관한 에세이 1

PARADIGMA 4

크리스티앙 메츠

이수진 옮김

문학과지성사 2011

파라디그마 4
영화의 의미작용에 관한 에세이 1
제1판 제1쇄 2011년 11월 21일
제1판 제2쇄 2025년 4월 3일

지은이 크리스티앙 메츠
옮긴이 이수진
펴낸이 이광호
펴낸곳 ㈜문학과지성사
등록번호 제1993-000098호
주소 04034 서울 마포구 잔다리로7길 18(서교동 377-20)
전화 02)338-7224
팩스 02)323-4180(편집) 02)338-7221(영업)
전자메일 moonji@moonji.com
홈페이지 www.moonji.com
ISBN 978-89-320-2258-1
ISBN 978-89-320-2257-4(전 2권)

서문

　총 4부로 구성된 이 논문집은 이미 발표되었던 12편의 논문을 10편으로 재구성한 책이다. 이 과정에서 논문 편수가 줄어든 이유는 제5장에서 세 편을 모아 한 편의 논문으로 만들었기 때문이다. 이 책의 제목 '영화의 의미작용에 관한 에세이'가 암시하는 것처럼 수록된 글들은 모두 필자인 메츠가 영화를 연구 주제로 삼은 논문들을 엄선한 것이다.

　논문집이라는 책의 특성상, 몇몇 논문에서 반복 언급되는 논점들이 있지만 편집 과정에서 삭제하거나 숨기려고 하지 않았으며,* 마찬가지로 논문들이 처음 발표되었을 때부터 이 책의 편집까지 시간이 흐르면서 자연적으로 발생된 부분, 즉 메츠가 그사이 발전시킨 개념이나 현재 연구 상황에 비해 다소 진부한 감이 있는 부분을 삭제하거나 바꾸려고 하지 않았다. 이러한 맥락에서, 부분적인 방향 전환의 경우 혹은 단순히 시간이 흐름에 따라 새롭게 발전된 경우 혹은 다른 학자들과의 토론을 통해 최근 수정된 몇몇 사안 등과 관련해 본문의 수정을 도모하지 않고

----

* 예외적으로 한 문단은 다른 논문에 이미 언급되었던 내용이 약간 길게 반복된 편이어서 편집 과정에서 전체 문단을 삭제했는데 본문 각주에 설명했다.

각주를 통해 (필요하다면 비교적 긴 지면을 할애해서) 자세히 설명하고자 했으며 현 시점에 맞게 개정판을 만들고자 했다.*

반면 최초로 발표된 논문은 그 해석 정확도를 높이기 위해 논문 구성의 상세한 부분을 개선하고자 여러 문단을 과감하게 수정했다. 특히 제5장 「픽션영화에서 외연dénotation의 문제」는 비슷한 주제를 다루었던 세 편의 논문을 한 편으로 통합한 (상당 부분 보완한) 것이다. 사실 세 편의 논문은 같은 주제에 관해 동일한 의견을 포함하기도 했었지만 부분적으로 상이한 의견이 제시되기도 했었다. 따라서 본 논문집에 실린 형태로는 최초로 발표된 셈이다. 물론 논문의 세부 단락들은 이미 상당 부분 공개되었다.

각각 다른 지면에 실렸던 세 편의 최초 판본에 각주를 통해 최근까지 진행된 연구 성과를 최대한 반영하면서, 최종적으로 제5장 논문은 주요 사안에 관한 현재의 그리고 보편적인 상태로 개선되었고, 이런 노력을 통해 결과적으로, 영화 기호학 분야에서 끊임없이 진행되고 있는 새로운 연구 담론을 포함하고 있는 논문집이라는 특성을 살려, 현 연구 상황을 통일성 있게 잘 반영하고 있는 글을 소개할 수 있게 되었다.

* * *

메츠는 여기에 실린 논문들이 최초로 수록된 『미학 연구 *Revue d'esthéti-que*』 『언어학 *La linguistique*』 『카이에 뒤 시네마 *Cabiers du cinéma*』 『이미

---

* 특히 제3장, 제4장, 제8장의 논문이 해당되는데, 제3장 논문 「영화――랑그인가 랑가주인가?」 에서 각주를 통해 자세히 설명했다. 제3장 논문은 책에 실린 글 중에서 가장 오래전에 발표된 글로서, 두세 가지 핵심 주제가 현재 연구 상황과 일치하지 않는 부분이 있다. 따라서 이 점을 분명히 하기 위해 다른 논문의 본문에서 각주를 통해 그 상황을 반영하고자 했다. 제3장 논문은 일종의 프로그램-텍스트 성격을 띠고 있다. 다시 말해 다른 논문에 비해 덜 기술적인 반면, 더 세심한 방식으로 기호학 프로젝트라는 새로운 분야를 개척하는 것이 어떤 작업인지를 보여주는 심층적인 접근을 행하고 있다.

지와 소리 *Image et son*』『코뮈니카시옹 *Communications*』등의 다섯 개 학술지에 깊은 감사의 마음을 전했다. 뿐만 아니라 『코뮈니카시옹』 편찬 기관인 (프랑스 사회과학 고등연구원의 6분과) '매스 커뮤니케이션 연구 센터'에도 깊은 감사를 표명했다. 또한 제5장 논문에 포함된 글 중 한 편이 소개된 국제 학술 콜로키엄의 주최자인 '폴란드 과학 아카데미' 그리고 제10장 논문이 최초로 발표된 토론회의 주최자인 이탈리아 페사로 국제영화제에도 감사의 말을 전했다.

이 책에서는 각 글의 첫머리에, 최초로 게재된 정확한 학술지의 출처를 밝혀놓았다.

* * *

또한 메츠는 이 책의 제3부 제6장과 제7장 논문을 집필하는 데 실질적인 도움을 준 파리 사회인류학 연구소의 기호-언어학 분과 연구원 미셀 라코스트Michèle Lacoste에게도 감사의 뜻을 전했다. 그녀는 특히 자크 로지에Jacques Rozier의 「아듀 필리핀Adieu Philippine」을 시퀀스별로 정밀하게 분석하는 작업에서 특히 기여한 바가 크다. 이 영화 사본을 흔쾌히 대여해준 프랑스 공립교육영화기관에도 감사의 말을 전했다.

* * *

메츠의 논문들을 한 권의 책으로 묶어서 좀더 쉽게 접근할 기회를 제공하자는 발상은 파리 낭테르 대학교 교수이자 이 책이 발표된 학술총서 '미학'의 감수자인 미켈 뒤프렌Mikel Dufrenne이 최초로 제시했다. 이 자리를 빌려 깊은 감사의 마음을 전한다.

1967년 8월 칸에서

일러두기

이 책에서는 메츠가 다양한 방식으로 강조하고자 했던 용어들을 다음과 같이 구분한다.

1) 다른 참고문헌의 직접 인용의 경우, " "로 표기한다.

2) 강조하려는 표현 혹은 문장에 사용된《 》표기는 번역 과정에서 ' '로 대신한다.

3) 원전에서 사용된 ─ : ; 등 국내에서 문장부호로 잘 쓰이지 않는 부호들은 문맥에 따라 쉼표와 괄호로 대체한다.

4) 가급적 원전에 충실하여 번역하고자 노력했으나 문맥 이해를 위해 약간의 윤색 과정을 거쳤고, 저자의 문체 특징이라고 할 수 있는 만연체, 쉼표, 괄호, 부연 설명, 관계대명사의 빈번한 사용 등 한국어로 옮겼을 때 독서를 어렵게 만드는 부분은 가급적 괄호로 대체하거나, 두 문장으로 구분했다.

제 1 부

영화에 관한 현상학적인 접근

제1장
영화의 현실 효과에 관하여

이 글은 1965년 5~6월 『카이에 뒤 시네마』 제166~167호(Paris: Éditions de l'Étoile), pp. 75~82에 수록되었다.

영화가 새롭고 놀라운 어떤 것이던 시절, 그 존재만으로 모든 관심의 중심이 되었던 시절, 영화 문학은 근본적이고 기초적인 이론을 형성하는 데 주목했다. 그때는 델뤽, 엡스탱, 발라즈, 에이젠슈테인 등의 시대였다. 모든 영화 비평가는 대부분 이론가였으며 또한 '영화 연구가'였다. 오늘날 몇몇 사람은 이런 종류의 글쓰기를 비웃기도 하고, 몇몇 사람은 영화에 관해 말할 수 있는 모든 것을 당시에 충분히 말했다고 긍정적인 평가를 내리기도 한다. 영화 한 편에 대한 비평 혹은 분석이 핵심 사안을 제시한 것이 맞긴 하다. 영화를 만드는 것은 시네아스트이고, 우리는 사랑하는 영화에 관한 혹은 사랑하지 않는 영화에 관한 사유를 통해 영화 예술을 둘러싼 일반적인 진실에 접근한다. 하지만 다른 접근 방식 역시 존재한다. 영화는 매우 광대한 그 무엇이다. 영화는 한 가지 접근 방식만을 포함하지 않는다. 통합적인 관점에서 볼 때 영화는 하나의 **현상** fait으로서 지각과 지성의 심리학, 미학, 대중 사회학, 일반 기호학이 참여할 만한 문제들을 제시한다. 마치 음악 한 곡을 감상할 때처럼, 좋은 영화이건 나쁜 영화이건 **한 편의 영화**가 반드시 필요하다. 인류학적인 현상의 하나인 영화는 심도 있게 접근할 만한 일련의 외형, 형식, 안정적인 구조 등을 제시한다. 그리고 일반적으로 영화적 현상은 불분명한 것으로 생각된다. 언급할 수 있는 것들이 얼마나 많이 포함되어 있는지…… 에드가 모랭이 주장한 것처럼, 영화 앞에서 느끼는 **경이로움**은 제7예술에 공헌한 많은 작품 중에서도 특히 탁월한 몇몇 작품에서 경험하는 바이다.

영화 이론의 수많은 문제 중 가장 중요한 사안은 관객이 영화를 보면서 느끼는 **현실 효과**impression de réalité*이다. 알베르 라파이Albert Laffay가 이미 언급한 것처럼,[1] 소설 한 편, 연극 한 편, 구상 회화 한 점보다 영화 한 편을 보면서 훨씬 더 거의 현실 같은 공연에 직접 참여한다는 감정을 느끼게 된다. 영화는 관객이 지각적으로 참여함과 동시에 감정적으로 참여하는 과정을 유발시키고(사실 영화관에서 지루해하는 일은 드물다), 단번에 일종의 믿음을 조성한다(여기에서 믿음이란 물론 다른 분야에서보다 훨씬 강력하고 가끔은 절대적으로 너무 생생하기도 하다). 영화는 우리에게 분명한 어조로, "바로 이런 거랍니다"라고 하듯이 확신에 찬 방식으로 말을 걸며, 언어학자가 별 어려움 없이 단정적이라고 주장할 만한 언표 형태를 이루며, 게다가 매우 종종 진지하다고 인식된다. 상당한 '신뢰를 주는' 영화의 현존 방식이 있다. 이러한 '현실 외양', 지각에 직접적으로 작용하는 영향력은 대중을 자극하는 재주가 있다. 일부러 신간 소설을 사러 가는 사람에 비해, 혹은 새로운 연극 공연을 보러 가는 사람에 비해 더 많은 사람이 영화를 보러 간다. 앙드레 바쟁은 동영상 예술의 '대중성'을 이미 주목한 바 있다.[2] 좋은 영화가 상업적인 성공을 거두지 못할지라도(독창적이고 참신한 시도일지라도) 일반적으로 영화는 그만의 관객을 확보하게 마련이다. 그렇다면 우리 시대의 다른 모

---

* (옮긴이) 프랑스어 réalité는 한국어로 현실성, 사실성 두 가지 의미로 번역되는 경우가 많다. 본문에서는 문맥에 따라 현실성, 비현실성, 사실주의, 비사실주의 등으로 번역했다.

든 예술이 자신만의 관객을 확보한다고 할 수 있을까? 그렇다면 추상 회화, 무조無調 음악, 모던 재즈, 누보로망 등에 관심을 갖는 전문가 층을 (대중이란 단어의 의미에 충실하여) 과연 '대중'이라고 부를 수 있을까? 사실 사회적으로 교양 집단과 그 어떤 공통의 기준도 공유하지 못하는 소규모 그룹은 (다른 부류는 제외하더라도, 이 그룹은 창작하는 예술가들과 같은 편을 이루는 사람들이기도 한데) 서로를 알건 모르건 간에 쌍을 이루면서, 잠재적인 혹은 실제적인 서로의 동료가 된다. '청중audience'이 '대중public'으로 인식되려면 창작자가 최소한의 관객 숫자를 확보해야 하며, 어느 정도는 사회문화적으로 보편적이어야 하지 않을까?

만약 영화가 현대 예술이 겪고 있는 예술과 대중의 괴리라는 문제에서 제법 예외적인 경우라면, 만약 시네아스트가 자신의 친구들 혹은 친구가 될 만한 사람들 이외에도 다른 이들에게 무엇인가 이야기할 수 있다면, 이는 많은 사람을 한 공간에 모이게 하는 현존성이라는 그리고 근접성이라는 비밀이 영화의 '힘' 속에 내재되어 있기 때문일 것이다. 여기에서 다시 현실 효과를 생각하게 된다. 이는 중요한 미학적 결과를 만드는 현상이기도 하지만 근본적인 토대는 우선 심리적인 것에 있다. 신뢰성에 관한 매우 직접적인 이 감정은 '사실적인réaliste' 영화에 해당하는 것과 마찬가지로 신비하거나 혹은 엉뚱한 영화에도 작용한다. 환상적인 영화는 그 작품이 설득력 있을 때에만 환상적이며(그렇지 않다면 이 영화는 단순히 우스꽝스러울 뿐이다), 영화에서 비현실성의 효과는 비현실이 실제 일어난 것처럼 표현되었을 경우, (순전히 머리로 구상한 불가사의한 과정을 그럴듯하게 묘사한 형태가 아니라) 특정 사실과 연관된 외형을 갖출 때에 드디어 작용한다. 영화의 주제에만 집중한다면 '사실주의'적인 것과 '비사실주의'적인 것으로 구분되겠으나, 영화적 표현수단을 구체화시키는 힘을 생각한다면 이 두 장르 모두에 공통적인 요소가 있다고 하겠다. 이 요소는 첫째로는 감정적인 측면을 효과적으로 다루기 위한 친숙한 힘이 될 것이며, 둘째로는 상상력을 동원하기에 최상의 방법인 낯설게 하기의 힘이 될 것이다. 가령 영화 「킹콩」의 상상의 괴물은 먼저 그림으로 탄생되었고, 이어서 카메라로 촬영되었다. 우리가 문제 삼는 지점이 바로 여기에서 시작된다.

『이미지의 수사학 Rhétorique de l'image』[3]에서 롤랑 바르트는 사진과 관련해서 동일한 주제를 설명했다.[4] 사진이 만들어내는 현실 효과의 특성은 무엇인가? 특히 그 한계는 어디인가? 사실 현실 효과라는 논제는 영화와 관련되어 이미 자주 (영화학, 영화 이론에서 고전적으로 다루는 테제 중 한 가지로) 이야기되었지만 고정 이미지인 사진과 관련해서는 매우 드문 경우였다. 롤랑 바르트에 따르면, 사진을 본다는 것은 거기에 존재하는 대상을 겨냥하는 것이 아니라(물론 이와 같은 정의는 모든 복제품에 적용할 수 있는 평범한 내용일 것이다), 거기에 이미 있었던 대상을 겨냥하는 것이다. "따라서 시공간에 관한 새로운 범주와 관련된 것이다. 즉 시의 위치와 이전의 시간, 사진에서는 '여기 l'ici'와 '예전 l'autrefois' 사이의 비논리적인 결합이 발생한다." 이 특성이 바로 사진의 '사실적인 비현실성 irréalité réelle'을 설명하는 부분이다. 현실성의 측면은 시간적으로 이전과 관련된 특성을 모색하는 것인데, 사진이 우리에게 제시하는 것은 실제로 언젠가 카메라 렌즈 앞에 정말 있었던 것이다. 복제 기계 장치 mécanique인 사진은 '우리는 모르는 현실이라는 값진 기적'을 녹화할 뿐이다. 반면 비현실성의 측면은 (피사체가 그렇게 있었지만 지금은 더이상 없다는) '시간적인 힘의 균형'과 동시에 '여기'를 인식하는 것과 관련되어 있다. 왜냐하면 "사진 이미지의 마법적인 특성에 관해 반드시 고려해야만 하기 때문이다." 사진은 결코 진정한 환영처럼 경험되지 않는다. 우리는 사진이 보여주는 것이 여기가 아님을 항상 잘 알고 있다. 이러한 이유에서 롤랑 바르트는 사진이 약하게나마 투사의 힘이 있다고 설명한 것이다(심리치료 검사 과정에서는 그림을 선호하지만 말이다). 또한 바르트는 사진이 마법적인 혹은 허구적인 인식보다는 오히려 온전히 스펙터클적인 목표, 외재성 속에서 응시하는 태도를 유발시킨다고 했다. "**있었던 그것이** 맹렬히 공격하는 대상은 바로 **나이다**."(굵은 단어는 바르트가 직접 강조) 사진은 허구의 예술, 서사의 예술인 영화와는 매우 다르다. 영화는 매우 강력한 투사의 힘을 내포하고 있는데, 영화 관객은 거기에 있었던 것을 경험하는 것이 아니라 거기 살아 움직이는 대상을 경험하기 때문이다.

(이 글에서는 너무 간단하게 요약되긴 했지만) 바르트의 분석에 기반을 두고 영화에 더 구체적으로 적용될 수 있는 몇몇 논점을 심화시켜보고자 한다. (비교적 강력한 수준의) 현실 효과는 오늘날 존재하는 각각의 재현 기술, 사진, 영화, 연극, 구상 회화, 구상 조각, 사실주의적인 그림 등에 고유한 형태로 발생하지만 항상 양면이 공존하는 현상이다. 다시 말해 '지각되는 대상'의 측면과 '지각'이라는 측면에서 설명할 수 있을 것이다. 복제품은 늘 복제하는 대상과 대략적으로 유사하고, 그 모델에 완전히 일치하든 다소 덜하든 근접해 있다. 복제품은 그 내면에 많든 적든 **현실 지표**indice de réalité의 상당량을 포함하고 있다. 지각이라는 능동적인 행위는 완벽하든 좀 덜하든 사실주의적인 방식으로 관객을 사로잡는다. 그리고 앞서 언급한 두 가지 요소 간의 끊임없는 상호작용이 존재한다. 매우 설득력 있는 재현을 통해 관객은 감정적이면서 동시에 지각적으로 참여하게 되고, 이 과정에서 복제품에 현실성이 부여된다. 이러한 관점에서, 수많은 작가가 이미 주목한바 그리고 관객 개인이 저마다 보편적으로 경험하는 것처럼, 왜 영화 앞에서 관객이 느끼는 현실 효과가 사진에서 느끼는 것보다 그렇게 강력한지를 묻게 된다.

제일 처음 내놓을 수 있는 답은 **움직임**mouvement(영화와 사진의 차이점 중에서 가장 중요한 특성들 중 하나)이다. 움직임이야말로 강력한 현실 효과를 만들어내는 주역이다. 이 점에 관해서는 이미 여러 번 언급되었으나 정밀하게 추적된 적은 없다. 에드가 모랭은 저서 『영화 혹은 상상적 인간Le cinéma ou l'homme imaginaire』[5]에서 "형태의 **외관**apparence과 움직임의 **현실성**réalité의 결합"은 구체적으로 살아 있다는 감정을 일으키게 하며, 객관적으로 현실을 지각한다는 생각을 갖게 한다. 형태는 움직임에 객관적 짜임새를 제공하고, 움직임은 형태에 육체를 제공한다"라고 주장했다. 그리하여 사진과 비교할 때 영화는 좀더 보완된 현실 지표를 제공하는데, 왜냐하면 우리 삶에서 볼거리들은 모두 움직이기 때문이다. 에드가 모랭에 따르면[6] 현실 효과는 그 이상으로 작용하는데, 그의 주장은 알베르 미쇼트 반 덴 베르크Albert Michotte van den Berck의 흥미로운 분석[7]을 인용하면서 발전시킨 것이다. 움직임은 대상에 '신체성corporalité'을 부여하고, 부동不動의 초상肖像에서는 볼 수 없었던 자율성을 부여한다. 움직임은 평평한 표면에 고정되어 있던 대상을 떼어내고, 더 원활하게 '내용fond'에서 '형식forme'을 분리할 수 있도록 한다. 매체로부터의 자유를 얻으면서 대상은 스스로를 '실체화한다substantialiser.' 움직임은 입체감relief**을 부여하고 입체감은 생명의 활기를 부여한다.[8] 여기에서 체사레 무사티Cesare L. Musatti가 논문 「스테레오시네틱 현상과 일반 영화에서의 스테레오스코픽 효과」[9]에서 영화를 중심으로 설명한 '스테레오시네틱stéréocinétique 효과'를 상기할 수도 있을 것이다.

정리하자면 움직임은 두 가지 요소, 즉 보완적인 현실 지표와 대상의 신체성을 가능하게 한다. 그러나 이것만으로는 충분치 않다. 이제 언급할 세번째 요소는 영화에서 움직임의 중요성을 더 명확하게 설명할 수 있지만, 안타깝게도 이 특성에 관해서는 에드가 모랭이 간략하게 언급했을 뿐이고(모랭은 영화가 제공하는 것 내부에서 형태의 외관과 움직임의 현실성이 서로 대립한다고 설명한 바 있다), 미쇼트 역시 약간은 언급했어도[10] 정밀하게 분석한 적은 없다. 잠시 미쇼트의 설명을 살펴보자. 움직임은 (대상에 신체를 제공하면서) 간접적인 방식으로 현실 효과에 기여한다. 뿐만 아니라 직접적인 방식으로도 기여한다. 왜냐하면 움직임은

---

* '외관'과 '현실성'이란 개념을 강조한 것은 에드가 모랭이다.
** 평면에서 튀어나옴, 양각, 입체감 등을 의미하는 relief의 문제는 영화에서 매우 광범위하고 복잡한 양상을 띠지만 여기에서는 단순한 맥락에서 사용하기로 한다.

마치 현실에서의 움직임처럼 영화 속에 등장하기 때문이다. 사실 일반적인 심리 기제를 따라 움직임을 인식하는 순간 벌써 현실처럼 인식한다. 이는 지각되자마자 비현실적인 것으로 인식되는 경향이 강한 다른 시각적인 구조들, 가령 원근법 그림과 함께 발견된 입체감과 같은 구조와는 매우 상반되는 현상이다. 미쇼트는 (어떤 것이 '밀리고, 당기고, 길게 뻗었다는' 등의 효과) 주체가 느끼는 인과론적인 causaliste 해석에 관해 연구했다. 부연하자면 단순히 움직이는 것이 볼거리로 제공되었을 때, 그 생산 과정의 메커니즘에 의해서가 아니라 움직임만이 나타나는 방식과 결합한 사소한 장치 때문에 주체는 현실 효과를 느끼게 된다는 것이다. 미쇼트가 평가하기를 자연스럽게 본능적으로 일어나는 인과성은 주체가 움직임을 인식하는 어떤 순간에도 움직임이 현실이라는 점을 인지하지 못하기 때문에 발생하는 것이다.

좀 더 심화시켜보자. 앙드레 바쟁이 주장했던 것처럼,[11] 고정 사진은 사실 지난간 과거에 발생한 스펙터클의 흔적이라고 할 수 있다. 그리고 관객은 움직이는 시간(= 영화)을 과거 움직임의 흔적으로서 고정 사진과 유사한 방식으로 인식하리라고 예상된다. 하지만 사실은 그렇지 않다. 왜냐하면 관객은 (영화가 과거의 움직임을 재현할지라도) 항상 움직임을 실제적인 것으로 인식하고 그 결과 바르트가 언급했던 '시간적인 힘의 균형'(다시 말해 사진이 보여주는 것이 예전에 벌어진 것이라는 생각은 사진이 목표로 하는 바를 비현실적인 것으로 만들어버리는 효과를 낳는다)은 움직임의 스펙터클 앞에서는 스르르 사라져버린다. 사실 영화가 우리에게 제시하는 대상과 인물은 초상의 형태로만 나타나는 것이지만 그들이 구체화시키는 움직임은 움직임의 초상이 아니다. 움직임은 실제로 나타나는 것이다.*

움직임은 '비물질적 immatériel'이며 시각적으로 제시된다. 결코 만져지

---

* 영화에서 움직임이 구체화되는 3차원 공간 중 한 차원은 절단된 채로 등장하지만, 움직임의 자연스러움이나 다양함은 접어두고 여기에서는 그 현실성의 현상학적 특성만 고려하기로 한다.

는 것이 아니다. 바로 이러한 이유에서 움직임이 '진짜'와 '모방'이라는 현상적인 현실성의 두 가지 차원을 가정할 수 없는 것이다. 매우 종종 만질 수 있다는 촉각적 차원이 현실성을 결정하는 최고의 방법, 암묵적인 기준이 된다. 사실 '실재réel'는 매우 자연스럽게 만질 수 있음과 혼동된다. 만질 수 있다는 것을 기준으로 우리는 인물, 사물의 표상représen-tation을 '복제reproduction'라고 느낀다. 저기 커다란 나무가 한 그루 있다고 하자. 영화 스크린에 시각적으로 매우 충실하게 재현된 나무이다. 하지만 우리가 손을 뻗는 순간, 이 나무는 빛과 그림자에 구멍이 뚫려버리는 형태로 변해버린다. 손이 닿는 그 감촉은 원래 나무가 지녀야 하는 거칠하고 울퉁불퉁한 나무껍질 표면이 아니다. 많은 경우 실제 사물로 제시된 세계와 모방된 세상을 구분하는 기준은 우리가 쉽게 믿고 있는 '물질성', 즉 촉감이며, 두 가지로 나뉜 영역은 결코 서로를 심각하게 침범하지 않는다(그렇지 않을 경우에는 비정상적이라고 간주될 것이다). 가장 강력한 사진적인 '참여'라도 진짜 환영을 불러일으키지 않는다고 한 바르트의 지적은 매우 합당하다. 그러나 이 엄격한 구분도 움직임 앞에서는 무너지고 만다. 움직임은 결코 물질적일 수 없기 때문에, 움직임은 시각적이기 때문에, 결국 시각을 재현하는 셈이며, 따라서 현실을 재현하는 것이다. 심지어 우리는 움직임을 재현할 수 없다. 움직임을 '다시-생산'할 뿐이다. 움직임은 관객이 경험하는 현실에서처럼 동일한 법칙을 따라 두번째에도 만들어진다. 이러한 맥락에서 영화가 사진보다 더 '생생하고' 더 '활동적'이라고 주장하는 것만으로는 충분치 않다. 뿐만 아니라 대상이 영화에 더 신체성을 구현한다고 말하는 것도 부족하다. 영화에는 그 이상이 있다. 현실 효과, 그리고 효과의 현실성, 움직임의 실제적인 현존이 있다.

『영화와 시간Le cinéma et le temps』[12]에서 장 레랭Jean Leirens은 영화에서 (현실 효과와 밀접하게 연관되어 있는) 동일시identification가 일종의 부정적인 현상으로 파악되는 이론을 발전시켰다. 레랭의 이론은 관객이 반목하게 되는 대상인 연극 인물과, 동일시의 대상이 되는 영화 인물의 차이를 설명한 로젠크란츠Rosenkrantz의 대립 구도[13]를 따르고 있다.

장 지로두의 주장[14]을 따르자면, 연극은 "관객에게 상상을 제시하지만 그 각각은 온전한 신체와 엄정하게 젠더로 구분된 개인으로 형상화된다." 로젠크란츠에 따르면, 연극 관객은 배우가 구현하는 등장인물에 동일시하기보다는 매우 실제적인 배우에 동감하는 태도를 취하도록 요구된다. 공연 동안 관객은 줄곧 허구 세상 속 주인공으로서 배우를 인식하고자 하는 유혹을 느끼지만 피부와 살의 무게는 이러한 감정에 상반되는 결과를 낳는다. 연극은 일종의 공모를 통해서 이루어지는 관례이다. 왜냐하면 연극의 허구는 너무 실제적이어서 약소한 현실 효과만을 제공하기 때문이다. 반면 레랭에 따르면[15] 영화가 제공하는 현실 효과는 배우의 현존성을 그토록 강력하게 느끼게 하지 않는다. 배우는 허구라는 현실(디제시스* 개념과 통하는), 관객이 축조하는 현실, 영화를 지각하는 과정에서 개입되는 동일시, 투사 등의 '현실'을 믿게끔 끊임없이 유혹하는 과정에서 그 어떤 힘도 발휘하지 못한다. 영화가 제시하는 스펙터클이 강력한 현실 효과를 제공하는 것은 이 스펙터클이 바로 "꿈이 쉽사리 자리를 잡을 수 있는 비어 있음"[16]과 통하기 때문이다. 앙리 발롱Henri Wallon은 장 레랭의 논점과 부분적으로 일맥상통하는 개념을 「지각 행위와 영화」[17] 논문에서 발전시킨 바 있다. 발롱에 따르면, 연극 공연은 우리의 삶을 설득력 있게 재현하지 못하는데, 왜냐하면 연극 공연 자체가

---

* (옮긴이) 디제시스diègèsis 개념은 영화학자 에티엔 수리오Étienne Souriau가 아리스토텔레스와 플라톤의 개념을 현대적으로 재해석하면서, 이후 영화 연구에 널리 사용되었다. 간단히 설명하면 이야기의 화법을 디제시스와 미메시스mimèsis로 구분하여, 그 서술 방법에서 설명 측면이 강조될 경우 디제시스, 재현 측면이 강조될 경우 미메시스라고 한 것이다. 따라서 디제시스는 '상술된 이야기'란 개념으로 영화에 적용되면, 보이는 이야기의 외연적 요소(연기, 대사, 배우, 의상, 장소 등)에 의해 구성되는 허구의 세계를 의미하게 된다. 디제시스는 영화의 서사가 진행되는 동안 서서히 구축되며, 그 내부 요소들은 모두 고유한 질서와 법칙을 따라 존재한다(André Gaudreault, "Narratologie des premiers temps: la mimèsis et la diègèsis", Du littéraire au filmique, Paris: Armand Colin, 1999, pp. 55~69 참조).

삶에 속하기 때문이다. 그것도 너무 뚜렷하게 말이다. 막과 막 사이의 휴식 시간이 있고, 사회적 컨벤션convention이 있고, 무대라는 실제적인 공간이 있고, 배우가 실제로 존재한다. 이 모든 것이 연극 작품이 축조하는 허구가 정말 현실이라고 느끼게 하기에는 너무 그 실재감이 크다. 예를 들어 무대 장식은 디제시스 세계를 창조하는 효과를 내지 못한다. 이는 현실 세계 내부에서 컨벤션에 해당하는 것일 뿐이다(동일한 관점에서 영화에서 '허구'라고 부르는 것은 디제시스인 반면, 연극에서의 '허구'는 '컨벤션'이라는 의미에서일 뿐이라고 부연할 수 있을 것이다. 컨벤션에서 비롯된 연극의 허구는 우리의 일상에서 발생하는 허구, 즉 공손한 표현을 쓰는 관례, 공식적인 담화에서 사용하는 관례 등에 해당하는 것이다). 이에 반해 영화적 스펙터클은 완전히 비현실적이면서, 완전히 다른 세계에서 전개된다. 미쇼트가 주장한[18] '공간의 분리'와 통하는 개념이기도 한데, 다시 말해 디제시스 공간과 (관객을 둘러싸고 있는) 영화관 내부의 공간 사이에 공통점이 전혀 없음을, 두 세계 중에 그 어떤 것도 서로를 포함하지 않고 서로에게 아무런 영향도 미치지 않음을 의미한다. 모든 일은 마치 이 두 공간 사이에 보이지는 않아도 둘을 완전히 가로막는 칸막이가 있어 서로를 완전히 고립된 상태로 유지하는 것처럼 발생한다. 앙리 발롱에 따르면[19] 영화 상영 동안 스펙터클적인 효과의 총체는 완전히 다른 두 가지 부류로 나뉜다. '시각 부류'(= 영화, 디제시스)와 '자기수용적 부류'(= 관객의 육체에서 느끼는 고유한 감정, 따라서 현실 세계에 속한 것. 약화된 방식으로 유지되기는 할지라도 말이다. 가령 좀더 편안한 자세를 잡으려고 의자에서 이리저리 움직여보는 자세 등). 이러한 현상은 우리의 현실 세계가 허구 세계를 간섭하지 않기 때문에 가능하다. 연극에서는 종종 우리의 세계가 허구 세계를 간섭하는 일이 발생하기도 한다. 반대로 영화의 디제시스는 스크린 속 세상이 실제 같다는 현실 효과, 우리가 지금까지 이 글에서 이해하고자 시도하고 있는 너무나 유명하고 신기한 효과를 발생시킨다.

지금까지는 현실 효과에 관한 부정적인 설명만을 간단하게 정리해보았다. 하지만 이 과정에서 그 설명이 너무 부정적이었다고 이의를 제기할 수 있을 것이다. 이 주장에서는 현실 효과가 발생할 수 있는 여건에 관한 언급만 하고 있지 사실 현실 효과가 실제적으로 발생하는 여건에 관해서는 사유하고 있지 않다. 다시 말해 필요조건만을 포함하고 있지 충분조건을 언급하지는 않는다. 연극배우가 재채기를 한다거나 혹은 대사를 더듬거린다거나 할 때, 실재하는 현실 효과가 갑작스럽게 중단되고 허구의 현실성을 무너뜨리는 것이 당연하다. 또한 이러한 개입이 단순히 공연 도중에 재채기를 하는 예외적이고 특징적인 형태로만 이루어지는 것은 아니다. 더 미묘한 형태의 수많은 다양한 가능성이 있고, 이런 형태만이 가장 완벽하고자 기획되고 준비된 공연의 질을 떨어뜨리는 것은 아니다. 사실 현실 효과가 갑작스럽게 단절되는 곳은 연극 공연장 내부, "남자가 일부러 꾸민 거짓 자유 속에서, 여자의 곱게 차린 분장 속"[20]에서도 역시 찾을 수 있다. 현실의 허구를 엄밀히 고립시켜놓고 보면, 영화는 그 모든 저항을 소용없게 만들어버리고, 참여 과정에 장애가 되는 모든 것을 제거해버린다. 반드시 참여가 일어날 필요가 있을까? 구속에서 자유로운 인간은 그 자리에 머무를 수가 있다. 사진이나 구상 회화의 경우, 실재와 허구의 분리는 (두 공간은 서로 공통점이 전혀 없으며, 실제 몸으로 재현하는 인물도 없다) 영화만큼 강력한 현실 효과를 발휘하지는 못하지만, 영화에서만큼이나 엄격하게 이루어진다. 장 미트리[21]는 '영화적 상태état filmique'에 관해 최면 상태, 모방 혹은 순전히 수동적인 과정들을 적용하여 설명했는데, 이는 관객의 영화 참여 측면은 전혀 고려하지 않고 관객이 참여하게끔 만드는 여건에 관해서만 초점을 맞춘 것이었다. 관객은 현실의 세계와 연결고리를 끊고 '단절'되어, 다른 것에 연결된다. 즉 **현실성의 전이**transfert de réalité[22]를 수행하게 된다. 이는 실제 세상의 스펙터클과 조금이라도 흡사한 스펙터클 앞에서만 시작되는, 지적이고, 지각적이고, 감정적인 모든 행위를 상정하면서 이루어진다. 따라서 우리가 영화의 현실 효과처럼 강력한 현상을 설명하고자 한다면, 긍정적인 요소들, 특히 영화 자체에 포함되어 있는 현실성의 요소들, 움직임의 현실성과 같은 요소들을 고려해야 한다.

루돌프 아른하임[23]은 시간과 입체감이 부재하는 사진은 영화보다 훨씬 빈약한 현실 효과를 발생시킨다고 주장하였는데, 그에 따르면 영화는 시간적인 차원과 (특히 움직임에 의해 구현되는) 입체감에 상응할 만한 차원을 포함하고 있다. 하지만 연극 공연 역시 영화적 허구만큼이나 설득력 있는 허구를 포함한다고 덧붙인다. 아른하임의 '부분 환영'[24]에 관한 이론에 따르면 재현 예술 각각은 현실의 부분적 환영에 근거한다. 이는 각 재현이 기능하도록 하는 법칙을 정의하는 것인데, 가령 연극에서 사람들은 무대 장치가 무너진다면 웃을지 모르지만, 세 면만 있는 거실을 보고 웃지는 않는다. 규정에 따르는 이러한 종류의 환영은 예술마다 작용하는 정도가 변화하는데, 영화의 경우 이 관점에서 볼 때 사진과 연극 중간 지점에 위치하고 있다. 부분 환영의 정도와 특성은 재현의 기술적이고 물질적인 조건에 따라 변화한다. 예를 들어 영화는 이미지만을 제시하지만 연극 공연은 실제 공간과 시간을 배경으로 한다.[25] 사실 아른하임의 부분 환영 분석은 수긍하기 어려운 점도 있다. 연극의 허구보다 훨씬 더 영화의 허구를 믿게 된다는 매우 익숙하고 보편적인 경험만 들어도 쉽게 부인될 수 있기 때문이다. 게다가 아른하임의 주장에 따르면 연극에서 더 '강력'한 것은 현실의 '환영'이 아니라 '현실 그 자체'이다(특히 무대라는 실제 공간, 배우들이 실제로 존재한다는 것 등). 바로 이 부분에 관해서 아른하임이 영화 관객의 양식이 되는 단순한 이미지들에 반해 연극의 재료들을 대립시켰던 것이다. 따라서 연극 관객이 실재의 환영을 경험하는 것이 아니란 주장이 가능해진다. 연극 관객은 실재에 관한 환영을 지각하는 것이며, 실제 사건을 목격하는 것이다.

이러한 종류의 모든 논의는 결국 두 가지 다른 종류의 문제를 더 명확하게 구분해야 할 필요성을 느끼게 한다(특히 반복해서 사용되는 실재라는 단어의 쓰임, 용어의 문제도 포함해서 말이다). 첫째 각 예술 장르에 고유하게 재현된 것으로 유발되는 현실 효과, 허구 세계가 유발하는 현실 효과, 즉 **디제시스가 유발하는** 현실 효과가 있다. 둘째 **재현**을 목적으로 각 예술 장르가 사용하는 **재료의 물질적** 현실이 있다. 첫번째 범주는 현실 효과이고, 두번째 범주는 현실을 지각하는 차원, 재현 예술 각각에 사용되는 재료에 포함된 현실 지표의 문제이다. 연극 공연 예술은 너무 현실적인 재료들을 사용하기 때문에 디제시스가 실제 같다는 생각을 위태롭게 하며, 반대로 완전하게 비현실적인 재료들을 사용하는 영화는 디제시스 자체가 현실적으로 인식되는 것을 가능하게 한다(이 부분은 장 레랭과 앙리 발롱의 개념을 차용한 것이다).

하지만 각 작품에서 사용된 물질적 재료가 현실에서 멀어지면 멀어질수록 디제시스의 현실 효과가 강력해진다는, 일종의 기계적 법칙과 같은, 단순한 결론을 도출하기란 쉽지 않다. 이러한 관점에서라면, 영화보다 훨씬 더 비현실적인 재료를 사용하는 사진은 (사진에는 움직임이 없나) 그렇다면 영화보다 더 강력한 믿음을 끌어내야 할 것이다. 또한 그림은 카메라가 보장할 수 있는 확실성을 가지고 사물의 그래픽적인 외형을 만들 수 없기 때문에, 구상 회화의 재료는 사진보다 더 현실에서 멀어져 있다고 볼 수 있고, 따라서 현실 효과가 더 강력해야 할 것이다. 하지만 이와 같은 주장은 실제 우리가 경험하는 진실과 상반된다. 그보다 영화를 기준으로, 영화가 재현하는 것을 기준으로, 그 이상과 그 이하를 구분하는 최적의 조건을 생각해보는 편이 나을 듯하다. 이 최적 조건을 맞추지 못한다면 허구를 통해 생산되는 현실 효과는 줄어들게 마련이다. 최적 조건을 지나치게 넘어선 범주에 연극을 놓을 수 있는데, 여기에서 재료들은 너무 현실적이어서 허구를 사라지게 만드는 역효과를 내며, 최적 조건보다 모자라는 범주에 사진이나 사실주의 그림을 놓을 수 있는데, 여기에서 재료들은 현실을 상기시키기에는 너무 약해서 디제시스 세계를 구성하고 유지시키는 충분한 힘을 발휘하지 못한다. 연극이 너무 실제적이어서 우리는 연극의 플롯을 현실처럼 믿지 못한다. 반면 (회색빛에, 빈약하고, 움직이지 않는) 사진 인화 필름의 사각 프레임이 충분할 정도로 실제적이지 않아서 우리는 사진 찍힌 대상을 현실로 믿지 못한다. 현실을 너무 약하게 암시하는 재현은 허구가 구체화되기에는 충분히 지시적이지 못하고, 반면 연극처럼 실재를 온전하게 포함하고 있는 재현에서는 구체화된 비현실을 지각하게 되는 것이 아니라 비현실을 모방하는 실재를 지각하게 된다. 앞서 언급한 두 가지의 위험 요소들 중간 지점에서 영화는 매우 적절한 균형을 찾고 있다. 영화는 (그래픽 윤곽을 현실에서처럼 사실적으로 재현하고 움직임도 현실적으로 존재하기 때문에) 디제시스 세상에 대한 다양하고 풍성한 정보를 제공할 만한 현실의 요소들을 충분히 포함하고 있다. 이는 사진이나 그림의 재료들은 이룰 수 없는 부분이다. 하지만 영화는 여전히 사진, 그림처럼 이미지로 구성된 것이다. 관객의 지각은 따라서 영화 이미지를 그렇게 인식하며, 실제 공연과 결코 혼동하지 않는다(미쇼트의 '공간 분리' 개념을 상기해보자). 공연 예술의 재료에 포함된 부분적인 현실은, 다시 말해 (영화와 연극이 상반되는 특성이기도 한데) 연극의 부분적인 현실이 현실의 일부분으로서 작용하지 못한다는 특성은 디제시스를 구축하기에 부족하여 통째로 쫓겨나고 마는 형편이 된다. 공연 예술의 완전한 현실은 영화에서보다 연극에서 더 강력하지만, 허구를 사실처럼 느끼는 비율 정도는 연극에서보다 영화에서 더 높다.

요컨대 영화의 비밀은 이미지 속에 상당한 현실 지표를 넣을 수 있다는 데 있다. 그리하여 풍요롭게 된 이미지는 그럼에도 불구하고 여전히 이미지로 지각된다. 빈약한 이미지는 현실처럼 인식되기에는 상상계를 충분히 자극하지 못한다. 역으로 (연극처럼) 실재만큼이나 풍요로운 수단으로 이루어진 이야기의 시뮬레이션은 항상 현실이 부재하는 상상에 관한 너무 현실적인 시뮬레이션으로만 나타날 위험이 있다.

영화 전에 사진이 있었다. 모든 종류의 이미지 중에서, 사진은 현실을 상기시키는 데 가장 풍부한 무엇이었다. 앙드레 바쟁이 언급했던 것처럼[26] 그래픽적인 윤곽을 충실하게 존중하면서 도덕적으로 결코 나무랄 데 없는 유일한 것이었다. 왜냐하면 사진이 재현하는 것은 복제를 위한 기계적 과정을 통해 얻어진 결과물이고, 깨끗한 필름 위에 인화된 대상 그 자체이기 때문이다. 하지만 그것만으로는, 너무나 현실과 흡사한 사진의 재료만으로는 아직 충분치가 못했다. 시간이 부재했고, 입체감을 느끼게 하는 어딘가가 부족했고, 일반적으로 삶의 동의어처럼 생각되는 움직임의 느낌이 부족했다. 영화는 이 모든 부족함을 한 번에 메워버렸다. 게다가 미처 예상하지 못했던 부분을 더했다. 즉 관객이 스크린에 나타나는 움직임을 볼 때, 이는 단순히 그럴듯한 재현의 일종이 아니라 온전히 현실성을 확보한 움직임 그 자체였다. 최고의 반전이라고 할 수 있는 특성은, 영화의 이미지가 사진의 이미지와 동일한 이미지였지만, 너무나 현실적인 움직임이 거기에 그 이전까지 볼 수 없었던 힘을 부여하게 되었다는 점이다. 상상계는 그 혜택을 톡톡히 누리게 되었다. 왜냐히면 그럼에도 불구하고 그것은 여전히 이미지였기 때문이다.

이 글은 영화에서의 현실 효과 문제를 밝히는 한 특성에 초점을 맞추어 살펴보았다.* 이제 비로소 영화의 '비밀'을 한 가지 더 밝혀낼 수 있을 듯하다. **이미지의 비현실성에 움직임의 현실성을 주입했다는 점**, 그리하여 결코 도달할 수 없었던 지점까지 우리의 상상계를 실현시킬 수 있었다는 점 말이다.

---

* 영화가 여러 개의 사진으로 구성된다는 사실 또한 매우 중요하다. 이 특성은 현실 효과와 밀접하게 연관된 편집, 담화의 문제들을 제시한다. 이 부분에 관해서는 별도의 연구를 필요로 할 것이기에 여기에서는 언급하지 않기로 한다.

제 2 장

서사의 현상학을 위한 몇 가지 단상

이 글은 1966년 7~12월 『미학 연구』 제19권 제3집, 특집호 「미학 범주」(Paris : Klincksieck), pp. 333~43에 수록되었다.

서사학은 최근 구조주의의 영감을 받은 다양한 학자의 주요 관심 대상으로 떠올랐다.* 블라디미르 프로프의 유명한 러시아 민담 연구에 이어, 신화에 관한 클로드 레비-스트로스의 작업 등, 서사récit (혹은 경우에 따라 몇몇 서사 형태) 분석의 다양한 '모델'이 제시되고 있다(A. 쥘리앵 그레마스, 롤랑 바르트, 클로드 브레몽, 『코뮈니카시옹』 제8호 등).

이 논문은 서사 분석 모델을 새롭게 진전시키려는 의도보다는 독자가 이미 제시된 모든 시도를 가능하게 한 그 무엇에 대해 숙고할 기회를 제공하려는 의도가 더 강하다. 사실 서사가 구조주의 분석에 적합하게 여겨지는 것은 우선 서사가 평범한 사용자도 확실히 알아볼 수 있는 매우 현실적인 대상, 이야기가 아닌 다른 대상과 결코 혼동되는 법이 없는 매우 현실적인 대상이기 때문이다.

그레마스에 따르면(『구조주의 의미론 Sémantique structurale』), 모든 의

---

* 이 논문은 1966년 가을에 집필되었는데, 이 책을 위해 재편집된 시기(1967년 8월)까지도 여전히 그 관심사가 지속되고 있다. 예를 들어 1967년 7월에는 이탈리아 우르비노에서 「서사 분석 방법에 관한 국제 세미나」가 개최되기도 했다.

미작용·signification의 최소 구조는 두 낱말의 존재와 이 둘을 맺어주는 연결관계로 정의된다. 그레마스는 따라서 의미작용이 지각(낱말을 지각하는 것, 그 관계를 지각하는 것)을 상정하는 것이라고 말한다. 동일한 관점에서 구조주의 분석의 주요 관심사는 이미 존재하는 것을 발견함에 있다고, 정확한 분석 없이 단순히 이해하고 넘어가는 것들을 좀더 정밀하게 생각해보는 데 있다고 할 수 있다. 여기에 덧붙여 신화를 연구한『구조주의 인류학*Anthropologie structurale*』에서 레비-스트로스가 설명한 바를 상기해보자. 한 지방의 방언이 다르게 번역된다고 할지라도, 원 형태의 문학성이 다소 변형된다고 할지라도, 신화는 항상 이야기를 듣는 사람이 신화라고 알아봐야 한다.

다소 거칠긴 하지만 구조주의 분석이 명확하건 함축되어 있건, 선험되는 어떤 것을 가정한다고, 따라서 분석 대상의 현상학이라고 정리할 수 있다. 혹은 (불연속적으로 구축된) **의미작용**은 늘 일단은 전체적으로 인식된 의미로서만 경험되는 것이라고 할 수 있다.

이러한 맥락에서 우리는 다음과 같은 문제를 질문해보고자 한다. 모든 분석에 앞서 선험적으로 서사는 무엇인가?

I

서사는 **시작과 끝**이 있다. 이는 외부 세상과 서사를 한계짓는 지점이자 동시에 현실 세상과 상반되는 특성이다. 문화적으로 매우 발전된 몇몇 형태의 서사는 '끝을 가지고 속임수를 쓰는' 특성을 지니기도 한다(긴장을 지속시키는 결론, 모호한 결론, 액자 구조 등은 이야기된 사건의 끝을 통해 그 이야기를 전달하는 심급의 존재를 분명히 드러내는 경향이 있으며, 무한히 반복되는 형태로 결말을 만들어내기도 한다). 그럼에도 불구하고 이와 같은 형태가 이야기 자체를 무너뜨리는 것은 아니며 오히려 서사를 풍성하게 만드는 부차적인 결과를 낳기도 한다. 또한 '종결'이라는 근본적인 요구를 벗어나려는 의도도 없을뿐더러 능력도 없다. 왜냐하면 무한히 계속될 것처럼 보이는 속임수를 쓴 결말일 뿐, 이 무한에 대한 착각은 독자의 상상이 만들어낸 생각일 뿐, 이야기된 시퀀스의 물질성 자체는 아니기 때문이다. (실제적인 혹은 함축적인) 말줄임표로 끝난 문학 서사에서 끝이 지연되는 효과는 서사-대상에는 전혀 적용될 수가 없다. 오히려 서사 그 자체는 매우 분명하게 끝이 있는 셈이다. 말줄임표로 정확하게 표시된 끝이 바로 그것이다. 영국 영화 「한밤중」*은 '무한히 반복되는 끝' 형태**의 좋은 사례를 제시한다. 이 영화에서 이미지가 연속되는 형태를 취하기 때문에 이야기는 계속되는 것 같지만 그래도 끝은 있게 마련이다. 영화의 마지막 이미지가 바로 그 끝이다.

어린이들에게 이야기를 들려줄 때, 이야기가 끝났는지를 알고 있나 물어보면 늘 그 대답은 정확하다. (서사가 아니라) 서사의 **의미론적인 실질**substance sémantique이 계속 늘어날 수 있다는 것을 충분히 알아차릴 만큼 성숙했다고 할지라도 말이다. 어린이들은 우리에게 묻는다. "그러면 얘기는 여기서 끝난 거예요? 그런데 왕자님은 그다음에 뭘 해요?"

II

시작, 끝은 서사가 **시간적 시퀀스**임을 의미한다. 서사는 두 가지 관점에서 시간적인 시퀀스인데, 이야기되는 대상의 시간이 있고, 서사의 시

---

* (옮긴이) 원제 「Dead of Night」, 알베르토 카발칸티, 찰스 크리치턴, 배즐 디어든, 로버트 해머 네 명의 감독이 연출한 1945년 작품으로 현실적이면서도 몽환적인 이미지들이 오묘한 조화를 이룬 것으로 평가된다.
** 아침, (건축가인) 주인공이 잠에서 깨어 일어난다. 언제나처럼 기이한 꿈을 꾼 탓에 제대로 잠을 자지 못한 주인공. 전화벨이 울린다. 이웃에 살고 있는 성城 주인이다. 그는 본인이 소유한 성을 수리하고자 건축가인 주인공에게 주말에 성을 한번 둘러보러 오라고 한다. 주인공이 성을 방문한 날, 그 성이 바로 꿈에서 본 성임을 점차 깨닫는다. 성에서의 일들이 무사히 끝나고…… 그러다 주인공이 잠을 깬다. 침대에서 일어나는데, 방금 전 일들이 꿈이었던 것이다. 늘 그랬던 것처럼 이상한 꿈을 꾼 것이다. 이때 전화벨이 울린다. 등등……

간(즉 기의signifié의 시간과 기표signifiant의 시간)이 있다. 이러한 이중성은 서사에서 흔히 발생하는 시간적인 왜곡 형태(주인공의 인생에서 3년 동안 발생한 일들이 소설에서 두 문장으로 요약된다거나 영화에서 반복 편집을 통해 몇 개의 숏으로 요약되는 경우)를 가능하게 할 뿐만 아니라, 더 근본적으로 서사의 기능 중 한 가지가 시간을 다른 시간 속에 적절하게 맞추는 것임을 확인하게 한다. 이러한 특성으로 서사는 (공간을 시간 속에 맞추어 넣는) '묘사description', 그리고 (공간을 다른 공간 속에 맞추어 넣는) 이미지와 구별된다.

영화 서사의 사례는 앞서 언급한 세 가지 가능성을 잘 설명해준다. 광활한 사막 한 장면의 고정 숏은 이미지(기의-공간→기표-공간)이다. 동일한 사막을 부분적이고 연속적으로 보여주는 여러 개의 숏은 묘사(기의-공간→기표-시간)이며, 이 광활한 사막에서 이동하고 있는 캠핑카의 여러 개 연속 숏은 서술narration(기의-시간→기표-시간)을 구성한다.

물론 방금 제시한 사례는 매우 단순화시킨 것이다. 사실 영화에서 시간은 늘 현존하며, 영화 서사는 이미지로 구성되는 것이기 때문에 서사 속에서도 늘 현존한다. 그러나 단순한 사례라고 해서 의미가 없지는 않다. 적어도 다른 것들과 비교했을 때 서사가 시간적인 변형을 가능케 하는 시스템임을 입증하고 있다. 모든 서사에서 이야기된 것은 거의 항상 사건들의 시간적인 연속에 해당한다. 모든 서사에서 이야기하는 심급은 서사를 대하는 사용자가 들여야 하는 시간을 일련의 기표 시퀀스에 넣고자 한다. 문학 서사를 위해서는 읽기의 시간, 영화 서사를 위해서는 보기의 시간 등.

반면 이미지의 경우 재현된 것은 원칙상 고정된 순간적인 점이다. 사용자 역시 이미지를 즉각적으로 수용한다. 수용 시간이 다소 늘어날 수는 있으나, 서사처럼 기표 요소들에 반드시 수반되는 시간의 연속적인 흐름을 쫓을 때에만 수용할 수 있는 대상은 아니다.

서사와 이미지의 중간 지점에 혼성적 특성을 띠는 묘사를 위치시킬 수 있겠다. 고전적 구분상 묘사는 서술과 다르다. 하지만 상당량의 서사가 묘사를 포함하고 있는 데다 사실 서사에서 독립된 형태로 존재하는 묘사를 찾기란 확실치 않다. 묘사는 서술의 반대 지점에 있는 것처럼 나타나지만 동시에 서술의 중요한 형태 혹은 중요한 순간처럼 나타나기도 한다. 직관적으로 서술과 묘사의 관계를 간주했던 것, 다시 말해 불일치와 동질성이 공존한다는 특이한 혼합은 세번째 범주인 이미지를 시스템 속에 개입시키면 좀더 명확하게 이해된다. 서술과 묘사는 공통적으로 이미지의 반대 지점에 있다. 왜냐하면 서술과 묘사의 기표는 시간성을 포함하기 때문이다. 반면 이미지의 기표는 즉각적이다. 바로 이 지점이 서술과 묘사의 동질성이다. 그러나 기표라는 특성으로 분류된 '서사적-묘사적'이라는 범주 안에서 기의의 특성을 고찰하면 이 둘은 서로 다르다. 서술에서 시간성을 보유한 기의, 묘사에서는 시간성이 사라지고 한 순간에 고정된 즉각적인 기의, 바로 이 점은 불일치하는 특성이다.[27]

서사의 내부에서 묘사의 순간은 즉시 드러난다. 기표 요소들이 시간적으로 연속되는 집합 속에서 이에 상응하는 기의들 간에 (연속적 혹은 불연속적인) 시간 논리가 드러나지 않는 유일한 순간이기 때문이다. 이 기의들 사이에 오로지 공간적으로 공존하는 질서만을 (다시 말해 묘사하는 순간의 한정된 지점에서 발견되는 관계만을) 부여하는 것이다. '명료함의 변화'에 근거하여 서술에서 묘사로 넘어가게 된다.

III

닫힌 시퀀스, 시간적 시퀀스, 결과적으로 모든 서술은 **담화**discours*이다. (역은 성립되지 않는데 많은 경우 담화는 서사가 아니기 때문이다. 서정시, 교육영화 등)

담화를 그 나머지 세계에서 구분해내는 것, 그리고 현실 세상과 반대 지점에 위치시키는 것은 담화가 필연적으로 누군가에 의해 행해진다는 사실 때문이다. (담화는 랑그가 아니다.) 세상을 규정하는 특성 중 하나는 아무도 발언하지 않는다는 사실이다.

야콥슨의 용어를 따르자면, 언표énoncé 혹은 언표의 연속인 담화는 반드시 **언표 상황**énonciation의 주체를 상정한다. 그렇다고 해서 이 주장이 반드시 작가를 의미하지는 않는다. 작가 개념은 단지 주체 형태들 중 하나에 해당하는 것이고, 문화적으로 제한적이고 조건적인 개념이다. 따라서 우리는 언표 상황의 주체에 해당하는 용어로 더 보편적인 '이야기하는 심급instance racontante'을 도입하고자 한다. 서구 현대 사회에서 발전된 몇몇 서사의 경우 언표 상황의 주체는 매우 종종 작가에 해당하는 것이 사실이다. 하지만 그 외에도 신화가 있고, 민담이 있으며, 많은 상업 서사영화의 경우 산업적인 제작 시스템에서 혹은 수공업적인 제작 여건에서 대부분 여러 사람의 손을 거치고, 라디오 프로그램이나 텔레비전 프로그램은 한 팀이 공동으로 (체계적으로 조직된 공동 작업이건 혹은 다소 무질서하게 즐기듯이 만들던 간에) 제작하는 경우가 많다. 요컨대 인간의 '고급문화' 전통에서 작가라는 단어가 갖는 의미 그 자체로서의 작가가 부재하는 다양한 서사가 존재한다.

작가가 없는 이야기, 하지만 이야기하는 주체가 없다는 뜻은 절대 아니다. **누군가 말하고 있다**는 인상이 구체적인 이야기꾼, 익히 알려진 이야기꾼 혹은 누군지 알 수 있는 이야기꾼과 반드시 밀접하게 연관된 것

---

* (옮긴이) 프랑스어 discours는 강연, 연설, 이야기, 담화, 견해, 입장, 논지, 담론, 화법, 추론 등 다양한 함의를 가진다. histoire 역시 역사, 연혁, 내력, 전기, 이야기, 사건, 문제, 소란, 말썽 등 discours만큼 그 단어 사용에서 복합적 층위가 존재한다. 본문에서는 벤베니스트가 언급한 대립 쌍 discours/histoire에서 담화의 의미를 강조한 맥락에서 서사를 이야기하고 있기 때문에, discours를 담화로 옮기고자 한다. 벤베니스트의 대립 쌍에서 histoire는 서사물에서 사건이 스스로 이야기되는 듯한 느낌, 이야기하는 사람의 통제를 벗어난 듯한 경우를 지칭하는 반면, 발화 상황을 고려해야만 하는 내용, 발신자와 수신자의 존재 여부를 표시하는 흔적들을 포함하는 경우는 discours로 분류한다. 이러한 맥락에서 histoire는 스토리로, discours는 담화로 번역하고, 그 외에는 문맥에 따라 적절한 단어로 번역하고자 한다.

은 아니더라도, 이야기를 읽는 혹은 듣는 사람은 즉각적으로 누군가 이
야기를 하고 있다는 생각을 하게 마련이다. 이야기를 하고 있다는 사실
은 분명 누군가 이야기한다는 사실을 동시에 전제하기 때문이다.

『영화의 논리Logique du cinéma』에서 영화 서사에 관해 언급한 알베르
라파이에 따르면, 관객은 명백히 선택된 (다른 이미지가 되었을 가능성
때문에) 이미지들을 본다. 그리고 명백히 배열된 (다른 순서로 배열될 수
도 있기에) 이미지들을 본다. 관객은 어떤 의미에서는 강요된 이미지들
의 앨범을 보는 것이다. 책장을 넘기는 것이 관객 자신일 수 없기 때문
이다. '제식의 주인'인 누군가, 언어적인 대상으로 영화 자체에 항상 최
우선인 '그랑 이마지에grand imagier'(작가영화의 경우, 작가로서 이해될
수 있지만 많은 경우 작가가 부재하기 때문에, 추상적인 개념으로 이해하
자. 사실 관객은 늘 자신이 보고 있는 것이 영화란 사실을 알고 있기에 영화
는 언어적 대상이라고 할 수 있다), 혹은 더 정확하게 말하면 영화 뒤 어
딘가에 위치한 '잠재적인 언어 주체', 이 존재가 있기에 영화가 가능해
지는 그러한 누군가가 있다.[28] 모든 서사에서 필연적으로 발견되고 필연
적으로 현존하는 존재가 바로 이야기하는 심급의 영화적 형태에도 상응
한다.

IV

닫힌 시퀀스, 시간적 시퀀스, 담화, 따라서 서사는 **이야기된 것을 비현
실적**으로 만드는 즉각적인 결과를 낳는 실재(다시 말해 현실적으로 서사
인 것)처럼 지각된다.

여기에서 잠시, 모든 서사 행위에 필수불가결한 비현실화 과정을 설
득력 있게 제시할 수 없는 경우, 즉 (전설, 동화 등과 같은) 상상력으로
가득 찬 서사는 제쳐두기로 하자. 이 사례들은 비현실화와는 매우 다른
2차적인 비현실화로 논지를 분산시킬 위험이 있다. 이런 종류의 서사에

서 이야기된 사건은 호박이 마차로 변한다든지 하는 식으로 인간 세상의 질서를 따르지 않으며, 다양한 종류의 사실주의적인 이야기에서 가능한 일상의 법칙을 다루지 않는다. 달리 말하면 이런 종류의 서사에서는 이야기되는 순간, 이야기로 인식되는 순간, 이미 비현실화 과정을 거친 이후이다. 주지하다시피 사실주의는 현실이 아니며, 아무도 길에서 우연히 (자세한 부분까지 매우 사실적인) 소설 속 주인공을 만나리라고 기대하지 않는다. 사실주의는 '내용을 어떻게 조직하는가'와 연관되는 것이지 '서술성의 지위'와 관련되는 것이 아니다. 다시 말해 소설 『보바리 부인』의 엠마 보바리나 요정 이야기에 나오는 심술쟁이 노파나 모두 상상해낸 인물이라는 점에서는 동일하다는 것을 지각하는 수준을 말한다.

하지만 (아무도 실제 발생한 일이라고 믿지 않을) 사실주의적인 이야기 이외에도 진짜 실제의 이야기가 있다. 예를 들어 프랑스 대혁명 당시의 마라 암살 이야기와 같은 역사적 사건, 내가 친구에게 어제 한 일에 대해 이야기하는 일상의 이야기들, 내 기억과 추억에 관한 자전적인 이야기, 영화, 라디오, 신문 등에서 최근 상황을 전달하는 이야기 등. '진짜' 이야기들은 다른 이야기들만큼이나 비현실성의 형태를 취한다. 독자는 바로 눈앞에서 마라를 암살하는 중이 아니란 사실을 알고 있으며, 내친구는 내가 그 이야기를 할 때 그 순간 경험하고 있지 않음을, 더 정확히 말하면 서사 행위는 내 인생의 다른 부분, 내가 그것을 이야기하는 순간에는 이미 경험된 것이며, 다른 부분에 속한다는 것을 잘 알고 있다. 텔레비전에서 최근 뉴스를 보는 시청자는 이미지가 보여주는 광경을 직접 현장에서 실황으로 보는 것이 아님을 알고 있다.

현실은 공간과 시간이라는 두 가지 기준에서 특별한 위치를 차지하는 **현재**를 상정한다. 현실은 완전히 '여기와 지금'에 해당한다. 따라서 서사가 이루어질 때 (일상의 이야기와 같은) '지금'이 부재하거나, (텔레비전 생중계 뉴스와 같이) '여기'가 아니거나 혹은 더 자주 (영화 소식, 역사적 사건 등) '여기' '지금'이 동시에 없다.

서사는 매우 오랫동안 '여기와 지금'이 너무나 뚜렷이 최하위 수준이라고 인식되어왔다. 최소한의 비현실성을 포함하는 몇몇 경우를 생각하면 이 문제가 매우 명백해진다. 가령 정치 시위 참여자들의 행렬을 생각해보자. 시위 참여자들이 손에 라디오를 들고 행렬에 속해 있다면, 이 라디오 방송이 바로 그 정치 시위에 관해 생중계로 보도를 한다고 했을 때, 그 보도를 들으면서 시위를 계속하는 경우 일종의 모순적 상황을 발견할 수 있을 것이다. 사실 이 상황에서 라디오 보도는 시위자이자 청취자인 이들에게 여전히 서사로 남게 된다. (일반적으로 시청각의 특수성에 대한 잘못된 과대평가는 가장 보편적인 진실마저도 흐릿하게 만들곤 한다.) 시위자가 라디오 방송을 듣는 순간 더 이상은 시위에 참여하는 것이 아니다. 혹은 적어도 시위행진을 하며 프로그램을 듣는 것이 아니다. 그가 듣는 이야기된 시위는 부차적인 정보가 시위에 개입되는 것을 긍정적인 관점에서 바라볼 때에만 시위자가 참여하는 행진과 동종의 것으로 간주될 수 있다(여기에서 시위 참여자가 라디오 뉴스의 정보에 관해 어떤 입장을 취하는가는 중요하지 않다). 이 두 시위 간에는 5월 15일에 일어난 시위와 5월 16일에 일어난 시위 간의 차이점과 같은 차이는 없다. 하지만 물리적으로는 한 가지 행진이었으나 현상학적으로 두 종류의 행진에 해당하는 경우가 발생한다. 첫째는 라디오를 손에 든 남자가 직접 참여하는 시위, 초 단위로 변화하는 행렬에 참여하면서 실제 경험을 하고 있다는 것을 알고 있는 시위(『파르마의 수도원』에서 주인공 파브리스가 워털루 전투에서 행진하던 것처럼), 그 남자는 결코 통제할 수 없는 시위이다. 둘째는 그 남자가 서사로 듣는 시위, 이 경우 첫번째 시위의 비현실화에 해당할 뿐이다. 시위를 중계하는 아나운서가 현장에 없기 때문에 아나운서가 개입하는 순간 비현실화가 이루어진다. 즉 이야기하는 사람의 개입이 필연적으로 도출할 수밖에 없는 공간적이고 시간적인 차이에 기인한 비현실화인 것이다. 라디오를 든 남자가 통제할 수 있는 것은 오로지 두번째 시위뿐이다. 마치 빅토르 위고의 소설에 등장하는 워털루 장면을 읽는 독자가 그러하듯 말이다. (그레마스의 용어를 따르자면 라디오를 든 남자는 두 가지 행위소에 해당한다고 할 수 있다. 행동하는 행위소 actant-manifestant와 듣는 행위소actant-écoutant.)

여기에서 상상계에 관한 (사르트르 연구 이후) 일련의 주장을 떠올리게 된다. 실재계는 결코 이야기를 하지 않는다. 기억은 온전하게 상상계적이다. 왜냐하면 기억은 서사이기 때문이다. 서술이 시작되기 위해서는 (그리고 시작되기 전에) 사건은 완료되어야만 한다. 텔레비전 생방송 프로그램과 같이 동시에 발생하는 서사의 경우, 공간적인 차이(이미지로 전달하는 경우)가 시간적인 차이(전통 민담에서 많이 발생하는)를 대신한다고 할 수 있다. 그리하여 서사적인 비현실화가 정확하게 기능하도록 한다. (그렇지 않다면 텔레비전 시청자가 정신적으로 충격을 받지 않는 현상을 어떻게 설명할 수 있겠는가?) 생중계 보도가 이야기하는 사건이 현실이라면 여기가 아니라 저기에 있는 것이다, 텔레비전 모니터 속에, 그래서 그것은 비현실적이다.

V

닫힌 시퀀스, 시간적 시퀀스, 담화, 비현실화, 이제 서사를 정의하는 나머지 한 가지 요소를 설명하려고 한다. 즉 시퀀스의 개념과 비현실화 개념을 동시에 연결시키는 것으로, 무엇의 시퀀스이며, 무엇의 비현실화인가라는 문제이다.

서사는 **사건**들의 집합이다. 시퀀스로 정리된 것은 바로 사건들이다. 서사 행위가 존재하기 위해서는 이 사건들을 비현실화하는 것으로 시작한다. 결국 이야기하는 주체에게 필요한 상관물을 제공하는 것은 이 사건들이다. 이야기된 사건들이 이야기하는 주체에 의해서 전달되기 때문에 이야기가 가능하다. (하지만 사건들의 집합이 종결되는 것이 아니라, 이야기하기라는 담화가 종결되는 것이다.) 이미 살펴보았듯이 서사는 종결된 사건들의 시퀀스가 아니라 사건들의 닫힌 시퀀스이다. 한 덩어리로 잘 묶인 전통적 서사는 닫힌 사건들의 닫힌 시퀀스인 반면, 문화적 현대성이 추구하는 속임수를 쓴 결말의 서사는 마무리되지 않은 사건들의 닫힌 시퀀스이다. 이야기된 것의 종결 형태는 다양하지만, 서사의 종결은 늘 변함없다. 결과적으로 다양한 서사 **자료체**corpus들에서 두 가지 특성이 통합체syntagmatique 계열에 동시에 나타나는 관계는 옐름슬레우 이론의 **결정**détermination 개념과 유사하다. 종결된 사건들의 시퀀스가 있다면 항상 종결된 시퀀스가 있다. 하지만 종결된 시퀀스가 있다고 해서 항상 종결된 사건들의 시퀀스인 것은 아니다.

（애초부터 이산적 단위*는 아닌) 서술된 사건들을 구별하기 위해서 그동안 다양한 방법과 절차들이 제안되었지만, 서사의 기본 단위를 형성하는 것이 사건이란 점은 변함이 없었다. 서사에 적용될 수 있는 개념이기도 한, 술어prédicat 개념은 다양한 학자가 연구한바（행위소 모델과 술어 유형 구분 이론을 제시한) 그레마스뿐만 아니라 레비-스트로스(그가 분석 초반기에 각 이야기마다 추출해냈던 신화적 서사의 단위는 주어와 술어의 결합에 근거하고 있다), 블라디미르 프로프의 '기능'(각 기능은 인물들의 명칭은 변해도 그 역할과 기능은 변하지 않는다는 개념을 추상명사로 정의한 것, 이는 독일 언어학자 포르지히[29]의 개념을 차용한 것으로 문장에서 술어의 명사화로 볼 수 있다), 클로드 브레몽의 '기초élémentaire 시퀀

---

* （옮긴이) 이중 분절double articulation은 인간언어 특성 중 하나인데, 이산적 단위는 제2분절을 구성하는 음소의 변별적 특질을 포함한 단위를 지칭한다. 다른 낱말과 구별되는 제1분절에 해당하는 단위, 즉 형태소monème(혹자는 기호소로 번역하기도 하지만 이 책에서는 언어학에서 이중 분절을 설명하면서 사용하는 용어로 옮기고자 하며, 또한 프랑스어에서 monème은 일반적으로 morphème과 혼용되기 때문에 엄격한 구분 없이 형태소로 통일하여 번역하기로 한다)는 형태forme와 의미sens가 결합된 형태, 소쉬르의 용어로 하자면 기표와 기의가 결합된 기호이다. 형태소는 다시 더 작은 단위인 음소phonème로 제2분절된다. 음소는 의미 분화를 일으키는 최소 단위로 간주되는데, 이때 음소를 연속적인 음성의 흐름으로부터 절취된 미분적 요소들로 보고, 그 요소들을 규정할 수 있는 변별적 특징들을 언급한다. 변별적 특질이란 이런 규정 안에서 음소들이 떠맡는 가치, 각 음소에 해당하는 개별적 가치를 의미한다고 할 수 있다. 이러한 음소들을 이산적 단위l'unité discrète, 즉 불연속적 단위l'unité discontinue라고 한다.

스', 토도로프의 수행언표 혹은 확증언표 개념(문학 서사에 적용할 의도로 오스틴과 벤베니스트에게서 차용했는데, 이 개념들은 프로프의 연속적인 술어부 개념이나 브레몽의 술어부의 연속 그룹 등에 상응하는 것이다) 등을 꼽을 수 있다.

(구비 서사물이건 기록 서사물이건) 분절언어를 통해 전달되는 모든 서사에서 서사 단위에 해당하는 것은 주지하다시피 음소나 형태소가 아니다. 음소나 형태소는 언어의 기본 단위들이지 서사의 단위는 아니다. 문장 혹은 문장과 유사한, 몇 개의 낱말이 연속되어 만든 분절체(벤베니스트 용어를 사용하면 단정 언표, 혹은 완성된 최소한의 언표)가 서사의 단위이다. 조금 앞서 언표 상황의 주체가 개입되기 때문에 서사는 담화라고 했다. 이제 다른 관점에서 왜 서사가 담화인지를 설명하고자 한다. 언어학에서 말하는 통합체는 문장보다 더 긴 경우이며 여러 문장으로 형성된다. '문장들을 가로지르는trans-phrastique' 집합인 서사는 미국 언어학에서 말하는 담화에도 해당한다(젤리그 해리스의『담화 분석Discourse analysis』참조). 미국 언어학의 담화 개념은 사실 벤베니스트가『일반 언어학의 문제들Problèmes de linguistique générale』*에서 제시한 개념을 차용

---

* 'Bibliothèque des Sciences Humaines', Gallimard, 1966에 수록된 여러 논문에서 벤베니스트는 담화란 용어를 광의의 의미로 도입하고 있는데, 젤리그 해리스가 사용한 개념과 유사하다. 이 글에서 역시 이 두 학자의 개념과 같은 맥락에서 사용하고자 하는데, 담화는 랑그에 상반되는 것으로서, 담화는 실제 사용되고 있는 랑가주이다. 이는 변화하지 않는 잠재적인 구조로서의 랑가주와 구분되며, 개별 상황에서 언표를 실질적으로 연속해서 발화하는 것은 담화를 반드시 상기시킨다. "Les niveaux de l'analyse linguistique",『일반 언어학의 문제들』, p. 30에서 특별히 이 문제에 관해 자세히 언급하고 있다. 반면 논문 "Les relations de temps dans le verbe français"(Bulletin de la société de linguistique de Paris, tome LIV, 1959, P. L. G, pp. 237~50에 재수록)에서는 좀더 연구를 발전시켜 협의의 의미로 담화 개념을 국한시킨다. 여기에서 담화는 (모든 종류의 비인칭적인 이야기하기에 해당하는) 스토리와 대립되는 개념이다. 따라서 담화는 더 이상 (대화, 편지, 소설 속 대화 장면 등과 같이) 구두로 혹은 글쓰기로 '나'와 '너'를 작용시키면서 발화 상황에 맞게 생생하게 '인칭화되는' 실제적 언표 상황의 변화를 지칭하지 않게 된다. 조금 단순화시켜 정리해보면, 첫째 벤베니스트에게 협의의 스토리와 담화는 광의의 담화와 관련된 두 가지 측면을 설명하는 것이라고 할 수 있다. 둘째 벤베니스트의 '스토리'는 이 글에서 '서사' 혹은 '이야기된 것'이라고 부르는 대상에 상응한다. 셋째, 결과적으로 벤베니스트가 좁은 의미로 사용한 담화에서 배제된 서사는 분명 넓은 의미로 사용한 담화의 일부

한 것이다.

영화 서사와 같이 이미지를 통해 전달되는 이야기도 존재한다. 이 논문뿐만 아니라 다른 논문에서도 이미 언급되었듯이,[30] 형태소나 낱말과 같은 단위라고 도저히 볼 수 없는 각 이미지는 완전한 하나의 언표에 상응한다. 이 사실은 다음과 같은 다섯 가지 근본적인 특성을 제시한다. ① 영화 이미지는 낱말과는 달리 언표처럼 무한대로 생성될 수 있으며 그 자체로 이산적 단위들은 아니다. ② 영화 이미지는 낱말과는 달리 언표처럼 원칙상 그것을 말하는 사람(영화의 경우 시네아스트)이 창조해낸다. ③ 영화 이미지는 낱말과는 달리 언표처럼 수신자에게 무한한 정보를 제공한다. ④ 영화 이미지는 어휘의 단위들, 순수하게 잠재적인 단위들인 낱말과는 달리 언표처럼 실제 사용된 단위, 활성화된 단위이다. ⑤ 영화 이미지는 계열체적인 관계에서 그 자리에 선택될 수도 있었던 다른 이미지와 대립관계를 맺는다고 할 수 있으며 이 범주에서만 그 의미를 얻는다. 반면 계열체에 위치한 잠재적인 이미지들의 집합은 무한하다. 바로 이 특성 때문에 영화 이미지는 낱말보다 훨씬 더 언표와 공유하는 점이 크다. 왜냐하면 낱말은 항상 의미작용의 계열체 망[혹은 전통적 어휘망, 그레마스, 베르나르 포티에Bernard Pottier의 용어를 따르자면 의소(意素, sème)의 망]에 포함되는 것이기 때문이다.

(발레, 팬터마임 등과 같이) 제스처를 통해 서사를 전달하기도 한다. 각각의 제스처는 기표-언표를 구성한다(혹은 에릭 뷔상스Eric Buyssens, 루이스 프리에토Luis J. Prieto의 이론에서 사용하는 의미소).[31] 그리고 이때 제스처는 낱말보다 더 문장에 근접해 있다(제스처 랑가주*에 관해서는 조

분이기도 하다. 바로 이러한 이유에서 이 글은 서사를 담화로서 규정하는 것이며, 더불어 벤베니스트가 정의한 내용 중 부분적으로 일치한다는 점을 분명히 하는 것이다.

* (옮긴이) 이 책에서는 프랑스어 langage를 원어 발음대로 '랑가주'로 옮기고자 한다. 메츠는 랑가주를 인간의 생득적인 상징화 능력과 그 모든 활동 영역을 지칭하는 광의의 단어로 사용하고 있는데, 특히 영화를 인간의 음성언어 시스템과 구분하고자 하는 경우 사용된다. 반면 랑가주가 개별 사회에서 독자적 구조를 따라 약호화된 것을 의미하는 경우는 랑그langue라고 사용하는

제프 방드리에스Joseph Vendryes의 논문을 참조하라).

서사를 전달하는 수단으로 사용되는 다양한 기호학적 매체에 포괄적으로 적용될 수 있는 서사의 시퀀스는 기본적으로 분할된다. 연속적으로 발화된 술어, 실제로 사용된 언표(형태소, 낱말, 혹은 음소 등과 유사한 단위는 아니다)로서 시퀀스가 분할되는 것은 서사성narrativité의 불변하는 특성처럼 드러난다.

언급된 사안들은 사실 이 글에서 최초로 제기된 것이 아니다. 대신 다음 사안은 반드시 짚고 넘어가자. 서사가 술어들의 연속이란 구조적인 분석이 가능하다면, 이는 서사가 현상학적으로 사건들의 연속이기 때문이란 점이다.

* * *

에티엔 수리오와 미켈 뒤프렌의 영향을 받은 현대 미학은 우아한 문체, 숭고한 문체, 에절한 문체 등 예술 영역에서 타인과의 관계, 인생의 다양한 감정과 감각 등을 정의하는 거대 '카테고리'에 관심을 가진다. 이는 칸트 철학의 선험적인 감정 미학에 상응하는 것으로, 모든 관념주의 흔적을 줄이고 현상학적인 용어로 재해석될 수 있다.

표면적으로 드러나는 세상 혹은 인간(세상을 학습하는 존재로서의 인간)의 보편적인 특성(왜냐하면 '존재한다'와 '존재하지 않는다' 사이를 왕복하는 것은 넘어설 수 없는 현상이며, 감정적인 보편성은 우주론적이며 동시에 실존적이기 때문이다), 인간이 지각하게 되는 세상(즉 현상들의 총체)은 선험적a priori으로 구성되어 있다는 선행결정은 인간과 세상 간의

데, 소쉬르의 구분에 따른 랑그langue/파롤parole의 대립 쌍과 상응한다. 이 경우 이 책에서는 '랑그'로 표기한다. 그 외의 경우에는 langage, langue를 문맥에 따라 '언어'라고 옮기고자 한다. 랑가주와 랑그에 관한 설명은 이 책 제3장에서 메츠가 직접 보완하고 있으므로 옮긴이 주에서는 간단하게만 정의한다.

접촉을 가능하게 하며, 어떤 대상이 우아하다는 혹은 숭고하다는 인상을 느낄 수 있음을 설명해준다.

물론 서사적인 것을 우아한 문체나 숭고한 문체 등과 같은 축에 분류하자는 것은 아니다. 때에 따라서 서사는 우아할 수도 있고 숭고할 수도 있고, 서사 이외에 모든 다른 종류의 대상들도 우아할 수 있고 숭고할 수 있기 때문이다. 게다가 우아하다는 느낌, 숭고하다는 인상은 구조주의 방법론에서 현동actuel 상태로 분해될 수 없는 데 반해, 몇몇 서사는 이미 분석되었기 때문이다(그렇다고 해서 우아하다는 혹은 숭고하다는 인상보다 '서사성의 인상', 각 경우에 따라 정도의 차이는 있으나 '서사와 관련이 있다는 확신' 등이 분석하기가 훨씬 쉽다는 뜻은 아니다). 본질이 무엇이건 간에 우아한 문체, 숭고한 문체는 일종의 어조로서 등장하지만, 서사는 장르로서 인식된다. 두 종류의 개념은 동일한 분류 축에 구분될 수 없다.

(이 글에서 설명된 구분이 모두 받아들여지기에는 매우 까다로운 문제일 뿐만 아니라, 애절한 문체처럼 몇몇 어조는 이미 장르 속에서 일종의 관습처럼 굳어지기도 했다.) 여하튼 **서사적인 것**le Narratif은 감정 미학 범주와 공통점을 갖고 있으며, 이는 (서사를 소비하는 입장에서의) **지각**과 (이야기를 창조하는 입장에서의) **조작작용**이라는 매우 중요한 인류학적인 형태 중 한 가지를 대변한다고 정리할 수 있다.

이제 이 글을 마무리하면서 입장을 정리하기 위해, 앞에서 설명한 인간 상상력의 위대한 형태를 다음과 같이 정의하기를 제안한다.

서사는 사건들의 **시간적인 시퀀스를 비현실화시키는 닫힌** 담화이다.

제2부

영화에 관한 기호학적인 문제

제3장

영화
──랑그인가 랑가주인가?

이 글은 1964년 『코뮈니카시옹』 제4호, 특집 「기호학 연구」(Paris: Éditions du Seuil), pp. 52~90에 수록되었다.

'몽타주가 절대적 힘을 발휘했던' 영화 시대

『가이에 뒤 시네마』의 유명한 인터뷰 중 하나인 로베르토 로셀리니 감독과의 인터뷰가 1959년 4월 진행되었다.[32] 이때 로셀리니는 여러 주제 가운데 편집* 문제를 언급하면서 매우 참신한 내용은 아니었더라도 그만의 개인적인 의견을 피력한다. 시작은 평범한 이야기로 채워졌는데, 예를 들어 편집이 더 이상 현대 영화에서 1925년부터 1930년까지의 위대한 시기에 차지했던 만큼의 비중을 차지하지 못한다는 것이다. 물론 편집은 여전히 영화 제작 면에서 필수불가결한 과정에 속한다. 무엇을 촬영할 것인가 선택해야만 하고 촬영한 분량을 어떻게 이어 붙일 것인가 고민해야 한다. 자르고 붙이기를 반복해야 하기 때문에 어떻게 하면 더

---

* (옮긴이) 프랑스어 montage는 일반명사로서 편집을 의미하기도 하지만, 무성영화 시대의 러시아 영화에서 발견할 수 있는 몽타주 기법, 그 형식적인 특성을 강조한 용어로도 사용된다. 한국어로는 후자의 경우 원어를 그대로 차용하고, 전자의 경우 편집으로 번역하는 경우가 일반적이기에, 이 책에서도 문맥에 따라 편집과 몽타주 두 단어로 번역하고자 한다.

잘 완성할 수 있는가, 어떻게 하면 정확한 지점을 잘라서 붙일까를 생각하지 않을 수가 없게 된다. 「전화戰火의 피안Païsa」을 연출한 로셀리니 감독은 편집이 오늘날 더 이상 **전지전능한 조작**manipulation처럼 이해되지 않는다고 덧붙인다. 이탈리아 감독 로셀리니의 인터뷰 내용에서 드러난 이 같은 공식은 편집이 시사하는 바를 아주 잘 요약하고 있다.

최고 조합으로서의 편집, 바로 이 몽타주가 무성영화의 위대한 시기 동안, 어떤 의미에서 절대적이라고까지 간주되는, 호소력 가득한 힘을 열망하지 않았던가? 그리고 쿨레쇼프 감독은 바로 이 몽타주를 위해 '과학적으로' 실험을 계속했던 것이 아닌가? (현실적으로 과대평가된다고 여겨지는) 그 기술적 효과를 보고 젊은 시절 에이젠슈테인이 그토록 충격을 받았던 것이 아닌가? 영화 한 편에 담을 수 있는 부정직할 정도로 엄청난 효율성*에 놀란 에이젠슈테인은 곧 사람들의 영혼을 사로잡기를 절실히 원하게 된다. 그 후 몽타주 기법 추종자들의 최고봉으로 자리매김한다.[33) 대단한 성공을 거둔 이 기법에 푸도프킨, 알렉산드로프, 지가 베르토프, 쿨레쇼프, 벨라 발라즈, 르나토 메이, 루돌프 아른하임, 레몽 스포티스우드, 앙드레 르뱅송, 아벨 강스, 장 엡스탱 등 얼마나 많은 감독이 열광했는가! 몽타주는 모든 종류의 결합에서 발견되는 창의력이 풍부하고 실험적인 시도들을 통해, 이런저런 저서와 잡지들에서 칭송되고 찬양된 글들을 통해 점진적으로 영화 자체와 거의 동일한 의미를 획득하게 되었다.

다른 감독들보다 더 직접적으로 본인의 의견을 피력한 푸도프킨은 확신에 차서 (끝과 끝 이어 붙이기, 가속 편집, 순수한 리듬 원칙 등과 같은) 모든 개별적인 의미를 초월하여 몽타주 개념은 현실에서 영화 창작의 모든 것이라고 주장[34)한다. 고립된 단독 '숏'은 영화의 작은 조각조차 될 수가 없다. 숏은 가장 기초적인 재료, 현실 세상의 사진일 뿐이다. 영화

---

* 효율성이란 단어는 코앙-세아G. Cohen-Séat가 정의한 개념을 차용한 것인데, 특정한 절차 혹은 정확한 행위의 효과를 지칭하는 것이 아니라 표현수단 자체의 고유한 힘을 의미하는 것이다.

를 위해서 사진을 넘어서야 하고, 예술을 위해서는 모방품을 넘어서야 하는데, 그 과정에서 몽타주가 중요한 수단이다. 여기에서 넓은 의미로 정의된 몽타주는 작품 구성composition 자체와 혼동되고 있다.[35)]

에이젠슈테인의 이론을 모아놓은 저서 『영화 형태Film form』와 『영화 감각The film sense』은 현대 독자에게는 몽타주의 맹신처럼 보이는 내용을 포함하고 있는데, 미샤R. Micha는 몽타주 개념에 열광한 나머지 소련 시네아스트가 도처에서 몽타주 기법을 발견하고 그 범주를 과도하게 확장시키기에 이르렀다고 설명[36)]한다. 비교적 개방적인 문학과 회화의 역사에서 몽타주라는 용어가 생기기도 전의 몽타주 사례들을 충분히 관찰할 수 있다. 디킨스, 레오나르도 다 빈치 혹은 그 외 많은 예술가가 두 테마, 두 아이디어, 두 색깔을 서로 결합시킨 사례들은 에이젠슈테인의 몽타주 기법에 상응할 만하다. 회화에서 그림의 병치라든지, 문학에서 구성의 효과 등은 영화 이전에 예언적으로 몽타주 기법을 적용한 가장 확실한 사례이다. 모든 것이 몽타주이다. 에이젠슈테인이 아주 최소한의 분량이리도 연속적으로 흐르는 결과물을 거부했던 태도에서 가끔은 다소 자연스럽지 못하고, 필사적이기까지 한 무엇인가를 발견한다. 에이젠슈테인은 도처에서 미리 절단되어 있는 요소만을 보았고, 이 요소들은 곧 창의적인 조작 과정을 통해 '편집되어야' 하는 것이었다. 뿐만 아니라 그가 선구자로서 강력하게 찬양했던 감독들의 작업을 묘사하는 방식에서도 역시 몇몇 문단은 거의 불가능해 보이기까지 한 작업이며, 이는 창작이라는 정신작용의 (최소한의) 진실성에도 위배되는 듯하다.[37)]

심지어 카테고리에 따라 영화에서 나타나는 묘사적인 모든 형태의 사실주의를 거부하는 수준에까지 다다른다. 에이젠슈테인은 연속적으로 이어지는 장면을 촬영할 수 있음을 부인하면서, 그가 '자연주의natural-isme' '완전한 객관적 재현', ('비장한' 혹은 '유기적인' 서사, 다시 말해 잘라서 이어 붙인 최종 분석이라고 지칭할 만한 것에 반대되는 개념의) 단순히 '정보 제공'을 하는 서사라고 지칭하는 부분을 경멸하곤 했다. 그는 짧은 장면scène,* 그 자체로 이미 구성되고 조합된 장면을 연속적으로 녹화할 수 있고, 그것 또한 선택의 결과란 사실을 인정하지 않았다. 길게 한 번에 찍는 것은 안 된다. 짧게 잘라야 하고, 클로즈업을 고립시켜야 하며, 전체를 다시 모아야 한다. 촬영된 스펙터클은 고유한 아름다움을 가질 수 있는가? 에이젠슈테인에 따르면 이런 말조차 꺼내서는 안 된다. 그는 마치 끊임없이 스스로를 안심시키려는 것처럼, 그의 천재성과 영광이 수없이 입증한바, 모든 전前영화적**인 심급에는 도저히 불가능한 아름다움이 촬영 작업에서 나타날 수 있도록, 나아가 몽타주, 오로지 몽타주에서만 가능하도록 매번 최선을 다했다. 사실 각 숏의 차원에는 이미 촬영, 즉 구성이 내포되어 있다. 그러나 에이젠슈테인은 시퀀스의 배치에 모든 관심을 기울인 탓에, 분절된 단위들의 제작 과정에 심혈을 기울이는 모든 예술을 가치절하하곤 했다.***

조작 정신

분절과 재구성에 대한 집착과 '근대moderne'문명, 근대정신의 몇몇 경향이 유사한 성질을 공유한다는 주장(이 글에서 간략하게 언급하는 것보

---

* (옮긴이) scène은 프랑스어로 무대, 장면, 광경, 구도 등 다양한 의미를 갖고 있지만, 우리나라에서는 주로 영상 분야에서 추격 신, 격투 신과 같이 연출된 '장면'을 의미하는 경우에 사용하며, '신'으로 표기한다. 물론 미장센mise en scène처럼 특정 용어를 위해 프랑스어 발음 그대로 표기하기도 한다. 이 맥락에서 메츠는 '신'이라는 용어를 이러저러한 연출된 장면을 지시하기 위해 사용하기보다는, 개념어로서 여러 개의 숏이 연결된 서사 단위를 지칭하기 위해 사용하는 경우가 많다. 따라서 수식어 없이 '신'이라고 표기할 경우, 신神 혹은 신발과 혼동될 수 있으므로, 문맥에 따라 장면, 구도, 연출 등으로 번역하고자 한다. 반면 통합체의 유형에 사용될 경우, '신'으로 번역한다.
** 수리오가 정의한 의미로, 전前영화적인 profilmique이란 개념은 카메라 앞에 놓는 모든 것, 혹은 카메라가 사진 찍도록 두는 모든 것을 지칭한다.
*** 주지하다시피 「알렉산드르 넵스키」 「폭군 이반」을 제작한 후반기에 에이젠슈테인은 몽타주보다 훨씬 더 이미지 미학에 관심을 보이면서, 초반기와는 전혀 다른 미학을 선보인다. 하지만 이러한 변화는 (이 글의 주 관심 대상인) 이론서들에서는 그리 두드러지게 보이지 않는 상황이기에 점진적으로 출판되고 있는 이후 저작들을 살펴볼 필요가 있다.

다 훨씬 자세한 관찰을 요구한다)이 있다. 몽타주 기법이 절정에 이르렀을 때, 초창기의 영감과 창의성이 사라져갈 때, (에이젠슈테인 작품뿐만 아니라 다른 경우에도) 몽타주 영화는 종종 흡사 일종의 기계 조작 게임처럼 되었다. 반드시 기계를 조작하는 종류의 장난감만이 어린이를 매료시키는 유일한 통합체적 장난감은 아니다. 아이들은 장난감을 가지고 놀면서 조작의 재미를 배운다. 이들이 나중에 엔지니어가 되거나, 사이버네틱과 같은 첨단과학 공학자가 되거나 혹은 민속학자, 언어학자가 되기도 하는데, 조작의 재미는 대상을 조작하는 모든 형태의 행동 양식으로 확장될 가능성이 크다. 그리고 이러한 경향의 원칙 중 우수한 면은 영화에서보다 앞서 열거한 분야에서 더 분명히 나타날 것이다. 우리 모두 알다시피, 누군가의 생각이 한 시대를 정의할 수는 없으며, 마찬가지로 한때 최우선으로 여겨지던 몽타주 기법이 모든 영화를 정의하는 것도 아니다. 어떤 사람은 사이버네틱 공학자가 되고, 다른 어떤 사람은 농부나 청소부가 되는 것이며, 어떤 영화는 몽타주 기법으로 편집되고, 어떤 영화는 좀더 다양한 시도를 통해 만들어진다. 한 시대는 발현될 수 있는 모든 것에 의해 형성된다. 그중에서 한쪽 면만을 강조한 사람은 다른 가능성들을 동시에 고려하지 않았다는 사실 때문에 비난받는 경우가 종종 있다. 여기저기 어디서나 발견되는 편재성은 자유로운 영혼에 해를 미치는 결점이다. 그럼에도 불구하고 여기에서는 논지 전개상 몽타주 기법 외에 다른 특성에 대해 언급하지 않기로 한다.

「시민 케인」을 만들 무렵 R.K.O. 영화 제작자들은 오손 웰스가 당시 최신 장비들을 자유롭게 사용할 수 있도록 해주었다. 오손 웰스의 전기[38]를 보면, 그 기계들을 소유하게 된 오손 웰스가 장비를 보고 다음과 같이 감탄한다. "와우, 젊은 청년이 생애 처음으로 선물 받은 가장 아름다운 전기 장난감이군요!" 정비기계, 전기기관차, 몽타주 장난감. 백화점에서는 전기기관차의 분리된 부품들을 따로 판매하는데, 가령 이미 차량 부품을 가지고 있는 남자 아이는 새로 선로 세트를 구입하여 이전 장비에 조립할 수가 있다. 모든 것이 서로 맞물려 들어간다. 그리고 장난감 광고에서는 기능에 따라 각 라인을 분류하면서 아이들이 조립할 수 있는 다양한 요소를 열거한다. "오른쪽 선로변경장치, 왼쪽 선로변경장치, 90도 직각 교차로, 22도 사선교차로 등."* 이는 마치 (폴란드 언어학자) 쿠릴로비츠Kurylowicz가 관찰한 담화의 일부분, 분포주의 분석에 열광하는 미국인들이 설명한 텍스트에 해당하는 것이 아닐까? 장난감이란 재미있는 사례로만 그치는 것이 아니다. 포토-몽타주, 콜라주, 보롭치크Borowczyk나 레니카Lenica의 애니메이션에서 잘린 종이의 중요성, O.R.T.F.** 연구소의 실험적인 시도 등도 있다. 특히 구조주의 언어학을 능가하는 사이버네틱, 컴퓨터공학 이론이 존재한다. 인간언어langue는 이미 상당히 조직된 상태인데, 예절, 예술, 관례 등과 같은 다른 랑가주langage보다 훨씬 더 조직되어 있다. 언어는 변화무쌍한 통합체적인 배열을 가능케 하는 엄밀한 계열체로 다채롭게 구성된다. 일련의 근대적 시선으로 봤을 때 언어는 여전히 너무 많은 '실질substance'을 끌어들이고 있으며, 완전히 조직할 수 있는 범주는 아니다. 언어의 음성적인 면과 동시에 의미적인 이중적 실질성(인간의 육체와 영혼이라는 관점과 통하는데)은 세밀하게 짜 맞추는 작업을 벗어나기도 하다. 이 글에서 언급하고 있는 언어는 미국 논리학자들이 '자연어' 혹은 '보통어'라고 부르는 것을 말한다(곰곰이 생각해보면 이는 얼마나 모순적인가). 반면 기계언어에 대해 말할 때에는, 야콥슨의 명석한 분석보다 훨씬 이분법적인 형용사와 연관되는 것처럼 보인다. 기계는 인간언어를 낱낱이 해부하고, 어떤 육체의 흔적도 남기지 않는 매우 깨끗하게 청소된 상태로 잘게 썰어낸다. 이 '이진 숫자', 완벽한 분절은 요구되는 순서대로 프로그램되고 편집될 뿐이다. 완벽한 약호가 완성되고 승리하는 것은 바로 메시지의 전달 과정에서이다. 통합체적인 영혼을 위한 화려한 축제인 것이다.

---

* 봉마르셰 백화점에서 판매하던 '제제'라는 상표의 전기기관차.
** (옮긴이) L'office de radiodiffusion-télévision française(프랑스 라디오 텔레비전 공사).

다른 사례들도 살펴보자. 다리에 인공보철물을 한 경우는 인간이 만든 문장에 기계어(혹은 프로그래밍 문장)를 나란히 놓는 것과 흡사하다. 좀더 재미있는 관점에서 기계로부터 약간 눈을 돌려, 가루분유나 네스카페(인스턴트 커피)를 언급한다면 어떨까? 또한 모든 종류의 로봇은 어떠한가? 그럼에도 불구하고 근대적인 관심사가 교차하는 지점에 있는 언어학 기계는 최고의 사례일 수밖에 없다.

앞서 언급한 모든 종류의 생산품을 생각해낸 접근 방식은 결국 넓은 의미에서 보자면 공통의 정신을 내포하고 있다. (인간의 언어나 젖소의 우유 등과 같은) 자연적인 대상이 애초의 출발지점으로 간주된다. 고유한 형태이건 비유된 형태이건, 자연 대상을 분석하고, 구성 요소들을 구별해 분리하는데, 바로 이 과정이 영화에서 데쿠파주découpage에 상응하는 것이다. 이후 구성 요소들은 동종의 기능을 하는 범주[39]에 따라 재편성된다. 가령 한편에는 직선 선로를 놓고, 다른 한편에는 곡선 선로를 놓는 것이다. 이 작업은 계열체에 해당한다. 하지만 이 모든 것은 단지 에이젠슈테인이 각 숏을 구별해서 촬영했던 것처럼 준비 과정일 뿐이다. 우리가 기대하는 중요한 순간, 다시 말해 처음부터 줄곧 생각했던 순간은 바로 통합체적인 순간이다. 맨 처음 대상의 복제, 사유의 순수한 결과물이기에 완벽히 생각해낼 수 있는 복제품을 재구성하게 된다. 바로 대상의 명료함이 그 대상 자체가 되는 것이다.

사람들은 자연적 대상이 규범, 이론적 모델을 만드는 데 유용하다고 전혀 생각하지 않는다. 그 반대로 구성된 대상이 모델-대상이 된다. 자연 대상은 성립되는 것만으로 충분하다. 바로 이러한 이유에서 언어학자들이[40] 정보 이론의 결과물들을 인간언어에 적용하려는 시도를 행하는 것이다. 또한 그리하여 민속학자는 그가 연구한 현실을 모델이라고 부르지 않고 그가 만들어낸 범주화를 모델이라고 부르는 것이다. 레비-스트로스는 특히 이 점에 관해서 명확했다.[41] 자연 대상과 재구성된 모델 사이에는 분명 차이점이 존재하는데, 이 차이는 어떤 의미에서 현실을 수동적으로 만든다. 예를 들어 음운론에서 음소가 현실적으로 분절되는 과정에서 나타나는 임의의 혹은 개인적인 다양한 변이와 관련될 때, '변별적이 아니라고' 지칭하게 될 것이다. 바르트가 주목했듯이, 이러한 재구성 작업은 실재를 재현할 목적에서가 아니다. 이는 재생산이 아니며, 최초 대상의 구체적인 면모들을 모방하고자 하는 것도 아니다. 이는 '포이에시스poiésis'(예술적 생산) 혹은 '유사-피지스pseudo-physis'(자연)가 아니라, '시뮬라시옹simulation' '테크네téchné'의 결과물이다.[42] 요컨대 조작의 결과이다. (최초 대상, 자연 대상이 아닌) 두번째 대상으로 승격된 대상의 구조적 골격은 항상 인공보철물, 프로스테시스에 해당하는 것이다.

에이젠슈테인이 이루고자 했던 목표는 바로 앞서 언급한 바이며, 그가 줄곧 꿈꾸던 바라고 할 수 있다. 다시 말해 사건들의 교훈을 제공하는 일, 데쿠파주와 몽타주를 통해 전달하고자 하는 교훈이 바로 지각해야 하는 사건이 되게 하는 작업 말이다. 바로 이런 맥락에서 그가 자연주의를 혐오했던 것이다. 로셀리니는 아마도 다음과 같이 말할 것이다. "사물들이 존재한다. 왜 그것들을 조작하려고 하는가?", 에이젠슈테인이라면 다음과 같이 응답할 것이다. "사물들이 존재한다. 그것들을 조작해야만 한다." 에이젠슈테인은 결코 우리에게 세상의 추이推移를 보여주지 않았다. 그는 항상 스스로 주장했듯이, 이쪽에서 저쪽으로 관통하는 온전한 '기표', 전체적으로 재고된 관념론적인 관점을 통해 굴절된 세상의 추이를 제시했다. '의미'는 충분하지 않다. 거기에 '의미작용'을 추가해야만 한다.

물론 여기에서 정치는 문제되지 않는다. (심지어 어떤 목적을 지녔는지도 확실히 모르는 상태에서) 에이젠슈테인의 정치 시각에 반대하는 것이 아니다. 에이젠슈테인이 공산주의자라는 이유로 비난했던 다른 이들보다 훨씬 더 설득력 있고 정교한 방법으로 앙드레 바쟁이 주장한 것처럼,[43] (정치적인 것이 아니라) 사물의 심층적 의미에 충실한 (매개 없는)

직접적인 독서 가능성을 대립시켜놓은 순전히 서사적인 부분에 관한 것도 아니다. 오로지 기호학에 관련된 것이다. 시네아스트가 서술한 사건의 '의미'라고 부르는 것은 사실 누군가 한 사람(이때 다른 이들은 존재하지 않는다)에게 의미가 있을 뿐이다. 표현 메커니즘의 관점에서 보면, 사물과 존재하는 것들의 (연속적이고, 전체적이고, 특정한 기표가 없는, 예를 들어 아이의 얼굴에 나타나는 즐거움과 같은) 자연스러운 의미 그리고 분명하고 단호한 의미작용은 서로 구별된다. 만약 우리가 이미 의미의 세계에서 살고 있다면 의미작용이란 생각할 수 없을 것이다. 의미작용은 뚜렷이 구분되는 조작적인 행위로서만 생각할 수 있다. 그 행위를 통해 의미가 재분배되는 것이다. 의미작용은 정확하게 이산적인 기표들에 상응하는 불연속적인 기의들로 절단하기를 좋아한다. 정의상 의미작용은 아직 결정되지 않은 의미내용을 채우는 것이다. 「전함 포템킨」의 사자 동상 장면을 상기해보자. 사자 동상 세 숏이 따로따로 촬영된 후 이어 붙여져 훌륭한 통합체를 형성한 부분이다. 동물 조각상이 몸을 일으킨다고 믿을 것이며, 그 순간 너무나 분명하고 단호하게 노동자 혁명의 상징을 발견하게 될 것이다. 에이젠슈테인은 비범한 시퀀스를 만드는 것으로 만족하지 않았다. 그 이상으로 그 시퀀스가 언어로 소통하기를 의도했다.

배열의 취향을 바르트가 '기호의 상상력'[44]이라고 지칭한 것의 세 가지 형태 중 하나로 볼 수 있을까? 아브라암 몰이 이야기한 '순열 예술art permutationnel'*을 이러한 맥락에서 해석할 수 있지 않을까? '순열 예술'을 통해 과학과 조우한 시가 영감이라는 신비스러운 힘을 과시하기를 그만두고, 시 속에 항상 포함되었던 조작의 역할을 고백하고, 마침내 컴퓨터에 말을 걸게 된 것이 아닐까? '시인'은 기계를 프로그램하고 일정

---

* (옮긴이) 아브라암 몰A. Moles이 언급한 '순열 예술'은 구성 요소들을 선택하고 배열하는 데 집중하는 장르로서, 특히 컴퓨터로 무한히 변형 및 생성될 수 있는 배열과 조합, 순열을 만들어내는 것을 지칭한다. 이 방법은 문학, 음악 혹은 시각 예술 분야에 도입되었다.

량의 요소들과 제약을 입력하면 기계는 가능한 모든 조합을 시도하게 되는데, 결국 결과물로 '창작자'가 자신의 선택을 하는 것이다.[45] 그는 유토피아를 꿈꾸었는가? 미래를 예언했는가? 몰은 이 방법이 훗날 실현될 것이라고 말하지 않는다. 오늘날에도 재료들에서 출발하여 일반화할 수 있다고 설명한다. 물론 예언은 아주 드물게 구체적인 형태로 실현되지만, 몇몇 경우에는 더 직접적일 수 있다. 몰이 언급한 '순열 예술' 사례는 최고의 조작이 반드시 영화에서만 (혹은 시에서만) 훌륭히 구현되는 것이 아님을 입증해준다. 이런 종류의 작업 방향이 미적 창작품 외에 다른 곳에 적용되었을 때, 사이버네틱 혹은 구조주의 과학이라고 불릴 때에는 훨씬 적게 이론의 여지를 불러일으키며, 그 결과물은 일종의 모더니티를 구현하는 것으로 생각될 수 있다.

최고의 대접을 받던 몽타주는 어떤 면에서 '구조주의 인간'*과 유사한 정신 형태를 공유하고 있다. 하지만 (앞으로 부연하게 될) 이러한 관계 맺기는 결국에는 하나로 통합될 수 있는 두 종류의 상황을 고려하면 좀더 조심스러울 수 있다. 첫째 몽타주 전성기는 통합체적인 정신이 득세하기 전에 먼저 도래했다는 사실이다. 통합체적인 정신은 제2차 세계대전 프랑스 해방 이후에서야 진정으로 번성기를 맞이했는데, 이는 1925년부터 1930년까지 소련 영화들에서 구현된 형태의 몽타주가 점점 시네아스트나 영화 이론가들에 의해 비판받고 외면당하기 시작한 때와 맞물린다.** 둘째 영화가 조작 정신이 각광받기 시작한 영역들의 총체라는 주장은 다소 역설적일 수 있기 때문이다. 재구성된 실재라는 생각, 즉 글자 그대로 현실과의 닮음을 전혀 추구하지 않는다는 생각은 영화의 근본적인 사명감에는 모순되는 것이 아닌가? 카메라의 고유성은 (카메라로 찍을 수 있는 것이 전체 상황의 절단된 파편에 불과할지라도) 우리 앞

---

* 바르트의 표현을 따랐다.
** 몽타주 기법의 역사적 흐름에 관한 자세한 언급은 다음 소단원 「'시네-랑그'에서 '시네마-랑가주'로」에서 하기로 한다.

에 지각된 것과 거의 같은 모습으로 대상을 재현하는 데 있지 않은가? 몽타주 이론가들이 시각적인 자연주의에 대항하여 내세운 절대적 무기인 클로즈업 역시 결국엔 롱숏이나 미디엄 숏으로 보여주는 대상의 얼굴을 그대로 존중하면서 더 근접한 거리에서 제시*하는 것뿐 아닌가? 영화는 조작 정신이 부인하는 바로 그 '유사-피지스'의 승리가 아닌가? 영화는 많은 사람이 연구했고 결국 아무도 부인하지 못하는 그 유명한 '현실 효과'에 온전하게 기대고 있지 않은가? 이 현실 효과 덕분에 '사실주의적인 면과' 동시에 환상적인 면도 구체화할 수 있는 것이 아닌가?**

앞에서 언급한 두 가지 특성은 결국 일맥상통한다. 왜냐하면 일종의 지적 대리인 형태가 알려지기 시작하고 견고해지는 시기에는, 그 영역의 가능한 모든 시도를 열망하는 현상이 일반적이기 때문이다. 영화에서처럼, 전체적으로 모두 관여할 수 없을 때에는 한 형태로 다른 부분의 힘을 총집합하는 편이 더 유용하게 여겨진다. 특히 초창기 시절에 이러한 과정이 반드시 요구되는데, 이때 영화 전체에 상당한 영향력을 발휘하려는 시도는 모색하지 않는 편이 낫다.***

---

* 사실 이 부분에서 지적한 특성만 있는 것은 아니다. 고립되고, 확대되고, 클로즈업이 잡아내는 부분은 종종 그 대상을 알아볼 수 없을 때도 있다. 하지만 이 부분에 관해서는 개별적인 연구가 필요할 것이기에 이 글에서는 자세히 언급하지 않기로 한다.

** 현실 효과는 영화의 내용이 환상적이고 기이한 경우나 매우 사실주의적인 경우나 공통적으로 필요한 요소이다. 많은 영화 이론가가 이 점을 주장했는데, 그중 에드가 모랭은 매우 단호한 어조로 『영화 혹은 상상적 인간 Le cinéma ou l'homme imaginaire』에서 체계적인 분석을 시도했다. 현실 효과에 관한 부분은 이 책 제1장을 참조하기 바란다.

*** 여기에서는 영화 창작에 관해서만 언급하고 있다. 사실 필자는 영화 분석에서 통합체적인 방식이 적합하지 않다고 설명할 수 없는 입장이다. (이 책 제3부를 보면 그 이유를 알 수 있을 것이다.) 이는 '창작자'와 '이론가'의 비극이라고 하겠는데, 오늘날 이 둘 사이의 간극이 좁아든 상황에서 종종 주목받는 점이기도 하다. 물론 그렇다고 해서 충분히 논의되지는 않았지만 말이다. 창작자와 이론가는 동일한 대상에 필연적으로 너무나 다른 관점으로 접근하기 때문에, 그 대상이 동일하지 않다는 단순하고 다소 비관적인 환상에 사로잡힐 때도 있다.

앞서 거칠게* 설명한 내용이 모든 것을 포괄한다고는 주장하고 싶지 않다. 하나의 가정을 제시했을 뿐이다. 필자의 가정은 결국 반대 주장과 통하게 된다. 다시 말해 영화가 반드시 조작과 통한 것은 아니었으며, 조작 정신이 두드러지게 부각된 것도 아니었다는 지적이다. 그럼에도 한 가지 변하지 않는 사실이 있다면 배열을 (대단히 열정적으로) 중요시하는 이론가들이 다른 영역보다 (다른 분야처럼 부분적으로 조작을 고려할 수 있는) 영화를 더 선호했다는 점이다.

같은 시대에 물론 영화 스크린 이외에도 다른 영역에서 몽타주 기법을 발견할 수 있다. 기계 예술도 있었고, 엔지니어 테크닉도 있었고, 구성주의 연극도 있었다. 에이젠슈테인은 (1917년 혁명 시기까지) 페트로그라드의 토목공학학교 학생이었는데, 본인 스스로 밝혔듯이[46] 그의 '견인 attraction 몽타주'**는 엔지니어가 파이프를 조립하는 과정이나 서커스 혹은 뮤직홀에서 사용하는 병치의 기술을 보고 창안한 것이다. 그는 젊어서 러시아 구성주의 연극에 동참했는데, 그의 눈에 몽타주 기법으로 순수하게 창조되었다고 여겨진 가부키 연극을 보고 감탄했다고 한다.

---

* 이 논문이 집필되던 시기에도 매우 거칠고 조악하다고 여겨졌지만, 출간되는 지금 다시 보니 더 그러하다.

** (옮긴이) 매혹의 몽타주, 흡인의 몽타주라고 번역되기도 한다. 견인 몽타주는 일반적으로 특정한 주제 효과를 내기 위해서 임의로 선택된 독립적인 효력들attractions을 자유롭게 조합한 것을 지칭한다. 여기에서 attraction은 정서적 충격을 주거나, 감각적 혹은 심리적 효력을 미치기 위해 철저히 계산된 기본 구성단위로 볼 수 있다. "예술의 신비와 비밀에 대한 과학적 접근법을 발견하려고 노력한 이가 젊은 엔지니어였다는 사실을 잊어서는 안 된다. 에이젠슈테인이 공부했던 여러 학문 분야는 그에게 한 가지 사실, 즉 모든 과학적 연구에는 하나의 단위와 척도가 있어야 한다는 사실을 가르쳐주었다. 그래서 그는 예술이 창출하는 인상impression의 단위를 찾아내기로 작정했다. 과학에 이온, 전자, 중성자가 있듯, 예술에는 매혹attraction이라는 기본 단위가 있다고 가정해보자. 일상 언어는 기계 공구, 파이프, 기계류의 조립을 뜻하는 단어들을 산업에서 차용했다. 그중에서도 두드러지는 단어가 몽타주인데, 이건은 조합을 뜻하며 아직 그리 인기를 끌지 못하고 있지만 충분히 유행할 조건을 갖추고 있다"(R. L. 러츠키, 『하이테크네』, 김상민 옮김, 시공사, 2004, p. 147).

그는 마야콥스키가 발행한 잡지 『레프Lef』에 글을 싣기도 했고, 트레티야코프의 연출 기법, 프롤레트쿨트Proletkult(노동자 문화운동 조직의 민중 연극), 실험 연극, 메이어홀트 연극 등에서 영감을 받기도 했다. 영향을 받거나, 영감을 받아 따라 한 모든 종류의 작업[47]이 결국은 에이젠슈테인이 영화를 연구하는 과정에서 조작 정신이 영화적으로 작용하는 작업에 관해 특별히 고민할 생각을 없앴다고 할 수 있다.

이러한 맥락에서 실수를 범할 가능성이 크다. 어떤 관점에서 보면 영화는 실제로는 그렇지 않은 모든 외형을 지니고 있다.* 분명히 영화는 일종의 랑가주이다. 사람들은 영화에서 랑그를 보았지만 말이다.** 영화는 데쿠파주와 몽타주, 절단과 조립을 가능케 하고 필요로 한다. 너무나 분명하게 통합체적이라고 여겨지는 그 조직 과정은 우선 계열체를 전제로 할 때에만 가능하다. 계열체에 관한 인식은 여전히 약화된 상태이지만 말이다. 영화는 사람들이 약호를 상정하지 않을 정도로 너무나 분명히 메시지이다.

게다가 모든 메시지, 충분한 변형을 통해 자주 반복되는 메시지는 계속 끊임없이 흘러가는 많은 지류가 있는 거대한 강과 유사하다고 할 수

---

* 에이젠슈테인이 절반은 독학을 통해 영화를 배운 사실은 그의 작품에는 영향을 미치지 않았으나 그의 책에는 어느 정도 나쁜 결과를 낳았다고 할 수 있다. 물론 에이젠슈테인은 대단히 위대한 영화 이론가 중 한 명이다. 그의 저서는 훌륭한 아이디어들로 넘쳐난다. 그럼에도 불구하고 그가 (약간은 모호하고 너무 많다고 여겨지는 용어로서) 랑그라는 개념으로 생각했던 모든 것을 랑가주 개념으로 재고할 필요가 있다.

** 랑그는 매우 잘 조직된 약호이다. 랑가주는 그보다 훨씬 광범위한 영역을 포괄한다. 소쉬르라면 랑가주는 랑그와 파롤의 집합이라고 말했을 것이다. 샤를 발리나 벤베니스트가 언급한 '랑가주 행위(혹은 사실, 결과)fait de langage'란 개념은 소쉬르의 개념과 상통한다. 만약 단어가 아니라 실제 대상을 정의하고자 한다면, 매우 광범위한 현실에서, 사물에 대해 그것을 말하고자 하는 의도로 발화될 때마다 매번 랑가주가 발현된다고 말할 것이다(Charles Bally, "Qu'est-ce qu'un signe?" in *Journal de psychologie normale et pathologique*, tome 36, 1939, n° 3~4, pp. 161~74. 직접적인 언급은 p. 165 참조). 물론 인간의 음성언어langage verbal(흔히 언어라고 이해되는)와 (비유적 의미의 랑가주라고 이해되는) 다른 '기호sémie'는 분명 다른 것이고, 그 차이를 혼동해서는 안 된다. 하지만 기호 영역의 확장된 부분이나 그 한계에 대해 선입견 없이 기호학이 모든 종류의 랑가주에 관여하는 것은 당연한 일이다. 기호학은 분명 상당 부분 언어학에 근거하고 있지만 그렇다고 해서 이 두 분야를 혼동해서는 안 된다.

있다(이는 영화의 경우와도 유사하지 않은가?). 강의 물길 속에는 여기저기 일종의 무더기 형태로, 부분적으로 코드의 개별 요소가 숨겨져 있다. 거대한 물의 흐름 속에서 겨우 알아볼 수 있을 만한 이 작은 무더기들은 어쩌면 너무 약하고 분산되어 있어 강 흐름을 견뎌내기 어려울 수 있다. 애초에 이 무더기들을 만들어냈던 강은 결국에는 그 무더기들이 부서지기 쉽도록 만들기도 한다.

파롤의 기능으로 종종 사용된 후 몇몇 '통사syntaxe 기법'은 결국 차후 다른 영화에서 랑그의 기능으로 나타난다. 즉 어떤 의미에서 규범이 되는 것이다. 많은 사람이 반대되는 주장에 관심을 갖기도 했으며 랑그를 더 우선시했다. 가령 그들은 우리가 통사 규칙 덕분에 영화를 이해한다고 생각했다. 정작 우리는 영화를 이해했기 때문에 영화의 통사 규칙을 이해한다. 다시 말해 영화를 이해했을 때에만 통사 규칙을 이해한다. 만약 디졸브*나 이중 인화가 이해하기 쉽도록 명료하게 사용된 다른 영화를 본 경험이 없는 관객이라면, 디졸브나 이중 인화를 어떤 영화의 플롯 안에서 그 자체로 이해할 수는 없을 것이다. 하지만 우리가 언제나 너무 잘 이해하는 (플롯은 이미지로 세상과 우리 자신에 대해 이야기하기 때문에) 플롯의 서사적 역동성은 우리에게 그 영화를 처음 보는 순간, 적어도 세번째 네번째에는, 디졸브나 이중 인화를 이해하는 능력을 선사한다. 코앙-세아가 말했듯이 영화 랑가주는 "이미 우리가 중요하다고 여기는 행위와 열정에 완전히 속해"[48] 있다. 바로 이 지점이 영화의 지적 작용에 연계된 영화학자들의 모든 경험이 입증하고자 하는 바라고 할 수 있다. 자조R. Zazzo, 옹브르단A. Ombredane, 매디슨J. Maddison, 반 베버L. Van Bever, 미알라레G. Mialaret, 멜리에스M. G. Mélies, 라죄네스J. Lajeunesse, 로시R. Rossi, 레베야르M. Rébeillard 등의 작업은 너무 규범적

---

* (옮긴이) 영화 용어 디졸브dissolve를 프랑스어로 'fondu'라고 하는데, 영어 dissolve가 '액체로 용해하다, 녹이다'의 뜻이 있는 것처럼 fondu의 원형 fondre 동사에도 같은 뜻이 있다. 오버랩overlap이라고도 일컬어지는 디졸브는 프랑스어 'fondu enchaîné'를 옮긴 것이다.

이고 관습적이 되어버린 통사 기법들만이 어린아이들이나 초보자들이 이해하는 데 어렵다는 생각으로 수렴된다. (이러한 기법들이 없을 경우 언제나 이해하기 쉬운) 영화 플롯과 디제시스 세계가 기법들 자체에 관해 해석할 수 있도록 도와주지 않는다면 규칙들은 결코 이해할 수 없는 것이 되어버리고 말 것이다.

이제 이 글의 출발점이었던 로셀리니의 인터뷰로 돌아가기로 하자. "사물들이 존재한다. 왜 그것들을 조작하려고 하는가?" 로셀리니는 본인의 작품에서 몽타주 기법을 사용했다고 할지라도(만약 있다면) 결코 배열의 테크닉에 대해 생각해본 적이 없다. 그는 이 인터뷰에서 몽타주 기법을 찬양하는 영화 이론을 명백한 방식으로 겨냥하고 있다. 그리하여 (『카이에 뒤 시네마』 잡지가 의도한 대로, 그 의도에 호응하듯) 로셀리니는 『카이에 뒤 시네마』 사람들이 이전까지 과잉보호하고 거의 찬양조로 몽타주 기법을 옹호했었던 모든 경향에 반응했던 것이다. 사실 이 주제에 관해 이탈리아 시네아스트가 먼저 의견을 피력했으나 사람들은 이후 프랑스 비평가들을 더 많이 생각하게 되었다. 그중 앙드레 바쟁이 플랑-세캉스, 심도, 롱테이크 등에 관한 본인의 이론[49]을 발전시켰을 때 참조로 한 영화가 로셀리니의 작품*이란 사실은 흥미롭다. 이상에서 열거한 모든 이가, 모든 공모자가 결국은 다 같이 영화의 한 개념, 즉 기계-영화라는 개념이 소멸될 것임을 사전에 예견했던 것은 아니었을까? 그들의 생각에 만약 영화가 진정한 랑가주이기를 원한다면 우선은 특정 성향을 반영하는 무엇인가가 되어서는 안 되는 것이었다. 영화가 반드시 무엇인가를 말해야 하는 것일까? 물론 말하고 있다. 하지만 '낱말처럼' 이미지를 조작해야지만 가능하다고 생각하지 않으면서 말해야 할 것이다. 엄격한 제약들이 존재하는 언어 구문의 통사 규칙과 같은 규범에 맞춰 이미지들을 조작해야 한다는 의무감을 느끼지 않으면서 무엇인

---

* 뿐만 아니라 이탈리아의 네오리얼리즘 영화들, 오손 웰스, 와일러, 르누아르, 슈트로하임, 무르나우 등의 작품도 참조했다.

가에 대해 말해야 할 것이다. 사실 이 제약들은 차후 (협의의 누벨바그와 같이) '현대 영화'라고 지칭하는 작품을 창작하고 좋아하는 영혼들에게는 점점 더 효과가 사라지게 되었다. 그 시점에서는 '영화-문장' 혹은 지가 베르토프의 '시네-랑그ciné-langue(영화-언어)'[50]를 넘어서게 된다.

이 시점에 바쟁만이 있었던 것은 아니다. 레인하르트[51]도 있었고, 플랑-세캉스를 옹호하는 발언을 여러 번 반복했던[52] 르누아르도 있었고, (이 글에서는 시네아스트이자 동시에 이론가인 사람만을 언급하고 있는데) 아스트뤽도 있었다. 아스트뤽의 그 유명한 '카메라-만년필caméra-stylo'[53] 이론은 그 외관에도 불구하고 시네-랑그 개념과 완전히 상반되는 것이다. 만년필은 사람이 쓰게 하는 것 이외에는 결코 쓸 수가 없다. 아스트뤽은 자유롭고, 개인적이고, (몇몇 소설의 특성처럼) 예리한 영화를 원했다. 그는 영화의 '어휘vocabulaire'는 사물의 면면들이며, '세상이라는 반죽pâte du monde'으로 만들어야 한다고 밝혔다.[54] 반면 몽타주 기법은 내재하는 의미를 여러 토막으로 잘라내면서 와해시켜버렸는데, 그 결과 이러저러한 경우에 끼워 맞춰지는 단순한 기호가 되어버렸다. 아스트뤽과 같은 시기의 영화에 관한 저작 중 『영화 랑가주Le langage cinémato-graphique』[55]를 통해 마르셀 마르탱은 영화에서 기호의 엄격한 시스템을 추구해서는 안 된다는 의견을 피력한다.[56] 메를로-퐁티의 「영화와 새로운 심리학」이라는 강연[57] 이후, 영화는 도처에서 '현상학'이라고 지칭되는 관점으로 접근되거나 정의되기 시작했다. 인생이라는 스펙터클이 그러하듯 영화 시퀀스는 그 자체로 의미를 내포하고 있으며, 여기에서 기표는 기의와 구별이 거의 어렵다. "어떤 것이 어떻게 의미를 갖게 되는지를 미리 주어진 혹은 만들어진 생각을 암시하면서 보여주는 것이 아니라, 구성 요소들을 시간적이고 공간적으로 배열하면서 보여준다면, 이것이 바로 예술이 갖는 미덕이며 행복이라고 할 수 있다."[58] 이는 배열에 대한 완전히 다른 개념이다. 영화는 전형적으로 현상학적인 예술이며, 기의의 집합들과 공통의 외연을 갖는 기표, 그리하여 엄밀한 의미의 기호를 감춰버리고 그 자체로 의미를 갖는 스펙터클이다. 이와 같은 공통된 의견을 나눈 이론가로 수리오, 소리아노, 블랑샤르, 마르셀, 코앙-세아, 바쟁, 마르탱, 애프르, 아스트르, 콜리에, 도르, 바양, 마리옹, 알랭-로브그리예, 자조 등을 꼽을 수 있다. 어쩌면 그 당시 이론가들이 이 관점에서 너무 멀리까지 논의를 진행시켰을 수 있다. 사실상 영화는 인생이 아니다. 영화는 구성된 스펙터클이다.* 하지만 지금은 더 이상 언급하지 않기로 하자. 대신 영화에 관한 사유가 역사적으로 어떻게 발전했는지, 그 과정에서 의견들이 어떻게 수렴되었는지를 확인하는 것만으로 만족하기로 한다.

(그다지 철학적이지 않았으나) 로셀리니의 주장 역시 동일한 맥락에서 이해할 수 있다. 그는 영화는 '시적 랑가주'를 발견할 수 있는 랑가주라고 했다. 무성영화 이론가들은 이 랑가주에서 (시네아스트의 단어라는) 진정으로 특별한 표현수단을 발견하기도 했다. 이 부분에 관해서 오늘날에는 회의적인 의견이 훨씬 더 지배적이지만 말이다. 「로마, 무방비도시」의 감독, 기호학을 전혀 개의치 않았던 로셀리니에게는 이상에서 언급한 내용이 일종의 결론이었다. 다소 우연찮게 (특히 시적 랑가주란 용어 선택에서) 내린 결론이긴 했으나, 결과적으로 많은 내용을 포괄하고 있는 표현이라고 할 수 있는데, 영화를 만드는 사람이 본인의 작품

---

* 『영화의 미학과 심리학 Esthétique et psychologie du cinéma』(Éditions Universitaires, tome I, 1963)에서 장 미트리는 이 문제에 관해 통찰력 있게 연구한다. 몽타주는 탄생 이후 최고의 시절을 누렸지만 이제 (적어도 몇몇 이론에서는) 더 이상 아무것도 아니게 되어버렸다. 왜냐하면 영화는 최소한의 편집 없이는 도저히 상상할 수 없기 때문이다. 편집은 그 자체로 랑가주라는 광대한 현상들의 집합에 편입되었다(pp. 10~11). 기표와 기의가 서로 동일하다거나 거의 일체되는 것이 모든 영화를 설명하지는 못한다. 그 심급 중 하나인 사진 재료, 출발점일 뿐인 사진을 정의할 수는 있을 것이다. 영화는 이미지들 간의 상호 영향, 상징, 생략 등의 모든 작용을 통해서, 서로 간의 관계 속에서만 의미를 갖는 여러 이미지의 결과물이다. 여기에서 기표와 기의 간에는 일정 거리가 있다. 그리고 분명 '영화 랑가주'가 있다(pp. 119~23). 이 글에서는 이 랑가주와 랑그의 차이를 강조하고자 한다. 앙드레 바쟁이나 그 동조자들이 '비非-몽타주'라고 불렀던 경향이 (비록 그들이 가끔은 영화 미학에 관해 너무 배타적인 논지들을 전개했을지라도) 적어도 직관적이고 자율적인 기호학의 관점에서는, 랑그로서의 모든 영화 개념을 거부하고 영화 랑가주의 존재를 입증했다는 측면에서 높이 평가될 만하다.

이외에 다른 영역에서 이렇게 간결한 단어로 그렇게 많은 내용을 함축해내는 일은 그리 흔한 일이 아니다.

랑그 없는 랑가주──영화의 서사성

영화는 랑가주이다. 영화는 음성 랑가주(즉 언어)와는 완전히 다르다. 언어학의 관점에서 영화에 접근하는 사람은 이 두 가지 명증 사이에서 왕복 운동을 멈추기가 쉽지 않다. 둘 중 하나를 선택하기란 쉬운 일이 아니며, 만약 왕복 운동을 멈춘다면 그에 따른 손실도 뒤따르게 될 것이다. 코앙-세아는 영화의 '로고모르피슴logomorphisme' [59]을 분석하면서 잠정적으로 영화를 랑가주로 보려는 유혹을 물리쳐야만 한다는 결론을 내린다. [60] 영화는 우리에게 연속되는 이야기를 들려준다. 인간의 음성언어로도 충분히 이야기할 수 있는 것들을 말한다. 단지 다른 방식으로 말하는 것이다. 각색이 가능하다거나 혹은 각색을 필요로 한다는 등의 요구가 발생하는 이유도 동일한 맥락에서이다.

그동안 너무나 많은 사람이 영화가 서사의 길을 걷는다고 생각했으며, [61] 이렇게 생각한 데에는 합당한 이유가 있다. (여기에서 서사의 길은 리치F. Ricci가 '공상적인romanesque 길' [62]이라고 부른 것에 상응한다.) 장편 픽션영화만이 오로지 가능한 유일한 장르 중 하나인 것처럼 여겨지고, 결국 전체 생산량의 상당 부분을 독점하게 된다면 영화 역사가 보여준 긍정적인 변화의 결과물을 확인할 수 있을지 모른다. 특히 뤼미에르 형제의 영화에서 멜리에스 영화로 넘어가며, '시네마토그래프'에서 시네마로 이행하는 과정 [63]에서 이룩한 위대한 전환점의 결과물을 떠올릴 수 있다. 물론 이 모든 변화에 그 어떤 것도 필연적이거나 혹은 특별히 자연발생적인 것은 없었다. 사건의 역사성을 강조하는 이들까지도 우연히 발생한 일이라거나 이 과정이 무의미하다고 일축할 수는 없었다. 이러한 이행은 반드시 발생했어야만 하는 일이었고, 거기에는 절대적인 이유가 있었다. 영화의 본성이 이러한 결정적 (혹은 가능한, 혹은 일어날 법한) 변화를 이끌어낸 것이다.

다시 말해 관객이 필요로 했던 것이고, 요구demande가 있었던 것이다. (이 주장은 에드가 모랭의 분석의 중요한 부분을 차지하고 있는데, 이 글에서 서투르게 반복할 필요는 없을 듯하다.) 모랭에 따르면,[64] 관객의 요구가 각 영화의 개별 내용을 구성하는 데 힘을 발휘하지 못하는 경우라면, 이는 이 글에서 **스펙터클 공식**formule du spectacle이라고 부르고자 하는 것에 정확히 일치하는 경우일 것이다. (다큐멘터리와 같이 비주류에 속하는) 한 시간 반 정도의 영화,* 최소한의 서사성을 포함하고 있는 영화는 일종의 공식, 관례적 표현에 해당한다. 물론 지속되는 효과를 내지는 못할 것이지만, 일정 시간만큼은 충분히 관객의 시선을 사로잡을 수 있고, 받아들여진다. 뿐만 아니라 영화 상영 전에 소개되는 영화도 있다. 하지만 이들은 모두 변형체일 뿐이다. 진정한 공식은, 처음부터 지금까지 줄곧 변함없었던 공식은, 우리에게 이야기를 들려주는 커다란 단위를 영화라고 부른 데 있다. '영화관에 가기'는 '이야기 보러 가기'의 다른 말이다.

영화가 이러한 면모에 너무나 잘 들어맞기 때문에, 관객의 가장 강력한 요구는 (기호학적인 메커니즘에 따르면 일어날 수 없을 법한) 다른 길로 방향을 바꿀 수가 없었다. 영화는 솜씨 좋은 이야기꾼이어야만 했고, 뿌리 깊숙이 서사성이 배어들어야만 했다. 결국 그러한 일이 너무나 빨리 초창기에 이루어졌으며, 이후 오랫동안 지속되었으며, 지금도 여전히 계속되고 있는 셈이다. 공상적인 픽션이 영화를 절대적으로 침범하고 점령한 사실은 매우 충격적이고 특별한 특성이다. 왜냐하면 모든 신

---

* (옮긴이) 메츠는 픽션 서사영화와 구별되는 다른 계열체에 다큐멘터리 영화/영화 예고편/광고 영화/뉴스영화 등을 포함시킨다. 뉴스영화란 상영시간 10분 이내로 편집·제작된 영화, 현실적·시사적 사건들을 보도하는 영화가 영화관 프로그램으로 1주일에 1회 정도 상영되는 경우를 지칭한다.

기술이 여기저기서 호기를 노리던 시대에 막 탄생한 영화는 그 시점에서 얼마든지 다른 목적으로 사용되고 발전될 수 있었기 때문이다.

이야기가 영화를 지배하는 정도는 영화의 구성 심급인 이미지가 영화를 지배하는 정도보다 훨씬 더 강력하여, 몇몇 분석에서는 이미지로 구성된 플롯 뒤에 숨겨진 채 이미지는 존재하지 않는 듯 보이기도 한다.[65] 이때 영화는 이론상으로만 이미지 예술인 것이다. 각 숏의 시각적 내용을 즐기면서 횡단의 독서를 가능케 한다고 믿는 영화가 이야기의 다음이 궁금해서 앞으로만 빨리빨리 나아가려는 종단의 독서 대상이 되어버린다. 시퀀스는 숏을 합산하지 않고 그들을 없애버린다. 영화 기억의 경험을 생각하면 (브뤼스D. J. Bruce, 프레스P. Fraisse, 드 몽몰랭G. de Montmollin, 레베야르M. Rébeillard, 로마노D. Romano, 보손C. Botson 등의 의견에 따르면) 우리는 결국 영화에서 이야기 플롯만을 기억한다는, 잘해야 기껏 한두 이미지만을 기억한다는 결론에 이른다. 일상적인 경험에 비추어볼 때 이는 그리 틀린 말이 아니다. 아주 예외적인 경우, 예를 들어 영화를 거의 보지 않는 경우에는 영화 전체를 기억하기도 하는데, 아이가 태어나서 처음으로 영화를 본 경우 혹은 1년에 겨우 영화 한 편을 보는 시골사람 등은 전체를 기억할 수도 있겠다. 혹은 좀 다른 반증으로, 드레퓌스D. Dreyfus[66]가 관찰한 것처럼 안토니오니, 고다르와 같은 현대 영화에 고유한 랑가주를 사용하는 경우 가끔은 영화에서 이미지의 연속이 항상-이미 이야기하는 것 외에도 눈여겨보게 되는 다른 요소를 포함한다.

로고모르피즘, 서사성. 모든 것이 이미지들이 만드는 것으로 귀납되는 듯하다.[67] 마치 이 과정이, 두 이미지가 연속해서 나타나자마자 인간 정신(=시네아스트와 관객의 정신)의 힘이 그 사이의 끈을 없애는 것처럼 말이다.

영화의 이웃사촌인 사진은 결코 이야기를 전달하려는 계획이 없었다. 사진이 이야기를 전달하고자 한다면 이는 영화를 모방한 것이다. 사진은 공간 속에 연속성을 펼쳐놓는 반면, 영화는 시간 속에 펼쳐놓는다. '포토-로망photo-roman(사진소설)'의 한 페이지를 보는 시선은 영화 스크린에서 전개되었을 것과 같은 동일한 순서와 법칙에 따라 각 사진을 요구된 순서에 따라 응시하게 된다. 포토-로망은 매우 종종 이미 존재하는 영화의 플롯을 그대로 이야기하곤 한다. 이는 차이에서 생겨나는 좀더 근본적인 닮음이 도출하는 결과라고 볼 수 있다. 사진은 이야기를 하기에는 너무나 부적합하기 때문에, 이야기를 원한다면 영화가 되어버릴 것이다. 포토-로망은 사진의 파생물이 아니라 영화의 파생물이다. 사진 한 장은 이야기를 할 수 없다. 하지만 나란히 놓인 사진 두 장이라면 달라진다. 왜 병렬된 두 장의 사진은 반드시 무엇인가를 이야기하게 되는 것일까? 이미지 한 개에서 두 개로 넘어가는 순간, 이미지에서 랑가주로 이행한다.

앞서 언급했던 쿨레쇼프의 실험은 오랜 시간 몽타주의 전지전능한 힘을 입증하는 '과학적인' 증거처럼 간주되어왔다. 몽타주가 승승장구하던 시절에는 모호한 진실을 너무나 단호하게 해명한 쿨레쇼프 실험에 관한 다른 해석이 존재할 수 있다고 소리 높여 말하지 않았다. 겉으로는 조작을 옹호하는 목소리로 합창하는 것처럼 보이던 시절에도 사실은 (당시에는 겸손한 태도가 요구되었을 법한) 신중한 형태로 불협화음을 포함하고 있었다. 시간이 지나면서 이 부분을 점진적으로 조명하게 된 것이다. 『영화 정신Der Geist des Films』(1930)[68]에서 벨라 발라즈는 독특한 재치 있는 말투로 영화 몽타주가 만약 최상의 지위를 누렸다면 이는 한마디로 말해 부득이하게 그렇게 된 것이라고 주장한다. 특별한 의도 없이 두 개의 이미지가 병치되었다고 하더라도 관객은 그다음을 생각하게 되고 이해하게 된다는 것이다. 다름 아닌 바로 이 특성을 쿨레쇼프의 실험이 증명한 것이다. 분명 시네아스트들은 이 사실을 알고 있었다. 그들은 이미지 병치 후 자연스럽게 발생하는 부분을 소유하기 위해 그들이 원하는 대로 조정하겠다고 결정했을 것이다. 하지만 애초에는 관객의 요구에 따랐다고 할 수 있다. 아니 오히려 인간정신의 구조에 따랐다고 할 수 있다. 발라즈에 따르면 "우리는 선험적으로 의도를 상정한다. 관객은 몽타주가 이해를 요구한다고 믿는 것을 이해한다. 이미지들은 서로에게 내부적으로 피할 수 없는 의미작용의 귀납적 결과로 인해 연결되어 있다. 우리가 원하든 원하지 않든 몽타주의 힘은 존재하고 작용한다. 의식적으로 그 힘을 이용해야 한다."『영화의 미학과 심리학』에서 장 미트리는 좀더 세밀하게 '쿨레쇼프 효과'를 분석하는데, 그 본질은 발라즈의 주장과 동일한 의미에서였다. 미트리는 「쿨레쇼프 효과의 결과」라는 소단원(pp. 283~85)에서, 유명한 이 실험이 몽타주를 최고로 대접하는 이론을 합당한 것으로 만드는 그 어떤 역할도 하지 않는다고 설명한다. (이상의 이론들에서 몽타주 기법은 디제시스와 별도로 전개된다. 영화 자체와 별개로 설득력 있는 부분 혹은 추상적인 추론 방식을 구성하는 것처럼 간주된다.) 쿨레쇼프 실험은 단순히 '연계連繫의 논리'라는 현실을 증명할 뿐이다. 이 논리를 통해 이미지는 랑가주가 되고, 영화의 서사성과 하나가 되는 것이다.

그리하여 과거에 승승장구했으나 오늘날 그 지위를 잃고 겸손해진 영화의 몽타주, 반면 그 예전에도 지금도 줄곧 자리를 고수하고 있는 서사성은 양쪽 두 끝 지점이 충분히 가까워지자마자 (가끔은 꽤 떨어져 있을 때에도) 발생하는 귀납적 추론의 흐름이 만들어내는 결과일 뿐이다. 영화는 편집의 특별한 모든 효과를 넘어 랑가주이다. 영화가 랑가주이기 때문에 그토록 잘 이야기를 전하는 것이 아니라, 이야기를 너무 잘할 수 있었기에 랑가주가 된 것이다.

세상을 모두 말할 수 있는 공상적인 글쓰기에 다가서기 위해, 19세기 이후 소설이 수행했던 임무를 대체하는 다양한 형태의 글쓰기[69]에 도달하기 위해 스펙터클 영화를 멀리한 이론가와 시네아스트가 있었다. 이들 중 상당수가 '영화 통사 규칙'에 관해서는 최소한의 관심만을 보였다. (바쟁, 레엔하르트, 아스트뤽, 트뤼포처럼) 본인의 글 속에 직접 말한 경우도 있고, (안토니오니, 비스콘티, 고다르, 트뤼포처럼) 본인의 작품에서 직접 보여준 경우도 있다. 물론 알랭 레네나 고다르처럼 특수한 사례도 있다. 이 두 감독은 몽타주 기법에 새로운 의미를 부여했고, 오손 웰스는 모든 규칙을 뛰어넘어 영화를 만들었다. 그의 영화에는 충격을 일으키는 놀라운 조작과 동시에 프루스트의 문장만큼이나 길게 주변을 둘러싸는 연속적인 카메라 워크가 공존한다. 하지만 작가의 스타일은 스타일이고, 영화 랑가주의 발전은 다른 범주에 속한다. 물론 그 실체 면에서는 다를 것이 없지만(영화를 만드는 것은 시네아스트이다), 우리가 그 대상을 바라보는 거시적 관점에서는 구별된다. 이 주장을 발전시키려면 상당량의 지면이 필요하겠으나, 이 글에서는 단지 '시네-랑그'와 '시네마-랑가주'라는 두 가지 특성에만 초점을 맞추기로 한다. 안토니오니, 비스콘티, 고다르 그리고 트뤼포를 언급한 이유는 그들이 독자적인 스타일을 보유한 작가이기 때문이며, 게다가 '랑그의 의지'에서 '랑가주의 욕망'으로 이행한 독보적인 경우라고 여겨지기 때문이다.* 몽타주 기법 옹호자들이라면 분해하고 재구성했을 부분에서 이 감독들은 플랑-세캉스를 자주 사용한다. 그들은 우리가 '파노-트래블링'(정해진 약호에 전혀 근거하지 않는 카메라의 움직임, 진정으로 자유로운 움직임을 지칭한다)이라고 지칭하는 기법을 사용한다.** 이 기법은 전통적 규칙, '전진 트래블링' '후진 트래블링' '수평 파노라마' '수직 파노라마' 등과는 구별되는 다른 종류이다.[70)]

이렇게 랑그에서 상실된 부분이 랑가주를 풍부하게 만든다. 두 움직임과 변화는 결국 하나로 귀결된다. 영화에서 모든 것은 풍부한 약호의 기표와 다양한 메시지의 기표가 서로 하나로 결합되는 것처럼 전개된다. 약호가 존재할 경우 하찮을 때가 많다. 약호를 믿는 사람이 만약 훌륭한

---

* 이 글은 1964년 초에 집필되었기에 오늘날에는 분명 이 목록에 추가할 작가들이 있을 것이다.
** 고다르의 「네 멋대로 해라」에서 여행사 내부 시퀀스는 매우 훌륭한 사례이다.

시네아스트라면 더욱 그럴 것이다. 메시지는 약호를 숨기고 감추고, 약호는 모든 순간에 변화하거나 사라질 수 있다. 매순간 메시지는 다른 방식으로 의미하는 법을 반드시 찾아낼 것이다.*

시네-랑그와 진짜 언어—유성영화**의 모순

영화가 스스로를 진짜 언어처럼 여기던 시절에는 진짜 언어에 대해 일종의 혐오감 혹은 공포심을 가지고 있었다. 영화는 진짜 언어들 사이에 스스로를 위치시키면서 유일한 경쟁자로서 반감을 표시했다. 1930년 이전에는 영화의 침묵(소리 부재)이 바로 경쟁자 언어를 상대로 자신을 보호할 수 있는 방법이라고 믿었다. 어떤 소리도 들을 수 없기에 방해받지 않고 평화롭게 잠들 수 있는 귀머거리처럼, 영화는 스스로의 약점 덕분에 조용하고 편안한 삶을 살 수 있었으리라고 믿었다. 그런데 현실은 전혀 그렇지 않았다. 어떤 시대도 무성영화의 시대만큼 수다스러운 적이 없었다. 유령 같은 경쟁자 언어를 상대로 선언하고 울부짖고 비판하고 단언하고 주장하는 일들이 넘쳐났다. 영화에서는 완전히 부재한 말이 결국에는 말을 상대로 주장되는 담론 속에서 (표현도구로서 비판하는 말, 그리고 비판받는 대상으로서의 말이라는 이중적인 형태로) 존재했던 것이다. 젊은 시절의 엡스탱, 르네 클레르, 루이 델뤽, 제르멘 뒬락과 함께

---

* 오늘날 약호와 메시지의 관계는 더 이상 예전만큼 완전히 대립하는 용어로 간주되지 않는다. 약호들 자체가 현실을 더 다채롭고, 복잡하고, 다양하게 구성하는 것처럼 보이며, 풍부한 메시지와도 양립할 수 있는 것처럼 여겨진다. 이 부분에 관해서는 이 책 제5장과 제8장에서 부연하기로 한다. 이 책에 수록되지는 않았으나, "Problèmes actuels de théorie du cinéma", in *Revue d'esthétique*, 특집호 "Le cinéma", tome XX, fasc. 2~3, p. 221.

** (옮긴이) 이 소단원에서 메츠는 영화에서 배우들의 대사에 소리가 입혀진 유성영화cinéma parlant의 도래와 말parole의 지위에 관해 언급하고 있다. 음악이나 배경 소리가 입혀진 영화는 sonore라는 형용사를 사용하면서 음성언어를 영화에서 듣는 경우와 구별하고 있다. 토키영화라고도 번역할 수 있겠으나, 이 책에서는 유성영화라고 옮기고자 한다. 반면 음성언어 없이 음악과 소리만 있는 경우, 소리영화라고 한다.

'순수영화'를 외치던 일파, 벨라 발라즈, 찰리 채플린 그리고 러시아 영화의 선구자 그룹 등 모두 말을 무시하고 경멸했던 이들이다. 이외에도 많은 이가 있었다.

배척의 흐름은 겉으로 드러나는 것보다 훨씬 더 당시의 진실이 무엇인지를 보여준다. 그 이전부터 계속 존재해왔던 언어 구조는 공식적으로 영화에서 부재했으나 그렇다고 해서 완전히 그 모습을 감추고 사라진 것은 아니었다. 분명 당시 영화에는 자막이 삽입되었고, 특히 배우의 연기에서 나타나는 몸짓 연기, 제스처가 있었다. 제스처가 무성영화에서 중요한 역할을 했던 사실은 일반적으로 생각하는 것과는 달리 무성 이미지의 결함이나 연극에서 기술적으로 전해진 관습 때문이 아니었다. (사실 몇몇 무성영화는 전혀 몸짓 연기를 포함하지 않았는데, 이 경우는 어떻게 설명할 것인가?) 진정한 이유는(차후 좀더 상세하게 설명할 필요가 있을 것이다) 오히려 제스처가 말없이 말하려는 무의식의 시도인 까닭이며, 음성언어와 동일한 방식으로 음성언어 없이도 말하려는 시도에 해당한다는 데 있다. 영화는 그리하여 일종의 소리 없는 횡설수설을 만들어냈다. 너무 과장되거나 경직되었던 이 방법, 각 제스처와 표정으로 전달하는 방식은 서툴고 이해하기 힘들었지만 많은 내용을 담으려고 했고, 언어 단위, 즉 문장의 표시를 없애려고 했다. 하지만 이와 같은 시도로 인해 (그렇지 않다면 불행하다고 생각되지 않았을) 문장의 부재가 제스처로 언어를 흉내 내려고 할 때마다 더욱 심각하게 느껴지게 되었다. 그 반대 사례로 에리히 폰 슈트로하임*을 생각하는 것만으로 충분하다. 그는 무성 이미지에 국한해서 그만으로도 충분히 많은 말을 하고자 원했으며, 영화가 더 풍성해지고 안정되는 방법으로, 그 이전까지는 너무나 지엽적으로 서투르게 이루어졌던 의미작용을 지속적으로 만들기 위해, 이를 통해 더 복잡하고 다양한 의미를 드러내기 위해 (말을 흉내 내려는 수치

---

* 「결혼 행진곡」(1927)의 유혹 장면에서 감독이 직접 분한 등장인물의 표정 연기를 거의 알아차릴 수 없는데, 어떤 제스처도 없지만 표현expression만큼은 너무나 생생하게 느낄 수 있다.

스러운 시도 대신) 말을 피하면서 말하는 법을 알아차렸다.

　이러한 맥락에서 무성영화가 여전히 너무 많이 이야기하고 있다고 생각한 사람들이 반드시 틀린 것만은 아니었다. 그들은 상당 부분 진실을 예견했던 것이며, 더 광범위한 사고의 흐름 속에서 보면, 그들이 본질적으로 주장하고자 하는 측면에서 보면 합당했다. 그들은 음성언어를 두려워하기까지 했는데, 왜냐하면 그들이 영화를 비언어적인 랑가주로 정의하는 순간에도 영화 속에서 구체화되었다고 막연히 상상했던 것은 유사-언어적인 메커니즘이었기 때문이다. 낱말의 랑가주, 즉 언어는 그들의 눈에 항상 영화의 강력한 경쟁자였다. 당시 이론서들을 보면 놀랄 정도로 개념들이 서로 혼합되어 있다. 이미지는 낱말처럼, 시퀀스는 문장처럼, 이미지들로 구성된 시퀀스는 낱말들이 구성한 문장처럼 등등. 이 영역에 영화를 위치시키면서, 영화의 우수성을 주장하면서 결국은 극복할 수 없는 열등감을 드러내고 있었다. 세련된 랑가주, 즉 언어 앞에서, 인식하지 못하는 사이, 영화는 세련되지 못한 언어의 복제품처럼 정의되었다. 영화는 더 기품 있는 큰형을 두려워하는 비밀스러운 감정을 감춘 채 용감하게 자신의 비천함을 과시했던 것이다. (마르셀 레르비에Marcel L'Herbier의 글들은 바로 이 목적에서 쓰였다.)

　(배우들이 직접 말하는parlant이라는 의미에서) 유성영화의 모순은 이미 무성영화 속에 뿌리 깊게 자리하고 있었고, 이후 더 확연히 드러난다. 유성영화의 도래와 함께 영화만 변하는 것이 아니라 영화에 대해 말하는 이론까지도 변화되었어야 할 것이다. 하지만 정작에는 아무것도 적어도 몇 년 동안은 어떤 변화도 일어나지 않았다. 영화는 말하고 있었지만 사람들은 영화가 말하지 않는 것처럼 이야기했다. 물론 예외가 있기는 하다. (바쟁이 재평가하기[71] 전까지는 무시당했던) 마르셀 파뇰의 글 속에는 완전히 새로운 경향이 포함되어 있었다. 이 경향은 영화 자체에서가 아니라 다른 지점에서 발생한 것인데, (그 경쟁자의 분노를 불러일으키면서) 무성영화가 힘들게 존재하던 때가 아닌, 의미심장하게도 유성영화

의 도래와 함께 시작되었다.* 이 경향은 우리가 유성영화의 모순이라고 부르는 경향에서 벗어나 있다. 부연 설명은 잠시 접어두자.

영화 속에 말이 등장했다고 해서 당시의 이론에서 말이 차지했던 실질적인 위치를 변화시키지는 못했다. 영화의 순수성을 사랑했던 많은 사람이 영화 세상에 새로운 변화가 생겼음을 쉽사리 인정하지 않았다. 영화계 여기저기에서 말을 사용하지 않으려고, 가능하면 적게 사용하려고 여하튼 사실주의적인 용도로는 결코 사용하지 않으려고 했다. 그리고 유행은 금세 지나가리라고 생각했다. '말하는parlant'에 반하는 방식으로 작용하게 하는 '소리의sonore' 다양한 작업, 교란과 동시에 지연시키려는 작용이 있었다. 다시 말해 현실의 소리와 음악은 수용했으나 말은 수용하지 않은 것이다. 세상의 모든 소리 중에서 유일하게 말만이 영화 이론에서 신비하고 이상스러운 금기 대상이 되었다. "말없이 말하는 영화, 과묵한 영화, 문소리, 수저 소리가 생생한 영화, 신음하고, 소리치고, 웃고, 한숨 쉬고, 흐느끼는 영화, 그러나 결코 말하지 않는 영화",[72] 마르셀 파뇰이 그 많은 동사로 신랄하게 조롱한 영화였다. 하지만 이 모든 것은 에피소드에 불과했다. 영화에서 말의 지위를 어떻게 인정할 것인가와 관련된 광범위한 논쟁은 단지 추상적인 말뿐이었으며, 영화 이론에서나 볼 수 있을 뿐이었다. 실제 영화는 말하게 되었고, 그것도 매우 빨리, 거의 모든 영화에서 말을 하게 되었으며 그 이후에도 계속해서 말하게 되었다.

몇몇 감독은 영화 예술의 생존 이유가 계속되는 침묵 상태와 밀접하게 연결되어 있다고 선언했었다. 그런데 차차 이들의 영화에서조차 어렵지 않게 말을 발견하게 되었다.[73] 황당한 모순이 아닐 수 없다. 현실 상황이 이렇다고 해서 말이 모든 권리를 부여받지는 못했다. 사람들은 영화의 본질적인 부분에서 말이 그 어떤 것도 변화시키지 않는다고(제법 강

---

* 파뇰의 첫번째 주장은 1930년, 두번째 주장은 1933년에 제시되었다.

력한 의견), 영화 언어의 법칙들은 과거와 동일하다고 설명하는 데 열중했다. 아르누A. Arnoux는 당시 보편적이었던 의견들을 다음과 같이 요약[74]한다. 좋은 유성영화와 좋은 무성영화의 좋다는 기준은 동일하며, 유성영화는 결국 다른 요소들처럼 영화 개선의 일환일 뿐이며, 훨씬 이전에 발명된 클로즈업보다도 중요하지 않다.

시간이 흐르고 이제 와서 보니, **말로 이행하기**를 매우 중요한 사건의 출현으로, 적어도 이론 가운데 한 자리를 차지할 만한 가치 있는 사건으로 인정하지 않으려는 고집스런 태도에 놀랄 뿐이다. 영화 이론 속에 앞서 포함되어 제각각 지위를 얻게 된 요소들을 재정리하면서까지 말의 지위를 부여하고 싶지는 않았던 것이다. 진정한 변화는 이상과 같은 변화가 일어난다는 여건하에 가능할 것이다(이 점에 관해서 통시론적으로 언어학자들이 언급했고, 프루스트는 그에 대한 감정을 피력하기도 했다). 그러나 말은 단순히 영화 이론에 (그 당시에는 그리고 오늘날에도 여전히) 추가되었을 뿐이다. 마치 이미 정원을 초과한 상태에서 덧붙여진 것처럼, 새롭게 추가된 요소는 보잘것없는 지위를 얻었을 뿐이다. 이 상황은 심지어 무성영화가 스크린에서 완전히 사라질 때까지도(처음부터 완전치 못한 사산아死産兒, 소리sonore영화는 언급하지 않고서라도) 지속되었다.

유성영화가 탄생한 시점에서 매우 긍정적인 반응을 보인 사람들에게서조차 (파뇰을 제외하고) 조금의 정도 차이는 있지만 그래도 비생산적이고 과장된 형태로, 앞에서 열거한 거부 반응, 보기를 아니 듣기를 거부하는 경향을 발견하곤 한다.

에이젠슈테인, 푸도프킨, 알렉산드로프의 유명한 '오케스트라적인 대위법 선언'*은 영화에 소리가 도래한 것을 환영하는 긍정적인 선언이다.

---

* (옮긴이) 1928년 토키 선언. 그들에게 소리는 시각적 의미로부터 독립된 몽타주를 위한 새로운 요소였고, 시각적 이미지와 음의 이미지가 충돌함으로써 '새로운 오케스트라적인 대위법'이 창조된다고 하는 대목에서처럼 몽타주에 새롭고 한층 완전한 형식의 가능성을 부여하는 것이라고 보았다. 특히 대사로서의 요소는 부정하지만 음향(음악)의 가능성을 긍정적으로 받아들이고 있는 점이 특이하다. In *Zhizn Iskusstva*(Leningrad), n˚ 32, 5 août 1928.

청각 차원과 시각적인 요소가 어울려 대위법을 만들어내면서 영화를 더 풍요롭게 하고, 그 이전의 영화를 새로운 영화로 확장시키는 것이라고 평가했다. 이들의 선언은 걱정스럽게 이야기되는 새로운 변화에 관한 혜안의 반응이었기에 더 아쉽게 느껴지는 부분이 있다. 즉 그들이 결코 말에 대해서는 어떤 언급도 하지 않았다는 점이다. 그들의 눈에 소리영화는 일정 조건에 맞춰진 영화이므로, 소리영화가 번창할 경우 영화 스스로 번창하는 것이었다. 선언의 주인공들은 오로지 소리와 음악에 대해서 생각했다. 그들에게 영화는 여전히 말하는 담화였다. 말은 영화에 끼어들 수 있는 여지가 충분했지만, 그들은 그 가능성에 대해 생각하지 않았고 심지어는 외면하기도 했다.

하지만 그들을 비난할 필요는 없다. 1964년보다 1928년에 이 주제에 관해 언급하는 것은 더 어려운 일이었기 때문이다. 그들의 한 발 물러난 입장은 그럼에도 불구하고 영화에서 말의 등장이 어떤 의미에서는 영화와 연극을 매우 가깝게 만들었다는 주장을 뒷받침하게 되었다. 사실 이 의견은 당시 보편적이었던 생각과는 상반되는 것이다(1930년 이후 연극적인 말과 영화적인 말은 다르다고 주장하는 분석들이 대다수 등장한다). 혼란을 불러일으킬 수 있는 당시 주장은 연극의 말verbe은 재현된 세계를 구성하는 위엄 있고 고결한 요소인 반면, 영화의 말parole은 디제시스 세계가 만들어내는 종속된 요소란 것이었다. 그리고 이 주장은 거의 이론의 여지가 없는 것처럼 여겨졌다. 그러나 더 근본적으로 보면, 고결하건 아니건 모든 말은 우선 우리에게 무엇인가 이야기하고자 하는 본성을 지니고 있다. 반면 이미지, 소리, 음악은 그들이 우리에게 많은 것을 이야기하는 순간에도 먼저 만들어져야 하는 과정을 필요로 한다.

능동적인 면과 수동적인 면의 공존은 (행동하는 인간과 의미작용의 두 측면에 연관된) 음성언어나 (다양한 해석이 가능한 사물의 유연성, 인내를 요구하는 세상의 변화무쌍함과 깊게 관련이 있는) 이미지, 소리, 음악과 같은 랑가주에서도 동일한 방식으로 작용한다. 무엇을 말하든 간에 영화의 대화는 결코 완벽하게 디제시스적이지만은 않다. (변사의 해설, 내 레이터 목소리 등 너무 분명한 사례를 고려하지 않고서라도) 언어적 요소는 영화 속에 완전히 포함되지는 않는다. 말은 늘 넘어선다. 말은 항상 약간은 대변인 역할을 한다. 말은 결코 완전하게 영화 속에 있지 않고 항상 약간은 그 앞에 있다. 역으로 음악적인 혹은 이미지적인 구성은 영화와 우리 사이에 위치할 수 없다. 우리는 이들을 영화의 구성 요소, 영화의 살처럼 느낀다. 충분히 가공된 구성 재료, 그러나 여전히 재료로서 느낀다.

촬영된 연극에 관한 마르셀 파뇰의 생각에는 이의의 여지가 있었다고 할지라도, 결국 1927년부터 1933년까지의 시기, 처음 유성영화를 접하고 혼란스럽지 않을 수 없었던 시기에, 파뇰은 유일하게 가장 혜안 있는 의견을 피력한 사람이다.[75] 몇몇 사람은 심지어 소리 자체를 거부하기까지 했고, 몇몇 사람은 반대의 감정으로 마지못해 받아들였다. 물론 환영한 이들도 있다. (식사 시간에 본인의 테이블 옆에 음악가를 대동하고 싶어 했던 귀부인들은 두려움의 대상도 언젠가는 두렵지 않게 될 거라는 근거 없는 어렴풋한 희망 속에서 유성영화를 마음에 들어 했다.) 몇몇 사람은 용감하게도 유성영화를 받아들이려는 움직임 속에 그토록 열망했던 소리에 말이 덧붙여진 것이라고 믿었다. 마르셀 파뇰만이 거의 유일하게 말하는 영화를 인정했다.

이제 영화 역사를 간단하게 훑어보는 작업을 마치고, (파뇰만이 모면했던) 유성영화의 모순을 정의해보자. 영화가 무성이었을 때, 사람들은 영화가 너무 말이 많다고 비난을 했었다. 영화가 말을 하기 시작하자 사람들은 영화가 본질적으로는 무성으로 남아야 하고 앞으로도 그래야만 한다고 했다. 유성영화의 출현이 변화시킨 것이 아무것도 없다고 한다면 과연 놀랍지 않겠는가? 물론 몇몇 영화는 변한 것이 없었다. 1930년 전에 영화는 (유사 언어인 제스처들로 가득하여) 소리는 나지 않지만 꽤나 수다스러웠던 반면, 1930년 이후에는 장황하지만 벙어리였다. 말의 물결은 예전의 법칙에 충실하게 조직된 이미지의 구조 위에 덧붙여졌을 뿐이다. 시네-랑그로서는 말을 할 수가 없었고, 결코 한 번도 말을 한 적이 없었다. 영화가 말을 하게 된 것은 1930년이지만, 스스로를 변화시켜 말을 수용하게 된 시기, 이미 존재하고 있었지만 문지방을 넘어오지 못하고 밖에서 서성이던 말을 받아들인 시기는 1940년경부터이다.*

그럼에도 불구하고 초창기 시절의 유성영화가 너무 말을 많이 했다는 것은 이미 잘 알려진 사실이다. 이 특성이 두드러져 보이는 것은 어쩌면 그 이전에 영화가 말을 하지 않았기 때문일 수 있다. 반면 오늘날에는 더 이상 영화 속 말이 우리에게 충격처럼 느껴지지 않는다. 그때만큼 영화에서 말이 차지하는 비중이 많지 않기 때문일까? 항상 그렇지는 않다. 본질적인 것은 말의 양이 아니라 다른 부분인데, 즉 영화가 더 잘 말하게 되었기 때문이다. 말은 영화에서 이제 폭음을 내지 않게 된 것이다. 적어도 일반적으로 그리 충격적이지 않게 되었다. 달리 말하자면 영화가 영화 자신을 위해 더 잘 말할 수 있게 되었다. 영화 대사 텍스트의 완성도가 높아졌다는 의미가 아니라, 말이 영화에 더 잘 부합하게 되었다는 뜻이다.

랑가주라고 선언하기는 했지만 스스로는 랑그라고 간주하는(이때 랑그란 보편적이고 비관습적인 랑그를 의미하지만 그래도 언어일 수밖에 없는데, 왜냐하면 상당히 고정되어 있으면서 논리적으로 모든 메시지에 앞서는 시스템을 구축하기를 원하기 때문이다) 영화에서, 진짜 언어는 쓸데없이 덧붙여진 부분 혹은 시의적절하지 않은 경쟁심만을 드러낼 뿐이었다. 사람들은 말을 이미지의 작용 속에 통합시킬 수 있으리라고는 도저히 진지하게 생각할 수 없었고, 말을 이미지 속에 녹여들게 하거나, 어울리게 만드는 경우 역시 생각할 수 없었다.

---

* 오늘날에는 이러한 견해를 재고해보려는 움직임이 있다. 왜냐하면 몇몇 좋은 유성영화가 이미 유성영화가 출현한 초기에 창작되었기 때문이다. 1930년부터 1933년까지의 시기는 충분히 많은 시도가 있었고, 조금 시간이 지나자 훌륭한 미국 배우들도 등장했기 때문이다.

영화는 (미리 정해진 규칙이 전혀 없는) 유연한 랑가주로서 스스로를 인식하게 되었을 때에서야 비로소 말할 수 있게 되었다. 스스로에게 충분히 자신감 있을 때만이 현관문 앞에 늘 세워두었던 심술궂은 보초병을 물릴 수 있을 것이고, 그제야 타인의 풍요로움이 자신을 풍요롭게 할 수 있게 될 것이다. 사실 유성영화를 위해서도 유성영화의 출현이라는 계기보다 '플랑-세캉스'의 역할이 훨씬 컸는데, 수리오가 언급했던 것처럼[76] 기술 발명이 예술의 문제를 해결해주지는 못한다. 오히려 문제를 제기할 뿐이다. 두번째 발명, 즉 온전히 미학적인 발명이 이루어지고 나서야 해결할 수 있게 되는 것이다. 장기간에 걸친 진보 그리고 단기간의 후퇴, 둘 사이의 변증법은 익히 알려진 바이다.

유성영화를 좀더 잘 이해하기 위해서 일련의 '현대 영화',* 특히 알랭 레네, 크리스 마르케르, 아네스 바르다 등 결코 떼어서 생각할 수 없는 세 감독의 작품을 살펴볼 필요가 있다. 언어적 요소, 게다가 매우 '문학적인' 요소는 그들의 작품 전체 구성에서 중요한 비중을 차지하게 되는데, 이전에 도저히 볼 수 없었던 말의 진정한 영화적 사용을 발견하게 된다. 「지난해 마리앵바드에서」의 경우, 이미지와 텍스트 두 요소는 서로 숨바꼭질하며, 한 지점에서 서로를 애무하듯 만난다. 두 요소가 맡은 부분은 동일한 무게감으로 텍스트는 이미지를 만들고 이미지는 텍스트에서 만들어진다. 영화의 문맥을 만드는 것은 바로 이 콘텍스트의 작용과 역할이다.

이 맥락은 앙드레 바쟁이 거의 모든 글에서 반드시 한두 문장씩 중요하게 설명했던 '영화적 특수성'의 문제와 상응한다. 몇몇 예전 영화가 그러했듯이, 강한 개성을 스스로 분명하게 주장하고 드러내는 것만이

---

* 현대 영화 연구는 여기저기에서 시도되었는데 우선 알랭 레네에 관한 팽고B. Pingaud와 리카르두G. Ricardou를 들 수 있고(*Premier Plan*, n° 18, octobre 1961), 알랭 레네, 아네스 바르다, 크리스 마르케르에 관한 장 카르타J. Carta의 글(*Esprit*, juin 1960), 이 세 감독에 관한 레몽 벨루르R. Bellour의 글(*Artsept*, n° 1, premier trimestre 1963)을 들 수 있다.

항상 강한 개성을 가진 대상을 만드는 것은 아니다.

하나의 상태, 하나의 단계—'시네-랑그'에 관한 평가 글

우리는 예전 영화를 모두 용서할 수 있다. 왜냐하면 우리에게 에이젠슈테인과 그 외 감독들을 선사해주었기 때문이다. 하지만 우리는 이 천재 감독들을 용서하는 것이다. 시네-랑그는 이론적인 바탕을 강력하게 형성했으므로 그 자체를 평가하고 구별하는 작업이 중요하다. 영화 비평가와 역사학자들의 관점은 이론가의 관점과 일치하지 않는다. 당시 살아남지 못한 개념들이 이후 영화 역사상 가장 위대한 작품이라고 할 수 있는 몇몇 작품을 남겼다는 사실 앞에 난감하지 않을 수 없다.

기계영화가 존재한다고 할 수 있을지는 몰라도, 기계영화 한 편은 절대 존재하지 않는다. 이 시기 많은 영화의 공통적인 경향은 학자의 글과 선언에서만 실체적으로 생각되었을 뿐이다. 아방가르드 영화, 순수 실험영화 등의 경우를 제외하고 결코 한 작품에서 온연하게 구체적인 모습으로 실현된 적이 없다. 게다가 당시의 아방가르드 영화, 실험영화로 구분되던 작품들도 오늘날 다시 보면 '평범한' 영화처럼 생각된다. 이 작품들의 역할을 조명하는 일은 비평가들에게 맡겨두기로 하자.

반면 역사학자의 입장에서 보면, 영화가 스스로에 관해 생각하기 시작할 수 있었던 계기는 오직 (이론적 혹은 실제적으로 드러난) 과도함을 통해서란 것에 주목할 필요가 있다. 시네-랑그는 시네마토그래프라는 기술이 발명된 후 얼마간의 시간이 지나서 영화를 예술로 탄생시킨 계기이기도 하다. 이 점이 바로 앙드레 바쟁이 협의의 '아방가르드Avant-Garde'라고 언급했던 것이다.[77] 이 맥락에서 그 당시 상당 부분의 영화를 설명할 수 있다. 하지만 아직 설익은 독창성 때문에 발생할 수 있는 위험에 내재된 장점을 평가하는 몫은 역사학자들에게 맡겨두기로 하자.

확장된 의미에서 시네-랑그는 한 시대가 영화 분야에 제공할 수 있는 최선의 어떤 것, 예술과 랑가주와 연계된 어떤 것을 제공했다. 바로 이러한 이유에서 우리가 시네-랑그에 관해서만 언급하는 것이다. 그러나 그 관점을 모호한 채로 두어서는 안 된다. 시네-랑그 경향의 영화 한 편을 발견하기 위해서는 낮은 수준의 10편의 영화가 있었다. 무성영화로서의 어려움도 겪지 않고 유성영화의 모순도 겪지 않은 영화들이 별 고민 없이 만들어졌기 때문이다. 예를 들어 1930년 이전 아프리카 코끼리들을 촬영한 졸작은 1930년 이후에는 대사와 음악이 포함된 뮤직홀 공연을 촬영했다. 말이 있건 없건 이러한 종류의 영화는 전혀 불편한 적이 없었다.

졸작도 아니고 시네-랑그도 아닌 다른 종류의 영화도 있었는데, 몽타주 기법이 각광받던 시절에 슈트로하임, 무르나우 등은 현대적인 영화를 만들었다. 개인적 재능과 독창성이 일궈낸 일이므로, 이런 영화들은 이론으로 뒷받침되지 않았으며 그 시절에는 어떤 그룹도 형성되지 않았다. 이상적인 조작이 성공했던 사례이다. 소수만이 발전의 단계를 파괴하고 건너뛰는 법이다.*

---

* 그리피스처럼 영화 랑가주가 형성되는 데 핵심적인 역할을 했던 1920년 전의 경향에 관해서는 이 글에서 전혀 언급하지 않았다. 1920년 이전 시기는 (역사 서술의 의도가 전혀 없는) 이 글의 성격상 별도의 관심사를 내포하고 있다. 수많은 사례 중 한 가지만을 언급하자면, 루이 푀야드의 경우 이 글에서 비판했던 '시네-랑그'를 과신하거나 남용하지 않았다. 랑가주인가 랑그인가에 주목하고 있는 우리에게 중요한 문제가 제기될 수 있는 배경에는 대략 1920년대부터 시작되었던 초창기 영화 이론이 매우 결정적이다. 그 이전에 영화는 만들어져야 하는 것이 우선이었다. 뤼미에르 형제가 시네마토그래프cinématographe를 발명했지만 우리가 오늘날 영화라고 생각하는 '영화film', 여러 차원의 복합적인 서사 집합이라는 의미에서의 영화를 발명하지는 않았다. 1920년대 이전 위대한 선구자들이 영화cinéma를 발명한 것이다(Jean Mitry, *Esthétique et psychologie du cinéma*, tome I, pp. 267~85 참조). 우선 영화가 존재해야만 했고, 이론적인 개념으로 사유되어야만 했다. 이 글에서 언급되고 있는 기호학의 문제는 이때서야 겨우 의미를 얻게 되었고 연구 대상을 확보할 수 있었다. 영화 기호학은 영화에 관한 기호학이다.

로셀리니가 말했던 것처럼 영화는 특정 전달수단이라기보다는 예술언어이다. 이미 존재하고 있던 다양한 형태의 표현수단들이 결합하여 탄생한 것이다. 이미지, 말, 음악, 배경 소리 등이 그 고유한 법칙을 잃어버리지 않았기 때문에 영화는 따라서 '구성하다composer'란 단어 의미그대로 여러 요소를 결합시킬 수밖에 없었다. 예술이 아니라면 아무것도 아닐 위험을 안고 영화는 예술의 법칙, 작용 방식 등에 편입되었다. 그 강점과 약점은 모두 이미 존재하고 있던 표현성을 내포하는 것이었다. 즉 표현수단 중 언어적 요소와 같은 몇몇은 완전하게 랑가주였고, 음악, 이미지, 배경 소리와 같은 몇몇은 대략적인 비유적 의미에서 랑가주였다.

총체totalité로서 영화적 담화가 특별한 것은 그 구성 때문이다. 본래의 랑가주를 닮은 영화는 최상의 심급으로서 예술 영역 상위에 속할 수 있는 힘을 지니고 예술로 발전을 거듭하면서 특정 랑가주가 된다. 총체-영화는 예술일 때에만 랑가주일 수 있다.

이 전체성에는 특정한 핵심, 이미지로 구성된 담화가 존재한다. 영화세계를 구성하는 다른 요소들과 달리 이 특수성은 다른 예술에서는 독립적 상태로 존재하지 않는다. 이 지점에서 관점은 역전된다. 이미지들의연속은 우선 랑가주이다. 우리가 말하는 랑가주와는 너무나 다르기 때문에, 이를 넓은 의미에서 랑가주라고 할 수 있을까? 그렇다. 하지만 영화를 총체로서 보았던 로셀리니의 직관과는 관련 없는 랑가주이다. 이미지로 구성된 담화는 특정한 전달수단이다. 이는 영화 이전에는 존재하지 않았다. 1930년까지 이미지로 구성된 담화라는 특성 한 가지만으로 영화를 정의하기에 충분했다. 테크노그래픽 영화 혹은 외과용 영화는 정보전달이라는 기능에만 충실했으며, 예술적인 총체로서의 어떤 시도도 없었다. 역으로 픽션영화에서 이미지의 랑가주는, 수많은 영역에서 실용적인 음성언어가 주문呪文이 되기도 하고, 시, 희곡 혹은 소설이 되기도 한 것처럼, 광의의 예술이 되려는 시도를 행했다.

영화의 '특수성'은 랑가주가 되고자 하는 예술 가운데서 예술이 되고자 하는 랑가주의 존재 여부이다.

따라서 랑가주와 예술이라는 두 가지 중요한 사안이 있다. 언어 역시 생각할 수 있겠으나 세번째 항목은 될 수 없는데, 왜냐하면 이미지 담화도 영화 담화도 언어가 아니기 때문이다. 랑가주이건 예술이건 이미지 담화는 열려 있는 시스템이다. 비이산적인 기본 단위들(= 이미지), 너무 자연스러운 명료함, 기의와 기표 사이의 거리 등만 가지고 약호로 규정하기에 그리 쉽지 않은 시스템이다. 예술이건 랑가주이건 구성된 영화는 직접적으로 우리에게 전달하는 의미 전체 영역을 지닌 훨씬 더 열려 있는 시스템이다.*

우리가 알고 있는 영화는 불안정한 혼합물이 아니다. 그 요소들은 비호환적이지도 않다. 영화 요소들이 서로 호환이 가능한 것은 요소들 중 그 어떤 것도 언어가 아니기 때문이다. 예를 들어 우리는 동시에 두 언어를 사용할 수가 없다. 누가 내게 영어로 말을 건다면 그는 독일어로 동시에 말을 걸 수는 없다. 반면 랑가주는 이러한 종류의 중첩을 더 많이 (그래도 어느 정도 한계점 내에서) 포용한다. 내게 영어이건 독일어이건 음성언어로 말을 하는 사람은 동시에 제스처도 할 수 있다. 예술의 영역에서 중첩의 한계가 더 멀리까지 넓어진다. 예를 들어 오페라의 경우 발레와 가창되는 시를 포함하고 있다. 영화가 모든 것과 호환이 가능하다는 인상(가끔은 착각일 수도 있으나)을 준다면 이는 영화가 언어와 상당한 거리를 두고, 랑가주와 예술 사이에 위치하기 때문이다. 우리가 아는 대로의 영화(분명 다른 형태의 영화도 있을 것이고, 이미 시네라마

* 오늘날 '자연스러운' 그리고 '직접적으로'라는 용어는 더 이상 사용하지 않는다. 혹은 정해진 상황에서 일정 의미로 사용한다. 이에 관해서는 차후 보충하기로 한다.

스펙터클 같은 형태의 작품도 있다)는 다양한 행복의 '공식formule'이다. 영화는 서로 소통이 가능한 예술과 랑가주를 하나로 결합한다. 각자의 힘이 서로 교환될 수 있는 이 결합은 아름다운 공동체, 사랑이 가득한 선한 공동체이다.

영화와 언어학

당시에는 엄밀한 의미에서의 언어학, 소쉬르의 계보를 충실하게 계승하는 언어학이 랑그에 최대 관심을 보이고 있었다. 그렇다면 영화 연구는 언어학 차원을 포함할 수 없다고 말할 수 있을까?

아니다. 오히려 '영화 언어학'은 매우 정당한 연구이며 매우 언어학적이고, 상당 부분 언어학에 의존하고 있다. 영화는 '랑그가 아니다'라는 논지를 어떻게 이해해야 하는가? 이제 이 부분에 관해 생각해보자.

영화 연구는 언어학과 서로 다른 두 시기에 걸쳐 두 번 연관되었는데, 두번째 경우의 언어학은 첫번째 언어학과 완전히 동일한 분야는 아니다.

주지하다시피 언어학이 연구 대상으로 랑그를 삼은 것은 소쉬르 덕분이다.[78] 뿐만 아니라 언어학보다 좀더 폭넓은 범주의 학문인 기호학의 기반을 제공한 것도 소쉬르이다. 이때 언어학은 기호학 중에서 특별한 의미를 갖는 한 분야가 된다.[79] (도로 규칙, 지도, 번호, 예절 표현 등) 비언어적인 시스템 내부 구조를 연구하는 사람, (공손한 표현, 시, 민담, 신화 등) 트랜스trans-언어 시스템을 연구하는 사람, 언어와 비언어 양쪽에 걸쳐 있는 시스템을 연구하는 사람('호칭'과 '행동 양식'을 규명한 레비-스트로스 학문 계보와 같은[80]) 등은 모두 소쉬르 학문의 근면한 독자, 숭배자, 그리고 종종 직계 계승자가 아니었을까? 이 문제에 관해서는 차후 설명하기로 한다. 대신 주목할 만한 특성에 관해서만 짚고 넘어가자. 언어학은 기호학의 한 분야일 뿐이며, 기호학은 언어학에 기반을 두어 구축되었다. 별로 특별한 지적이라고 할 것도 없다. 왜냐하면 언어학은 이미 훌륭한 연구 성과를 이룩한 데 비해 기호학은 앞으로 연구해야 할 것이 많이 남아 있었기 때문이다. 하지만 이후 상황은 다소 역전된다. 후기 소쉬르주의자들은 소쉬르보다 훨씬 더 소쉬르적이었다. 이 분야의 기호학자들은 언어학자이기를 꿈꾸었으며, 그들은 트랜스언어학을 구축하고자 했다. 이러한 맥락에서 연구가 진행되었다. 큰형이 막내를 도와야지, 그 역은 바람직하지 않다. 게다가 소쉬르 저서의 문단에서 이러한 언급을 엿볼 수 있다. 언어학이 기호학을 돕기를 원한다면, 그 스스로 더 기호학적이 되어야만 할 것이다.[81] 소쉬르 이후, 소쉬르 덕분에 언어학은 더 기호학적으로 된 것이다.

엄밀한 의미에서의 언어학은 인간언어에 총력을 기울이면서 (다른 학문이 부러워할 만한) 정밀함으로 그 연구 대상을 파악하기에 이르렀다. 그리고 언어학은 자신의 연구 대상을 조명하던 밝은 빛을 주변으로 돌릴 수 있게 되었다. 그 혜택으로 영화가 구성하는 이미지 담화의 다양한 측면이 (영화 연구와 언어학이 연관된) 첫번째 시기에 비교적 순탄하게 분석될 수 있었던 것이다. 적어도 언어와의 비교를 통해 더 빨리 이해되었다. 영화에 해당하지 않는 특성이 무엇인지를 이해하면서 영화가 무엇인지를 파악하는 데 소요되는 시간을 절약했던 것이다. 그러나 실제 연구 과정에서 두 시기를 정확하게 구별하기란 쉽지 않다. 이 글에서 '첫번째 시기'라고 불렀던 것은 영화 연구가 언어학의 연구 성과를 차용하는 과정, 즉 출발 지점이 되었기 때문이며, '두번째 시기'라고 불렀던 이유는 이 시기에 온전한 기호학, 트랜스언어학이 되었고, 따라서 기존의 연구 성과에 덜 의존했기 때문이다. 도움을 받기보다 (할 수만 있다면) 새로운 연구 성과를 내기 위해 도움을 줘야만 하는 때가 된 것이고, 모든 학문, 모든 기호학이 겪는 어려움을 맞닥뜨리게 된 것이다.

언어와 이미지 담화──영화 '통사 규칙' 문제

제2분절.[82] 영화는 (은유적 의미에서) 언어의 제2분절에 해당하는 그어떤 것도 내포하지 않는다.* 제2분절은 기의의 차원이 아니라 기표의

---

* 이와 같은 단정은 영화보다는 '영화 랑가주'와 관련되는 것이다. 다시 말해 영화에만 해당하는 고유한 기표-조직, 모든 영화에 공통적이라고 할 수 있는 기표-조직이 구성하는 약호화의 특별 수준에 해당한다. 따라서 영화 자체로 제2분절(차후 설명하겠으나 제1분절 역시)이 없다고 하는 편이 더 적합하다. 하지만 (모든 영화에 포함된 것의 집합, 지각적 · 지적 · 도상적 · 이념적 · 상징적 등 기표들의 모든 작용이라는 의미에서) 총체로서의 영화는 영화 한 편 전체를 이해하는 데 필요한 과정에 연관되며, 훨씬 더 광대한 현상을 표상한다. 이 내부에서 영화 랑가주는 다른 요소들 중에서 기표의 층만을 구성할 뿐이다. 이러한 맥락에서 이러저러한 영화 의미작용이 하나의 분절 혹은 다양한 분절이 가능한 시스템에 종속되었다고 하는 것이 전혀 불가능한 일은 아니다. 영화 랑가주의 개념은 방법적으로 필요한 추상적인 개념이다. 영화에서 랑가주는 결코 혼자서 등장하는 법이 없다. 문화적이고, 사회적이고, 문제적이고, 지각적인 의미작용이라는 다양한 다른 시스템과 혼합해서 등장한다. 또한 (이중 분절과 같은) 언어학적 의미에서의 분절이 고려할 수 있는 유일한 형태가 아니란 점에 주목할 필요도 있다. 이상의 이유 때문에 두 가지 명제를 면밀히 구별할 필요가 있다. 이 글에서 언급하고 있는 첫번째 명제, 즉 영화 랑가주는 그 자체만 보면 언어학의 니중 분질에 해당하는 ⅃ 어떤 것도 내포하시 않는다. 이 글에서 언급하고 있지는 않으나, 두번째 명제, '영화는 분절이 없다.'

사실 전체 영화 메시지는 다섯 가지 중요한 영역에서 약호화 과정을 거친다. 이 각각은 나름의 분절을 포함한다. 첫번째 분야는 지각인데, 공간, 형태, 외형 등의 구성 시스템을 지칭하며 이는 문화마다 다양하게 변화하는 선험적으로 명료하게 축조된 시스템을 보유하고 있다. 두번째 분야는 스크린에 나타나는 시각적이고 청각적인 대상을 인식하고 그 정체성을 알아보는 과정을 지칭하는데, 다시 말해 (이 역시 문화적이고 선험적인) 영화가 제공하는 외연적 의미를 지닌 재료를 정확하게 분석하는 능력이다. 세번째 분야는 영화 작품 이외의 영역까지, 즉 문화 차원에서 대상에 밀접하게 연관된 다양한 법칙의 내포와 상징의 집합을 지칭한다. 네번째 분야는 (클로드 브레몽의 의미에서) 영화 개별 작품뿐만 아니라 그 이외 분야에서, 각 문화 내부에서 작동하고 있는 서사 구조 전체를 말한다. 다섯번째 분야는 고유하게 영화적인 시스템 전체를 지칭하는데, 앞선 네 가지 종류의 영역에서 제공된 다양한 요소를 특정 형태의 담화로 구성하는 시스템을 의미한다.

움베르토 에코는 최근 다음과 같은 흥미로운 의견을 개진했다. 전체 차원에서 고려되는 영화 메시지는 세 가지 차원의 분절을 내포한다(*Appunti per una semiologia delle comunicazioni visive*, Università di Firenze, Bompiani Editore, 1967, pp. 139~52). 또한 *Le cru et le cuit*(Plon, 1964, p. 31)에서 레비-스트로스는 회화 작품 구성의 두 가지 차원을 구분했다(이 연구는 영화에도 충분히 적용할 수 있다). 제1차원은 캔버스 위에 재현된 대상이고, 제2차원은 그 대상들을 회화적으로 구성하는 부분이다. 파솔리니 역시 영화 메시지의 두 가지 분절을 생각

차원에 작용한다. 다시 말해 언어의 음소 그리고 변별적 자질 등은 고유한 의미작용 없이도 구별이 가능한 단위들이다. 변별적인 단위만이 '내용'과 '표현' 사이의 커다란 간격을 만든다. 이 거리가 영화에서는 너무 짧다. 기표는 이미지이고 기의는 이미지가 표상하는 것이다. 게다가 사진적인 충실성은 이미지가 대상을 특별히 더 닮게 만들고, '현실 효과'[83]를 가능케 하는, 참여하는 심리 메커니즘은 이 거리를 더욱 좁힌다. 이때부터 기의 역시 함께 같은 단편으로 잘리지 않고서는 기표를 자르는 일이 불가능하게 되어버린다. 바로 이러한 특성 때문에 제2분절이 불가능하다. 에릭 뷔상스의 용어를 따르자면, 영화는 너무 '내재적인intrinsèque' 기호를 구성한다. 예를 들어 하나의 이미지가 세 마리 개를 재현한다고 했을 때, 만약 세번째 개를 분절하고자 한다면 '세번째 개'의 기표와 기의를 동시에 자를 수밖에 없다. 미국 언어 논리학자 길버트 라일 G. Ryle은 (소쉬르도 이미 비판했던) 언어의 몇몇 순진한 개념을 비난했는데, '피도FIDO-fido 이론'이라는 아이러니한 명칭으로 지적했던 부분이다. 피도라는 이름은 피도라는 개에 정확하게 일치한다. 낱말 각각은 낱말 숫자만큼에 상응하는 사물, 이미 언어 이전에 존재하고 있는 사물을 명칭한다. 언어학에서 매우 낡았다고 간주되는 이 관점을 영화에 적

했는데, 이는 레비-스트로스가 회화에서 생각했던 것과 상통한다고 할 수 있다(*La lingua scritta dell'azione*, intervention au Deuxième Festival du Nouveau Cinéma, "Pesaro II", Italie, juin 1966 reproduit in *Nuovi Argomenti*, nuova serie, n° 2, avril-juin 1966, pp. 67~103). 이 글에서 다른 학자들의 연구 성과를 세세히 검토할 수는 없기에 단지 우리가 주목하는 특성과 모순되지 않다는 점만을 강조하고 싶다. 왜냐하면 이상에서 언급된 학자들은 엄밀한 의미에서의 영화 랑가주 외에 영화를 넘어서는 광범위한 문화 차원의 시스템을 고려했기 때문이다. 이 문화 차원의 시스템은 총체로서의 영화를 이해하기 위해서 반드시 필요한 것이다. 또한 그들은 분절의 차원을 영화의 고유한 수준에서 고려할 뿐 언어학의 분절과 일치하는 형태를 찾으려는 시도가 없었기 때문이며, 이 글도 이에 전적으로 동의한다. 나아가 이 글에서는 언어학의 분절을 영화에서 찾아볼 수 없는 점에 주목한다. 그렇다고 영화에 그 어떤 분절도 없다는 주장은 아니다. 이 책 제5장에서 설명될 「서사영화의 거대 통합체」가 영화에서 발견할 수 있는 유일한 특정 분절이라고 하겠다. 왜냐하면 영화의 분절은 언어의 제1분절, 제2분절 그 어떤 것과도 유사하지 않기 때문이다. 영화의 분절은 영화를 음소나 형태소에 비교되는 단위들로 분절하지 않는 대신 담화 수준에서 영화적 메시지를 분절하는 결과를 만들어낸다.

용하기란 쉽지 않다. 왜냐하면 영화 이미지 속에는 촬영된 광경에 존재하는 것만큼의 사물이 존재하기 때문이다.

무성영화 이론가들은 영화를 '에스페란토esperanto(세계 공용어)'*로서 이야기하기를 좋아한다. 하지만 그 어떤 것도 더 허황될 수는 없을 것이다. 물론 에스페란토는 일반적인 보통 언어들과는 차별화되는 지점이 있으나 이는 다른 언어들이 추구하는바, 완전히 관습적이고, 개별적이고, 조직화된 시스템을 너무나 잘 구체화시키고 있기 때문이다. 영화 역시 다른 언어들과 차별화되는데, 다른 의미에서이다. 영화는 두 종류의 에스페란토 사이에 끼어 있다고 하는 편이 합당할 것이다. 언어성을 극한까지 밀고 나간 진짜 '에스페란토'와 애초부터 에스페란토인 영화.

요컨대 영화의 보편성은 긍정적인 면과 부정적인 면을 동시에 포함하고 있는 현상이다. 긍정적인 차원은 영화가 전 세계적으로 시지각 차원에서 낱말보다 훨씬 보편적이기 때문이다. 반면 부정적인 차원은 영화에 제2분절이 부재하는 결과 보편적이기 때문이다. 여기에서 우리가 주목해야 할 점은 (이론적으로 확실히 검증된 두 가지 범주) 기표와 기의가 서로 밀접하게 연관되어 있다는 것이다. 시각적인 스펙터클은 기표와 기의의 유착을 유발시킨다. 이들은 어떤 순간에도 서로가 분리되는 가능성, 즉 제2분절의 가능성을 완벽하게 제거해버린다.

엄밀한 의미의 에스페란토는 인위적으로 만들어진 것이고, 언어 이후에 만들어진 인공어이다. 하지만 '시각적 에스페란토'는 주어진 것인데, 언어 이전에 있던 것이다. 사실 영화적 에스페란토란 개념에는 정당하다고 간주되는 부분이 내포되어 있다. 언어들이 서로 다르고, 인간들 사이에 서로 이해할 수 없는 언어를 사용하게 되는 데에는 제2분절이 중요하게 작용한다. 야콥슨이 지적한 대로[84] 문장은 거의 항상 번역이 가능하다. 이는 문장이 약호 단위에 해당하는 것이 아니라 생각의 실제적인

---

* (옮긴이) 에스페란토는 1887년에 폴란드 출신의 유대계 안과의사 루트비히 자멘호프가 문화적으로 중립적이고 쉽게 배울 수 있는 만국공용어로서 만들어낸 인공어이다.

흐름에 해당하기 때문이다. 낱말은 언어 상호간의 대응 낱말, 물론 완벽하지는 않지만 사전을 만들기에는 충분할 정도의 번역어가 있다. 하지만 음소는 각 언어의 발성 체계에서 차지하는 위치에 의해 철저하게 규정되기 때문에 번역이 절대 불가능하다. 우리는 의미의 부재를 번역할 수가 없다. 따라서 이미지 담화가 어떤 번역도 필요로 하지 않는다면 이는 제2분절이 없기 때문에 이미 모든 언어로 미리 번역된 셈이라는 생각을 하게 된다. 최상의 번역 가능한 것은 다시 말해 어디에서나 유사한 것이라고 할 수 있다.

마르티네는 이중 분절이 발생하는 엄격한 의미에서만 언어에 대해 언급할 수 있다고 주장했다.[85] 사실상 영화는 언어가 아니라 예술 랑가주이다. 랑가주란 용어는 협의의 혹은 광의의 (모두 검증된) 다양한 의미를 내포하고 있다. 풍부한 다의성은 두 방향에서 파악할 수 있다. 한 축에 (소쉬르가 지대한 관심을 표명했던) 체스 랑가주 혹은 기계의 이진 랑가주와 같이 우리 언어의 형식 구조와 유사한 (인간의 시스템이 아닐지라도) 시스템이 분류된다. 다른 축에는 꽃의 랑가주, 그림의 랑가주, 침묵의 랑가주 등과 같이 인간이 인간에게 말하는 모든 것(가장 덜 조직되고 가장 덜 언어적인 형태)이 속한다. 언어 랑가주의 의미론적인 영역은 따라서 이 두 가지 축을 중심으로 정리된다. 인간의 음성언어와 같이 가장 고유한 의미의 랑가주를 중심에 두고, 이 두 축이 은유적으로 확장되고 세분화되는 것이다. 음성언어는 인간들 사이의 의사소통에 사용된다. 이 랑가주는 철저히 조직되어 있다. 비유적 의미에서의 두 가지 랑가주 축은 이미 존재하는 것이다. 영화를 언어가 없는 랑가주로서 인식하는 일이 합당해 보인다면 바로 랑가주의 여러 상태를 고려할 때이다. 이 경우 항상 엄격한 의미에서의 랑가주만을 의미하지는 않는다.

제1분절. 영화에 음소가 없다면, (무엇을 말하건 간에) 낱말 역시 없다. 다시 말해 제1분절을 포함하지 않는다. (영화에서 이미지는 낱말로 정의되고, 시퀀스는 문장으로 정의되던) 초창기 이론에서 혼동되던 영화의 통사 규칙은 극복할 수 없을 만큼 어려운 이론적 문제였다. 이미지, 적어도 영화 이미지는 하나의 문장 혹은 여러 개의 문장에 상응하고, 시퀀스는 담화라는 복합적인 분절체에 해당한다.

물론 '문장'이라는 용어는 이 글에서 (문장 구두점 사이에 담겨 있는 다양한 의미를 지닌 복잡한 언표로서의) 문법적으로 정확하게 쓴 문어를 지칭하는 것이 아니라, 말로 이야기하는 문장을 지칭한다. 여기에서는 언어학자들의 문장과 관련이 있다.* 문장의 두 종류를 구분하는 데 목표를 두었던 연구에서, 방드리에스는 다음 언표에는 (우리가 주목할 만한 차원에서) 다섯 가지 문장이 있다고 설명한다.[86] "저기/ 모래 위에 앉아 있는/ 당신이 보는 저 남자는/ 어제 나와 마주쳤는데/ 역에 있었어요" 같은 내용을 담은 영화 시퀀스가 정확하게 이 다섯 문장, 즉 이 다섯 '숏'이라고 주장할 수는 없다. 영화 이미지는 글로 쓰인 문장이 아니라 오로지 말로 하는 문장의 대응물일 뿐이다. (다른 문제이긴 하지만) 몇몇 숏이나 숏의 묶음이 '쓰인' 문장에 상응한다고 설명할 수도 있을 것이다.** 영화는 구어체의 말보다 훨씬 더 글로 표현된 문장을 환기시키는

---

* 두 종류의 문장을 구분하는 것은 이 글의 집필 당시보다 오늘날에는 그리 중요해 보이지 않는다. 완벽히 언어학적이기만 한 관점에서 (이 글에서 참조하고 있는) 방드리에스의 분석은 놈 촘스키의 연구가 점진적으로 문장의 문제를 주목하기 이전에는 별다른 이의 제기 없이 받아들여졌다. 한편 순수하게 영화적인 관점에서 볼 때에는 숏이 한 개의 혹은 여러 개의 문장에 해당한다고 말하는 일은 불가능하다. 기록된 문장인가 말해진 문장인가, 단순한 문장인가 혹은 복합적인 문장인가를 고민하는 일은 영화 분야에서는 부차적인 것이다. 단지 영화의 숏은 낱말과 매우 다르고, 영화의 숏은 항상 담화를 현실적으로 발현하는 상태의 단위이고, 결과적으로 문장의 차원에 해당하는 것이 중요할 뿐이다. 이 점이 바로 이 글에서 언급하는 특성이다. 따라서 이 글에서는 숏과 언어에서 정의할 수 있는 내부 문장 구조의 이런저런 형태 사이의 정확한 대응물을 찾느라 애쓰지 않으려고 한다. 숏은 낱말들의 모임이 아니기 때문에 외부, 즉 담화와 비교해서 문장에 해당하지 않는다. 만약 우리가 내부적으로 대응하는 요소들을 찾으려고 한다면 분명 해결책이 없다. 요컨대 숏은 이런저런 관계 속에서 결합된 여러 문장에 해당한다. 이를 보고 애초에 그 의도가 독립된 여러 개의 문장이었는지 혹은 복잡한 한 개의 문장 속에서 여러 개의 전치사 혹은 접속사로 연결된 문장이었는지 어떻게 판단할 수가 있겠는가?
** 차후 「영화와 문학」이라는 소단원에서 다시 언급하기로 한다.

경우도 있다. 그러나 단위들을 절단한 어떤 순간에 숏은 (벤베니스트의 표현을 따르자면[87]) '완료된 단언assertion적인 언표'이고 구어의 한 문장에 해당한다.

야콥슨에 따르면, 드미트리 B. 심킨Shimkin은 속담에 관한 그의 연구에서 "속담에서는 언어학적으로 약호화된 가장 상위의 단위가 매우 시적인 가장 작은 단위처럼 동시에 작용한다"라고 설명했다.[88] (속담이 트랜스언어적인 영역에 속한다면) 영화의 이미지 담화는 비언어적인 영역을 표상한다. 낱말이 아니라 문장인, 숏은 매우 시적인 가장 작은 단위이다.

그렇다면 영화 이미지와 문장의 대응관계를 어떻게 이해해야 하는가? 우선 그 의미론적인 내용, 에릭 뷔상스가 '실체'라고 지칭했던[89] 것 때문에, 숏은 낱말보다는 문장에 훨씬 더 가깝다. 길에서 걷고 있는 남자를 이미지로 보여준다고 하자. 이미지는 "한 남자가 길에서 걷고 있다"라는 문장에 대응한다. 물론 매우 대략적인 대응이며, 이론의 여지가 많을 것이다. 여하튼 이 영화 이미지는 그래도 '남자' '걷는다' 혹은 '길'이란 낱말에 대응하지 않을 것이며, 게다가 '한' 혹은 '걷는다'의 'ㄱ'과 같은 음소에는 결코 대응하지 않을 것이다.

이미지는 (정치한 분석이 상당히 어려운, 특히 영화에서는 더욱 어려운 개념인) 의미의 양보다는 단정적인 그 지위로 인해서 문장이라고 할 수 있다. 이미지는 항상 활성화되고 있다. 내용상 이미지가 하나의 낱말에 해당한다고 할지라도 여전히 문장이다. 이는 특별한 경우이긴 하지만 그런 의미에서 훨씬 더 분명하게 우리의 논의를 설명해줄 수 있는 경우이다. 예를 들어 권총의 클로즈업을 생각해보자. 이 이미지는 (완전하게 잠재적인 어휘 단위) '권총'을 의미하지 않는다. 이는 적어도 "여기 권총이 있어요!"라는 문장을 의미한다. 그 내포하는 의미를 언급하지 않고서라도 말이다. 이미지 속에는 이미 '여기 …… 있어요', 마르티네가 활성화 과정의 지표라고 간주했던[90] 낱말을 포함하고 있다. 숏이 낱말이라고 한 경우에도 몇몇 언어에서 발견할 수 있는 낱말-문장이다.

영화와 통사 규칙. 이미지는 따라서 항상 파롤이다. 랑그의 단위가 아니다. '영화 문법'의 주창자들이 막다른 길에 놓인 사실은 그다지 놀랍지도 않다. 그들은 영화 통사 규칙을 작성하려고 했으며, 그들의 낱말-이미지를 가지고 어휘론과 형태론의 매개적인 어떤 것을 생각했다. 어떤 언어에서도 발견할 수 없는 단위, 아니 언어에서는 두 가지 이름으로 구별되는 단위들. 영화는 다른 대상이다.

영화의 통사 규칙이 있긴 하다. 물론 연구해야 할 부분이 상당히 남아있다. 이는 분명 형태론적인 토대 위에 쌓아갈 것이 아니라 통합체적인 토대 위에 세워야 한다.[91] 소쉬르는 통사 규칙은 랑가주의 통합체적인 차원의 일면일 뿐이라고 언급했으며, 모든 통사 규칙은 통합체적이라고 설명했다.[92] 영화를 연구하는 사람이라면 숙고해야 할 부분이다. 숏은 '영화 연쇄'에서 가장 작은 단위[93]이고, 시퀀스는 커다란 통합체 집합이다. 요컨대 영화가 구성하는 통합체적인 배열의 풍요로움에 관해 연구해야만 한다(이는 앞서 언급했던 편집의 문제와 연관되는 것이기도 하다). 이와 병행하여 영화의 계열체적인 자료들이 얼마나 빈약한지를 비교해야만 할 것이다.*

---

* 오늘날에는 더 이상 통합체와 계열체가 서로 대립한다고 말하지 않는다. 이 글에서 설명된 것과 달리, 이 둘은 같은 차원에 위치하지 않기 때문이다. 다시 말해 '계열체적인 빈약함'이라고 말할 때에는 이미지와 관련된 것이고, '통합체적인 풍요로움'이라고 말할 때에는 이미지의 배열에 관해서이기 때문이다. 다양한 이미지 배열 형식이 존재하는 것은 다양한 통합체 집합의 시스템이 형성하는 (항상 담화 차원에서의) 특정 계열체를 창조하는 결과를 낳는다. 사실 같은 차원의 계열체가 상응할 수 없는 통합체가 무엇인지 생각하기란 불가능하며, 같은 차원의 통합체가 상응하지 않는 계열체 역시 생각할 수 없다. 다시 말해 계열체와 통합체는 그 정의상 서로 밀접하게 연관된 상관물이다. 이 점에 관해서는 차후 제5장의 네번째 소단원과 아홉번째 단원에서 좀더 자세히 설명하기로 한다.

이미지들 간에는 다른 종류의 계열체적인 연합이 있다는 것도 배제할 수 없다. 모든 인간 집단에서 도상적인 기호, 아이코노그래픽에 근거하는 다양한 문화 상징을 발견할 수 있기 때문이다. 그러나 이런 종류의 계열체는 영화 랑가주에만 특별히 해당하지는 않는다. '이미지'를 '이미

영화의 계열체. 이론서에서 몽타주란 단어는 종종 확장된 의미에서 데쿠파주까지 포함하지만 그 역은 결코 성립하지 않는다. 영화에서 배열 (편집)의 순간은 어떤 의미에서는 (적어도 언어학적인 관점에서 볼 때에는) 이미지를 선택(데쿠파주)하는 순간보다 중요하다. 그 폭이 넓게 열려 있기 때문에, 선택은 한 가지로 확정되기보다는 결정하는 행위, 일종의 창작이라고 볼 수 있기 때문이다. 이러한 이유에서 각 소재의 내용은 예술적 영역에서 중요하다고 여겨진다(물론 배열 역시 예술이다). 소재 차원에서는 예술적인 무엇인가가 있고, 시퀀스 혹은 구성된 숏의 차원에서는 예술은 지속되지만 동시에 영화 랑가주가 시작된다. 바로 이러한 특성 때문에 영화에서 '아름다운 사진'이 가치를 잃게 되는 것이다.

영화에서 이미지의 계열체는 견고하지 못하고 막연하고 처음부터 실패하거나 쉽게 수정되거나 항상 변형될 수 있다. 영화 이미지가 그 의미를 획득하는 것은 연쇄의 같은 지점에 등장할 수 있을 만한 다른 이미지들과의 관계 속에서만 이루어진다. 그리고 연쇄의 한 지점에 자리할 수 있는 이미지들은 가산 집합이 아니다. 그 목록은 무한대이며, 적어도 가장 폭넓게 열려 있다고 간주되는 언어학의 목록보다 더 열려 있다. 여기에는 귀스타브 기욤G. Guillaume이 음성언어에서 중요성을 강조한 (언어학적인 실체를 파악하도록 만들어진 언어 외형의) '둥근 모양으로 감아지는 형태'[94]에 해당하는 어떤 것도 없다. 샤를 발리Ch. Bally는 (담화 상황, 대화 상대자, 생각의 연쇄 등에만 의존하는) 단어들은 규정하기 어렵

지의 배열'과 대치시켜놓고 보면 첫번째 용어, 이미지는 (시퀀스와 비교되는) 숏을 지칭하거나 혹은 (최초의 배열이라고 할 수 있는 구성의 결과물로서의 숏 자체와 비교되는) 촬영된 실제 대상을 지칭한다. 두 경우 모두 우리가 이미지라고 부르는 것은 요컨대 사진적인 결과물이다. 혹은 소리와 관련해서는 음향적인 결과물이다. 이는 영화적인 결과물에 상반되는 개념이다. 영화적인 결과물이란 사실상 두 가지 차원에서 작용하는데, 실제 대상에서 숏 내부에 있는 실제 대상으로, 숏에서 시퀀스 내부에 있는 숏으로 작용한다. 이 부분에 관해서는 이 책 제5장 여섯번째 소단원을 참조하기 바란다.

고 그 숫자가 무한하지만, 반면 몇몇 단위는 이와는 다르다고 본다. 하지만 그럼에도 불구하고 결국에는 이 단위들마저도 그 어떤 것에 진정으로 대립되는 상황은 일어나지 않는다고 설명한다.[95] 이는 영화 이미지의 경우에 해당한다.

영화에는 모든 것이 현존한다. 이 특성 때문에 영화가 명료해지기도 하고 난해해지기도 하는 것이다. 영화에서는 음성언어에서보다, 부재하는 단위 때문에 현존하는 단위들이 분명해지는 일이 적다. 현존하는 관계는 풍부하지만 동시에 이는 부재하는 관계를 엄밀하게 조직하는 것을 모호하고 어렵게 만든다. 왜냐하면 영화를 이해하는 것은 쉽지만 설명하는 것은 어렵기 때문이다. 이미지의 존재는 강력하다. 이미지는 이미지가 아닌 다른 것을 봉해버린다.

빈약한 약호로 만들어진 풍성한 메시지, 빈약한 시스템으로 만들어진 풍성한 텍스트, 영화 이미지는 무엇보다 파롤이다. 거기에서 모든 것은 단언이다. 랑그의 단위인 낱말은 없고, 파롤의 단위인 문장이 최고의 역할을 한다. 영화는 신조어로만 말할 줄 알며, 모든 이미지는 단 한 번만 사용되는 낱말이다.* 이미지들 가운데 엄격한 의미의 연상 계열 혹은 의미장을 찾는 일은 소용이 없다. 예를 들어 슈테판 울만St. Ullmann의 비교적 유연하고 신중한 구조주의[96]도 이 경우에는 적용할 수가 없는데, 왜냐하면 그의 연구는 어휘론이기 때문이다. '영화 언어학' 구조주의는 오로지 통사론적일 수밖에 없다.

---

* 사실 촘스키의 연구가 진전됨에 따라, 문장이 파롤의 단위라고 확실히 주장할 수 없게 되었다. 랑그는 문장을 만들 수 있도록 하는 시스템이기 때문에, 어떤 의미에서 문장은 랑그의 단위이기도 하다. 영화 이미지의 경우, 그 내부 구조가 아니라 담화 속에서의 기능으로 인해 문장이 되는데, 단 한 번만 사용되는 경우가 대부분이다. 그리고 한 번 사용되고 사라지는 경우가 아닌 더 폭넓은 단위들에 포함되기도 한다. 따라서 "영화는 신조어로만 말할 줄 안다"고 하는 것은 절반만 합당하기에, 오히려 영화는 말하기 위한 기본적인 재료로서 신조어를 사용하지만 말하는 과정에서 이 신조어들을 유일한 법칙이 아닌 다른 질서들로 통합시킨다(신조어들을 변질시키지 않고 그대로)라고 말하는 편이 더 옳다. 이 주제에 관해서는 이 책 제5장 세번째와 네번째 소단원에서 보완하기로 한다.

영화의 계열체도 존재한다. 하지만 치환 가능한 단위들은 거대 기표 단위들이다. 서부극 영화 역사에 관한 장-루이 리외페루J. L. Rieupeyrout 의 훌륭한 연구를 통해 '선한' 카우보이는 흰색 옷을 입고 '악당' 카우보 이는 검은색 옷을 입으면서 그 의미를 내포했던 시대를 볼 수 있다. 대 중은 이 약호를 결코 착각하지 않는다. 이는 통상적으로 흰색/검은색과 같은 기표의 차원, 선함/악함과 같은 기의를 연결하는 일종의 초보적인 치환을 가능케 하는 사례이다. 집단으로 일어나는 치환. 다시 말해 치환 이 발생하기 전에 이미 두 가지 색깔은 그 속성이 부여되어 있고(현재 의상에도 적용된다), 두 가지 성질 역시(카우보이 이미지는 선하거나 혹은 악하거나 두 가지로) 이미 부여되어 있다. 어휘론적인 그리고 음성적인 치환과는 근본적으로 다르다. 또한 파롤적 경향이 너무 강하기에 이 계 열체는 불안정하고 부서지기 쉽다. 흰색 혹은 검은색 카우보이 관습은 얼마간의 시간 동안만 지속되었다. 피할 수 없는 일이다. 관습과 인습을 파괴하는 시네아스트가 어느 날 자신의 주인공에게 회색 옷을 입히거나 혹은 흰색 셔츠에 검은색 바지를 입히는 일을 어떻게 막겠는가 말이다. 이 순간 계열체는 끝난 것이다. 영화 이미지 계열체의 빈약함은 사실 다 른 부분이 내포하고 있는 풍성함을 대신한 것이다. 대화 상대자와 달리 시네아스트는 우리에게 세상의 다양한 모습을 직접 보여주면서 표현할 수가 있다. 그리하여 계열체는 매우 빨리 넘쳐나게 된다. 이는 몇몇 영 화 연구에서 약호와 메시지를 대립시키는 양상의 또 다른 일면이라고 할 수 있다. 위대한 시네아스트는 늘 계열체를 외면했다(영화에서 시네아스 트가 전부라고 말하면 유치하다고 하지만, 그렇다면 영화는 누구인가).

아니 적어도 몇몇 계열체를 회피했다. '흰색 카우보이/검은색 카우보 이' 유형은 일종의 영화 계열체에 해당한다. 이 계열체는 치환할 수 있 는 분절체들이 통합체 상에 펼쳐져 있고, 단정적인 지위로 인해 '통사론 적'이라고 할 수 있다. 흰색 카우보이/검은색 카우보이 같은 대립은 그 내용 때문에 '어휘론적인' 어떤 것을 포함한다는 (카우보이는 착하다와 같은) 감정적인 인상을 남긴다. 치환이 가능한 또 다른 영화적 대립도 찾아볼 수 있는데, 이 경우 통사 규칙에 더 근접해 있으며, 일종의 '형태소'*에 기대고 있다. (가령 전진 트래블링, 후진 트래블링과 같은) 카메라 워크와 관련된 많은 움직임, (디졸브, 스트레이트 컷 등과 같은) 다양한 편집 기법을 이 관점에서 생각해볼 수 있다.** 여기에서는 서로 대립되는 관계들이 존재한다. 치환할 수 있는 것 이외에 이상적으로 변화하지 않는 일종의 받침대, 근거점support이 항상 존재한다.[97] 전진 트래블링, 후진 트래블링은 시선의 두 가지 의도된 방향에 일치한다. 이 시선은 항상 바라보는 대상이 있고, 카메라는 거기에 가까이 다가가거나 멀리 떨어진다. 여기에서 잠시 공통의 카테고리를 나누는 용어를 사용하여 생각해보자. '그러나'라는 낱말은 그 자체로 반대하는 생각을 표현하지는 않지만 항상 문장 속에서 연결되고 있는 두 단위 사이에 상반되는 관계를 상정한다. 마찬가지로 전진 트래블링은 그 자신에게 관심이 집중되도록 표현하지는 않지만 항상 바라보는 대상에게 집중하도록 만든다.

여러 가지 요소를 시각적으로 동시에 포함하고 있는 언어에서 근거점과 관계의 양가성은 어떤 과정들이 **초분절음적**suprasegmental*** 역할을

---

* 여기에서 사용한 형태소는 고유한 의미작용을 일으키는 최소 단위로서 사용한 것이 아니라, 어휘소lexème(그 전에는 sémantème이라고 지칭했던)에 상반되는 뜻으로 사용했다. 이 글에서 언급하고 있는 두번째 종류의 계열체는 영화에 적용되었을 때 다른 계열체보다 훨씬 덜 '독창성' 혹은 '평범함'이란 용어로 평가받는다. 이 계열체가 진짜 문법에 더 근접해 있기 때문일 것이며, 이 계열체가 바로 엄밀한 의미에서의 영화 랑가주를 구성하는 것이다. 반면 검은색 카우보이, 흰색 카우보이 등의 계열체는 영화의 몇몇 주제에만 한정된 시간 동안 영향을 미친다. 이 문제에 관해서는 제8장에서 다시 언급하기로 한다.

** 여기에 '약호화된 편집 배열 양식'도 추가된다. 이 문제에 관해서는 이 책 제5장에서 살펴보자. 사실 이 논문을 집필할 당시에는 영화 계열체에 관해서 회의적인 입장을 취하고 있었는데, 차후에 영화 계열체의 상당 부분이 그 통합체 속에서 모색되어야 한다는 사실을 깨달았다. 다시 말해 이미지들의 다양한 여러 배열 사이에서 대립관계와 작용 등을 고려하는 것이다. 이 점에 관해서 역시 제5장에서 살펴본다.

*** (옮긴이) 분절음에 해당하는 모음과 자음이 모여 음절을 구성하는데, 음절은 다시 여러 개가 모여 하나의 언표를 구성한다. 이런 분절음의 상위에 놓이는 초분절음소라고 알려진 자질이

하는지 설명해준다. 근거점과 관계는 종종 동시에 인식된다. 영화에서 관계는 카메라(그리고 관객)가 대상-근거점에 주목하는 시선과 일치하는 경향이 있다. 얼굴을 찍은 전진 트래블링은 그 얼굴을 바라보는 방식이다. 바로 이러한 이유에서 (이미 다른 연구에서 언급되었듯이[98]) 영화에 사용되는 많은 종류의 물리적 작업 과정이 현실에서 일어날 법하지 않더라도 심리적으로는 그럴싸하게 받아들여지는 것이다. 예를 들어 우리 눈앞에서 대상을 점점 빠르게 확대하는 전진 트래블링, 타원형의 화면 구도, 혹은 익스트림 클로즈업 등에서 대상의 얼굴은 거의 얼굴처럼 보이지 않을 때가 많다. 그러나 근거점-관계 쌍의 초분절음적인 측면은 영화적인 진실다움vraisemblance이 지각의 생생한 역동성과 구성의 짜임새 차원에서 모색되는 결과를 낳게 한다. 이때 지각된 상황에서 객관적으로 주어진 것은 중요하지 않다. 왜냐하면 영화는 하나의 동일한 분절체 속에 지각하는 심급과 지각되는 심급을 동시에 내포하고 있기 때문이다. 대부분의 카메라 움직임의 목표는 진실 같지 않은 대상을 진실 같은 시선으로 드러내는 데 있다.

영화의 지적 작용[99]

영화는 항상 이해되는 편이다. 만약 어떤 영화가 전혀 이해되지 않는다면 이는 특별한 상황 속에서 발생하는 것이지, 영화의 고유한 기호학적 메커니즘 때문에 발생하는 일은 아니다. 수수께끼 말처럼 수수께끼 영화, 범상치 않은 책처럼 범상치 않은 영화, 너무 풍성하고 너무 새로운 전시처럼 너무 풍성하고 너무 새로운 영화 등은 결국 이해할 수 없는 대상이 된다. 그러나 랑가주로서의 영화는 항상 이해된다. 물론 예외는 있다. 영화뿐만 아니라 다른 담화도 이해할 수 없는 비정상적인 주체,

---

있다. 강세와 높이, 길이의 변화 등을 들 수 있다.

(언어를 이해할 수 없는 청각장애인과 같이) 기표에 접근하기 힘든 선택적 결함을 내포한 맹목적인 주체는 랑가주로서의 영화도 이해하기 힘들 것이며, (오래된 영화 필름, 바래거나 빛에 노출되거나 흠집이 나거나 해독이 불가능한 경우와 같이) 실질을 담고 있는 기표가 물질적으로 손상을 입은 경우, 목 쉰 사람이 이야기하는 것이 잘 안 들려서 이해하기 힘든 것처럼, 이해되기 어렵다.

이러한 경우를 제외하고 영화는 항상 이해된다, 아니 대략적으로 거의 이해된다. 물론 이 이해 정도를 양으로 측정하기란 곤란하다. 왜냐하면 이산적 단위, 쉽게 셀 수 있는 의미작용 단위가 영화에는 없기 때문이다. 만약 두 주체가 다른 언어를 쓴다면 그들이 서로 이해할 수 없는 정도를 양으로 측정하기가 그다지 어렵지 않을 것이다. B가 말하는 언어의 낱말 세 개를 A가 알고 있고, B는 A가 사용하는 언어의 낱말 여섯 개를 알고 있다고 하자. 어떤 문장에서 아는 낱말은 이해할 수 있지만 모르는 낱말은 이해할 수 없다. 혹은 듣는 사람은 이해하지 못하는 몇몇 단어 때문에 간접적으로 전체 문장을 이해할 수 없을지 모른다. 청자가 언어학 단위를 알고 있을 수도 있고 모를 수도 있다. 왜냐하면 이 언어학 단위는 언어에서 미리 존재하는 것이기 때문이다. 마르셀 코앙Marcel Cohen이 언어학에서 이해 불가능 정도를 연구하겠다는 희망은 매우 어려운 작업이긴 해도 불가능한 일은 아니다. 그러나 영화에서는 이미지 속에 공존하고 있는 의미작용의 단위들 혹은 요소들이 너무 많고 특히 너무 연속적이다. 매우 똑똑한 관객일지라도 이 모든 것을 전부 이해할 수는 없다. 역으로 전체적인 의미를 축조하기 위해 요소들 간의 원칙을 전반적으로, 요소들의 집합을 대략적으로 이해하기만 하면 된다. 가장 둔감한 관객일지라도 영화를 거의 이해한다. 영화에서 이해하기 쉬운 혹은 어려운 것의 본성이 무엇인지는 이미 설명한 바 있다. 그렇다고 해서 다양한 범주에 속한 관객들이 일반적인 상업영화를 이해하는 정도를 쉽게 측정할 수 있다고 추론해서는 안 된다.

적용된 기호학적 메커니즘에 관계없이 말해진 것의 본성만으로 메시지가 이해되지 못하는 경우를 별도로 구분하는 편이 적합하다(음성언어, 문학 혹은 일상에서만큼이나 영화에도 많이 있다). 많은 영화가 어떤 관객에게는 (전체적으로 혹은 일부분) 이해 불가능하다. 왜냐하면 영화의 디제시스가 그 내부에 매우 미묘한 개념이나 현실을 포함하고 있다거나 혹은 너무 이국적이거나 혹은 잘못 알려져 있는 개념, 현실 등을 내포하고 있기 때문이다. 이런 경우에 이해할 수 없는 부분은 영화가 아니라 오히려 영화에서 설명하지 않는 것이다. 이 점을 이 글에서 강조하지 않은 이유는 실제 방식에서는 침략적이고 욕심 많은 '말하기'가 '말해진 것' 외에 그 어떤 것도 남겨두지 않을 정도로 (모두 언어로 번역되어) 랑가주가 되기를 바라기 때문이다. 게다가 이는 매우 보편적인 착각이다. 예를 들어 사랑하는 사이였던 두 사람 중 남자가 배신한 여자에게 "너는 날 이해 못 해!"라고 화가 나서 소리 질렀다고 하자. 이 여자는 그를 이해하지 못하는 것이 절대 아니다. 단지 더 이상 그를 사랑하지 않을 뿐이다. 음성언어이건 영화이건 랑가주는 실재를 없앨 수 없다. 반대로 랑가주는 실재에 뿌리내리고 있다. 만약 인간들이 서로 이해하지 못한다면 단순히 단어 때문이 아니라 그 단어가 감싸고 있는 실체 때문이다. 얼마나 많은 오해가 너무 잘 이해된 부분을 상기시키고 있는가! 우리가 서로 동의하지 못하는 부분을 이해하지 못하는 부분이라고 생각할 뿐이다. 알프레드 코르지브스키Korzybskis와 '일반 의미론자' 그룹조차도 반목, 어리석음, 냉담을 막을 수는 없을 것이다. 「정사」를 보고 야유를 보냈던 칸 지역의 상인 관객*은 영화를 이해했다. 그들은 영화가 말하고 있는 것을 이해하지 못했거나 아니면 조롱했던 것이다. 영화의 지적 작용은 여기에서 전혀 관계가 없다. 그저 단순히 '인생'의 문제일 뿐이다. 안토니오니가 제기한 문제들이 무관심하고 어리둥절하고 빈정

---

* 칸 지방 정부가 무료로 돌린 초청장은 지방 정부 소속 인사들 혹은 칸 핵심 인사들에게 대부분 배부되었는데, 따라서 이들이 당시 페스티벌 관객의 주를 이루었다.

거리는 상당수의 관객을 무시해버린 것은 당연하다.*

---

* 본 문단에서 문화의 일반적인 기호학 가능성에 관심을 기울이지 않고 영화 쪽으로 너무 치우친 입장을 고수한 것이 사실이다. 「정사」가 칸 지역 상인들을 어리둥절하게 만든 것은 영화 랑가주가 아니었다. 「정사」에서는 영화 랑가주가 매우 명료하게 사용되었고, 이러한 맥락에서 영화의 주제가 상인들을 어리둥절하게 만들었다고, 그것은 바로 인생이었다고 할 수 있다. 영화의 지적 작용의 고유한 문제는 이러한 경우에 아무 상관도 없다고 충분히 논리 있게 증명할 수 있다. 하지만 우리가 좀더 논의를 진전시키고자 한다면 영화의 주제 그리고 인생은 그들 나름대로 (이러저러한 관객에게는, 이러저러한 형태로 제시되었을 때) 대략적으로 이해될 수 있음을 주목해야 한다. 이때 중요한 것은 조직화된 기표 전체를 구성하는 문화 시스템의 전체 집합이다. 이 글에서 언급한 '말하기'와 '말해진 것' 사이의 구분은 다른 용어로 설명될 필요가 있다. '말하기'와 관련된 것, '말해진 것'과 관련된 것을 정의하는 일은 각각의 분석에서 도출하는 '말하기' 심급과의 비교를 통해서만 가능하다. 우리가 다른 기표 집합을 분석하는 경우, '말해진 것'과 관련된 것은 '말하기'와 관련된 것이다. 상당한 범위의 모든 인간 현상에서 (영화 역시) 다양한 문화 시스템이 공통적으로 개입되고, 복잡한 형태로 서로 병치된다. 서로 간에 조정된 내용은 서로에 의해서 전체적인 메시지 속에서 다시 취해진다. 우리가 영화라고 부르는 것은 단순히 영화 랑가주 자체만이 아니다. 또한 문화 속에서 다른 부분을 형성하고 있는 사회적이고 인간적인 수천 가지 의미작용이다. 이는 영화에서 물론 동일하게 등장한다. 게다가 영화는 영화 랑가주의 기표와 기의와는 구분되는 기표와 기의들을 가지고 개별적인 집합을 구성하는 각각의 영화이기도 하다. 「정사」의 예에서 최소한 자율적인 세 가지 기표 집합을 구분할 수 있다. 이 기표 집합들은 구체적인 메시지 수준에서 충돌한다. ① 영화 랑가주(「성사」에 낡은 잉상을 니쳤으나 결코 배제하지는 않았다). ② 작품으로서의 「정사」(여기에 영화 랑가주가 표현의 영역에서만큼 내용의 영역에서도 덧붙여지는데, 작품에 포함된 다른 종류의 개별적인 구축물들은 영화의 일반적인 글쓰기에 속하지 않는다). ③ 이념(가령 '현대적 연인' '감정의 소진' 등과 같은 개념)은 영화와는 별도로 역사적이고 사회-문화적인 상황 속에서 태어난다. 하지만 영화에 미묘하게 반영된다. 거의 교육을 받지 못한 관객은 「정사」를 이해할 수 없었다. 하지만 이는 이 관객이 ①번 시스템을 완전히 이해하지 못한 탓이 아니라, ②번과 ③번 시스템을 잘못 이해했기 때문이다. 영화적으로 '말하기'가 문제되는 것이 아니라, 관련된 것이 순수하게 '말해진 것'이 아니다. 아니 적어도 첫번째 '말하기'와 비교해서만이 그러하다. 한편으로는 안토니오니의 '말하기'와 관련되어 있고, 다른 한편으로는 사회-이념적인 '말하기'가 관련되어 있다. 어떤 의미에서 모든 것은 '말하기'에서 나오며, 아무것도 '말해진 것'에서 나오지 않는다. 하지만 다른 관점에서 보면 모든 것은 '말해진 것'에서 나오고 아무것도 '말하기'에서 나오지 않는다. 결정된 기표 시스템 연구에서 많은 것이 순수한 실체로 나타나지만 현실에서는 외부에서 형성된 의미작용에 상응한다. 우리는 인간에 대해 이야기하지 않고서는 의미의 종결점을 벗어날 수가 없다. 만약 총체로서 영화가 우선 엄격한 조직이 전혀 없는 집합을 형성한다는 인상을 준다면, 이는 상당 부분에서 영화가 매우 많은 기표 시스템이, 각각이 자율적인 상관성을 지닌, 각 지역의 문화에서 발생한 시스템들이 서로 교차하는 장소 중 하나이기 때문이다. 엄밀한 의미에서 영화 랑가주는 이 기표 시스템들 중 하나일 뿐이다. 영화가 고려하지 못하는 것은 비결정 상태는 아니지만 다른 곳에서 형성된 채로 영화 속에 포함된다는 사실이다.

제2부 영화에 관한 기호학적인 문제 97

영화와 문학──영화적 표현성의 문제

영화는 언어학적 현상의 중요한 세 가지 특성을 위반하기 때문에 언어가 아니다. 언어는 '상호 커뮤니케이션'에 소용되는 기호 시스템이다. 세 가지 정의 요소.[100] 예술 영역에 속하는 영화는 일방향 커뮤니케이션이다. 의사소통을 위한 수단이라기보다는 표현수단에 훨씬 가깝다. 이미 살펴본 것처럼 시스템의 일부분에 해당하고, 진짜 기호는 매우 적게만 사용된다. 파롤의 기능으로서 오래전부터 사용되어 결국 안정적이고 관습적인 의미로 고정된 영화의 몇몇 이미지는 일종의 기호가 된다. 그러나 활기에 넘치는 영화는 이런 종류의 기호들을 교묘히 피해 이해되는 수준으로 남는다. 따라서 기호학 메커니즘은 여기에서 찾아볼 수 없다.

이미지는 우선적으로 항상 이미지이다. 이미지는 지각되는 그대로 기의 스펙터클을 담아내는데, 이는 기표이기도 하다. 특별히 기호를 제조한다는 뜻으로 **의미하기**signifier 용어를 사용한다면 이미지가 보여주는 것과는 별 상관이 없다. 상당수의 특성이 영화 이미지를 (자의적·관습적·약호적인 것과 같이) 기호들이 취하는 형태와 다른 것으로 간주되게 한다. 이는 이미지는 자신 외에 다른 것을 지시하지 않는 반면, 내포하고 있는 것의 유사-존재라는 사실에서 도출되는 결과이다.

시네아스트가 촬영한 장면은 사실주의 영화, 거리에서 촬영된 영화, 시네마-베리테처럼 자연스러울 수도 있고, 에이젠슈테인이 말년에 작업했던 필름-오페라, 오손 웰스의 영화 그리고 더 일반적으로 비사실주의적·공상적 혹은 표현주의적인 모든 영화 등과 같이 의도되어 배열되었을 수 있다. 하지만 둘 중 어느 것도 마찬가지이다. 영화의 주제가 사실주의적이건 아니건, 영화는 그가 보여주는 것을 어떤 형태로든지 보여줄 뿐이다. 사실주의자이건 아니건 무엇인가를 찍은 감독이 있다고 하자. 그는 무엇을 만들어낼 것인가? 자연적이건 의도되었건 촬영된 장면은 이미 고유한 표현성을 확보하고 있다. 왜냐하면 이 장면은 세상의 일부분이고 세상의 조각은 항상 나름의 의미를 지니고 있기 때문이다. 소설가가 사용하는 낱말 역시 선행하는 의미가 있다. 낱말들은 언어, 늘 의미하는 언어의 조각들이기 때문이다. 음악과 건축의 경우는 다른데, 아무것도 지시하지 않고[101] 순수하게 인상적인 재료들(돌, 소리)로 그만의 스타일, 그만의 미학적 표현성을 펼칠 수 있는 행복을 누리는 분야라고 하겠다. 하지만 문학과 영화는 본래 특성상 항상 **내포**connotation에 연루된다. 왜냐하면 외연dénotation[102]은 항상 예술적 작용 이전에 개입하기 때문이다.*

음성언어처럼 영화는 예술의 모든 근심이 부재하는, 순수하게 전달수단으로서 사용될 수 있다. 여기에서는 오로지 외연, 즉 지칭만이 지배적이다. 언어 예술처럼, 영화 예술도 물론 더 높은 곳을 향해 움직이는 경향도 있다.[103] (기호학적으로도 흥미로운) 프루스트의 소설이 일반 요리책과 구별되고, 비스콘티의 영화가 의학 다큐멘터리와 구별되듯이 풍성한 내포를 포함하는 작품이 있다.

미켈 뒤프렌은 모든 예술 작품에서 '재현된 세계'(외연의 세계)는 작가가 하고자 하는 것의 본질을 구성하지 않는다고 설명한다. 그것은 준비 과정이다. 비재현 예술에서 외연은 부재하기까지 한다. 돌의 예술과 소리의 예술은 아무것도 지시하지 않는다. 외연이 존재한다면, **표현된 세계**를 더 잘 소개하기 위해서만 소용된다.[104] 표현된 세계란 예술가의 스타일, 주제와 가치, 강조된바, 요컨대 내포된 세계이다.

이제 문학과 영화의 중요한 차이점을 살펴보자. 영화에서는 미학적 표현성expressivité이 자연적 표현성에 부가된다. 자연적 표현성이란 영

---

* 문학 '이전에' 외연은 낱말에 의해 나타나고, 영화–예술 '이전에' 외연은 지각적인 유사성과 영화 랑가주(랑가주 내부에 외연의 부분적인 약호가 내재되어 있다)에 의해 나타난다. 이 문제는 내포를 다루던 예전 연구들에서 주목했던 부분이기도 하다. 차후 이 책 제5장에서 다시 언급하기로 한다.

화가 보여주는 얼굴 혹은 풍경의 표현성을 말한다. 언어 예술에서 미학적 표현성은 최초의 자연적 표현성에 부가되지 않고 언어의 의미작용과 같이 표현이 풍부하지 못한 관례적인 의미작용에 덧붙여진다. 영화가 미학적 차원에 접근하는 것(표현성 위에 표현성이 겹쳐지는 것) 또한 유연하게 이루어진다. 쉬운 예술, 영화는 끊임없이 이 용이성의 함정에 빠질 위험이 있다. 영화가 자유롭게 생물, 사물, 세상의 자연스러운 표현을 포함할 때 얼마나 강한 인상을 남기는가! 너무 쉬운 예술, 영화는 한편 어려운 예술이다. 영화는 가파른 정도가 심하지 않은 절벽이긴 하지만 쉽사리 정상에 도달하지 못한다. 예술적인 면이 약간이라도 없는 영화는 거의 찾아볼 수 없는 반면, 완전히 예술적인 영화는 거의 없다. 문학(특히 시)은 도저히 일어날 법하지 않은 예술이다. 불가능해 보이는 이런 종류의 접목을 어떻게 성공시킬 것인가? (말라르메가 그토록 비난했던) '부족의 단어'에 (자연스러운 형태로) 미학적인 표현성을 갖추게 하기. 바로 이 특성, 일반적으로 우리가 사용하는 언어에서 자의적인 의미작용이 강력하게 일어나는 반면, 표현성은 약하다고 일찍이 언어학자들은 주장했다. 소쉬르가 '자의성arbitraire'이란 개념을 이론적으로 설명한 이후에도 지속적으로 수정되고 보완되었긴 하지만 말이다. (슈테판 울만은 언어에 음성적·형태론적 혹은 의미론적으로 부분 동기가 존재한다고 설명했고, 샤를 발리는 기표와 다른 것의 '함축적인 결합'에 필요한 동기를 설명했고, 더 일반적으로는 랑가주의 동기화된 영역에 관한 다양한 연구가 있었다.) 하지만 시인이 낱말을 표현적으로 만드는 최초의 연금술에 성공하면, 최고의 임무는 완성된다. 어려운 예술, 문학은 적어도 도달하기 쉬운 특성이 있다. 그 작업은 급사면이긴 하지만 절벽을 오를 수는 있다. 전혀 예술적이지 않은 책들이 매우 많지만 동시에 완전히 예술적인 책도 발견할 수 있다.

이 글에서 차용된 표현이란 개념은 미켈 뒤프렌이 정의한 의미에 따른 것이다. 사물에 의미가 내재되어 있을 때 **표현**은 그 사물로부터 직접 나타나서 그 사물 형태 자체와 혼합된다.* 뷔상스가 언급한 '내재적 의소 (意素, sème)'에 해당한다고 할 수 있다. 역으로 **의미작용**은 외부에서 고립시킬 수 있는 기표를 기의와 결합시킨다. 이는 소쉬르의 연구[105] 이후 잘 알려진 바와 같이 사물이 아니라 개념이다. 뷔상스의 용어로 하자면 '외재적 의소'이다.[106] 개념은 의미하고, 사물은 표현한다. 외재적인 의미작용은 관습에 의해서만 이루어진다. 의미작용은 의무적으로 반드시 발생한다. 왜냐하면 의미작용을 임의적으로 만든다는 것은 의미작용을 지탱하는 유일한 힘, 합의consensus를 제거하는 것이기 때문이다. 그리스 철학의 정반합에서 '정thésis'을 연상할 수 있겠다. 표현과 의미작용에는 단순한 차이 이상이 있다. 표현이 자연적이라면, 의미작용은 관습적이고, 전자가 전체적이고 연속적이라면,** 후자는 이산적인 단위로 구분되어

---

* 윤곽을 의미하는 것이 아니라 게슈탈트를 의미한다.
** 오늘날에는 오히려 표현성을 의미라고 규정짓는데, 특정하고 명백한 약호에 근거하지 않고 성립되는 의미를 지칭한다. 이 경우에도 반드시 약호화 과정의 다른 형태를 표상하는 사회-문화적인 광범위하고 복잡한 **조직작용**은 일어난다. 이 문제에 관해서는 차후 이 책 제5장 「픽션영화에서의 외연의 문제」에서 보충하자. 또한 일반적으로 우리가 '표현적' '동기화된' 혹은 '상징적'이라고 지칭하는 의미의 효과들 전체가 자연스럽다고 여겨지는 것은 (가령 의미의 현상학이나 심리학의 측면에서는 정말 자연스럽다) 대부분 이 의미들이 매우 깊숙이 문화에 뿌리내리고 있기 때문이며, 분명하고, 전문화되고, 엄밀하게 정보적인 다양한 약호에 상당히 못 미치는 부분에서 생겨나기 때문이다. 물론 여기에서 약호들에 못 미치는 부분, 깊숙한 지점에서 발생하는 기표의 조직작용이 엄밀한 의미에서 약호로 고려되어야 하는지 아닌지를 논의할 수 있을 것이다. 그럼에도 불구하고 이 조직작용이 엄밀하지는 않더라도 대략적으로 구조화된 시스템이며, 의미를 내포하고 있고, 인간 집단별로 변화한다는 것에는 동의할 것이다. 일반적인 규칙에 의해 사용자는 이 작용들을 약호처럼 느끼지 않고 자연스러운 의미 효과로 느낄 수도 있다. 왜냐하면 이 작용들이 사용자에게 충분히 동화되어 별도의 **고립된 상태**처럼 느껴지지 않기 때문이다. 그리하여 역설적으로 자연스럽다고 생각되는 가장 본질적으로 문화적인 약호작용이 되는 것이다. 자연스러운 약호작용은 결국 문화적인 약호작용의 결과물인 셈이다. 반면 (문화적인 것도 해당할 수 있으나 그보다는) 인위적이거나 혹은 더 전문화된 다른 약호작용들은 사용자가 훨씬 수월하게 관습적이고 분리된 시스템으로서 인식한다.
이 글에서는 **표현성**의 다른 많은 사례 중에서 '얼굴 표정'이라고 지칭되는 사례를 들었다. 물론 관객들이 영화 주인공의 얼굴에서 읽을 수 있는 표정을 해독하기 위해 '영화 랑가주'의 직접적인 효과에 기대거나 분명하게 정보적인 다른 약호들에 기대지 않는다. 그렇다고 해서 이 표정을 읽기 위해 순수한 자연 효과를 기대하지도 않는다. 왜냐하면 얼굴 표정이란 문명에 따라 매우 다양한 의미를 지니기 때문이다. 그 증거로써 프랑스 사람들이 일본 영화에서 얼굴 표정

있다. 표현이 존재 혹은 사물에서 발생한다면 의미작용은 생각에서 발생한다.

세상(풍경, 얼굴 등)의 표현성과 예술의 표현성(바그너의 오보에가 자아내는 멜랑콜리)은 본질적으로는 기호학적 메커니즘과 같은 메커니즘을 따른다. '의미'는 약호에 근거하지 않고 자연스럽게 기표 집합에서 발생한다. 차이는 오로지 기표의 차원에만 관련된다. 세상의 표현성은 자연이 만드는 것이고, 예술의 표현성은 인간이 만든다는 차이.

바로 이러한 이유에서 문학은 (표현적이지 않은 외연과 표현적인 내포가 관계된) 이질의 내포로 구성되는 예술인 반면, 영화는 (표현적인 외연과 표현적인 내포가 관계된) 동질의 내포로 구성되는 예술이다. 이러한 관점에서 영화의 표현성 문제를 연구해야만 하고, 결국 작가의 문체에 관해서 언급할 수밖에 없다. 에이젠슈테인의 「멕시코 만세」의 유명한 장면 하나를 살펴보자. 어깨까지 땅에 파묻힌 세 농부의 얼굴이 보인다. 세 얼굴은 고문을 당해 고통스러워 보이지만 동시에 평화롭기도 하다. 압제자들의 말발굽이 이미 그들을 짓밟은 상태이다. 삼각형의 균형 잡힌 구도. 거장 시네아스트의 독창적 문체이다. 이 장면의 외연적 관계는 (세 얼굴이라는) 기표와 (그들이 고통스럽게 죽었다는) 기의를 담고 있다. 다시 말해 '소재'이자 '이야기'이다. 자연스러운 표현성, 세 얼굴에서 우리는 고통을 읽을 수 있으며 그들이 꼼짝없이 움직이지 않는 것에서 죽음을 본다. 여기에 내포적 관계가 중첩되고, 바로 이 지점에서 예술이 시작된다. 세 얼굴이 만들어내는 삼각형(이미지의 형태)으로 구조적인 아름다움을 내재하는 풍경은 작가가 본인의 문체를 통해 말하고자 하는 바를 표현한다. 멕시코 민중의 위대함, 그들의 승리에 대한 확신,

---

을 이해하는 데 매우 어려운 반면, 프랑스 영화를 볼 때에는 너무나 자연스럽게 그 표정을 이해한다는 사실을 들 수 있다. 다시 말해 아주 오래전부터 알고 있는 지식의 결과, 프랑스 사람 내면에 깊숙이 자리한 지식의 결과가 여기에서 작용하게 되고, 또한 지각 자체와 혼합되어 표정을 해독하게 되는 것이다.

북유럽 사람에게서 엿볼 수 있는 강렬한 태양빛을 향한 열망 등. 따라서 미학적인 표현성이다. 그러나 여전히 '자연스러운' 표현성인데, 왜냐하면 야만적이고 강렬한 위대함은 바로 고통이 아름답게 보이는 조형적 구도에서 직접적으로 우러나오는 것이기 때문이다. 하지만 이 이미지 속에는 두 종류의 랑가주가 공존한다. 다시 말해 (한편으로는 펼쳐진 세 얼굴, 다른 한편으로는 이 얼굴들이 만들어내는 삼각형 모양의 면적이라는) 두 종류의 기표와 (한편으로는 고통과 죽음, 다른 한편으로는 숭고함과 승리라는) 두 종류의 기의이다. 내포 표현은 외연 표현보다 훨씬 폭넓고 서로는 분리되어 있다.[107] 내포의 기표가 작용하는 과정에서 기표와 기의, 외연의 모든 재료가 있다. 이미지가 내포하는 고통스럽고 심각한 승리는 세 얼굴 자체(외연 기표)로도 잘 표현되지만 그들의 얼굴에서 읽히는 순교(외연 기의)로도 잘 표현된다. 미학적인 랑가주는 일화, 소재 등과 같이 최초의 랑가주에서 의미하는 기표들의 총체를 포함한다. 이는 바로 옐름슬레우가 언급한 외연에 관한 정의이다. 옐름슬레우는 기표와 기의라는 용어 대신 '표현'과 '내용'이라는 용어를 사용했다. 하지만 영화를 연구하는 이들에게 **의미작용**에 상반되는 범주에서 표현이란 단어를 단지 기표라는 의미로만 사용하기에는 너무 가치가 높다. 매우 복잡한 다의적 충돌을 포함한 용어이기 때문에, 우리의 관점에서는 '표현'이 기표를 지칭하지는 않는다. 대신 기표와 기의의 관계, 이 관계가 '내재적인' 경우를 의미한다.* 뿐만 아니라 표현적인 기호의 경우 '표현하는'과 '표현된'을 지칭할 수도 있다. 반면 '기표'와 '기의'는 엄밀한 의미에서 의미작용, 즉 표현적이지 않은 관계를 지칭하는 데 사용된다. 하지만 소쉬르 이후 언어학과 기호학에서 차지한 기표/기의 개념의 중요한 비중

---

* 오늘날에는 '내재적인'이라는 용어의 문제가 집필 당시보다는 덜 심각해 보인다. 매번 언급하고자 하는 경우를 정확히 하면 된다. 게다가 더 이상 표현과 의미작용의 관계는 대립관계로 인식되지 않는다. 의미의 현상학적인 측면에서는 이 구분이 여전히 가치를 지니고 있지만 기호학적 분석에서는 약화된 조직작용의 두 경우라고 생각될 뿐이다. 물론 이 두 종류는 특성이 다르고 다른 차원에서 진행되지만 말이다. 이 점에 관해서는 이 책 제5장에서 언급하기로 한다.

때문에 이 용어들을 버리기란 쉽지 않다.

우리는 종종 영화와 음성 랑가주를 비교하곤 하는데, 이때 음성 랑가주가 정확하게 무엇을 정의하고 있는지는 불확실하면서 견고하지 못하다. 어떤 때에는 음성 랑가주의 예술인 문학을 지칭하기도 하고 어떤 때에는 평범한 일상 언어를 지칭하기도 한다. 이 둘을 모두 영화와 비교하는 것이다. 세 가지를 동시에 비교하면 정확한 결과를 얻어내기 쉽지 않다. 이미 살펴보았듯이 낱말의 예술과 이미지의 예술은 동일한 기호학적 층위에 속하고, 외연의 층에서 보면 근접해 있다. 하지만 영화 예술을 일반 언어와 비교하면 모든 것이 변한다. 두 비교 대상은 이번에는 같은 층위에 속하지 않는다. 영화는 일상 언어가 끝나는 지점에서 시작한다. 다시 말해 시네아스트의 최소 단위인 문장이 일상 언어의 언어학적 단위로는 최상의 단위가 되는 것이다. 이제 두 예술이 비교되는 것이 아니라 예술과 랑가주(랑가주의 대표 격으로서)를 비교하게 된다. 언어학의 고유한 법칙이 정지하는 순간, 의무적인 것이 더 이상 강요되지 않을 때, 배열이 '자유로워지는'* 순간 바로 영화가 시작된다. 여기에는 수사학과 시학이 자리를 잡는다.

그렇다면 우리의 정신을 혼란스럽게 하는 이 재미난 불균형적 대비를 어떻게 설명하겠는가? 우선 음성언어 측을 보자. 두 층위가 비교적 쉽게 구별된다. 일상 언어와 문학. 영화 측은 항상 '영화'이다. 물론 (교육

---

* **자유**라는 단어에 표시를 한 이유는 수사학과 시학에 관해서 언급하다 보면 결코 완전한 자유가 아니기 때문이다. 여기에 바르트적인 의미에서 다양한 글쓰기를 덧붙일 수 있을 것이다. 그중 하나로 영화 랑가주가 속한다. 이 점에 관해서는 이 책 제8장에서 보충하기로 한다. 로만 야콥슨이 지적한 바와 같이 통합체의 거시 체제로 올라가면 갈수록 화자의 자유 부분이 더 중요해진다. 이러한 맥락에서 문장 차원은 일종의 경계 역할을 한다. 경계 밑으로 화자는 낱말의 법칙을 따르고, 위로는 언어보다 제약이 좀 덜한(혹은 다른 방식으로 제약이 있는) 구성, 수사학의 다양한 법칙을 따른다. 그렇지 않으면 그 법칙을 무시하거나, 속이거나, 가볍게 여기거나 혹은 심사숙고하거나 등이다. 바로 이러한 이유에서 가장 본질적인 의미에서 창작성 혹은 독창성이란 온전한 자유와 도저히 분리할 수 없는 측면이라고 하겠다. 18세기 프랑스 고전주의자들은 이 점을 완벽하게 이해했지만 그것을 잊게 만든 것은 부르주아적 낭만주의이다.

용 다큐멘터리와 같이) 순전히 '실용적인' 작품들도 있고, '예술적인' 작품도 있다. 하지만 사실 이 구분은, 우리가 시적인 언어, 연극적인 언어를 주변에서 하는 대화와 구별하는 것과 같은 명백한 기준이 없다. 또한 두 영역 중간 지점에 위치하면서 경계를 흐릿하게 하는 작품들도 있다. 플라어티, 무르나우, 장 팽르베 등의 영화는 생물학적·민속학적 다큐멘터리이자 동시에 예술 작품이다. 반면 언어 규칙을 살펴보면 경계에 인접하고 있는 다양한 경우를 발견한다. 따라서 중요한 문제는 이 특성이 아니다. 솔직히 오로지 미학적 측면만 포함된 영화는 존재하지 않는다. 왜냐하면 최대한으로 내포적인 이미지라도 사진적인 지시성을 회피할수 없기 때문이다. 제르멘 뒬락과 함께 '순수영화'를 꿈꾸던 시절, 가장비사실적인 아방가르드 영화, 이미지의 리듬 구성에만 정성을 쏟았던 영화라도 여전히 무엇인가를 표상하고 있었다. 시시각각으로 변화하는구름, 물에서 춤추는 빛, 수직 운동과 수평 운동의 유연한 움직임 등등. 또한 완전히 실용적인 측면만 포함한 영화도 존재하지도 않는다. 최대한으로 외연적인 이미지라도 여전히 약간은 내포하고 있기 때문이다. 매우 밋밋한 설명적인 교육 다큐멘터리라도 화면을 잡고, 구성하고, 다음에 어떤 이미지를 연결시킬지 고민하지 않을 수 없다. 이는 영화 예술에서와 동일한 고민이다. 랑가주가 완전히 존재하지 않을 경우에는그것을 말하기 위해서는 비록 변변치 못하더라도 약간은 예술가가 될수밖에 없다. 여기에서 랑가주를 말하는 것은 어떤 면에서는 그것을 창작하는 것이다. 반면 매일 언어를 말하는 것은 단순히 그것을 사용하면된다.

모든 문제는 영화가 외연이나 내포나 동질하다는 것, 표현적이란 데서 발생한다. 영화에서는 끊임없이 예술에서 비예술로, 비예술에서 예술로 넘나든다. 영화의 아름다움은 촬영된 장면의 아름다움과 같은 질서를 따른다. 어떤 경우에는 둘 중 어떤 것이 아름다운 것이고 어떤 것이 추한 것인지 구분하기 어려워지기도 한다. 펠리니의 영화는 분명 그

재능에 따라 그 목적에 따라 (신병들에게 매듭 기술을 가르치기 위해 제작된) 미국 해병대의 영화*와는 다르다. 이 다름은 기호학적 메커니즘의 차이에서 발생하는 것이 아니다. 순수하게 전달수단으로 사용되는 영화** 역시 다른 것들과 똑같이 제작된다. 반면 빅토르 위고의 시는 사무실 동료 사이에서 오가는 대화처럼 만들어지지는 않을 것이다. 시는 기록된 것이고, 대화는 말로 하는 구어이다. 반면 영화는 항상 촬영된다. 그러나 이것만이 본질적인 중요한 차이는 아니다. 음성언어를 전달하는 수단과 그 미학적 사용 간의 간격이 발생하는 것은 그 이질적인 내포 때문이다. 다시 말해 낱말 자체만으로 비표현적인 낱말들에게 표현적인 가치를 준다는 점 때문이다.***

바로 이 특성으로 인해 '일상 언어와 문학'이라는 두 가지 현실을 한편에 놓고, 다른 한편에 '영화'만을 구분할 수 있는 것처럼 보인다.**** 결국에는 이 구분이 합당한 것처럼 보인다. 음성언어는 매순간 사용된다. 문학이 존재하기 위해서는 누군가 우선 책을 쓰는 작업이 전제된다. 많은 비용을 요구하는 특정 행위, 결코 일상성에 용해될 수 없는 행위이다. 실용적이건 예술적이건 영화는 항상 책과 같다. 결코 대화 같지 않다. 다시 말해 늘 영화를 만들어야 하는 것이다. 한 가지 더 책과 유사

---

* 이러한 종류의 수천 가지 영화가 존재한다는 점을 잊어서는 안 된다.

** 이 글에서 언급된 미국 해군의 사례, Institut de Filmologie의 T. F. T., 영화 기술을 설명하는 영화 등을 지칭한다. 하지만 영화 극장에서 관람하는 다큐멘터리는 다른 종류이다. 이 작품들은 이미 의도된 바는 조금 약할지라도 예술영화이기 때문이다.

*** 사실 음성언어의 법칙에조차 순수 외연은 매우 드문 경우이다. 일상의 랑가주는 강력한 내포를 포함한다. *Le langage et la vie*(Recueil Payot, 1926)에서 발리는 일상 혹은 대중 언어의 자연 발생적인 표현성을 정밀하게 분석했고, 이 표현성은 문학적 혹은 시적인 표현성과는 그 본질에서 다를 바가 없음을 입증했다. 하지만 이는 또 다른 문제이다. 왜냐하면 우리가 말하는 간격이란 항상 (영화가 아니라 음성언어의 법칙에서) 문학적이건 일상적이건 표현적인 내포와 언어의 비표현적인 약호를 통해 발생하는 순수 외연 사이에서 생겨나기 때문이다.

**** *Esthétique et psychologie du cinéma*, tome I, p. 48에서 장 미트리는 영화라는 용어가 세 가지 다른 대상을 지칭한다고 설명한다. 첫번째 예술에 미치지 못한 하부 영역에 동영상, 즉 기계적인 촬영과 녹화수단이 있고, 두번째 영화 개별 작품의 랑가주로서 영화 예술이 있고, 세번째 영화 현상으로서 배급수단이 있다.

한 점, 일상 대화와 다른 점은 영화는 현존하는 대화 상대자의 직접적인 반응을 포함하지 않는다는 것이다. 이 대화 상대자는 현장에서 즉시 대답하거나 같은 랑가주로 대답할 수 없다. 양방향 관계를 의미하는 **커뮤니케이션**과 '자의적인' 의미작용은 약간 모호하긴 하지만 그래도 본질적으로 서로가 밀접하게 연결되어 있다. 역으로 일방향적인 메시지는 종종 비非자의적인 표현과 연관되고, 이때 그 관계를 파악하기 훨씬 쉬워진다. 사물 혹은 사람은 표현을 통해 다른 것을 전달하는데, 이러한 메시지는 답을 포함하지 않는다. 가장 조화로운 사랑은 '대화'가 아니라 한 사람씩 번갈아 부르는 형식의 노래일 것이다. 가령 자크가 니콜에게 말하는 것은 니콜을 향한 자크의 사랑이다. 니콜이 자크에게 말하는 것은 자크를 향한 니콜의 사랑이다. 따라서 그들은 동일한 대상을 말하지 않는다. 이때 그들의 사랑이 '공유'된다고 말하는 편이 옳다. 그들은 서로 대답하는 것이 아니다. 사실 표현하고 있는 사람에게 정말 응답할 수는 없다.

그들의 사랑은 두 종류의 사랑으로 나누어져 있다. 결과적으로 두 가지 표현이 발생한다. 여기에는 일종의 합일(아주 드문 일이지만)이 반드시 개입되어야 한다. 여기에는 (대화를 정의하는, 그리고 사랑을 지속시키는 서로의 이해를 정의하는) 서로에게 영향을 준다거나 한 사람의 표현 뒤에 덧붙여진다거나 하는 일이 발생하지 않는다. 두 종류의 다른 감정을 표현하면서 그들은 인식하지 못하는 사이 대화가 아닌 만남이 서로 교차하는 자리를 만들어낸다. 결국 모든 대화는 사라져버리는 일체를 열망하게 된다. 하지만 니콜 없는 자크 혹은 자크 없는 니콜처럼 영화와 책은 표현한다. 우리가 그들에게 정말로 대답하지는 않는다. 일상 언어의 상황과는 다르다. 내가 "몇 시예요?"라고 물으면, 상대방은 "8시요"라고 대답한다. 나는 표현하지 않는다. 나는 의미하고, 커뮤니케이션한다. 그리고 상대방은 내게 대답한다.

요컨대 **문학/언어라는 쌍** 정면에 **영화**를 놓을 수 있으며, 영화는 언어보다는 문학을 더 닮았다.

영화와 트랜스-언어학, 기표의 상위 단위들

언어를 분석하면서 얻은 지식과 방법으로 초창기에는 언어학이 영화에 해당하지 않는 것들을 찾아내는 데 일조했고, 점진적으로 영화가 무엇인지를 예상하는 방향으로 이끌었다. 이 흐름은 트랜스언어학, 다시 말해 기호학으로 점철된다. 영화는 문장, 단언, 현실화시키는 단위만이 있다. 그렇다면 언어학과 영화를 어떻게 구별할 것인가?

소쉬르의 이론을 직접적으로 계승하고 있는 현행 연구의 경향은 문장에 집중하고 있다. 방드리에스는 손짓은 낱말보다는 오히려 문장에 상응한다고 주장했고,[108] 뷔상스는 도로 규칙 표지판에 관해서 동일한 의견을 피력했으며, 더 일반적 의미에서 기호로 쪼갤 수 없는 모든 의소에 관해서 같은 방식으로 설명했다.[109] 레비-스트로스는 신화의 최소 단위, '신화소mythème'를 서술어에 반드시 주어가 연결되는 것, 즉 단언과 비교했다. 레비-스트로스는 신화소 각각은 처음 등장하는 순간에는 한 문장으로 적절하게 요약될 수 있다고 설명한다.[110] 그리고 신화 형성 작용 이후에 생성된 '거시 신화소'는 서로 관계 맺는 서술어들의 묶음, 요컨대 반복되는 테마를 지닌 문장들의 집합이라고 설명한다. 앞서 언급했듯이 심킨은 언어학적으로 약호화된 가장 상위의 단위 속에서 속담의 최소 시적 단위를 설명했다. 프로프는 유사한 맥락에서 러시아 민담을 분석했고,* 바르트는 파롤의 단위로서 현대 신화를 정의했으며,[111] 영화에 관해서는 정확하게 '기표의 거시 단위들'에 관해 주장했다.[112] 무냉은 몇

---

* *Morphology of the folktale*, Mouton and C˚, 1958. 민담을 금지, 위반, 추적 등과 같은 추상명사로서 정의한 '기능' 개념은 발터 포르지히가 설명한 문장에서 서술어가 명사화되는 과정에 해당한다(Walter Porzig, "Die Leistung der Abstrakta in der Sprache", in *Blätter für deutsche Philosophie*, IV, 1930, pp. 66~67).

몇 '비언어적인 커뮤니케이션 시스템'은 현대 사회에서 너무 중요하기 때문에 언어학 이론서에 부차적으로 몇 줄 덧붙여 대강 설명하는 대신 소쉬르가 꿈꿨던 것처럼(뷔상스 역시 그의 책 첫머리에 설명했던 바이다) 진정으로 기호학을 연구해야 하는 시기가 왔다고 설명한다.[113] 야콥슨은 시를 언어학적인 관점에서 연구할 수 있다고 생각했는데,[114] 이때 언어학은 문장보다 더 상위의 집합에 관심을 갖는다. 이상에서 열거한 연구들은 한 방향으로 수렴되는 움직임을 내포하고 있다.[115]

무냉이 생각한 '비언어적 시스템'은 전화번호, 주민번호 등의 숫자, 도로 표지판, 지도, 관광안내 표지, 사진광고 등이었다.[116] 무냉이 영화에 대해 언급하지는 않았지만, 현대 사회에서 이미지의 역할이 이전 시대의 장식적인 면에서 점점 더 정보적인 측면으로 이동한다고 설명했다. 특히 무냉은 비언어적인 다양한 시스템은 단일 분절을 따른다고, "음소들로 분절되는 경우는 없고, 의미소sémantème들로" 분절된다고 강조한다.[117] 하지만 많은 비언어적 시스템이 의미소들로 분절된다기보다는 오히려 문장으로 분절되는 듯하다. 전부는 아니고 대부분의 경우에 말이다. ('식당' '호텔' 혹은 '차고' 등을 의미하는, 국제적으로 통용되는 관광안내 표지와 같이) 무냉이 생각하는 낱말로 분절 가능한 경우는 단일 분절처럼 보인다. 마르티네의 다음과 같은 문제 제기에 긍정적인 답을 제시할 수 있는 이유도 바로 같은 맥락에서이다. "이중 분절이 담화를 대응 내용이 없는 표현 단위로 나누는 데 반해, '완벽한 표의 표기 시스템' '말하지 않고 쓰기만 하는 랑가주' '내용 단위가 표현 단위들과 혼합되는 시스템'이 존재할 수 있을까?" 비언어적인 다른 시스템들처럼 영화에서 역시 내용 단위는 표현 단위와 혼합된다. '문장' 수준에서 일어난다.* 모든 도로 표지는 의미소라기보다는 명령형의 문장이다. 명령법

---

* 물론 개개의 숏이 문장 각각에 해당한다고 말하려는 것은 아니다. 이 글에서 사용된 '문장'이라는 용어에 상당 부분 홑따옴표 표시를 한 것은 바로 이 점을 알리기 위해서이다. 숏을 문장에 대응시키는 경우 숏이 활성화 단위, 담화 단위라는 것에 근거한 일반적인 법칙을 따르고 있다. 숏

은 평서문만큼 똑같이 구체적으로 현실화시킨다. '추월금지!'라는 표어에는 두 가지 요소가 있다. 추월이라는 어휘소와 명령형의 형태소는 현실화시키는 것과 동시에 문장을 만든다. '동사', 더 일반적으로는 '서술어'의 이중 기능(어휘소의 내용적 측면뿐만 아니라 언표를 구성하는 기능)에 대해 장 푸르케, 루이 옐름슬레우, 에밀 벤베니스트, 앙드레 마르티네와 같은 언어학자들이 주목했다.[118] 이들은 특히 명사 문장에 관해 관심을 가진 바 있다. 이는 영화에서의 클로즈업 문제나 몇몇 표지판과 간판 문제와 통하는 것이기도 하다. 예를 들어 약국의 초록 십자가 표시는 (순수 어휘 단위로서) '약국'을 지칭하는 것이 아니라 '여기는 약국입니다'를 의미한다. 언표로서 충분히 역할을 다하면서 현실에 어떤 것의 존

은 근본적으로 낱말과 다르다. 영화의 숏은 문장 규칙에 기대고 있다. (더 심층적인 유사성과 관련된 도로 표지와의 비교는 본문 다음 단락에서 보충하기로 한다.) 도로 표시 역시 문장 규칙을 따르고 있긴 하지만, (잠시 후 이 글에서 예로 들 '추월금지!'와 같은) 표지판과 문장에서 더 정확히 대응하는 부분을 찾을 수 있다. 이는 도로 표지판이 영화 랑가주보다 훨씬 분석하기 쉽고, 더 간단한 기표 집합을 구성하기 때문이다. 이러한 이유에서 영화에 관해 특히 숏에 관해 '의소'란 용어를 사용하는 데 주저하게 되는 것이다. 베르나르 포티에와 그레마스는 이 용어를 다른 의미에서 사용하지만, 이 글에서는 뷔상스와 프리에토를 따라 다양한 기표 시스템에서 발견하는 '언표 법칙을 따르는 의미작용 단위'를 지칭하기 위해 사용한다. 이 맥락에서 협의의 언표는 기호 중 특별히 언어학적인 형태를 말한다. 이 주제에 관해서는 *Supplément scientifique à la Grande Encyclopédie Larousse*, 1968의 'Sème' 항목과 프리에토의 기호학적 개념에 관한 낱말과 숫자에 관한 연구, *La linguistique*, 1967, fasc.2를 참조하기 바란다. 비언어학적인 기표 집합의 대부분이 '낱말'과 명백히 구별되는 단위들을 포함하면서 '문장' 규칙을 따르고 있다. 마치 영화에서처럼 말이다. 하지만 영화보다 더 무한정 많은 수인 데다, 영화보다 상대적으로 구별하기가 쉽고, 그 각각은 의미론적인 실질로 인해 대략적으로 재구성될 수 있는 문장 한 개에 해당한다. 추월금지라는 표지판을 떠올려보자. 프리에토의 뛰어난 연구 이래 '의소'의 개념은 이 분야에서는 더 이상 발전시킬 것이 없을 정도가 되었다. 반면 현 행태로서의 의소 개념은 영화 랑가주와 같은 기표 집합에서는 적용할 수 없다. 여기에서는 언표 규칙을 따르긴 하지만 단위의 숫자가 무한대이며 분리해내기가 거의 불가능하고 그 단위들 중 어떤 것도 정확하게 하나의 문장과 일치하지 않는다. 오히려 연속적인 문장들을 여러 개 포함하는 언어학적 담화의 커다란 한 분절체에 모호하게 대응한다. 이 경우에 의소 개념을 대체하는 다른 더 좋은 개념을 찾기란 쉽지 않다. 따라서 이 점과 관련해서 일반 기호학 이론이 현재로서는 기여하는 바가 별로 없다고 해야 할 것이다. 이런 이유로 이 글에서 자꾸 '문장 규칙을 따르는 단위이지만⋯⋯ 등등⋯⋯'이라는 표현을 쓸 수밖에 없다. 게다가 영화 랑가주는 이미지 차원에서 특정 단위들을 제공하는 것이 아니라 이미지 배열 차원에서 제공한다는 사실을 인정한다면, 이 결함(진정한 결함이 아닐지라도)은 사라지지 않을 듯하다.

재를 표시하는 것이다, 따라서 낱말 한 개가 아니다.

본질적인 특성상 비교적 단순한 시스템에서 문장으로 기호를 나눈다는 것은(그 결과 제1분절은 부재한다) 단위들이 그만큼 증가한다는 것을 의미하지는 않는다. 여전히 단위들의 숫자는 적은 편이고 비교적 안정적인 편이다. 이런 이유 때문에 종종 우리는 분절이 있다고 생각하게 되는 것이다. 단위들이 그리 다양하지도 않고 단순하기 때문에 어떤 의미에서는 분절이 일어나는 인상이 사실일 수 있다. 적은 양의 이산적인 단위라고 해도 문장이 될 수 없는 것은 아니다. 의미하는 대상이 자연적으로 복잡하지 않기 때문에 일종의 자율적인 경제성을 확보하게 되는데, 다시 말해 제1분절은 소용없게 되고 분절이 몇 단계로 이루어질 필요도 없게 된다. 사실 음성언어와 같이 복잡한 단위들에서도 경제 원리가 작용한다. 마르티네가 주장한 것처럼, 제1분절이 이 기능을 한다.[119] 표지판의 기호에서 경제 원리는 최우선적으로 작용한다. 상점의 숫자, 간판에 새길 수 있는 것들의 숫자적 제한 등. 지시 대상이 적은 양으로 제한된 만큼 제1분절은 생략할 필요가 있다. 음성언어는 훨씬 복잡하고 할 말이 많은 기호를 포함하고 있기 때문에 제한된 어휘소로 끝없이 늘어날 수 있는 문장을 어느 정도 감소시키기 위해 제1분절이 필요한 것이다. 음성언어에서처럼 영화도 할 말이 많다. 하지만 표지판에서처럼 영화에도 사실상 제1분절은 부재한다. 표지판에서처럼 문장으로 구성되고 작동되지만 그 문장의 숫자는 음성언어에서처럼 무한대이다. 반면 음성언어의 문장은 차후에 낱말들로 다시 분절될 수 있지만 영화에서는 그렇지 않다는 점이 다르다. 영화는 숏이라는 큰 단위들로만 자를 수 있으며 이 숏은 (야콥슨을 따르자면) 더 특정 기반의 작은 단위들로 축소되지 않는다.

이즈음에서 영화는 랑가주가 아니라고 결론을 지을 수 있다. 혹은 적어도 상당히 비유적인 의미에서만 랑가주라고 할 수 있다. 결론적으로 기호학은 영화를 한편으로 밀어두어야 한다고 할 수 있겠다. 하지만 이 모든 이야기는 대단히 비관적인 관점이며, 특히 영화처럼 중요한 사회적 현상을 두고서는 더욱 비관적이 아닐 수 없다. 명백한 계열체를 제시하면서 도로 약호를 연구하는 일은 가능하겠으나 도로 표지판과는 다른 정도의 인간적 무게를 지닌 표현수단을 연구하는 일은 힘들다는 결론을 내는 비관적인 태도이다. 따라서 다른 입장이 요구된다. 가능성이 많은 연구로서 기호학이 탐구하는 영역, 그리하여 기호학에 새로운 얼굴을 덧씌우는 작업을 해야 한다. 광의의 '랑가주'는 단순한 대상이 아니다. 유연한 시스템은 유연한 시스템에 적합한 방법으로 연구될 수 있을 것이다.

이런 조건에서 (이 글에서 인용한 학자들조차 소쉬르의 전통을 강력하게 계승하고 있지만) 엄격하게 순종적인 자세를 문제 삼을 수 있다. 사실 '파롤의 언어학'과 유사한 모든 연구는 위대한 스승 소쉬르의 생각에서 벗어나는 결과를 낳는다. 새로운 연구를 감행하는 일은 많은 시련을 포함하고 있지만 그렇다고 해서 극복할 수 없을 정도는 아니다.* 위대한 언어학자 소쉬르에 너무 경도된 나머지 파롤의 연구를 살짝 건드리기만 할 위험이 있다는 변명을 대면서 다른 가능한 연구들을 외면하는 경향도 있기는 하다. 비언어적인 표현수단의 연구에서는 (랑그나 진짜 파롤에 관한 연구가 아닌 다른 언어학을 요구하는) 표현수단의 물질성 때문에, 파롤의 연구를 살짝 스치기만 하는 경우가 발생한다. 비언어적인 표현수단 연구는 벤베니스트가 언급한 담론에 관한 연구(혹은 뷔상스가 다양하고 폭넓은 의미로 랑가주를 연구하려는 의도에서 소쉬르의 유명한 이분법을 확장시키고자 한 범주[120])와 더 연관된다. 미국 기호학이 말하는 순수

---

* 언어학과 기호학의 현행 연구는 이 문제를 점점 더 극복하고 있다. '랑그/파롤' 대립 쌍을 '능력/수행'의 대립 쌍으로 재정비한 촘스키의 연구가 현재 프랑스에서 가장 잘 알려져 있다는 사실은 이 상황을 입증하는 좋은 사례이다. 또한 순수 랑그나 순수 파롤이 아닌 에밀 벤베니스트가 설명한 담론 개념, 해리스의 담화 분석, 그레마스의 트랜스문장 분석, 프리에토의 언표와 동등한 언어 외부적 단위로서의 의미소 개념 등등. '랑그/파롤'이라는 소쉬르의 이분법적인 구조를 문자 그대로 너무 엄격한 범주에서만 머무는 개념은 오늘날 점점 더 보기 어렵게 되었다.

'사건-기호', 즉 두 번 재생산되지 않고 과학적 방식으로 연구할 수 없는 사건을 파롤로 보고, 시스템을 규칙적으로 지키는 기계언어 혹은 인간언어, 모든 것이 성립되는 조직화된 심급을 랑그로 볼 때, 이 둘 사이에는 '지시-기호'를 위한 연구 가능성이 잠재한다. 문장의 도식schéma, [121] 트랜스문장적인 배열, 바르트적인 글쓰기, 요컨대 **파롤의 여러 형태**에 관한 연구가 가능하다.

결론

현재까지 영화에 접근하는 방식을 네 가지 유형으로 정리할 수 있다. 이 네 가지 중에서 영화 비평, 영화 역사 두 가지 방식은 이 글의 주제에 상당히 벗어나 있기 때문에 제쳐두기로 한다. 이 두 접근 방식의 기본적인 연구 결과가 분명 영화를 말하고자 하는 이들에게는 필수불가결한 내용일지라도 영화에 관한 일반적인 문화를 다루고 있기 때문이다. 물론 영화 작품들이 창작된 시기를 혼동해서는 안 될 것이다. 영화에 관한 세번째 접근 방식은 영화 이론이다. 영화 이론에는 에이젠슈테인, 벨라 발라즈, 앙드레 바쟁 등 거장이 포진하고 있다. 이는 영화 혹은 영화 개별 작품에 대한 본질적으로 매우 중요한 사유이며, 그 독창성, 주요 관심사, 영향 범위, 정의까지 항상 영화 세계 내부에 속하는 것이다. 영화 이론가들은 시네아스트, 열광적인 애호가들, 혹은 비평가들이었다. 비평 자체는 영화 제도를 구성하는 요소이다. [122] 네번째 방식으로 영화학이 있다. 심리학자, 정신의학자, 미학자, 사회학자, 교육학자, 생물학자 등 외부 관점에서 영화에 관한 과학적 방식을 채택한다. 하지만 이들의 지위와 그 접근 방식은 영화제도 외부에 위치한다. 영화라기보다는 영화적 현상, 개별 작품이라기보다는 작품 경향과 관련된다. [123] 네번째 접근 방식은 적용 범위가 넓은 관점을 포함한다. 영화학과 영화 이론은 각기 다른 모습으로 서로를 보완하기도 한다. 몇몇 학자는 양쪽 범주에 동시에 속하기도 하는데, 가령 루돌프 아른하임, 장 엡스탱, 알베르 라파이는 영화학자였을까 아니면 이론가였을까? 협의의 영화학 역시 코앙-세아, 에드가 모랭 등 위대한 학자들을 보유하고 있다. 영화학과 영화 이론 모두 우리가 시도하고자 하는 분야에 필수불가결하다. 게다가 이 두 분야를 구분짓는 것은 상호적인 관점에서만 가능하다. 서로가 배타적인 방향으로 완전하게 분리된다면 오히려 각자에게 해가 될 뿐이다. 장 미트리가 최근 집필한『영화의 미학과 심리학』은 지금까지의 영화에 관해 모든 사유를 집대성하고 있으며, 심층적으로 상호보완적인 이 두 분야를 매우 잘 접목시키고 있다. 기뻐할 일이 아닐 수 없다.

불행히도 영화학 그리고 영화 이론에서 매우 멀리 떨어진 지점에, 기호학적인 연장선상에서 언어학이 있다.[124] 사실 언어학은 매우 나이 든 귀부인이다. 그녀는 프란츠 보프와 라스무스 라스크*를 알고 지냈다. 그녀는 오랜 세월 동안 매우 훌륭히 자신의 존재를 알렸으며, 그 나이 때문에 더욱 명성을 얻게 되었다. 그녀의 접근 방식은 일종의 보장된 길이며 따라서 안심이 된다. 이러한 이유에서 그녀에게 주저하지 않고 몇 가지 도움을 요청하는 것이다. 하지만 별로 중요하지 않은 일 때문에 그녀를 과로하게 해서는 안 된다. 게다가 그녀는 영화 연구를 돕는 일 말고도 다른 할 일이 많다. (프루스트가『잃어버린 시간을 찾아서』에서 노르푸아 씨와 관련해서 말했던 것처럼) 가장 바쁜 사람들이 항상 당신을 도와줄 시간을 찾는 법이다.

이 글은 이제 일종의 결합을 시도할 때가 왔다는 신념에서 시작되었다. 위대한 영화 이론가들의 저작, 영화학자들의 연구 그리고 언어학이 이룩한 업적을 동시에 참조하면서 새로운 연구에 도전할 때이다. 그 과정은 지난할 것이지만 점진적으로 중요한 기표 단위들을 찾아낼 수 있을 것이고, 영화 분야에서 소쉬르의 야심찬 계획, 메커니즘을 연구하려는

* (옮긴이) 독일 언어학자 프란츠 보프Franz Bopp(1791~1867)와 덴마크 언어학자 라스무스 K. 라스크Rasmus K. Rask(1787~1832).

목적을 실현시킬 수 있을 것이다. 인간들이 사회에서 인간의 의미작용을 전달하는 것은 바로 이 메커니즘에 근거한다.

스위스의 위대한 스승 소쉬르는 오늘날 우리 시대에 영화가 차지한 중요성을 목도할 만큼 오래 살지 못했다. 따라서 그 중요성을 아무도 증명해 보이지 않았다. 따라서 바로 지금이야말로 영화 기호학을 구축해야만 한다.

제 4 장

영화 기호학의 주요 쟁점들

이 글은 1966년 『언어학』(Paris: Presses Universitaires de France, fasc. 2), pp. 53~69에 수록되었다.

    이 글은 '영화 랑가주' 분야에서 일반 기호학의 소쉬르적인 계획[125]을 실현시키려는 사람들이 맞닥뜨릴 수 있는 어려움과 문제 몇 가지를 살펴보기 위한 것이다. 다시 말해 영화 메시지에서 사용되고 있는 기표들의 핵심 구조가 어떻게 작동되고 배열되고 있는지를 연구하려는 사람들이 겪을 문제에 관한 글이다. 에릭 뷔상스가 언급했듯이,[126] 소쉬르가 꿈꾸던 기호학은 아직 초기 단계에 있을 뿐이다. 다양한 비언어적 랑가주에 관한 작업이 기호학적으로 명쾌하고 타당해질 수 있다면, 단지 그 내용 혹은 실질에 대해 고민하는 것으로 만족하지 않고 의미작용에 관한 개괄적 연구라는 야심찬 과업에 중요한 (혹은 겸손한) 몫을 해낸다면 얼마나 좋겠는가.

    '영화 랑가주'라는 표현만으로도 영화 기호학의 모든 문제를 미루어 짐작할 수 있다. 사실 이 표현을 정당화하기 위한 부가적 설명이 따라야 한다는 점이나, 엄격하게 제한된 범위, 즉 영화 메시지 내부에서 작동하고 있는 기호학적 메커니즘에 관한 심층적 연구가 수반되었을 때에만 사용하는 점 등을 통해 알 수 있다. 그럼에도 불구하고 이 표현의 타당성과 편리함을 주장하면서, 우리는 이제부터 영화 이론가와 미학자들의 전문 용어에 점진적으로 수용되고 있는 '영화 랑가주'란 용어를 고집하고자 한다. 심지어 엄밀한 기호학적 관점에서 '영화 랑가주'('영화 랑그'와 혼동해서는 안 된다. 영화 랑그란 표현은 수용할 수 없다)란 표현의 합당함을 주장할 수도 있을 것이다. 물론 현재 연구 성과로 봐서는 일반적이고 전반적인 설명만 제시할 수 있지만 말이다. 이 글을 통해 특히 결론 부분에서 이 작업을 시도하고자 한다.

영화와 서사성

영화-기호학자는 우선 그 연구 대상을 선택해야 한다. 단편영화, 다큐멘터리, 기술영화, 교육용 영화, 광고영화 등을 선택할 것인가 혹은 '대형 영화'(즉 서사적인 장편영화)를 선택할 것인가? 무엇을 연구하기를 원하는가에 따라 선택은 달라질 것이며, 영화는 다양한 방언을 포함하고 있기에 그들 중 각각은 개별 사례를 제공할 수 있을 것이다. 이 답은 맞는 말이다. 하지만 영화에는 방법론적으로 더 우선시되거나 더 중요하다고 판단될 수 있는 위계가 존재하는데, 이에 따라 연구 초창기에는 가장 먼저 서사영화를 선택하는 것이 자연스러워 보인다. 뤼미에르 형제가 1895년에 영화를 발명한 그 무렵 전후로 몇 년간, 새로운 기계가 공헌할 사회적 기능에 관해 비평가, 기자, 그리고 개척자들의 의견들도 상당히 다양했다. 보존이나 기록의 임무, 식물학이나 외과 분야에서 과학 교육 혹은 연구의 보조적 기술, 저널리즘의 새로운 형태, (사적이나 공적으로) 고인이 된 소중한 사람들의 살아 있는 이미지를 보존하면서 애정을 돈독히 하는 도구 등. 영화는 탄생 초기에는 이야기를 전달하는 기계 이외에 다른 그 무엇도 될 수 있었다. 이야기하는 기계는 처음부터 예상했던 결과는 아니었다. 물론 영화 초기에도 서사영화에 관한 예언이나 선언 등이 발표되었으나 이후 벌어질 현상의 그 강도와 크기를 정확히 예측하는 정도는 아니었다. **영화와 서사성의 만남**은 필수불가결한 운명적 만남이거나 혹은 반대로 우발적으로 일어난 뜻밖의 만남이거나, 그 어떤 것도 아니다. 이 만남은 역사적이고 사회적인 사건이며, (사회학자 마르셀 모스의 공식을 따르자면) 문명의 사건이며, 기호학적인 현실로서 차후에 영화가 진화되는 방향을 규정짓는 사건이다. 이는 어찌 보면 정복, 식민화, 언어 변화 등과 같은 외부의 언어학적 사건이 언어의 내부 기능에 영향을 미치는 형태(간접적이고 전체적인* 그러면서 효과적인 형태)와 유사하다. 영화라는 왕국에서 서사 이외의 다른 모든 장르(다큐멘터리, 기술영화 등)는 변방이 되어버리고, **공상적인 픽션 서사 장편영화****는 점점 더 분명하게 영화 표현의 왕도를 그려나가게 된다.

하지만 서사영화를 연구 대상으로 삼는 데에는 숫자적인 우위, 사회적으로 지배적인 영향력 때문만이 원인은 아니다. 더 내부적으로 고려해야 하는 부분이 있다. 사실 비서사적인 영화가 '진짜' 영화와 본질적으로 구별된다면 '랑가주의 방식 혹은 기법'이라기보다는 목표로 하는 사회적 대상, 담고 있는 실질적 내용 때문이다. 영화 기호학에서 중요하게 생각하는 형식들, 즉 몽타주, 카메라워크, 숏 체계, 이미지와 말의 관계, 시퀀스 혹은 거대 통합체의 다른 단위 등은 큰 영화나 작은 영화나 거의 유사하다. 사실 일반적인 평범한 영화와의 차이점을 지적하는, 다양한 비서사적 영화 장르에 맞는 기호학이 가능할 것이라는 확신이 없다. 픽션영화를 연구하는 것이 결국은 더 빨리 더 곧장 문제의 핵심에 다가서는 길이다.

게다가 우리의 주장은 영화를 통시적으로 연구한 많은 학자에 의해 뒷받침될 수 있다. 벨라 발라즈,[127] 앙드레 말로,[128] 에드가 모랭,[129] 장 미트리[130] 이외 많은 학자의 연구 이후, 영화가 애초에 특별한 랑가주로 탄생

---

* 물론 어휘론적인 몇몇 측면은 제외한다.
** 우리가 흔히 함축적 표현으로 단순하게 '영화'라고 말할 때에는 픽션 장편영화라는 의미를 내포하는 경우가 대부분이다. 이에 관한 다양한 표현을 쉽게 볼 수 있다. "다큐멘터리는 형편없었지만 영화는 훌륭했어요" "오늘 저녁에 무엇이 방영되죠? 단편영화, 영화?" 등등.

된 것이 아님을 알게 되었다. 우리가 지금 알고 있는 표현수단의 모양새를 갖추기 전에 영화는 단순히 녹화의 기계적 과정이거나 삶의 장면, 연극 장면, 혹은 특별히 연출되었긴 하지만 그래도 본질적으로는 대단히 연극적인 장면들과 같이 움직임이 있는 광경을 시각적으로 재생산 혹은 보존하는 수단이었다. 요컨대 앙드레 말로의 표현을 따르자면,[131] '복제수단'이었다. 이후 영화는 **서사의 문제를 해결하기 위한 다양한 모색 과정**을 거쳤고, 결국 영화의 특정 기표와 그 실행 과정들을 구성하기 시작하게 된 것이다. 영화 역사가들은 '영화'라는 단어를 현재와 같은 의미로 쓰게 된 시기는 대략 1910년에서 1915년 사이라고 한다. 「에녹 아덴」(데이비드 그리피스, 미국, 1911), 「차르를 위한 인생」(바실리 곤차로프, 러시아, 1911), 「쿼바디스」(엔리코 과초니, 이탈리아, 1912), 「팡토마」(루이 푀야드, 프랑스, 1913), 「카비리아」(조반니 파스트로네, 이탈리아, 1914), 「골렘」(파울 베게너, 헨릭 갈린, 독일, 1914), 「게티즈버그 전투」(토머스 인스, 미국, 1914) 그리고 특히 「국가의 탄생」(데이비드 그리피스, 미국, 1915) 등의 초기 영화들은 이러한 맥락에서 주목할 만한 작품이다. 대규모의 서사, 특별히 영화적인 기법들로 구성된 이야기이다. 바로 서사적인 작업을 통해 영화 기법들에 관한 상세한 조사가 가능했다. '영화 랑가주'의 개척자들, 멜리에스, 포터, 그리피스 등은 형식적인 탐색을 주저하지 않았다. 그들은 상징적·철학적 혹은 인간적 메시지를 자신들의 영화에 담아내는 것을 심각하게 걱정하지 않았다(그들이 순진하거나 혼란스럽거나 막연한 입장이어서가 아니다). 내포의 작가라기보다는 외연의 작가였던 그들은 무엇보다 이야기를 하고자 했다. 그들은 사진적인 복제라는 현실 모방의 재료, 연속적인 특성을 지닌 이 재료를 서사적 담화의 (초보적일지라도) **분절**에 끊임없이 종속시키려고 했다. 조르주 사둘[132]은 멜리에스가 이야기 담화자로서의 고민을 어떻게 영화에서 잘 풀어냈는지를 설명한다. 또한 이중 인화, 검은색 화면을 배경으로 한 다양한 편집 기법, 디졸브, 파노라마 등을 발명하게 된 경과를 설명한다.[133] 이 문제에 관해서 정확한 분석[134]을 한 미트리는 클로즈업, 파노라마, 트래블링, 병행 편집, 교차 편집 등 초창기 영화 랑가주 기법들에 관해서 연구했다. 미트리가 내린 결론을 간단하게 요약하자면, 주요 '발명'은 프랑스의 멜리에스와 프로미오, 영국의 A. G. 스미스와 윌리엄슨, 미국의 포터 등이 일궈냈지만 그중에서도 특히 그리피스에 의해 다양한 기법의 **기능**이 영화 **서사**에 맞춰 정확하고 안정적으로 되었다. (기호학 용어로 하자면) 약호화되었다. 여기에서부터 영화 기법들이 어떤 지점에서 일관성 있는 '통사 규칙syntaxe'으로 통합되었다고 보고 있다. (통사 규칙이라기보다는 '통합체syntagma-tique'라고 하는 편이 나을 것이다. 미트리 자신도 통사 규칙이란 용어는 쓰지 않았다.*) 그리피스는 1911년부터 1915년까지 의식적으로 실험적인 영화 기법을 모색하는 일련의 영화들을 제작했고, 1915년 「국가의 탄생」이 드디어 최고의 작품으로 만들어졌다. 이 작품은 그의 연구를 총체적으로 대중에게 소개하는 자리였으며 체계적이고 근본적인 것이었다. 그리하여 영화는 서사적 사건이라는 거의 유일한 흐름 속에 자리하게 되었으며, 랑가주의 몇몇 속성을 획득하게 된다.

오늘날에도 여전히 영화적 기법이라고 말해지는 것은 서사영화에서이다. 이러한 맥락에서 영화 기호학이 연구 대상을 서사영화로 한정짓는 일의 합당한 이유를 확보하게 된다. 물론 다른 장르를 배척하는 방향으로 돌아서서는 안 될 것이지만, 서사영화에 우선권을 주는 것이 정당해 보인다는 뜻이다.

영화 기호학에서 내포 연구와 외연 연구

지금까지 설명한 현상들은 다른 문제, 즉 영화 기호학이 내포의 기호학 혹은 외연[135]의 기호학 둘 중 어떤 분야로 이해되어야 하는가 문제에

---

* 여기에서 소쉬르의 말(『일반 언어학 강의』, p. 188)을 상기해보자. "통합체적인 모든 사건이 반드시 통사 규칙으로 분류될 수는 없으나 통사 규칙적인 모든 사건은 통합체에 속한다."

관해 생각하게 만든다. 이 두 가지 방향은 각기 다른 관심사를 드러내고 있다. 영화 기호학 연구가 발전해서 앎의 깊이가 깊어질 때, 연구는 내포 의미작용과 외연 의미작용 모두를 포함하게 될 것이다. 내포 연구를 통해 우리는 예술로서 영화(제7예술이라는 개념에서)에 더 근접하게 된다. 이 부분에 관해서는 다른 논문에서* 좀더 상세하게 언급한 것처럼, 기호학적으로 봤을 때에는 영화 예술은 문학 예술과 동일한 층위에 속한다. 문학에서는 운율, 구성, 문체 등, 영화에서는 화면 구성cadrage, 카메라 움직임, 조명 효과 등의 엄밀한 의미에서 미학적인 배열과 제약이 내포된 심급을 대신하면서 외연의 의미에 중첩된다. 외연은 문학에서는 엄밀한 의미의 언어학적인 의미작용으로 표상된다. 즉 작가가 사용한 단위, 낱말에 결합되고, 영화에서는 이미지가 재생산하는 장면 혹은 음향이 재생산하는 소리의 직접적이고 지각적인 의미에 밀접하게 연관된다. 반면 미학적인 모든 랑가주에 중요한 역할을 하는[36) 내포는 기의 차원에서 보면, 문학적인 혹은 영화적인 이러저러한 '문체', (서사시 혹은 서부극 등과 같은) 이러저러한 '장르', (철학적이고, 휴머니즘적이고, 이데올로기적인) 이러저러한 '상징', 이러저러한 '시적인 분위기' 등이며, 기표적인 차원에서 보면 외연적으로 지시하고 있는 기호학적인 재료 전체를 의미한다. 내포는 기표와 기의 동시에 연관되는 것이다. 예를 들어 미국 누아르noir 영화를 생각해보자. 한 부둣가의 둑에 깔려 있는 반짝이는 포석鋪石은 불안감 혹은 딱딱함, 거칠음 등을 집약적으로 보여준다. 이는 내포 기의라고 할 수 있는데, 동시에 어둡고 인적 드문 부두, 컨테이너와 크레인으로 가득한 부두 등을 재현한 장면이기도 하기에 외연 기의라고 할 수 있다. 또한 이 부두 이미지를 화면에 담기 위해서 조명을 놓고 배경을 잡고 초점을 맞추고 한 기술적인 측면도 있기에 외연 기표라고도 할 수 있으며, 결국에는 이 둘이 합쳐져 구성하는 내포 기표도

---

* 이 책 제3장 「영화──랑그인가 랑가주인가?」를 참조하기 바란다.

된다. 같은 부두를 밋밋하게 촬영한다면 결코 같은 효과를 얻을 수 없을 것이다. 또한 같은 촬영 기법이라고 해도 해맑게 웃고 있는 어린아이의 얼굴에 적용되었다면 같은 효과를 낼 수 없을 것이다. 영화 미학자들은 종종 영화 효과는 결코 '저절로, 대가 없이' 일어나지 않는다고 설명한다. 이는 항상 '이야기 플롯'에 사용된다는 것이다.[137] 이는 내포 기의는 그에 대응하는 기표가 외연의 기표와 기의를 동시에 작용하게 하는 경우에만 성립한다는 뜻과 통한다.

예술로서 영화를 연구하는 것, 영화적인 표현성에 관한 연구는 언어학에서 영감을 받은 방법론으로 진행될 수 있을 것이다. 물론 영화 분석도 토머스 시비억Th. A. Sebeok이 체레미스 민속음악에 적용한 분석[138] 혹은 새뮤얼 레빈Samuel R. Levin이 생각해낸 분석[139]과 비교할 만하다. 하지만 영화를 예술로서 연구하는 것만이 영화 기호학이 집중해야 할 유일한 임무는 아니다. 영화가 특정 랑가주인 것은 역시 혹은 우선적으로 외연의 기법들 때문임을 간과해서는 안 된다. 디제시스란 개념 역시 예술이란 생각만큼이나 영화 기호학에서는 중요하다. 디제시스란 단어는 그리스어에 어원을 두고 있는데 그 의미는 '서술하기'였고, 특히 사건 보고와 법적 담론에 반드시 포함되는 부분을 지칭했다. 영화와 관련해서는 에티엔 수리오가 영화에서 재현된repésenté 심급을 지칭하기 위해 도입했다.[140] (이는 미켈 뒤프렌의 엄밀한 의미의 미학적 심급인 표현된 exprimé 심급과 상반된 개념이다.[141]) 한마디로 영화 외연의 집합을 의미한다. 이야기 자체, 그리고 이 이야기 속에 혹은 이야기를 통해 연루된 허구적인 시간과 공간, 인물, 장소적 배경, 사건들, 다른 서사적 요소들, 그리고 외연 상태로 고려될 수 있는 모든 것. 어떻게 영화는 연속, 변화, 인과, 시간적 간극, 반대의 관계, 공간적으로 다가가기와 멀어지기 등을 의미하는가, 영화 기호학에서는 이 모든 문제가 중요하다.

영화는 기술적으로 사진에서 유래했으나 기호학적인 관점에서 보면 영화와 사진은 매우 다르다. 롤랑 바르트가 이미 명확하게 입증한 것처럼,[142] 사진이 화학적으로 복제하는 과정을 자동화하면서 외연적 의미는 이 과정에 흡수되었다. 외연은 지각적으로 모방·전사轉寫하는 것이기에,* 약호화 과정을 따르지 않고 고유한 조직 과정도 없다. 인간이 기호학의 고유한 요소들이 개입되는 과정에서 중요한 역할을 한다면 이는 오직 내포 차원에서만 작용한다(조명, 카메라 앵글의 입사각, 사진의 효과 등). 사실 사진에서 집을 보여주는 방식 이외에 외연적 상태로 기의 '집'을 지시하는 다른 사진적인 특정 기법은 존재하지 않는다. 반면 영화에서는 외연 기호학이 가능하고 또 필요하다. 왜냐하면 영화는 여러 장의 사진을 합해서 얻는(무한한 결과를 도출하는 편집 개념) 현상이기 때문이다. 사진은 대부분 디제시스 지시 대상의 일부분, 한 측면만을 제공한다. 영화에서 '집'은 계단 숏, 외부에서 찍은 벽들 중 한 벽을 보여주는 숏, 창문을 가까이서 찍은 숏, 그리고 건물 전체를 잡은 숏 등 여러 가지가 가능하다.** 이렇게 일종의 **영화 분절**이 등장했고, 사진에서는 이에 대한 그 어떤 대응물도 없다. 외연 그 자체는 일련의 약호 체계 속에서(반드시 약호화된 것은 아니지만, 약호 체계를 따르는) 구성되고 조직된다. 절대적 법칙은 부재하지만 그래도 영화를 명료하게 이해할 수 있는 범위 내에서 작용하는 지배적인 관습들이 존재한다. 아무렇게나 편집된 영화를 이해할 수는 없기 때문이다.

이제 다시 처음 우리가 주목했던 점을 상기해보자. '영화 랑가주'는

---

* 우리는 당연히 심리학자가 아니라 기호학자의 입장에서 말하는 것이다. 현실 상황과 영화 상황에서의 시지각에 관한 비교 연구는 대상 사물과 그 사진을 다르게 보이게 하는 모든 시각적인 왜곡을 입증했다. 감광제의 화학적 측면, 망막의 생리학, 시각의 물리적 법칙을 따라야 하는 이러한 모든 변형은 기표 시스템을 구성하지 않는다.

** 만약 영화에서 집 전체 이미지만 제공된다고 할지라도 이는 여전히 선택과 관련된다. 주지하다시피 현대 영화는 (플랑-세캉스와 같은) 연속적으로 촬영하는 기법을 선택하는 대신 시각적으로 파편화시키고 편집을 과도하게 많이 하는 기법을 부분적으로 포기했다. 이러한 상황은 영화의 외연 기호학 역시 변화시키는 결과를 낳았지만 어떤 방식으로든 사라지게 하지는 않았다. 다른 언어들처럼 영화 랑가주도 그만의 역사를 가진다. 한 개의 숏 내부에 여러 개의 소재가 포함된 경우가 새롭게 생겨난 것이다.

우선 이야기 플롯과 직접적으로 연관된다. 예술적인 효과들이 영화가 이야기를 전달하는 의소 행위와 실체적으로 분리될 수는 없을지라도 예술 효과는 의미작용의 다른 층위를 구성한다. 이 층위는 방법론적으로 봤을 때 '이후' 발생한다.

계열체와 통합체

영화 기호학은 계열체보다는 통합체 쪽에 가깝다. 영화 계열체가 없기 때문은 아니다. 연쇄의 한 지점에서 나타날 수 있는 단위들의 목록은 제한적이고, 결과적으로 그 상황에서 선택된 단위는 계열체에 속한 다른 구성 요소들과의 비교를 통해서만 의미를 획득한다. 두 시퀀스를 연결하는 상황에서* '페이드아웃'은 '디졸브'와 반대 지점에 놓일 수 있다. 사용자, 즉 관객이 자발적으로 한 요소에서 다른 요소로 치환하는 과정은 그에 대응하는 기의들을 도출해낸다. 예를 들어 디졸브 기법은 근본적으로 추이적推移的 관계를 전제하는 시공간적인 간격을 의미하며, 페이드아웃은 완전히 단절된 시공간적 분리를 의미한다. 영화 연쇄 중 대부분의 지점에서 대체할 수 있는 단위들의 목록은 비교적 상당히 개방된 편이라고 할 수 있다(그렇다고 해서 무한한 것은 아니다). 이를 언어학과 비교했을 때, (완전히 종결된 것이 아니라는 특성 때문에) 문법적인 형태소의 목록보다 더 열려 있다고 간주되는 어휘소의 목록보다도[143] 영화 계열체의 목록이 훨씬 개방적이다. 조제프 방드리에스가 저서 『랑가주Le langage』에서 주목했듯이, 관용구의 단어 숫자를 정확하게 세는 일이 어려울지라도 최고 한계선과 최저 한계선을 표시하는 일은 가능하다. 그리하여 그 범위의 크기를 측정할 수 있다(가령 프랑스어로 'lav-'라는 어휘소는 존재하지만 'patouf'라는 어휘소는 존재하지 않는다). 하지만 영화

---

* 편집 기법은 시퀀스와 시퀀스를 연결하는 상황 이외에 다른 상황에서도, 즉 시퀀스 중간에도 사용될 수 있다. 이 경우 물론 다른 가치를 획득하게 된다.

에서는 같은 방식으로 계산할 수 없다. 촬영할 수 있는 이미지의 숫자는 무한하다. 여러 의미에서 한계가 없다는 것을 상기할 필요가 있다. 왜냐하면 영화 카메라 앞에 놓인 장면들, 카메라로 찍기 위해 놓인 모든 것은 그 자체로 한계가 없기 때문이다. 어떤 조명을 쓸 것인가의 선택은 무한정 늘어나며 다양해질 수 있다. 같은 축에 놓인 카메라와 피사체 사이의 거리 (즉 숏의 크기 변화) 역시 마찬가지이다.* 카메라 앵글의 입사각, 사용된 필름, 초점, (카메라가 전혀 움직이지 않는 고정 숏을 포함한) 카메라 워크의 정확한 여정 등도 마찬가지이다. 따라서 다른 이미지를 만들기 위해서는 이 요소들 중에서 한 가지를 알아차릴 만큼만 약간 변화시켜도 충분하다. 숏은 결과적으로 어휘 단어와 비교할 수 없다. 오히려 한 문장 혹은 여러 문장에 해당하는 완전한 언표를 더 닮았다. 상당히 자유롭게 결합된 결과물, '파롤'로 부각된 조합의 결과물이다. 반면 단어는 약호로 매우 강력해진 통합체이고, (미쿠스R. F. Mikus가 말했듯이[144]) 수직적인 통합체이다. (이미지와 언표 사이의 유사성에 주목해보자. 이미지와 언표는 둘 다 구체적으로 활성화된 단위들이다. 반면 낱말은 그 자체로는 순수하게 잠재적인 약호의 단위이다. 이미지는 거의 항상 단언적이고, 단언은 활성화, 의소 행위의 중요한 양태 중 하나이다.[145]) 최소한 이미지의 측면만 보면, 영화의 계열체는 부분적이고 단편적인 것처럼 보인다. 분명 창작은 관용 어구를 다루는 작업에서보다 영화 랑가주에서 더 중요한 역할을 한다. 언어를 말하는 행위는 그것을 사용하는 것이다. 반면 영화 랑가주를 말하는 행위는 그것을 발명하는 차원에 속한다. 언어 화자는 일종의 사용자 그룹을 형성하고 시네아스트는 창작 집단을

---

* Le langage cinématographique(Paris: Éd. Ligue Française de l'Enseignement, 1962) p. 14 에서 프랑수아 슈바쉬François Chevassu는 '숏 등급 혹은 단계'는 약호 체계 속에 포함된다고 설명한다. 사실 클로즈업, 미국식 숏, 미디엄 숏 등과 같이 기술적 용어들이 약호화되었다고 말할 수 있을 것이다. 숏의 등급은 그 자체로 대상에 가장 가까운 숏부터 가장 멀리 떨어진 숏까지 연속적인 단계가 있다. 여기에서 약호작용은 랑가주-대상, 영화 랑가주의 차원이 아니라 스튜디오의 특정 언어인 메타랑그 차원에서 개입된다.

형성한다. 반면 영화 관객은 사용자 그룹을 형성한다. 바로 이러한 이유에서 영화 기호학은 종종 시네아스트 쪽보다는 오히려 관객 쪽에 위치하는 것이다. 에티엔 수리오가 구분한 영화의 관점과 시네아스트의 관점을[146] 참조해보자. 영화 기호학은 원칙적으로 영화에 관한 연구이다. 언어학에서도 대략적으로 유사한 상황을 발견할 수 있다. 몇몇 언어학자는 화자는 메시지 쪽에 있고, 약호를 표상하는 것은 청자라고 설명한다.[147] 왜냐하면 청자는 다른 사람이 자신에게 이야기하는 것을 이해하기 위해서 약호를 적용하기 때문이다. 반면 말하는 사람은 그가 말하고자 하는 것을 미리 알고 있다.

영화 외연의 문제 중심에는 계열체보다 훨씬 더 통합체의 연구가 중요하다.[148] 각각의 이미지가 자유로운 창작이라면 이 이미지들을 명료하게 이해할 수 있도록 배열하는 것(데쿠파주와 몽타주)은 영화 기호학 차원에서 핵심 사안이다. 다소 모순적인 상황이라고 할 수 있다. 영화를 구성하는 경우에는 (이산적이지 않은 풍부한 단위들인) 이미지들이 아주 자연스럽게 통합체적인 거시 구조의 제약을 수용하게 된다. 이미지는 다른 이미지와 결코 유사하지 않지만 서사영화의 상당 부분이 통합체의 중요 형태를 보면 서로 닮아 있다. (우리의 연구 과제로 다시 한 번 주목하게 되는) **영화의 서사성**은 관습을 통해, 수많은 작품에서의 반복을 통해 안정되면서 점진적으로 비교적 고정된 형태가 되었다. 이 형태들이 변하지 않는 확고부동한 것은 아니지만 동시에 (현재 영화 현황에 해당하는) 공시적인 상태를 표상한다. 이 형태가 수정될 필요가 있다면, (증명되어야 할) 긍정적인 모든 진화를 필요로 할 것인데, 이는 마치 우리 언어에서 시간에 따라 양상들을 재분배하면서 통시적으로 나타나는 변화에 해당한다. 영화에 소쉬르적인 사고[149]를 적용할 경우 서사영화의 거대 통합체를 변화시킬 수는 있겠으나, 아무나 이 통합체를 단도직입적으로 변화시킬 수는 없다.*

관객 사용자가 이해하는 수준에서만 허용된다는 한계 때문에 서사영화의 거대 통합체는 자동적으로 시스템에 통합되고, 따라서 너무 개인적인 새로운 시도를 검열하게 된다. 다른 분야와 마찬가지로 영화에서도 독창적인 창작 예술가는 약호를 몰래 속이거나 혹은 정면으로 공격하고 위반하기보다는 교묘하게 다른 방식으로 이용한다.

사례——교차 통합체

영화의 **거대 통합체** 주요 유형들을 상세하게 분석하는 것은 이 글의 목적과 한계를 넘어서는 것이므로, 구체적인 사례 한 가지만을 들어보자.** (예를 들어 엄마의 이미지-딸의 이미지-엄마의 이미지 등이 연속적으로 이어지는) **교차**alternant **통합체**의 몇몇 특성을 살펴보자. 교차 통합체는 두 개 혹은 그 이상의 디제시스적 모티프의 교차적 배치라는 원리에 기반을 두고 있다. 이미지들의 두 개 혹은 여러 개의 계열이 있고, 각 계열이 (다른 계열과 교차하지 않고) 연속적으로 나타난다면 보통의 '일반ordinaire 시퀀스'를 이룬다. 하지만 이 일반 시퀀스들은 교차 통합체에서 (이런저런 구조를 만들고 이러저러한 효과를 얻으려는 내포 측면을 강조하기 위해) 연속적으로 나타날 수 없으며, 한 계열로 묶어진 숏들의 연속성은 잠재적일 뿐이다. 교차 통합체는 1901년 영국에서 윌리엄슨이 만든 영화 「중국의 선교단 공격Attack on a chinese mission」에 최초로 등장했다고 알려져 있다. 이 영화는 당시 유행했던 '재구성된 사건 사고 뉴스' 이미지로서 중국의 의화단 운동을 다루고 있다. 의화단의 난이 벌어지고 있는 동안 (중국) 의화군이 포위하고 있는 선교단의 이미지와 선교사들을 구하기 위해 행군하는 (서양) 해군들의 이미지가 서로 교차

---

* 여기에 통합체가 그 내부에 계열체를 포함하고 있다는 보충 설명을 덧붙여야겠다. 결과적으로 영화에서 계열체를 연구할 가능성이 더 높다. 이 점에 관해서는 이 책 제3장과 제5장을 참조하기 바란다.

** (옮긴이) 영화의 거대 통합체 주요 유형은 이 책 제5장에서 상세히 언급될 것이다.

된다.* 이후 교차 기법이 점진적으로 보편화되기 시작한다.

교차는 기표 형태를 정의한다. 반드시 기의 형태를 포함하지는 않는다. 이는 다시 말해 교차 통합체 속에서 기표와 기의의 관계가 항상 동일하지 않음을 입증하는 것이다. 시간의 외연 기의(즉 지시적으로 시간의 흐름을 의미하는 측면)에 따라, 교차alternant 통합체의 세 가지 주요 유형을 구분해볼 수 있다.

첫번째 유형, **교대**alternatif **통합체**라고 부를 수 있는 이 유형은 기표들이 번갈아 교차되는 것과 동시에 기의들이 그와 병행해서 교차되는 경우를 지칭한다. 여기에서 기표와 기의는 동일한 관계에 있다. 그 예로 두 명의 테니스 선수를 공이 이쪽에서 저쪽으로, 저쪽에서 이쪽으로 넘나들 때마다 한 번씩 번갈아 화면에 잡는 경우를 들 수 있다.

두번째 유형, **교체**alterné **통합체**라고 부를 수 있는 이 유형은 기표들이 번갈아 교차되는 것이 기의 측면에서 보면 동시성에 해당하는 경우이다. 그 예로 추격하는 자와 추격당하는 자의 이미지를 들 수 있다. 관객은 이 두 계열이 같은 순간에 발생하고 있다고 어렵지 않게 이해한다. 관객이 (기표의 장소인 스크린에서) 추격당하는 사람이 재빠르게 도망가고 있는 것을 보는 동안, 추격하는 사람은 (기의의 장소인 디제시스 내부에서) 계속 따라가고 있다고 이해하는 것이다. 여기에서 기호학적 결합은 동일하지 않다. 즉 두 사건이 시간 순으로 교대된다는 것을 의미하지 않고, 동시에 일어나는 것을 의미한다. 그렇다고 해서 자의적인 관계는 아니다. 여전히 기표와 기의 간에는 동기가 부여된 유연有緣관계(유사성은 유연관계의 한 형태일 뿐이라는 것을 잊지 말자)가 있고, 관객은 이런 종류의 통합체를 비교적 자연스럽게 이해한다. 영화를 지각하는 과정에서 발생하는 자발적인 심리 메커니즘이 작동하는 것이다. 안 수리오가 언급한 것처럼,[150] '추격자와 추격당하는 자' 형태는 특별한 학습과정을 통

---

* 이 경우 교차는 동시성을 의미하는 것인데, 번갈아 바뀌는 교체 통합체와 관련된다. 교차 통합체의 세부 구분에 관해서 잠시 후 언급하기로 한다.

하지 않고서라도 쉽게 이해된다. 왜냐하면 (두 숏의 교차 리듬이 너무 느리지 않을 경우에) 관객은 영화가 제공하는 시각적 재료들 사이의 틈을 자연 발생적으로 메울 수 있기 때문이다. 스크린에서 2번 계열 이미지를 보고 있는 동안 1번 계열이 이야기 플롯 안에서 지속된다는 것을 분명 잘 알고 있다.

세번째 유형, **평행**parallèle **통합체**라고 부를 수 있는 이 유형은 편집으로 두 계열의 사건들을 혼합해놓는 경우를 말한다. 이때 이 계열들 사이에는 디제시스 기의 차원에서, 적어도 시간의 외연 차원에서 어떤 관계도 없다. 영화 이론가들이 '시간적으로 무관한 관계'라는 표현을 써서 지칭하는 경우가 바로 이 세번째 유형에 해당한다.[51] 예를 들어 밤을 배경으로 음산한 도시 이미지가 있다고 하자. 그리고 햇살이 환하게 드는 농촌 이미지가 있고, 곧 첫번째 도시 이미지로 돌아오고, 다시 농촌 이미지 이런 식으로 교차된다고 하자. 이 두 장면이 같은 시간에 일어나는지 다른 시간에 일어나는지 정확히 지시하는 어떤 것도 없다. 정확한 연대 추정 없이 편집을 통해 (부와 가난, 삶과 죽음, 러시아 내전의 백군과 적군 등) '상징적'인 의도에서 서로 이웃하게 만든 두 가지 모티프와, 관련이 있는 것이다. 여기에는 지시적인 시간상의 관계는 없다. 대신 콘텍스트 그리고 기의의 실질과 밀접하게 관련된 다양하고 풍성한 내포의 가치는 중요하게 작용한다.

교차 통합체의 세 가지 유형은 소규모 시스템을 형성한다고 할 수 있겠는데, 그 내면 모습은 벤베니스트가 구상했던* 동사의 인칭 구조를 상기시킨다. 그 장면에 정확하게 들어맞는 시간적 외연이 존재하는가 부

---

* "Structure des relations de personnes dans le verbe," in *B. S. L. P.*, XLIII, 1946, pp. 1~12: repris dans *Problèmes de linguistique générale*(Gallimard, 1966), pp. 225~36. '인격의 상관관계'는 (사실상 비인칭에 해당하는) 3인칭을 1인칭, 2인칭에 대립시키고, '주체성의 상관관계'는 1인칭을 2인칭에 대립시킨다. (옮긴이) 벤베니스트는 대명사, 지시사, 동사의 인칭·시제 등에 대한 분석을 통해 언어를 담화로부터 분리할 수 없고, 담화를 주체성으로부터 분리할 수 없다고 주장했다. '나' '너'와 같은 대명사들은 통상적인 의미의 기의를 지니지 않으며, 구체

재하는가라는 상관관계에 따라 우선 앞서 분류한 세 가지 유형을 두 종류로 재구분할 수 있다. 다시 말해 지시적으로 시간의 흐름을 지칭하는지를 두고 세번째 유형, 평행 편집, 즉 평행 통합체와 그 반대편에 첫번째와 두번째 유형, 교대 편집과 교차 편집을 놓는 것이다. 후자의 경우를 세부적으로 볼 때, 다시 시간의 외연 기의 특성에 따라 교차가 시간 순차적으로 바뀌는 것을 의미하는 교대 편집과 반면 동시성을 의미하는 교체 편집으로 분류할 수 있다.*

그 외 문제들

지금까지 간략하게 설명한 내용들은 영화의 외연에 관한 통합체 연구가 무엇인지에 관한 대략적인 개괄이었다. 영화 기호학을 엄밀한 의미의 언어학과 구별하는 중요한 차이점 중에서 이제 (다른 논문에서[152]) 이

적인 담화 상황 속에서만 의미작용을 할 수 있는 기표이다. 언표 상황에서 1인칭 '나'는 화자로, 2인칭 '너'는 청자로, 상호관계 속에 규정되는데, 발화 주체에 자신을 동일시하면서 한 개인은 주체성을 찾아간다고 볼 수 있다. 요컨대 개인이 담화 속에서 '나' '너'라는 대명사에 의해서 자신의 문화적 정체성을 찾는 것이란 주장이다.

* 이상에서 제시된 분류는 영화라는 분석 대상에서 치환이 어떻게 나타나는지에 관해서는 설명해 줄 수 있지만, 이후 진척된 연구와 비교하면 약간 부족한 면이 있다. 첫째 영화의 다양한 장면 연구를 통해 진짜 확실한 치환으로 생겨나는 교대 통합체와 교체 통합체를 항상 뚜렷하게 구분(드물긴 하지만 평행 통합체와의 구분도)할 수 없다는 결론에 이르렀기 때문이다. 테니스 선수들의 사례에서 만약 이 두 선수 모두 굉장히 뛰어난 최고 기량의 선수들이고 각자 동시에 시합 중이라고 하자. 이 경우 교대 통합체가 아니라 교체 통합체에 해당된다. 사실 교체 통합체는 훨씬 더 교대 통합체의 다양한 하위 범주처럼 발생하는 경우가 많다. 따라서 교대 통합체를 다른 형식으로서 구별하기가 쉽지 않다. 둘째 스크린에서 이미지가 교차되면서 시간적인 지시를 하는 경우 앞서 설명한 범주를 벗어나는 경우도 있기 때문이다. 예를 들어 현재 계열과 과거 계열을 혼합하는 교차 통합체(일종의 플래시백)의 경우, 두 계열 사이의 관계는 동시성이나 혹은 무관한 시간관계 등으로 정의할 수 없다. 이에 관해서는 차후 이 책 제3부 제6장과 제7장에서 자세히 살펴보자. 또한 이 책 제5장에서 교차 통합체와 반복fréquentatif 통합체 사이의 유사성에 관해서도 살펴볼 것이다. 이상의 이유로 우리는 교차 통합체를 일반적인 범주 카테고리로 고집하지 않으며, 이 논문의 발표 이후 연구된 영화 배열의 거대 유형 전체를 재고하게 된 것이다. 이에 관해서는 이 책 제5장에서 설명하기로 한다. 요컨대 교차 통합체에 관한 분석은 부분적으로 합당한 특성만 취하는 편이 좋을 것이다.

미 설명한 내용을 되도록 반복하지 않으면서) 중요한 몇몇 사안만 상기해 보자. 영화는 제2분절, 순수하게 변별적 단위들에 해당하는 단위가 전혀 없다. (페이드인·아웃, 와이프 등과 같은 아주 단순한 단위들일지라도) 영화의 모든 단위는 직접적으로 의미를 나타낸다. 게다가 이미 언급한 바대로 활성화된 상태로만 나타난다. 이러한 맥락에서 영화 기호학이 주목하는 치환과 다른 조작들은 거대 의미 단위들과 연관된 것이다. 영화 랑가주의 '법칙'은 언표를 서사 내부에 배열하는 것이지, 언표 내부에 형태소를 배열하거나 형태소 내부에 음소를 배열하는 것이 결코 아니다. 무성영화 이론가들이 '시네-랑그' 혹은 '시각적 에스페란토'와 같은 테마로 주장했던 바와 달리, 영화는 분명 '랑그'가 아니다. 영화는 '랑가주'로서 고려되어야만 한다. 영화는 우리 음성언어에서 사용하는 낱말의 배열과는 다른 다양한 법칙 배열로 의미 요소들을 배치한다. 이 요소들은 현실에서 지각할 수 있는 전체를 그대로 모방하는 것도 아니다(현실에서 사건들은 일련의 이야기로 구성되지 않는다).[153] 영화 조작은 현실의 시각적 모방으로서만 그칠 것들을 담화로 변형시킨다. 활동사진 시네마토그래프에서 추구한 현실을 있는 그대로 옮긴 지속적인 의미작용 부분을 이미 뛰어넘었다. 시간이 흐르면서 성숙의 단계를 거쳐 점진적으로 영화는 고유한 기호학적 요소들을 만들게 된다. 이 요소들은 단순한 시각적 복제라는 비정형의 층 가운데에 파편적이고 분산적인 부분을 구성하고 있다.*

(그 자체로서 이미 복합적 단위인) **숏**이 현재로서는 가장 필수적인 연구 대상이다. 언어학이 그 기반을 다진 모든 연구 기간에 '낱말'이 수행한 역할을 바로 숏이 맡고 있다. 숏을 루이 옐름슬레우가 정의한 문법

---

* 기계적인 복제와 유사성을 통해 전달된 의미작용이, 비록 특정 시스템으로서 영화 랑가주를 돋보이게 하는 것은 아닐지라도, 총체로서의 영화에 나름의 조직화된 문화적이고 의미 표현수단적인 다른 시스템에 속하는 요소를 끌어들이고 그들을 조직한다는 점은 지적할 필요가 있다. 이 점에 관해서 이 책 제5장에서 설명하기로 한다.

특성소taxème[154]*에 비교한다면 다소 모험일 수 있겠으나, 적어도 숏을 영화에서 (앙드레 마르티네의 표현을 따르자면[155]) **최소 분절체**라고 평가할 수는 있다. 왜냐하면 영화 혹은 영화 일부분을 만들려면 숏 한 개는 반드시 필요하기 때문이다. 언어학의 언표가 최소한 음소 한 개 이상을 포함해야 하는 것처럼 말이다. 시퀀스 내부에서 숏 몇 개를 잘라내는 경우 분석에 해당하지만, 숏 내부에서 포토그램**을 잘라내는 것은 숏을 파괴하는 일에 해당한다. (숏 하나라도 여러 정보를 제공하기 때문에) 숏이 **영화 의미작용**의 최소 요소는 아닐지라도, **영화 연쇄**의 최소 요소는 맞다.***

하지만 모든 영화 최소 분절체가 숏이라고 결론 내려서는 안 된다. 숏 이외에도 최소 분절체의 다른 유형이 있기 때문인데, 여러 종류의 페이

---

* (옮긴이) 줄리아 크리스테바, 『언어, 그 미지의 것』, 김인환 옮김, 민음사, 1997, p. 300. "형태소는 마지막까지 분석될 수 없는 '최후의 구성 요소'로 단순한 형태를 지닌다. 형태 의미소는 형태소의 기의이다. 음소에 의해 형성된 어휘 형태들과 문법 특성소에 의해 만들어진 문법 형태들은 '언어 표지의 의미 자질들'을 구성하며 평행관계에 있는 두 계열을 제공한다. 음소들 자체는 다른 자질들이 동반하는 변별적 자질들로 구성되어 있고 '언어 형태들의 구조적 구성' 안에서 특정한 역할을 담당한다."

	어휘	문법
기의가 없는 최소 단위	음성 음소phonème	문법 특성소taxème
기의를 지닌 최소 단위	형태소morphème	문법소tagmème
이 단위들의 기의	형태 의미소sémème	의미 형태épisémème
기의를 지닌 단위	어휘 형태	문법 형태

** (옮긴이) 프랑스어로 포토그램photogramme은 영화 필름 한 장을 의미하는 것으로, 영화 이미지를 구성하는 하나의 단위, 지각의 기본 단위로 보고 있다. 초당 24프레임을 구성하는 요소들, 즉 움직이지 않고 고정된 이미지를 의미한다. 다시 말해 포토그램은 프레임을 구성하고 프레임들이 모여 숏이 되고 숏들을 어떻게 연결하는가 결정하는 부분은 편집으로 이어진다. "이 가운데서 움직이는 사물들은 하나의 전체 속으로 재통합되고 전체는 계속해서 나뉜다. 이런 과정을 통해 포토그램은 정적인 구성 요소를 넘어서 운동으로 연장된다. [……] 그렇다고 해서 이것이 기호학에서 음운론과 의미론에 따른 분절의 단위들을 가리키는 것은 아니며, 정확히 말하면 실체에 가깝다." 메츠가 사용하는 포토그램은 따라서 사진 분야에서 카메라 메커니즘을 사용하지 않고 감광 매체에 직접 빛을 비춰 얻는 사진의 일종을 지칭하는 것과는 다르다(데이비드 노먼 로도윅, 『시간기계』, 김지훈 옮김, 그린비, 2005, p. 180 참조).

*** 음소는 자질에 해당하기 때문에 최소 변별 단위는 아니지만 발화된 시퀀스의 최소 요소이다. 이 한계 지점 아래에서는 연관관계의 질서가 동시성의 질서로 대체된다.

드 기법, 와이프, 아이리스 기법 등의 **광학 기법**은 '사진적인 것이 아니라 시각적visuel' 요소라고 정의할 수 있다. 이미지가 현실 대상의 지시물이라면 아무것도 재현하지 않는 광학 기법은 이미지의 지시물, 다시 말해 통합체에서 인접하고 있는 이미지의 지시물이다. 이 광학 기법들이 촬영과 관련된 것이란 맥락은 (미국 언어학이 아닌 프랑스 언어학에서 의미하는) 형태소가 어휘소에 속하는 것과 유사하다. 시각 기법들은 콘텍스트에 따라 크게 두 가지 기능을 한다. '특수 효과' 혹은 '구두점', 첫번째 특수 효과 기능은 인접한 이미지들에 주목하는 기호학적 지수 exposant*들이다. 두번째 사용에 초점을 맞춘 '영화 구두점'은 광학 기법을 통해 광대하고 복합적인 언표를 분리시킨다는 점을 시사하며, 이는 다음 줄로 넘어가거나 페이지를 넘기는 등의 문학 서사의 분절과 유사하다. 반면 인쇄상 활자로 나타나는 협의의 구두점과는 차별된다. 마침표, 의문부호, 느낌표 등은 문장을 구분하고 쉼표, 줄긋기, 괄호 등은 문장 내부에서 절을 구분하고, 특징적인 부호로서 두 낱말 사이의 쉼표를 찍어 연속을 의미하거나 줄긋기를 통해 부연하는 등의 기능을 한다.

결론을 대신하며……

영화 기호학에 언어학의 개념을 적용하려면 상당히 신중을 기해야 한다. 하지만 치환, 분절, 기표와 기의의 구분, 실질과 형식의 구분, 유연 관계와 자의적 관계 등 언어학의 방법론을 영화 기호학에 도입하면 아직 정교한 담론을 정립하지 못한 상황에서 분석 단위들을 구축해가는 데 큰 도움을 줄 것이다. 이에 힘입어 더 많은 연구가 진행되고 시간이 흐르면

---

* (옮긴이) 어떤 수나 문자의 오른쪽 어깨 위에 붙여 그 수나 문자의 거듭제곱을 나타내는 숫자나 문자를 말한다. 같은 수 'a'를 n번 거듭 곱'한 것을 a^n으로 나타내고, 'a의 거듭제곱 혹은 n승'이라고 하는데, 이때 n을 지수라고 한다. 메츠가 이 문단에서 지수라는 표현을 사용하는 것은 아마도 각각의 포토그램이 내는 고유한 효과와 차별화된 측면에서 이미지와 이미지가 만나면서 발생하는 제곱의 효과 혹은 3승의 효과, 그 이상의 효과를 의미하기 위한 것이라고 생각된다.

점진적으로 체계적이고 견고한 영화 기호학의 방법론을 만들 수 있으리라고 기대해본다.

제5장

픽션영화에서 외연의 문제

이 글은 개별적으로 발표된 다음 세 논문을 통합, 보충하여 재구성한 것이다.

- 1966년 9월 폴란드 카지미에즈에서 개최된 기호학 문제에 관한 국제 컨퍼런스에서 발표된 논문「픽션영화에서 외연의 문제──영화 기호학 논고」
- 1967년 1월『이미지와 소리』제201호, pp. 68~79에 수록된「영화 기호학의 문제」(Paris: Édition de l'Union Française des Œuvres Laïques d'Éducation par l'Image et le Son)
- 1966년『코뮈니카시옹』제8호('이야기 구조 분석' 특집) pp. 120~24에 수록된「서사영화의 거대 통합체」(Paris: Éditions du Seuil)

　영화 기호학자는 자연스럽게 언어학에서 영감을 얻은 방법론을 통해 영화라는 연구 대상에 접근하고자 한다. 이 지점에서 바로 영화 기호학의 가장 큰 난제가 발생한다. 즉 '영화 랑가주'가 협의의 랑가주와 구분되는 점이 무엇인가 하는 문제이다. 각설하고 가장 큰 차이점 두 가지를 살펴보자. (첫번째 소단원의 주제인) **기호의 유연관계** 문제와 (세번째 소단원의 주제인) **의미작용의 연속성** 문제이다. 혹은 다른 용어로 풀어쓰자면 소쉬르의 의미를 따라 자의성의 문제와 이산적 단위라고 할 수 있다.

1. 영화의 의미작용은 거의 항상 유연관계에 있다. 결코 자의적이지 않다

　기호의 유연관계는 외연 기표와 기의, 내포 기표와 기의라는 두 가지 차원에서 발생하는 관계와 연관된다.

① 외연

외연 차원에서 발견되는 유연관계는 유사성 때문이다. 닮음에 근거해 우리는 어떤 기표를 보고 기의를 바로 떠올린다. 개 이미지는 현실의 개와 닮아 있고, 영화에서 대포 소리는 현실의 진짜 대포 소리와 닮아 있다. 다시 말해 이미지 차원과 소리 차원에서 동시에 발생한다.

요컨대 시각적인 유사성과 청각적인 유사성이 있다. 영화는 '기계 복제'를 가능케 한 현대 기술인 사진과 녹음 재생 기술의 파생물이라고 할 수 있다.

물론 이 기술들이 현실을 완벽하게 재생산할 수는 없다. 실제 대상과 그 이미지 사이에는 지각적으로 인식되는 차이가 많이 있다(이 점은 영화 심리학자들의 연구 대상이다). 하지만 기호학적 관점에서 유연관계를 언급하기 위해 기표와 기의의 완벽한 일치, 동일성만이 반드시 필요하지는 않다. 그저 강력한 유연관계에 있는 유사성만으로 충분하다.

왜냐하면 기계 복제가 그 모델을 부분적으로 왜곡시키는 경우라도 특정 단위로 그 모델을 분석하지 않기 때문이다. 사실 여기에서 대상의 진정한 변형은 일어나지 않는다. 단순히 부분적인, 순수하게 지각적인 왜곡만이 있을 뿐이다.

② 내포

영화에서는 내포의 의미작용 역시 유연관계에 있다. 그러나 이 경우 지각적인 유사성 때문에 유연관계가 발생한다고 볼 수는 없다. 에릭 뷔상스가 '내재적인 기호' '외재적인 기호'로 설명한 내용을 상기하면 유사성은 단지 유연관계의 형태 중 하나일 뿐이다.

이 글은 영화의 외연 문제를 집중적으로 다루고 있기 때문에 여기에서 내포 문제를 면밀하게 관찰하지는 않을 것이다. 단지 영화 내포가 항상 **상징적** 특성을 지닌다는 점만 강조하기로 하자. 기의는 기표에 원인을 제공하지만 동시에 기표를 넘어선다. '유연관계 속의 초월'이라는 개념은 대략적으로 영화의 모든 내포를 정의한다. 예를 들어 십자가가 기독교의 상징이라고 할 때 그리스도가 십자가 위에서 못 박혀 죽었다는 사실, 즉 유연관계를 떠올린다. 한편 기독교 내부에는 십자가에 내포된 것을 넘어서는 다른 많은 요소가 있다. 즉 초월을 발견한다.

영화 내포의 **부분적인 유연관계**는 (경우에 따라 그 정도가 강하게 나타나는) 약호화 과정 혹은 관습화 과정이 발생하는 데 결코 방해가 되지 않는다. 간단한 사례를 하나 들어보자. 유성영화에서, 디제시스 구성 요소들 중 등장인물에 관해 살펴보면, 늘 같은 음조로 멜로디 한 소절을 휘파람 부는 주인공이 있다고 치자. 영화가 시작되면서 이 멜로디와 등장인물을 매우 쉽게 연결시킬 수 있도록 그 조건이 충족되면, 차후 등장인물이 화면에 보이지 않더라도 소리만으로 등장인물을 환기시킬 수 있게 된다. 그 순간은 화면에 없거나 아주 멀리 보인다고 할지라도 소리로 주인공 전체를 상징하게 되는 것이다. 등장인물이 이러한 방식으로 지시되는 경우 강력한 내포 없이는 불가능하다. 주인공은 임의적으로 선택된 자질로 상징화되는 것이 아니라 주인공에게 밀접하게 연관된 (완벽한 자의성이란 없다) 자질로 상징화되는 것을 알 수 있다. 인물 전체적으로 봤을 때, 익숙한 멜로디만 있는 것이 아니다. 그 이상이 있다. 등장인물에게 속한 다른 특성들 역시 주인공을 상징화하는 데 선택될 수 있을 것이다. 다른 내포가 가능하다. 그리고 (멜로디로 대변되는) 내포의 기표와 (등장인물로 대변되는) 내포의 기의 사이에는 그 관계 속에 일부분 자의성도 있기는 하다.*

매우 섬세하고 창의적일지라도 영화의 내포는 앞서 설명한 간단한 원칙을 따른다. 이를 다음과 같이 공식화할 수 있다. 시각적 혹은 청각적

---

* 이와 같은 관찰은 매우 근본적인 원칙으로 고려되는 생략과 상징이 영화에서 서로 다른 두 가지가 아니라는 사실로 귀결된다. 이들은 오히려 동일한 과정의 존재하는 면(상징)과 부재하는 면(생략)을 구성한다. 영화는 그가 보여주는 것과 그가 보여주지 않는 것을 항상 선택해야만 하고 이에 따라 세상을 담화로 변형시킨다.

소재의 배열은 일단 영화 전체가 구성하는 담화 속에서 정확한 통합체적 위치를 점유하고 나면 그 자체보다 더 중요한 가치를 획득하게 된다. 보충적인 의미를 추가하는 것이다. 보충적인 의미 자체는 완벽하게 자의적이지는 않다. 왜냐하면 이러한 방식에 의해 실제 대상이 상징하는 것은 전체 상황 혹은 전체 과정이기 때문이다. 여기에 시각적 혹은 청각적 소재가 포함되어 영화의 이야기를 전달한다(관객은 이 소재들이 인생의 일부분이며 밀접한 연관이 있다는 것도 알고 있다). 요컨대 내포된 의미는 외연적인 의미를 넘어서지만 외연적 의미에 모순되거나 아예 무시할 수는 없다. 여기에서 바로 부분적인 자의성이 발생하는 것이며, 완전한 자의성이란 없는 것이다.

2. 유사성 개념의 범주와 한계

우리는 유사성의 개념을 신중하게 고려해야만 한다. 영화 기호학에서 주목하는 유사성은 실제적으로 매우 중요한 지지대이다. 영화의 의미작용이 시작되는 지점이 바로 유사성이다(이미지의 각 소재는 별도로 의미를 획득한다). 영화에만 특정한 약호작용은 없다고 해도 과언이 아니다. 이러한 이유에서 영화 약호는 다른 차원에서 관찰되어야만 한다. 내포의 특정 약호 혹은 이미지 그룹들의 담화작용과 관련된 외연-내포 약호 등이다. (내포의 특정 약호에는 부분적으로 유연관계에 있는 약호도 포함되는데, 순수 자의성이 약호화할 수 있는 영역 모두를 포괄하는 개념은 아니다. 이미지 그룹들의 담화작용에 관해서는 차후 이미지의 거대 통합체에서 상세히 살펴보자.) 반면 일반 기호학에서 영화 의미작용의 유사성 연구는 종착지가 없다. 왜냐하면 영화 분석가들에게 유사성 연구는 문화적인 많은 요소가 축적되어 있는 중요한 영역이며, 따라서 반드시 필요한 시작점이기 때문이다. 이를 근거로 영화적 모험이 도약할 수 있다. 유사성이란 영역에서 영화와 다른 문화적 시도들의 복합적인 생산물을 보기도 하고, 영화를 벗어나기도 하고 포함하기도 하는 더 일반적인 행동 양상에 관한 다양한 조직 과정도 볼 수 있다. 본질적인 특성상 영화 외적인 약호이지만 그중에는 유사성이란 이름으로 스크린에 개입하는 요소가 상당하다.

(세밀하고 완벽하게 조사된 것은 아니지만) 적어도 영화를 생산하고 소비하는 사회·문화적인 각 개별 집단에 고유한 **아이코놀로지** iconologie를 생각해볼 수 있다. 이 집단은 실제 사물을 재현하는 제도화된 양상을 보유하고 있다. 시각적으로 혹은 청각적으로 이 현실 대상을 재생산하는 과정에서 대상을 알아보고 규정하는 과정을 보유하고 있다는 뜻이다. 더 일반적으로는 무엇이 이미지인가 하는 것에 관한 집단적인 개념을 보유하고 있다. 또 한편 어느 지점까지는 지각 자체도 집단마다 저마다의 관습에 따라 다를 수 있다. 형태와 외관을 알아보고 구성하는 시각적인 습관, 각 문화의 고유한 공간 재현 방식, 다양한 청각적인 구조 등. 이런 장르의 약호는 유사성의 핵심에서 기능하고 있으며, 사용자에게는 가장 평범하고 가장 자연스러운 시각적 혹은 청각적인 해독 방식으로 인지된다.

(이 책 제3장 「영화──랑그인가 랑가주인가?」에서 4년 전에 고찰했던 것과 달리) 오늘날에는 유사성 자체가 약호화되었다고 설명할 수 있다. 그럼에도 불구하고 유사성이란 약호는 이를 1차 근거로 하여 작용하기 시작하는 상위 차원의 약호와 비교할 때 동일성으로서 계속 기능한다. 이 주제를 둘러싸고, 문화 행위 내부에서 결합하여 작용하는 다양한 약호에 관한 비교적 세밀한 목록이 아직 정립되지 않은 사실 때문에 또한 이 약호들 간의 상호작용에 관한 정확한 조직 과정을 명확히 밝히지 못한 점 때문에 많은 논란과 오해의 여지가 있다.*

---

* 몇 년 전부터 영화 기호학을 둘러싼 논쟁에서 총체로서의 영화가 많은 의미 시스템이 서로 병치되고 조합되는 장소이며, 영화 랑가주는 이 시스템들 중 하나일 뿐이라는 견해가 점점 더 지배적이 되었다. 이 책에서는 다섯 가지 중요한 약호 과정을 제안해본다(이미 이 책 제3장에서 언

여하튼 이 글에서는 중요하게 생각할 만한 의미 조직 과정의 두 가지 거대 분류, 즉 문화 약호와 특정 약호만 언급하기로 한다. **문화 약호**는 각 사회 집단의 문화를 정의한다. 이 약호는 어디에나 흡수되어 편재하고 있기 때문에 사용자들은 너무 자연스러운 것으로 여긴다. 나아가 인류 자체를 구성하는 것으로 생각하기까지 한다(시공간에 따라 변화하기에 문화 약호 역시 분명 생산물임에도 불구하고). 문화 약호들을 해독하고 사용하는 데 그 어떤 특별한 학습도 요구되지 않는데, 다시 말해 그 사회 속에서 생활하거나 성장했거나 하는 경험으로 충분하다. 반면 **특정 약호**라고 지칭되는 약호들은 더 특별하고 제한적인 사회 활동과 관련된다. 이 약호들은 더 분명하게 자신의 존재를 드러내며 특정 학습을 요구한다. (물론 각 분야에 맞게 그 정도는 변화하는데, 영화의 경우 비교적 조금만 배워도 가능하다.) 여기에서 특정 학습이란 사용자가 속한 집단의 문화를 이미 보유하고 있는 경우일지라도 따로 익혀야 한다는 뜻이다.

이제 (앞서 대략 구분한) 이분법적인 분류를 몸짓 약호 연구에 적용하면서 사례를 들어보자. '표현' '애정' '자발적' '자연스러운' '말할 때 같이 병행되는' 등으로 설명되는 제스처는 약호작용의 첫번째 차원을 구성한다. 왜냐하면 각 문화마다 몸짓의 의미가 다를 수 있기 때문이다. 동일한 제스처가 다른 의미를 지닐 수도 있고, 동일한 의미로 각기 다른 제스처를 사용할 수 있다. 하지만 청각장애자들의 수화법 약호에 기반이 되는 몸짓(더 일반적으로는 '인위적' '관습적' '약호화된' '규제된' 등의

급한 바 있다). 첫번째 지각 분야로서 공간, 형태, 외형 등의 구성 시스템을 지칭하며, 이는 문화마다 다양하게 변하는 선험적으로 명료하게 축조된 시스템을 보유하고 있다. 두번째 분야는 스크린에 나타나는 시각적이고 청각적인 대상을 인식하고 그 정체성을 알아보는 과정을 지칭하는데, 다시 말해 (이 역시 문화적이고 선험적인) 영화가 제공하는 외연적 의미를 지닌 재료를 정확하게 분석하는 능력이다. 세번째 분야는 영화 작품 이외의 영역까지, 즉 문화 차원에서 대상에 밀접하게 연관된 다양한 법칙의 내포와 상징의 집합을 지칭한다. 네번째 분야는 영화 개별 작품뿐만 아니라 그 이외 분야에서, 각 문화 내부에서 작동하고 있는 서사 구조 전체를 말한다. 다섯번째 분야는 고유하게 영화적인 시스템 전체를 지칭하는데, 앞선 네 가지 종류의 영역에서 제공된 다양한 요소를 특정 형태의 담화로 구성하는 시스템을 의미한다.

모든 제스처)은 약호작용의 다른 차원을 표상한다. 더 개별적인 사회 상황과 관련된 이 약호를 배우기 위해서는 별도의 행위가 필요하다. 프랑스에서 태어나 자란 프랑스인이 의사소통을 하면서 화를 내는 몸짓, 거절하는 몸짓, 체념한 듯 수긍하는 몸짓, '이리 오시오'라고 부르는 몸짓 등은 그 어떤 것도 특별히 배울 필요가 없다. 하지만 이 프랑스인은 다른 모든 프랑스인처럼 수화를 사용하거나 이해하려면 따로 학습해야 한다. 그렇지 않으면 전혀 이해할 수 없을 것이다.

편집, 카메라워크, 시각 효과, 스크린 수사학, 시각과 청각의 상호작용 등 우리가 공부하는 영화의 고유한 의미 형태들은 사진적으로 음향적으로 닮은 유사성에 기반을 두고 그 상위 층에서 작용하는 특정 약호를 구성한다. 반면 아이코놀로지 약호, 지각 약호 등은 문화 약호이고, 그들이 스크린에서 기능하는 상당 부분은 사진적·음향적 유사성 하위 층에서 작용한다.[156]

* * *

지금까지의 논의는 (영화의 문자적 의미 그대로라고 할 수 있을) 외연과 연관되었다. 영화에서 (모든 상징적 의미에 해당하는) 내포 의미작용이 형성하는 거대한 집합 속에는 지각적 유사성에 힘입어, 특별히 영화적인 약호화 작용과 관계없이 영화에 포함되는 경우도 있다. 이렇게 매번 (시각적 혹은 청각적) 사물들의 배열은 영화 밖에서도, 즉 문화 내부에서 상징화할 수 있는 것을 (덤으로 영화 담화 내부에서도 상징적인 의미 작용을 전달할지라도) 영화에서 상징화한다. 인물도 포함해서 사물들, 즉 영화 담화의 다양한 기본 소재는 영화에서 순수한 상태가 아니다. 영화 랑가주가 개입되기 전에 그들 자체에 문자 그대로의 단순한 정체성보다 훨씬 많은 것을 내포하고 있다. 한 문화에 속한 관객은 대상을 알아보는 순간 동시에 이 과잉 혹은 초과를 해독할 능력이 있다.*

사물의 고유한 문화적 내포가 구성하는 특별한 조직 과정은 아이코놀로지와 매우 복합적인 관계를 맺고 있다. 내포 자체로 복합적일 뿐만 아니라 영화 범주 내에서 작용할 때에는 훨씬 더 복잡한 관계를 맺고 있다. 영화를 명료하게 이해할 수 있는 두 가지 층위 사이에는 외연을 내포와 구별하는 모든 차이가 있을 뿐만 아니라 또한 사용자가 인식하는 과정에서 두 요소가 공통적으로 작용하는 유사성도 있다. 바로 이러한 이유에서 카메라 앞에 촬영 대상으로 놓인 사물의 내포에 아이코노그래피라는 이름을 부여한 것이다. 이런 종류의 작용을 동일한 대상의 외연을 조직하는 아이코놀로지와 구분하기 위해서 말이다.

3. 영화는 그 내부에 언어의 이중 분절에 대응하는 아무것도 없다

우선 영화가 이산적 단위(영화에만 해당하는 이산적 단위**)를 포함하고 있지 않다는 점을 확실히 하자. 표현 차원에서 음소나 혹은 음성적인 변별적 자질에 해당하는 것이 아무것도 없으며, 내용 차원에서 의소에 해당하는 것도 없다(그레마스[157]와 베르나르 포티에[158]가 사용했던 개념으로).

의미 단위도 마찬가지여서 처음 보면 영화에는 이산적 요소들이 없다.

---

* 이 맥락은 파솔리니의 개념인 '이미지-기호im-segno'와 연관될 수 있다. 물론 파솔리니는 영화에서 사물과 그 이미지 사이에 지각되는 유사성의 핵심에서 '이미지-기호'가 발견된다고 확실히 주장하지는 않았다. 이 주제와 파솔리니의 영화 이론에 관해서는 이 책 제8장에서 보충하기로 한다. '이미지-기호' 개념에 미비한 부분이 전혀 없는 것은 아니지만, 총체로서의 영화 내부에는 변별적인 조직작용의 다양한 차원이 서로 포개진다는 우리의 주장을 뒷받침하는 데에는 모자람이 없다.

** 이산적 단위가 없는 것은 영화 랑가주임을 정확히 하고자 한다. 왜냐하면 총체로서의 영화는 그 내부에 다양한 의미 시스템을 포함하고 있기 때문에, 그 각각의 시스템은 분절과 관련해서 고유한 입장을 취하고 있다. 이 점에 관해서는 이 책 제3장에서 이미 살펴보았다. 영화 총체 내부에서 약호들이 병치되어 있는 아주 단순한 사례로 유성영화에서 음성언어 요소들이 존재하는 것을 들 수 있다. 영화에서 분절의 문제를 더 복잡하게 만드는 것은 바로 이 약호의 병치와 관련이 있다. 결국 이는 영화의 전체 메시지에서 이중으로 분절되는 의미작용을 포함시키는 결과를 낳는다. 영화만의 특정 랑가주의 분절과 관계되는 것은 아니다.

영화는 완전한 '현실 묶음'으로 구성된다. 이 묶음 덩어리는 그 전체적인 의미를 지니고 담화에서 활성화된다. 이 묶음을 우리는 '숏'이라고 부르는 것이다. 영화 담화에서 찾아낼 수 있는 이산적 단위는 따라서 다른 차원에서 조사되어야 한다. 이 단위는 언어에서 제1분절이라고 하는 것에 대응할 만한 단위는 아니다.

분명 편집은 어떤 의미에서는 분석이자 스크린에 재현된 현실을 분절하는 행위이다. 풍경을 전체적으로 보여주는 대신 시네아스트는 정확한 의도에 따라 잘리고 배열된 다양한 면모를 부분적으로 연속적으로 보여준다. 영화만의 고유한 점은 세상을 담화로 변경시키는 것이다.

하지만 이러한 유형의 분절은 낱말과 관련된 언어학적 의미의 진짜 분절은 아니다. 가장 부분적이고 가장 파편적인 숏일지라도(예를 들어 클로즈업이라고 부르는 것을 생각해보자) 숏은 여전히 현실의 완전한 조각을 제시한다. 클로즈업은 사물을 다른 숏보다 훨씬 가까이서 크게 보여주는 숏일 뿐이다.

영화의 시퀀스 역시 현실적인 단위이다. 시퀀스 내부에서 숏들이 서로 의미적으로 함께 작용하는 견고한 통합체에 해당한다. 이 현상은 어떤 지점까지는 낱말이 문장 내부에서 서로 작용하는 방식과 유사하게 보이기도 한다. 바로 이러한 이유에서 영화 초기 이론가들이 종종 숏은 낱말로, 시퀀스는 문장이라고 말했던 것이다. 하지만 이런 관점에서 두 가지를 유사하게 보는 방식에 신중을 기할 필요가 있다. 이 글에서는 영화 숏과 언어학의 낱말이 결정적으로 다른 점에 관해 다섯 가지 특징을 설명해보자.*

① 숏은 무한대이다. 이 부분에서 언어의 낱말과 다른 반면, 언어로 생성될 수 있는 언표와는 유사하다.

② 숏은 시네아스트의 창조물이다. 이 부분에서 어휘가 미리 존재하

---

* 이 내용은 이 책 제2장에서 이미 논의된 바 있다.

는 낱말과 다른 반면, 원칙상 화자가 만들어내는 언표와 유사하다.

③ 숏은 낱말과는 달리 수신자에게 무한한 정보를 제공한다. 이 관점에서 숏은 문장보다는 무한대로 길게 만들어질 수 있는 복잡한 언표와 유사하다. 예를 들어 어떻게 영화 숏을 자연언어로 완벽하게 묘사하겠는가?

④ 숏은 활성화된 단위, 담화의 단위, 단언이다. 이 부분에서 순전히 잠재적이기만 한 어휘의 단위인 낱말과 다른 반면 (의문문이건 명령형이건) 항상 현실에서 드러나는 언표와 유사하다. 집의 이미지는 '집'을 의미하지 않고 '여기 집이 있어요'를 의미한다. 이미지는 영화에서 등장한 사실만으로 그 자체에 일종의 활성화 지표를 포함하고 있다.[159)]

⑤ 숏은 계열체적인 관계에서 그 자리에 선택될 수도 있었던 다른 이미지와 대립관계를 맺는다고 할 수 있으며, 이 범주에서만 그 의미를 얻는다. 이때 대체될 수 있는 다른 숏들의 수는 무한하다. 반면 낱말은 항상 조직화된다고 할 수 있는 하나의 혹은 여러 개의 의미망 속에 포함된다. 부재하는 단위들로 현존하는 단위들을 조명해보려는 언어학의 주요 현상은 영화에서는 아주 최소한으로만 적용 가능하다. 이 특징으로 인해 기호학적인 관점과 영화 미학자들의 주장이 조우한다. 즉 영화는 '현존의 예술'이다. 이미지의 존재는 강력하다. 이미지는 이미지가 아닌 다른 것을 봉해버린다.

요컨대 영화의 숏은 낱말보다 언표와 유사하다. 하지만 언어학의 언표와 숏 사이에는 커다란 차이점들이 있기에 숏이 언표와 동등하다고 한다면 잘못일 것이다. 매우 복합적인 언표라도 결과적으로는 낱말, 형태소, 음소, 변별적 자질 등과 같은 이산적 단위들로 분석이 가능하며, 이 단위들은 한정된 범위에서 원래의 성질에 따라 고정되어 있다.

영화의 숏 역시 다양한 요소를 배열하고 있기는 하다. 가령 이미지에 나타나는 다양한 시각적인 소재가 있는데, 이를 내부 몽타주라고 부르기도 한다. 하지만 이 요소들은 숏 자체가 그러하듯 저마다의 특성을 지니면서 무한대로 발생 가능하다. 숏 하나를 분석하는 것은 비非이산적인 집합에서 더 작은 비이산적인 집합들로 이행하는 과정이다. 우리는 숏을 분해할 수는 있으나, 숏을 축소할 수는 없다.

여기에서 확신할 수 있는 단 한 가지 사실은 따라서 숏은 낱말보다는 그래도 언표에 더 가깝다는 것이다. 그렇다고 해서 숏이 언표와 완전히 같다는 뜻은 전혀 아니다.

4. 영화의 '문법'은 수사학인가, 문법인가?

앞서 논의된 바에 따르면 영화 문법이 수사학에 가깝다고 생각할 수 있을 것이다. 왜냐하면 **최소 단위**인 숏은 고정되어 있지 않고 결과적으로 약호작용은 **거대 단위**에만 기반을 두기 때문이다.

고전 수사학의 중요한 부분인 배열* 혹은 '거대 통합체'는 비고정적인 요소들의 고정적인 배열을 규정하는 데 있다. 법정 변론술은 (서론, 사

---

* (옮긴이) "단어의 문체들에 관한 이론은 '장식' 연구의 일부분일 뿐이고, 이는 또한 최초 정의, 가령 아리스토텔레스 혹은 퀸틸리아누스의 정의에 따른 수사학 프로그램의 여러 계열 중의 하나 (=elocutio, 문체 작업)일 뿐이다. 트리비움trivium 중 하나인 수사학은 다음 두 기술 역시 포함했다. 구조를 짜는, 구성하는 기술인 dispositio(논거 배열술, 배열)와 본질을 드러내기 위해 사고하는 과정인 논제의 선택, 즉 inventio(논거 착상술, 주제 설정). 수사학 기술은 종종 여기에 조작 행위의 두 가지 범주를 덧붙였는데, 담화를 말로 표현하는 기술, 제스처, 발성과 관련된 actio(발표)와 다른 담화에서 재사용할 수 있는 스테레오타입을 완벽하게 기억하는 기술인 memoria(기억술)이다. 보다시피 이 하위 범주들은 모두 웅변술에 관련된다. 웅변술은 처음에는 정치적 웅변술, 법정 변론술, 연설 등의 세 종류로 구분되었다. 사실 수사학은 애초에 약호화된 구두 언표 상황의 모든 기술을 의미하는 것이었고 단지 '시학'과만 구별되었다. (아리스토텔레스가 '수사학'과 '시학'이란 제목으로 저서를 발표한 것을 참조하라.) 시학은 (일반적으로 글로 쓰여진) 허구적인 것의 이론, 현실 상황에서의 시민 개입이 없는 것에 관한 이론이었다." 아리스토텔레스는 언어를 논리·수사·시의 세 범주로 구분하고, 이 세 범주가 저마다의 목적을 지니고 있다고 주장한다. 논리는 명확성을, 수사는 설득을, 시는 모방을 목표로 삼는 것이다. 프랑스 고전주의 시대에, 이 경계막이 무너지고 시 역시 수사학 역량 아래 재배열된다. 바로 이런 이유로 중학교와 고등학교에서 현재 배우는 수사학이 구두 토론뿐만 아니라 글쓰기 연습까지 포함하는 것이다(크리스티앙 메츠, 『상상적 기표──영화·정신분석·기호학』, 이수진 옮김, 문학과지성사, 2009, p. 275 참조).

실 진술 등) 다섯 가지 범주를 포함해야 하지만 각각의 범주는 그 길이나 내부 구성 면에서는 자유롭다. 실제적으로 '영화 문법'의 모든 형태는 ① (변별적의 반대 의미로서) 의미적이고 ② 이산적이고 ③ 거대 차원에서 ④ 영화에 고유한 그리고 모든 영화 작품에 공통적인 단위들의 집합은 동일한 원칙을 따른다. 이미지들을 교대로 보여주면서 지시 대상이 동시에 발생하는 것을 표현하는 교차 편집은 약호화된 배열이며 동시에 기표이다(왜냐하면 교차가 곧 동시성을 의미하는 것이므로). 하지만 배치된 요소들의 길이나 내부 구성, 즉 교차하는 이미지들은 온전하게 자유로운 상태로 남아 있다.

바로 이 지점에서 영화 기호학의 가장 어려운 난제가 떠오른다. 왜냐하면 이 수사학은 역시 다른 측면에서 보면 문법이기도 하기 때문이다. 영화 기호학에서는 파솔리니가 지적했듯이[160] 수사학과 문법이 서로 분리될 수 없기 때문이다.

왜 기표적인 약호화된 영화 배열은 문법을 구성하는 것일까? 왜냐하면 이 배열이 단순히 영화의 내포만을 조직하는 것이 아니라 우선적으로 외연이기 때문이다. 교차 배열이 다양한 내포를 동시에 지닐지라도 교차 편집은 특정 기의, 이야기 플롯의 액면 그대로의 시간성, 영화의 첫 번째 메시지와 연관되기 때문이다.

영화의 '문법'은 우선 외연과 관련 있다고 주장할 수 있다. 단지 이 '우선'이라는 부분에 관해 정확하게 설명할 필요가 있다. 여기에서는 공시적인 '우선'을 의미하며 영화 배열의 기능을 규정한다. 다시 말해 관객이 이 배열의 기능 수행을 통해 '우선' 영화에서 보이는 대로 의미를 이해한다는 뜻이다. 반면 통시적인 관점으로 영화 배열에 관해 고찰하다 보면 처음에는 외연보다는 내포의 목적을 우선으로 약호화되었음을 알 수 있다. 사실 영화는 오직 도상적인 유사성에만 근거해 이야기를 할 수 있다. 1895년부터 1900년까지, 특히 1900년부터 1915년까지 특정 영화 랑가주가 아직 존재하지 않던 시절에 초창기 시네아스트들이 뮤직

홀의 촌극을 촬영한 것과 같은 작업들을 생각해보자. 영화 랑가주의 주요 형태들은 서사를 더 생생하고 더 감동적으로 만들려는 의도에서 애초에 시작되었다. 다시 말해 내포의 목적으로 만들어진 것이다. 영화의 역사는 한 치의 의심도 없이 이 과정을 증명하고 있다. 하지만 이 지점에서 일종의 광대한 기호학적 교차 현상 역시 즉각적으로 발생한다. 다시 말해 내포가 결국 외연을 풍부하게 만들고 조직하고 약호화하는 결과를 낳았는데 이 과정에서 외연의 주요 수단인 도상적 유사성의 결정적인 지배력이 감소하게 되었다는 것이다. 보다 쉽게 설명하기 위해 교차 편집의 예를 다시 들어보자. 이 기법은 처음에는 문체 효과와 구성을 위해 발명되었지만 점차 외연적인 측면에서 명료하게 이해하는 도표처럼 되어버렸다. 왜냐하면 관객이 스크린에서 교차적으로 등장하는 이미지들을 보고 항상 허구의 지시적인 시간성, 두 사건이 동시에 벌어지고 있음을 의미한다는 것을 이해해버렸기 때문이다.

다른 분야에서처럼 영화에서도 **내포는 외연의 형태 이외에는 다른 그 무엇도 아니다.** 이 점에 관해 영화 미학자 미트리가 이미 주장한 바 있다.[161] 다시 한 번 교차 편집의 예로 돌아오자. 허구 세상에서 동시에 벌어지는 두 사건(외연의 기의, 동시성)을 재현하고자 하는 시네아스트는 이에 대응하는 외연적인 기표로서 다른 선택을 할 수 있을 것이다. 교차 편집 외에 더 평범한 형식의 편집, 두 사건이 교대로 나타나지 않고 한 사건 뒤에 다른 사건이 제시되는 형식을 선택할 수 있을 텐데, 두번째 사건이 재현될 때 '한편 이 시간 동안'과 같은 자막이나 대화 속에 시간을 지시하는 방법, 이미지의 구체적인 세부 사항 등을 통해 전략적으로 시간을 표시할 수도 있을 것이다. 하지만 관객이 결국 느끼는 인상, 즉 내포의 기의는 교차 편집과 일반 편집의 두 선택 사항에서 동일하지는 않다. 두 사건이 동시에 일어난다는 구체적인 감정은 교차 편집을 썼을 때 더 강력하게 발생할 수 있을 것이다. 그래도 동시성이란 외연 기의는 두 가지 경우 모두 정확하게 이해될 수 있다. 요컨대 외연의 형태는 두 가지 경우에 서로 동일하지 않고 결국 내포는 변화하게 된다.

영화에서 별도의 특정 지시체들 없이 내포적 의미를 보유할 수 있다면 이는 영화가 끊임없이 내포의 가장 근본적인 기표들을 배열하고 있기 때문이다(즉 외연을 구축하는 여러 가지 형태 중에서 선택하는 행위). 또한 외연은 그 자체로 구축된 것이기 때문이고, 외연은 도상적인 유사성이 자동적으로 수행하는 기능만으로 축소될 수 없기 때문이다. 영화는 사진 그 이상이기 때문이고, 영화는 불연속적인 지시체들의 도움 없이도 내포할 수 있기 때문이다. 그리하여 기호학적인 입장을 견지하면서도 영화 미학자들이 주장하는바, 즉 영화의 연속성에 반하면서 인위적으로 개입되는 (사회적·정신분석학적 등의) 선험적인 상징들은 초라하고 단순하고 볼품없는 기법을 표상하는 것이라는 주장에 동조하게 된다. 영화 상징주의의 본질은 다른 곳에서 찾을 수 있다. 상징은 영화에서 탄생해야만 한다.

5. 이미지의 거대 통합체

지금까지 영화 문법의 지위에 관해 살펴보았으나 아직 구체적인 내용에 관해서는 언급하지 않았다. 영화에서 사용되고 있는 다양한 법칙에 근거하여 약호화된 배열들을 한 도표 안에 정리하는 시도가 없었다.

물론 완벽한 모습으로 도표를 완성하거나 각각의 배열을 이해하는 데 필요한 모든 설명을 제시하기란 불가능할 것이다. 또한 이 배열들을 서로 구분하는 치환 원칙을 확실하게 정리하고 규정짓는 일도 불가능할 것이다.

그러므로 이 글에서 대략적인, 거의 초보 단계라고 할 수 있는 요약본의 배열 도표를 제시하는 데 만족하기로 한다. 이를 **이미지의 거대 통합체**라고 정의하기로 하자. 다시 말해 영화의 거대 단위* 차원에서 약호화된 기표 차원의 배열, 여기에서 음향과 언어 요소들은 축약된다. 이 구분은 물론 영화 통합체의 여러 범주에서 단지 한 부분에만 해당된다.

현재 영화 분야에서 실제 사용되고 있는 통합체의 거대 유형들**의 종류와 특성을 정확하게 규정하기 위해 연구 초창기에는 '신scène' '시퀀스' '교차 편집' 등과 같은 연구 성과와 기호학 이전에 존재한 영화 비평, 영화 역사, 영화 이론(편집 기법 구분, 다양한 분류 등)의 연구 성과***에 기반을 둘 수밖에 없었다. 우리가 참조로 한 내용들은 몇몇 중요한 특성을 고려하여 보완되어야 했는데, 바로 이러한 이유에서 다양한 영화에 관한 관점을 반드시 보충해야 했고, 더 일관된 논지에서 재분류해야 했

---

* 이 책 제7장 「자크 로지에의 영화 「아듀 필리핀」 통합체 연구」에서 자세히 언급하게 될 일반적 의미의 '시퀀스'에 해당한다. '거대 통합체'라는 용어는 따라서 숏 단위로 분석하는 것이나 숏 내부를 소재별로 분석하는 등의 연구와의 차이를 드러낸다. 하지만 '거대'라고 해서 이보다 더 큰 통합체 차원(예를 들어 시퀀스 그룹, 먼 거리의 소재를 다루는 숏 등)이 없다는 뜻은 아니다. 사실 영화 랑가주를 구성하는 모든 단위는 '거대'할 수 있으나(이에 대해서는 이 글 열번째 소단원에서 설명하기로 한다), 단위들의 크기는 다양하기에 그 종류를 정확히 구분하기란 쉽지 않다. 이 글에서 말하는 '거대 통합체'는 영화를 어느 정도 수준의 크기로 분절한다는 뜻인데, 물론 이 단위가 유일하거나 절대적이지는 않다. 아드리아노 아프라Adriano Aprà와 루이기 마르텔리Luigi Martelli는 이탈리아 영화 잡지 *Cinema e film* 제2호(Printemps 1967, pp. 198~207, "Premesse sintagmatiche ad un'analisi di Viaggio en Italie'")에서 로셀리니의 영화 「이탈리아 여행」의 한 부분을 다양한 수준에서 분석했다. 저자들은 이 글에서 제시하게 될 도표를 이용해 자율autonome 분절체를 구분했는데 동시에 우리의 분류보다 더 큰 혹은 더 작은 단위들을 구분했다. 동일한 방식으로 언어학자가 주어진 언어 언표에서 출발할 때에도 음소 혹은 형태소 등 (그리고 놈 촘스키의 의미에서) 통합적으로 고려할 수 있다.

우리가 영화라고 부르는 것은 시퀀스의 연속이지만 역시 숏의 연속이기도 하고 동시에 거대 에피소드들의 연속이기도 하다. 각각의 차원은 영화의 전체 재료로서 고려되어야 하는데, 전체 구조를 알기 위해서는 연속적인 모든 차원을 전부 (이상적으로) 분석해야 한다.

** '유형'이란 단어는 여기에서 라틴어 문법의 절대탈격과 같은 의미로 사용되고 있다. 유형은 생성 문법의 모문母文과 같은 것이라고 하겠다.

*** 다양한 법칙의 분류, 편집 분류 혹은 편집의 이러저러한 유형을 개별적으로 연구한 여러 학자 중에서 에이젠슈테인, 푸도프킨, 쿨레쇼프, 티모첸코, 발라즈, 아른하임, 앙드레 바쟁, 에드가 모랭, 질베르 코앙-세아, 장 미트리, 마르셀 마르탱, 앙리 아젤, 프랑수아 슈바처, 안 수리오 등을 들 수 있다. 이 외에도 미처 이 글에서 언급하지 못한 여러 학자가 있을 것이다. 부족한 지면 때문에 우리의 도표를 만들기 위해 참고했던 학자들의 연구를 일일이 다 설명할 수는 없지만, 기호학적인 방법론을 구축하기 전에 영화 이미지 구성의 다양한 법칙 중에서 몇몇은 이미 많은 학자가 그 정의와 분석 면에서 심혈을 기울였음을 밝힐 필요가 있다. 물론 더 일반적인 분류 작업을 시도하는 경우도 있으며 그 불충분한 정도를 통해 시사하는 바도 크다. 영화 기호학은 항상 언어학과 영화 이론에 기대고 있었음을 기억하기로 하자.

다. 다시 말해 영화에서 나타나는 이미지들의 배열에 관한 모든 주요 유형을 자연스럽게 포함하면서 동시에 구분할 수 있는 도표가 필요했던 것이다.

이러한 맥락에서 영화 통합체의 첫번째 도표가 완성되었고, 이는 구체적인 영화 작품들에 실제로 적용되는 방식을 충분히 포함하고 있었다. 하지만 기호학 이론에서 볼 때에는 불충분했다. 분석 틀을 도표로 정리하는 단계의 시행착오를 이 글에서 굳이 설명하지는 않을 것이다. 게다가 이 첫번째 단계의 도표는 프랑스에서 학술지 『코뮈니카시옹』 제8호(1966년, 이 글을 재구성하는 과정에 포함된 세 편 중 「서사영화의 거대 통합체」를 말한다)에 소개되었고, 이탈리아에서는 제2회 페사로 영화제(1966년 5월)[162]에서 구두로 발표된 바 있다. 여하튼 첫번째 단계의 도표는 크게 여섯 가자 유형을 담고 있었다는 사실만 짚고 넘어가자. 자율 숏, 협의의 신scène, 협의의 시퀀스, 묘사 통합체, 교차 통합체(하위 범주로 세 가지 교체, 교대, 평행), 반복 통합체(세 가지 하위 범주로 전全-반복, '괄호연결en accolade' 반복, 준準-반복).

이후 첫번째 도표를 보완하여 영화 통합체의 두번째 도표를 구축하기에 이르는데, 이는 『이미지와 소리』 제201호(1967년, 이 글을 재구성하는 과정에 포함된 세 편 중 「영화 기호학의 문제」를 말한다)에 발표되었다. 또한 1966년 9월 폴란드 카지미에즈에서 개최된 기호학 문제에 관한 국제 컨퍼런스에서 「픽션영화에서 외연의 문제—영화 기호학 논고」란 이름으로 소개되었다. 바로 이 두번째 단계의 도표가 이 글에서 집중적으로 언급될 부분이며, 차후 이 책 제3부 제6장과 제7장에서 자크 로지에의 영화 「아듀 필리핀」을 분석하는 데 사용될 방법론이 될 것이다.

첫번째 단계와 두번째 단계의 도표는 두 가지 점에서 커다란 차이를 보인다. 또한 방법론적으로 유형의 배치와 관련된 변화도 있다. 우선 '반복 통합체'(실제 영화에서 매우 드물게 나타나는 경우인데, 가령 「아듀 필리핀」에서는 단 한 번도 등장하지 않는다)가 다른 유형들과 같은 차원

에서 고려될 만한 이미지 배열 유형이 아니란 점을 깨닫고 수정한 부분
이다. 반복 통합체는 오히려 (두번째 단계의 도표에서도 여전히 유효한)
다른 유형의 세부 경우, 특정 형태로 보는 편이 합당하다.* 두번째로는
'교차 통합체'를 교체나 평행과 같은 하위 범주 없이 한 가지 범주로만
통합한 사실이다. 이 부분은 오늘날 다소 작위적인 것처럼 보이긴 한다.
스크린에 이미지가 계열별로 번갈아 등장하는 현상을 빈번하게 접할 수
있고 다양한 의미작용으로 읽히기 때문에 아쉬운 부분이 없지 않다.**
정리하자면 교차 통합체와 반복 통합체가 두번째 단계의 도표에서 수정
되었다.

---

* 우리가 '전全 반복'이라고 지칭(Communications, n° 8, p. 122)한 것은 계열별로 교차하는
이미지들을 포함하고 있으며 평행 통합체나 교체 통합체의 변이체variant로서 간주할 수 있다.
'반복적인 이미지들을 서로 가깝게 이어 붙이기'(Communications, n° 8, p. 121)는 사실 계
열별로 이미지를 번갈아 보여주는 것(평행, 교체 통합체의 특성)과 치환이라는 성질로 보면 구
분이 불가능하다. 이때 치환은 분석가가 치환의 기의를 파악하고 있다고 간주될 수 없는 경우
에 발생하는 엄정한 의미의 치환이다. 영화를 많이 본 관객은 이미 항상 기의를 알고 있다. 사
실 순수하게 분포적이고 형식적인 숏에서는 A B A B의 교차가 A B A B 교차임을 못 알아보도
록 한다. 결과적으로 평행 혹은 교체 통합체처럼 일반적인 교차와 이 통합체들의 변이체인 반
복 교차가 어떻게 다른지 다른 차원에서 접근해야 한다. 그리하여 하위 유형이 생겨나는 것이
다. 언어학의 경험을 통해 너무 익숙한 기의는 이론적으로 매우 가시적일지라도 기표의 특성을
왜곡시킨다는 사실을 잘 알고 있다. 가령 외국어를 분석할 때 모국어의 문법 범주를 무의식적
으로 이용하는 점을 들 수 있다. 우리가 '준準-반복'이라고 지칭(Communications, n° 8, p.
122)한 것 역시 일종의 반복 변이체, 에피소드 시퀀스의 변이체이다. 같은 이유에서 우리가
'괄호연결 반복'이라고 부른 것은 괄호연결 통합체의 반복적인 변이체이다.
  다양한 영화에서 각양각색으로 나타나는 반복의 다양한 변주를 거대 유형에 통합시키고, 하
나의 형태로 묶는 일은 영화 배열이 현실에서 어떻게 등장하는가를 인위적으로 왜곡할 수 있다
는 우려가 있다. 하지만 다양한 영화에 적용해본 시험-분석은 특히 반복 양태가 전全 반복으로
구분했던 경우에 계열별 이미지 교차와 함께 나타나고, 기의의 동일한 형태는 '괄호연결 반복'
'준準-반복'의 경우 교차의 효과와는 전혀 다르게 발생한다는 사실을 알게 되었다. 다양한 자
율 분절체의 반복 변이체들 전체 집합에 맞게 조정된 단위는 따라서 교차 이외에도 다른 범주에
속하도록 재조정할 수 있을 것이다.
** 이 문제에 관해서는 이 책 제4장에서 설명된 바를 상기하자. 두번째 도표에서 '교차'라는 한 가
지 사실만으로 정의된 통합체 거대 유형은 한 종류만이 아니었고, 교차라는 기준은 현실에 근
거하는 것이다. (모든 문제는 어느 차원에서 발생하는지 연구되어야만 한다.) 왜냐하면 영화에
는 이미지들이 계열별로 교차하는 부분이 분명 있기도 하지만, 그렇지 않은 경우도 있다. 따라
서 도표에서 제시된 다른 범주와 비교해서 교차라는 범주가 처음부터 그 분류의 적합성을 입증
하기가 그리 쉽지 않았다.

이제 방법론적인 변화에 관해 언급하기로 하자. 첫번째 도표에서는 목록의 번호 매긴 식으로 여섯 가지 유형과 그 하위 범주 유형들을 소개했다. 그런데 두번째 도표에서는 이 방법을 변경하여 연속하는 이분법적인 체계로 재구성했다. 이 방법은 언어학에서 자주 사용되는 것으로 이렇게 하면 **선택의 심층 구조**를 드러내는 데 용이하다. 시네아스트가 자신의 영화 시퀀스들을 두고 각각 어떻게 선택할지 결정하는 구조를 더 잘 보여줄 수 있다. 경험적이고 직관적인 분류, 순수하게 귀납적인 분류를 연역적 체계로서 대체할 수 있는 것이다. 달리 말하자면 현상에 근거한 상황, 단순히 확인되고 명시화된 상황이 예상했던 것보다 더 논리적인 상태로 드러난다.

수정과 보완을 거듭하여 현재 결론적으로 제시하는 도표는 따라서 **자율 분절체**(즉 시퀀스란 의미이긴 하지만 시퀀스란 용어는 도표에서 ⑦번과 ⑧번에 해당하는 협의의 경우에만 사용할 것이다)의 여덟 가지 거대 유형을 포함하고 있다.

자율 분절체는 영화의 가장 상위 차원에서 구분하는 단위이다. 영화의 부분에 해당하는 것이지, 영화의 부분의 부분은 아니다. 다시 말해 하나의 자율 분절체가 다섯 개의 연속적인 숏을 포함하고 있는 경우 이 숏들이 영화의 부분의 부분이라고 하겠다. 이 경우 숏들은 비非자율 분절체이다. 물론 자율 분절체의 자율성이 독립과 직접 연관되는 문자 그대로의 의미는 아니다. 왜냐하면 이 시퀀스들은 각각 서로의 관계 속에서 전체 집합 속에서만 정의된 의미를 얻기 때문이다. 자율 분절체들이 속한 큰 집합체는 영화의 최대 통합체라고 부를 수 있겠다.

'숏'과 '시퀀스'를 구분하면서 일반적으로 우리는 영화에 (잠재적인 중간 단계를 고려하지 않고) 두 가지 다른 대상이 있다고 생각한다. 한쪽은 숏, 최소 분절체에 해당하는 것이고, 다른 쪽은 자율 분절체이다. 물론 이 구분이 최소 분절체가 자율적이 될 수 없다고 단정하는 것은 아니다 (이 사례에 관해서는 잠시 후 살펴보자).

이제 통합체의 여덟 가지 유형에 관해 자세히 살펴보자.

[이미지의 거대 통합체 유형]

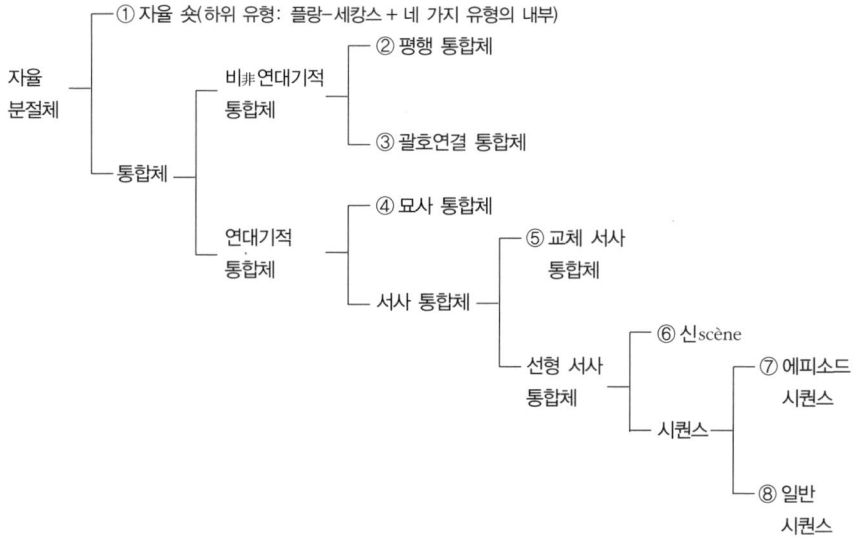

도표에서 ①번부터 ⑧번까지 유형은 귀납적인 방법론으로 영화에서 나타나는 유형이자 차후 연역적인 방법론으로 체계에서도 나타난 여덟 개의 거대 통합체 유형이다. 본문에서 각 번호에 맞게 자세한 설명을 보충하기로 한다.

① 자율 숏

우선 숏 한 개로 구성된 자율 분절체에 대해 살펴보자. **자율 숏**을 나머지 일곱 개의 다른 자율 분절체와 구분하는 것이 적절하다. 일곱 개의 자율 분절체들은 여러 개의 숏으로 구성이 되는데 이는 모두 **통합체**, 최소한 개의 분절체 이상을 포함하고 있는 자율 분절체이다. 반면 자율 숏의 경우 서사 플롯의 한 개 에피소드에 해당하는 한 개 숏이 있다. 따라서 자율 숏은 한 개의 숏이 영화의 상위 차원에서 세부 구분에 해당하는 경우를 표상한다. 하위 차원의 세분화가 아니다. 같은 맥락을 설명하는 문학의 경우를 생각해보면, 문장은 문단보다는 하위 차원의 단위이지만 몇몇 문단은 단 하나의 문장으로 이루어지는 사례를 들 수 있다(언어학에서 동일한 사고를 음소와 형태소의 관계, 형태소와 언표의 관계에 적용해볼 수 있는데, 기호학에서는 매우 보편적인 현상이다). 요컨대 영화의 어떤 자율 분절체들은 통합체인 반면 다른 분절체는 통합체가 아니고, 영화의 어떤 숏들은 자율적인 반면 다른 숏들은 자율적이지 않다는 것이다.*

자율 숏을 다음과 같은 하위 유형으로 세분해볼 수 있다. 우선 현대 영화에서 유명한 기법이 되어버린 **플랑-세캉스**가 있다. 플랑-세캉스란 한 개의 숏으로 '신' 전체를 구성하는 것인데, 여기에서 숏이 자율성을 확보할 수 있는 것은 행위의 단위이기 때문이다. 이외에 통합체 내부에 삽입되면서 자율성을 획득하는 다양한 종류의 숏을 들 수 있는데, **내부 삽입**이란 명칭으로 현재까지 영화 개별 작품에서 발견된 네 가지 하위 유형을 구분할 수 있다. 이는 숏이 통합체 속에 끼워졌을 때 그 특성이 생겨나는 원인에 따라 구분한 것이다. 첫째 **비非디제시스적 삽입**—사건 행위 외부에 있는 대상을 소개하는 순수하게 비교 가치를 띠고 있는 이미지. 둘째 **주관 삽입**—사건 행위의 주인공이 지금 직접 행하는 것으로 생각되지 않는 이미지, 주인공이 지금이 아닌 다른 시간대에 혹은 실제가 아닌 꿈이나 감정적 차원을 표현하는 이미지, 예를 들어 추억, 꿈, 두려움, 예감 등.[163] 셋째 **다른 맥락의 디제시스 삽입**—완전히 현실적인

---

* 이 글에서 제시하는 '도표'는 여덟 가지 통합체 유형을 포함하고 있는데 이 중에서 일곱 개만이 통합체로 정의된다. 자율 숏은 그 정의상 통합체가 아니다. 그런데도 통합체 유형에 포함된 것은 영화 전체적으로 봤을 때 통합체 속에 등장하는 유형들 중 하나이기 때문이다. 더 일반적으로 통합체란 기호학이 초창기에 비교적 상위에 있는 거대 차원에서 통합체적인 담화와 관련해 연구했던 분야이다. 이때 단위들을 구분할 경우 반드시 통합체로 볼 수는 없는데, 개중 몇몇은 이러저러한 관계 속에서 더 작은 단위로 분할되기 때문이다. 이러한 이유에서 우리는 여덟 가지 유형을 총체적으로 지칭할 때 통합체 대신 '자율 분절체'란 용어를 사용한 것이다. 이 용어의 사용으로 최소 분절체와 구분이 용이해졌으며, 여러 개의 단위가 합쳐져 자율 분절체를 이루는 경우를 정의할 수 있는 것이다.

이미지이지만 일반적으로 영화에 놓일 위치에서 분리되어 일부러 다른 맥락의 통합체 속에 고립되게 삽입된 이미지, 가령 추격하는 사람들과 연관된 시퀀스 한가운데에 추격당하는 사람의 단독 이미지. 넷째 **상세 설명 삽입**— 확대된 세부 사항, 돋보기로 보는 듯한 효과의 이미지, 그 대상은 원래 속한 공간에서 분리되어 지적 작용의 추상적 공간으로 이동 되는데, 가령 클로즈업된 명함 혹은 편지.

② 평행 통합체 & ③ 괄호연결 통합체

여러 개의 숏으로 구성된 자율 분절체인 통합체는 세부 기준에 따라 **비非연대기적 통합체**와 연대기적 통합체로 다시 세분할 수 있다. 비연대기 적 통합체의 경우 이미지들로 표상하는 사건들의 시간관계가 영화에서 정확하게 명시되지 않는다(시간의 외연 기의, 즉 지시적으로 시간의 흐름 을 의미하는 측면이 잠정적으로 부재하는 경우). 반면 연대기적 통합체의 경우 사건들의 시간관계가 명시된다.

지금까지 관찰된 바로는 비연대기적 통합체의 두 가지 주요 유형이 있 는데, 첫째 유형은 이미 영화 미학자들에 의해 잘 알려진 '평행 편집 시 퀀스'에 해당한다. 우리는 시퀀스라는 용어를 다른 범주에 더 적절하게 사용하고자, 이 유형을 **평행 통합체**라고 부르기로 한다. 평행 통합체는 편집을 통해 두 개 혹은 여러 개의 소재를 교차적으로 이어지게 하면서 이 구성 요소들을 가깝게 하고 서로 엮는 것을 말한다. 하지만 소재들을 가깝게 배열하는 원칙은 적어도 외연 숏의 차원에서는 시간적이거나 공 간적인 특정 관계를 따르는 것이 아니라 상징적 가치에 기대는 것이다. 예를 들어 부유한 사람의 일상 장면과 가난한 사람의 일상 장면을 교차 시키거나, 조용한 이미지와 흥분된 이미지를 교차시키는 것 혹은 도시 와 시골, 바다와 밀밭 등을 교차시키는 식이다.

비연대기적 통합체의 두번째 유형은 (우리가 아는 한) 지금까지 한 번 도 언급된 적이 없는데, 영화에서 보면 쉽게 알아볼 수가 있다. 영화는 현실에서 동일한 법칙을 따르는 전형적인 표본처럼 사건들을 재현하면서 일련의 짧은 장면들을 구성하는데, 이때 고의로 이 장면들을 서로 시간상 관계가 없는 것처럼 배열한다.* 이는 시네아스트가 정확히 의도한 바, 시각적 표현을 통해 정의하거나 관객이 인지하도록 만들려는 현상들의 카테고리 속에 요소들의 관계가 내재되어 있다는 뜻이다. 그러나 시네아스트의 이러한 의도 중 그 어떤 부분도 (암시allusion의 시스템과 같이) 목표로 삼을 수도 있었을 법한 통합체적인 규모로 작업되지는 않는다. 영화에서는 전체적인 구성을, 그 세부 사항들이 아닌 전체를 고려하는데, 더 평범하고 일반적인 시퀀스와 치환될 수도 있기 때문에 결과적으로는 자율 분절체에 해당된다(개념화나 혹은 범주화의 미숙한 영화적 대응이라고 볼 수도 있겠다). 예를 들어보자. 고다르의 1964년 영화 「결혼한 여자」 첫 장면들은 에로틱한 분위기를 연출하면서 '현대적 사랑'과 같은 전체 기의의 부분적인 반복이나 변형들을 나타내고, 게자 라드바니의 1947년 영화 「유럽 어디인가에서」의 도입부에 파괴, 폭격, 죽음을 연속적으로 보여주는 장면들은 '전쟁의 불행'이라는 생각의 견본처럼 묘사된 것이다.

이상에서 설명한 이미지들을 **괄호연결 통합체**라고 지칭하기로 하자. 왜냐하면 이 구조가 서로 묶는 사건들 사이에는, 괄호로 묶는 단어들 사이에서와 같은 관계를 상정하기 때문이다. 괄호연결 통합체는 디졸브, 와이프, 펼치는 파노라마, 페이드인·아웃처럼 시각 효과를 통해 이미지들

---

* 영화에서 가장 일반적 체제인 시간성을 단절시키는 이러한 상황을 거대 통합체에 관한 우리의 첫번째 도표에서는 (*Communications*, n° 8, p. 122) 반복 편집의 범주로 구분했었다. 하지만 영화에서는 평행 통합체나 묘사 통합체와 같이 전후 상관적 시간 배열이 중단되는 경우도 많음을 이후 깨닫게 되었다. 또한 부연적으로 연결되는 식의 구성이 되풀이되는 그 무엇도 포함하고 있지 않을 때가 많다는 사실도 깨닫게 되었다. 괄호연결 구성은 동일한 법칙의 여러 현상을 가까이 위치시키지만 그들이 각각 다른 경우에 발생했음을 매번 정확하게 의미하지는 않는다. 비슷한 방식에서 소재가 반복 회귀하는 경우도 마찬가지이다. 괄호연결 통합체는 그 특성상 반복적 양태와 함께 그 이상의 특성을 지니면서 나타난다. 우리의 처음 실수는 바로 이 점에서 발생했던 것이다.

을 연결하면서 다양하게 연속적으로 다른 것을 환기시키곤 한다. 되풀이해서 설명하는 성질을 지닌 기법을 사용하면서 시퀀스 내부에서 이미지들을 연결시키고 관객이 하나의 전체로서 이 통합체를 인식하도록 도와준다. 그렇다고 해서 별도로 만들어진 짧은 '신'들을 각각 서사의 나머지 부분과 직접 연결하는 기능을 수행하지는 않는다. 예를 들어 조지프 폰 스턴버그의 1935년 영화 「진홍의 여왕」 중에는 미래의 여왕이 될, 아직은 어린 소녀가 러시아 차르를 향해 느끼는 몸서리쳐지게 무서우면서 동시에 매력적인 이미지를 환기시키는 부분이 있다. 거대한 범종의 추에 묶여 매달린 죄수들, 도끼를 든 사형집행인 등. (이 장면에는 시각효과로 디졸브를 사용했다. 동일한 시퀀스를 반복적인 양상을 띠는 괄호연결 통합체의 사례로도 생각할 수 있다.)

비연대기적 통합체 내부에서 평행 통합체와 괄호연결 통합체를 구분하는 것은 계열별로 서로 섞인 이미지들 사이에 체계적인 교차가 있느냐 없느냐의 문제이다. 평행 통합체에는 이미지들이 계열별로 체계적으로 교차하는 반면, 괄호연결 통합체에서는 교차가 없다. 괄호연결 통합체는 직접적으로 모든 이미지를 재구성하는 반면, 평행 통합체는 다수의 이미지들로 구성된 두 개 혹은 여러 개의 계열이 있고 이 계열들이 스크린에서 A B A B식으로 교차한다.

④ 묘사 통합체
연대기적 통합체는 연속적인 이미지들이 제시하는 사건들 사이에 시간관계를 외연 차원에서 정확하게 제시한다. 시간관계란 상징적이거나 심층적인 시간관계와 더불어 플롯의 지시적인 시간성까지도 의미한다. 여기서 정확하게 제시된 시간관계는 반드시 전후 상관관계는 아니며, 때에 따라서는 **동시성**도 될 수 있다.

이미지에 연속적으로 제시된 모든 소재 사이의 관계가 동시성을 띠고 있는 유형은 단 한 가지, **묘사 통합체**이다(다양한 영화적 묘사).* 이는 스크린에 나타나는 전후 상관관계가 어떤 디제시스적인 상관관계와도 연관이 없는 유일한 경우이다. 이 부분과 관련하여 영화에서 스크린은 기표의 장소이고 디제시스는 기의의 장소란 점을 상기해보자. 예를 들어보자. 풍경을 묘사하는 경우 우선은 나무를 보여주고, 이어서 이 나무의 부분적인 모습을 보여주고, 이후 그 옆 작은 시냇물을 보여주고, 이어서 멀리 보이는 작은 언덕을 보여주는 식이다. 묘사 통합체에서 이미지들이 연속적으로 사물들을 제시할 때 이 사물들이 공존하는 사이에서 분명히 감지되는 유일한 관계는 오직 '공간적인' 공존의 관계일 뿐이다.

그렇다고 해서 묘사 통합체가 오로지 움직이지 않는 사물이나 사람에만 적용된다는 것은 아니다. 묘사 통합체는 행동에도 매우 잘 적용될 수 있고, 이 경우 우리가 그것들을 감지하는 순간에 공간적으로 평행관계에 놓이면서 사건들이 벌어지고 있다. 다시 말해 관객은 이 행위들을 머릿속에서 시간상 순차적으로 재구성할 수 없다는 뜻이다. 예를 들어 무리를 지어 움직이는 양들, 목동, 개 등을 보여주는 장면을 생각해보자. 다른 분야에서와 마찬가지로 영화에서도 묘사는 담화의 한 양태이다. 이 담화 대상의 실체적인 특성에 관계되는 것이 아니다. 우리에게 말하고자 하는 것의 고유 법칙에 따라 같은 대상이 묘사적이 될 수도 있고, 서사적이 될 수도 있다.**

⑤ 교체 서사 통합체

묘사 통합체 이외 다른 모든 연대기적 통합체는 **서사 통합체**이다. 다시 말해 이미지에서 보이는 대상들 사이에 시간관계가 동시성뿐만 아니라*** '전후 상관관계' 속에 있는 통합체를 말한다. 서사 통합체는 다시

---

* 묘사에 관해서는 서사와 이미지의 관계를 설명하면서 이 책 제2장 「서사의 현상학을 위한 몇 가지 단상」에서 이미 설명한 바 있다.
** 이 부분과 관련해서 이 책 제6장에서 제시할 「아듀 필리핀」 45번 자율 분절체가 좋은 사례가 될 것이다.

두 가지 경우로 세분화된다. 서로 구별되는 여러 개의 시간적 전후 상관 관계가 얽혀 있는 통합체와 이미지 전체를 아우르는 한 가지의 전후 상관관계로 되어 있는 통합체이다. 전자의 경우는 교체 서사 통합체, 줄여서 교체alterné 통합체, 후자의 경우는 선형linéaire 서사 통합체라고 정의할 수 있다.

교체 통합체는 영화 이론가들에게는 경우에 따라 '교차 편집' '평행 편집' '싱크로니즘' 등의 명칭으로 알려져 있다. 전형적인 사례를 들어보면 추격하는 사람의 이미지에 이어 추격당하는 사람의 이미지 그리고 추격하는 사람 이미지 등으로 번갈아 보여주는 식이다. 교체 통합체는 편집을 통해 두 개 혹은 여러 개의 계열이 사건적으로 연결되면서 그 각각의 계열 내부에서는 시간관계가 전후 상관적으로 나타난다. 하지만 한 묶음으로 묶인 계열들 사이의 시간관계는 동시성이고, 이는 '이미지들의 교차＝사건들의 동시성'이란 공식으로 해석할 수 있다.****

⑥ 신scène

이미지에 보이는 모든 행위를 한 가지 전후 상관관계로 연결하는 **선형 서사 통합체**는 다시 두 가지 범주로 구분할 수 있다. (단절이나 생략 없이) 전후 상관관계가 지속되는 경우 그리고 (건너뛰는 순간이 있는 것처럼) 불연속적인 경우. 물론 단순한 카메라 단절을 진짜 생략(즉 디제시스적인 공백)이라고 간주해서는 안 된다. (여기에서 카메라 단절이란 기계 이탈 혹은 절단 숏으로 중단된 시간적인 연속성이 곧 그사이에 계속 흘

*** 영화 서사에서 역시 동시성을 발견할 수 있기 때문이다. 영화는 서사적일 때에도 이미지로 이야기하는 사실로 인해 동시에 여러 가지를 함께 보여준다는 고유성이 있다. 따라서 이를 '동시적인 현존'이라고는 할 수 없으나 '전후 상관관계의 부재'라고는 할 수 있다. 이는 영화에서 '묘사인가 혹은 서사인가'라는 문제를 구별짓게 하는 특성이기도 하다.
**** 교체 통합체와 병행하여 이미지의 특정 배열도 볼 수 있는데, 영화의 논리상 정확한 그 위치를 명쾌하게 설명하기가 쉽지 않다. 이와 관련해서는 「아듀 필리핀」 32번 자율 분절체가 좋은 사례가 될 것이다. 일단은 이 배열을 다른 모든 유형보다는 좀더 가까운 교체 통합체에 잠정적으로 포함시키기로 한다.

렀을 정확한 지점에서 다시 이어지는 것을 말한다.)

디제시스 단절이 없는, 전후 상관관계가 지속되는 경우 영화 통합체는 연극의 한 장면이나 인생의 한 장면과 유사하다고 볼 수 있다. 다시 말해 균열 없는 시공간적인 집합으로서 제시되는 경우이다. ('균열'이란 단어를 통해서 우리는 다양한 숏이 종종 필연적으로 귀결되는, 나타남/사라짐이라는 갑작스러운 효과를 떠올려야 한다. 이미 영화-심리학자들이 연구했듯이[164] 이는 영화 지각과 현실 지각 사이의 가장 큰 차이점 중 한 가지에 해당한다.) 이를 우리는 **엄밀한 의미에서의 신**scène, 줄여서 '신'이라고 부르기로 하자. 신scène은 초기 시네아스트들이 알고 있는 유일한 구조였다. 오늘날에도 여전히 존재하고 있으나 다른 유형들 중의 하나로서 존재하게 되었다는 점이 다르고, 이는 다른 구조와의 치환 가능성을 의미한다. 간단한 예로 대화 장면을 들 수 있다(이때 물론 언어학적인 언표들로 가득한 음향 측면을 고려할 수 있으나 의무적이지는 않으며 시각적인 통일성만으로도 누락된 것 없는 구조가 가능하다).

'신'은 (별도로 촬영해서 차후 연결된) 이미 존재하는 영화적 수단으로 구체적이라고 여겨지는 단위를 재편성한다. 장소, 시간, 응축된 특정한 행위. '신'에서 기표는 단편적이다. 여러 개의 숏은 모두 부분적인 단면일 뿐이지만 기의는 통일적이고 연속적인 방식으로 인식된다. 모든 단면은 공통적인 덩어리에서 선택되고 차출된 것으로 해석된다. 왜냐하면 우리가 영화의 관점이라고 부르는 것은 사실 더 복합적인 현상이기 때문이다. 지각, 시야의 재구성, 순간 기억 등의 세 가지 다른 활동을 항구적으로 함께 작동하도록 하는 현상인데 끊임없이 서로는 점진적으로 재활성화시키고, 세 종류의 활동이 그 스스로에게 제공하는 자료들에 근거해 작업하도록 만든다.

⑦ 에피소드 시퀀스 & ⑧ 일반 시퀀스

신scène의 반대 지점에 다양한 종류의 선형 서사 통합체를 분류할 수 있는데, 이 구조에서 제시된 사건들의 전후 상관관계는 **불연속적**이다. 이를 우리는 **엄밀한 의미에서의 시퀀스**라고 지칭한다. 사실 영화 분야에서 '시퀀스'란 용어는 특히 연극의 한 장scène과 구별되는 영화적인 고유한 구조를 지칭하는 데 사용되기 시작했다가 이후 한 단위로 묶일 수 있는 숏들의 모든 형태를 지칭하는 데 쓰였다. 즉 자율 숏을 제외하고 모든 자율 분절체를 지칭하는 데 쓰인 것이다. 이러한 맥락에서 통용되는 의미로 '시퀀스'는 우리가 **자율 통합체**라고 부르는 것에 해당하며 도표에서 보면 일곱 가지 유형이 있다. 이러한 이유로 이제 정의하게 될 두 가지 유형을 포함하는 경우 '엄밀한 의미에서의 시퀀스'라고 구체적인 설명을 붙인 것이다.

엄밀한 의미에서의 시퀀스(단 하나의 전후 상관관계가 있지만 불연속적일 때)는 두 가지 유형으로 나타난다. 첫번째는 시간적 불연속성이 조직된 형태가 아니라 일종의 분산된 형태로 나타나는데, 서사 플롯에 별 흥미롭지 않다고 판단되는 순간을 건너뛰는 경우를 말한다. 이를 우리는 **일반 시퀀스**라고 부르고자 한다. 영화에서 매우 보편적인 통합체 유형이다. 반면 불연속성이 조직된 형태로 시퀀스의 가장 명료한 구조 원칙으로 나타나는 경우가 있는데 이를 **에피소드 시퀀스**라고 부르고자 한다. 시퀀스 내부에서 흔히 디졸브와 같은 시각 효과로 구별되는 짧은 신scène들이 시간 순으로 연결되는 경우이다.* 하지만 이 유형은 그 어떤 형태도 (가능했을 법한) 통합체적인 규모로는 작업되지 않는다. 영화에서는 전체적인 구성을, 그 세부 사항들이 아닌 전체를 고려하는데, 더 평범하고 일반적인 시퀀스와 치환될 수도 있기 때문에 결과적으로는 자율 분절체에 해당된다. 연속적인 에피소드가 디제시스 전체 지속 시간 동안 내내 분산되어 있는 것과 같이 에피소드 통합체가 나타날 수 있는 최대한의 경우에 이 구조는 한 방향으로 천천히 진행되는 변화를 요약해서 제

---

* 이 특성이 에피소드 시퀀스와 괄호연결 통합체 사이의 매우 중요한 차이점이다. 사실 이 두 유형 사이에는 많은 공통점이 있다.

시한다. 가령 오손 웰스의 1941년 영화「시민 케인」중 주인공 케인과 첫번째 부인의 애정관계가 점차 악화되는 시퀀스를 생각해보자. 일련의 연대기적 이미지들은 부부가 함께 식사하는 장면을 짧게 보여주면서 이들의 식어가는 애정을 분위기적으로 암시한다. 재빨리 가로로 휙 지나가는 파노라마 기법으로 연결된 이미지들을 통해 시간이 지남에 따라 둔화되는 애정과 감정의 소멸을 암시한다. 조금은 덜 화려한 형태이지만 구조적으로는 이상에서 언급한 유형과 동일한 에피소드 시퀀스라고 할 수 있고, 여기에서 일련의 요약된 이미지들이 규칙적으로 분배된다. 좀 덜 확실히 드러나긴 하지만 전체적인 디제시스 지속 시간으로 봤을 때 앞서 언급한 경우보다는 다소 적은 비중을 차지한다. 연속적인 순간 중에서 어떤 부분이 시스템적으로 따로 고립되는 것이다. (「아듀 필리핀」의 여러 사례를 통해 차후 좀더 설명하게 될 것이다.)

일반 시퀀스와 에피소드 시퀀스는 둘 모두 (영화 외적인 부분도 포함해서) 용어 의미 그대로의 시퀀스이다. 단 하나의 전후 상관관계라는 개념에 불연속성이란 개념이 합쳐져 있다. 에피소드 시퀀스 전후 상관관계에서 주요 부분이 되는 각각의 이미지는 분명 집약적인 전체 시퀀스만큼 상당히 긴 변화 과정의 한 단계를 상징적으로 요약하는 것처럼 나타난다. 반면 일반 시퀀스에서 서사의 각 단위는 사건 행위가 진행되는 동안 건너뛰는 순간이 없는 한 지점처럼 제시된다. 결과적으로 에피소드 시퀀스의 경우 각 이미지는 그 자체 이상의 가치를 지니고,* 각 이미지는 진행되는 사건의 한 단면을 표상할 수 있는 다른 여러 이미지 집합 중에서 선택된 것처럼 여겨진다(통합체 전체 관점에서 봤을 때 이 유형의 효과 각각이 시간 축에 병렬된다는 사실은 변함없다).** 반면 일반 시퀀스에서

---

* 영화의 액면 그대로, 지시적 의미라는 외연의 차원에 관련된 것이며, 이는 에피소드 시퀀스 유형의 통합체의 법칙이기도 하다. 반면 감정적인 울림, 상징적인 확장 등 내포의 차원에서 모든 이미지는 이미지 자체보다 이상의 가치를 지닌다. 따라서 이 문제는 다른 관점에서 고려되어야 할 것이고, 이 글의 논지 전개상 제외시키는 것이 합당하다.

** 이 특성이 바로 우리가 첫번째 거대 통합체 도표에서 에피소드 편집을 반복 범주, 준準-반복

각 이미지는 그가 재현하는 것만을 표상한다.

일반 시퀀스는 이미 영화의 특정 서사 단위로 자리매김하고 있는데 영화의 '신'(하물며 연극의 장)보다 더 현실적인 지각 조건에서 멀어진 경우이다. '신'과 달리 시퀀스는 스크린의 시간과 디제시스의 시간이 서로 일치하지 않는 장소이다. 다시 말해 기표의 시간과 기의의 시간이 일치하지 않는다. 시퀀스는 더 복합적인 행위의 단위에 기반을 둔다(평행 통합체나 괄호연결 통합체에서 발생하는 단위와도 다른 매우 독특한 단위). 시퀀스 내부에 포함되어 있는 고유한 부분을 건너뛰는 행위, 그 결과 ('신'과 달리) 다양한 장소에서 전개되는 행위이다. 대표적인 사례로 추격 시퀀스를 들 수 있다. 여기에는 장소의 단위, 문자 그대로의 의미가 아니라 본질적인 의미에서 장소, 즉 '추격 장소'가 필요한데, 이 장소는 움직이는 장소이기에 모순적이라고 할 수 있다. 시퀀스 내부에서는 ('신'에서 개입되는 카메라 단절뿐만 아니라) 디제시스적인 단절도 발견된다. 하지만 이 디제시스적인 단절은 (적어도 외연의 차원에서는) 의미가 없으며 중요하지 않다. 그리고 이렇게 발생하는 디제시스적인 단절은 시각 효과를 이용한 편집 기법이 **두 개의 자율 분절체 사이에서** 지시적으로 알리는 것과는 다르다.* 자율 분절체들은 (외연 차원에서까지도) 초超-기표적이다. 분절체를 구분짓는 시각 효과들은 그 자체로 아무것도 이야기하지 않지만, 동시에 이야기할 것이 많이 내포되어 있기도 하다

범주에 분류했던 이유이다. 하지만 사실 이 구조는 한 이미지를 다른 이미지들의 잠재적인 집합의 예시를 드는 데 사용되도록 하는 것이며, 이 구조는 반복의 형태보다는 오히려 집중의 방식에 기반을 둔다. 게다가 여기에서 반복이란 전체 통합체의 차원에서 개입하는 것이 아니다. 왜냐하면 영화가 요약해서 보여주고자 하는 변화에 해당하는 국면들로서 이미지들이 시간상의 순서대로 연속되기 때문이다. 이상에서 분석된 통합체 유형은 따라서 그 자체에는 반복적인 그 무엇도 포함하고 있지 않다. 하지만 우리 도표에서 제시된 여덟 가지 주요 편집 형식에 포함되면서 가끔은 반복 양태가 특별한 변주처럼 나타나는 경우도 분명 있다. 우리의 처음 실수는 바로 이 특성에서 발생했던 것이다.

* 왜냐하면 내포 기의를 파악하기 위해서, 특히 여러 영화와 시네아스트의 스타일을 파악하기 위해서는 이런 종류의 단절이 나타나는 횟수, 형식, 특성 등이 매우 중요하기 때문이다.

(페이드아웃으로 편집된 다음 분절체는 볼 것을 전혀 제공하지 않지만 매우 가시적이다). 이렇게 강조되면서 건너뛴 순간들은 (시퀀스 내부의 디제시스 단절과 달리) 영화가 이야기하는 사건들의 전개에 영향을 미치게 된다. 어찌 보면 부재함에도 불구하고 영화에서 연속적으로 이어지는 이미지들을 직접적으로 이해하기 위해서는 반드시 필요한 건너뜀이 되는 것이다.

* * *

이 글에서 제시한 거대 통합체의 두번째 버전이 결코 마지막 버전이 되지는 않을 것이다.* 왜냐하면 기호학 연구란 인내의 작업이며 점진적으로 연구를 거듭하여 수정하고 보완해야 하는 작업이기 때문이다. 게다가 언어학에서 규범화formalisation란 이름으로 알려져 있는 분야는 단계별로 진행되며, 특히 이 과정은 기호학적으로 매우 미흡한 상태이다. 이 글에서 한 가지 모습으로 고려된 이미지들의 구조가 (우리에 의해 혹은 다른 연구자들에 의해) 좀더 발전해서 두 가지 다른 유형으로 적절하

---

* 특히 자율 숏은 완결된 한 개의 유형보다는 유형들 중 하나의 범주가 될 가능성이 높다. 왜냐하면 상당히 많은 그리고 다양한 이미지 구조 방식을 포함하고 있기 때문이다. 하위 범주를 이만큼이나 많이 포함한 유형은 자율 숏 한 가지뿐이다. 대응하는 특성에 불충분할 정도로 다소 대략적으로 공식화한 셈이기도 하다. 한편으로는 자율 숏이 나머지 모든 범주를 포함할 수 있을 정도로 거대하기 때문이기도 하다. 여하튼 우리 도표의 자율 숏/통합체 이분법 중 자율 숏은 기표 특성에만 근거하고 있다. 단독 숏인가, 여러 개의 숏인가? 반면 통합체들을 구분하는 다른 유형은 기의에 근거한다(대응하는 기표에서 찾을 수 있는 여러 표시에도 불구하고). 이런 이유에서 자율 숏의 지위는 수정·보완되어야만 할 것이고, 결과적으로 도표의 일반적 모습도 수정될 수 있을 것이다. 어쩌면 이미지의 통합체에 관한 두 개의 도표, 통합체의 도표와 자율 숏 내부를 세분화한 도표가 있을 수도 있겠다(서로 매우 유사하거나 공통점이 매우 많은 두 개의 도표). 통합체적으로 연결되어 있으면서 자유로운 경우, 미국 언어학의 형태소 연구에서처럼 말이다. 방법론적으로 봤을 때 혹은 실체적으로 봤을 때 이상에서 언급한 상황은 언어에서 보는 상황과 유사하다. 언어에서 모음과 연관되는 도표, 자음과 연관되는 도표 이렇게 두 가지 하위 시스템이 존재하는 것과 비슷하다. 또한 「아듀 필리핀」 32번 자율 분절체를 둘러싼 담화에서 알 수 있듯 첫번째 도표에서 발견되는 교차 통합체의 문제가 전체적으로 해결된 것도 아니다.

게 재구성될 수도 있을 것이며 혹은 다른 방식으로 분류될 수도 있을 것이다. 하지만 다가올 변화와 수정 때문에 절망할 필요는 없다. 영화 기호학은 아직 시작 단계일 뿐이다. 바로 이런 이유에서 이 글에서 제시된 내용이 언어학이 영화 분야에 영감을 주었을 때 어떤 방법으로 적용되어야 하는지, 아직 그 방법이 완전히 완성되지 않은 단계에서 맞닥뜨리게 될 문제는 무엇인지 아이디어를 제공할 수 있으리라고 기대한다.

6. 거대 통합체와 영화 '편집' 개념의 관계

여덟 가지 거대 통합체 유형 각각은 (자율 숏을 제외하고, 자율 숏에 해당하는 문제는 아니다) 두 가지 형태로 구체화되고 실현된다. 엄밀한 의미의 편집(고전 영화에서 가장 자주 발생했던 경우)이 있고, 통합체에서 더 미묘한 방식으로 배열되는 형식(현대 영화에서 자주 발생하는 경우)이 있다. 연속 촬영, 롱 테이크 숏, 플랑-세캉스, 딥 포커스 촬영, 와이드스크린을 고려한 촬영 등 콜라주collage를 피하는 배열이라고 해서 덜 통합체적인 구조는 아니다. 미트리가 지적한 것처럼[165] 넓은 의미에서 보면 편집 행위에 속한다고 할 수 있다. 편집을 무책임한 조작이나, 신비스러운 조작 혹은 전지전능한 조작으로 생각하던 시절이 이미 지나간 것은 엄연한 사실이다. 대신 편집은 숏들을 인접하게 만들면서 이해되기 쉬운 구조로 바꾸는 작업이라고 인식되고 있다. 이러한 맥락에서는 여러 기법 중 그 어떤 것도 낡게 치부되지 않는다. 왜냐하면 영화는 결국 활성화된 다양한 요소가 공존하며 발생하는 장소, 즉 담화이기 때문이다.[166]

예를 들어보자. 영화의 묘사 장면이 단순한 카메라 워크만으로 편집이 전혀 없이 하나의 '숏'으로 연출된 경우. 화면에 제시된 다양한 소재를 서로 연결하는 이러한 구조는 고전적인 방식으로 묘사 통합체의 여러 숏을 연결하는 구조와 동일할 것이다. 엄밀한 의미에서의 편집은 영화 거대 통합체의 기본적인 형태를 표상한다. 각 숏은 원칙상 하나의 소재를 고립시키는 것이고, 그 결과 **소재들 간의 관계는 숏들 간의 관계와 일치하게 되며** 결과적으로 영화 통합체의 (문화적으로 현대적인) **복합적인** 형태에서보다는 좀더 쉽게 해석할 수 있게 된다.

현대 영화에서 통합체 측면에 좀더 집중한 연구를 진행하다 보면 ('플랑-세캉스'를 중심으로 한) 자율 숏의 지위를 자연스럽게 부각시킨다. 이 경우 통합체의 다른 일곱 가지 유형에서 자유로운 상태로 다양하게 나타나는 이미지들의 구조를 감추려는 의도가 다소 엿보이기도 한다(단순히 단어들을 병치해서 만든 신조어 '플랑-세캉스'란 용어 자체로 이미 이런 현상을 반영하고 있는 셈이다).

7. 영화 약호의 통시적 변화에 관한 언급

영화의 거대 통합체는 확고부동한 것이 결코 아니며 시간이 흐름에 따라 변화를 거듭했다. 음성언어보다 영화가 **예술**과 **랑가주**에 중요한 것을 끌어들이는 속성으로 인해 **언어보다 더 빨리** 변화한 것이다. 창조적인 작가가 낱말 변화에 갖는 영향력에 비해, 창조적인 시네아스트는 영화 랑가주의 통시적 변화에 훨씬 더 많이 영향을 미친다. 왜냐하면 낱말은 예술 없이도 존재할 수 있는 반면, 영화는 외연의 부분적 약호를 소유하고 있는 랑가주가 되기 위해서는 무엇보다 예술이어야 하기 때문이다.[167] 또한 시네아스트는 사회적으로 제한적인 창작 그룹을 구성하는 데 반해 발화자는 사회 내부에서 사용자 그룹이라는 동일한 외연 집단을 형성한다.

그렇다고 해서 영화의 거대 통합체가 공시적인 매 단계에서 일관성 있는 약호작용을 하지 않는다는 뜻은 아니다. 이 약호작용에 너무 명백하게 위반되는 경우는 그 시점에서 ('아방-가르드' 영화 중 몇 편의 예처럼) 영화의 의미 자체가 다수의 관객에게 대중적으로 인정받지 못하고 이해되지 못한다.

8. 영화 배열에서 '자연스러운 법칙'과 관습적인 약호작용

영화 '문법'이 약호화되어 있다고는 하나 자의적으로 이루어진 것은 아니다. 여기에서 자의적인 것과 동기적인 것의 구분은 약호화된 것과 자유로운 것 사이의 구분과 전혀 일치하지 않는다.

외연이 **동일**하지 않은 통합체 유형에서는 기표와 기의를 연결하는 과정이 **자연스러운** 무엇인가에 기대어 발생한다. 교체 통합체에서 이미지들이 보여주는 사건은 번갈아 일어나는 것이 아니라 동시에 벌어지는 것이라고 간주되지만, 그 이미지들은 교차되기 때문에 서로 동일하지 않다. 그러나 관객은 이러한 유형의 편집을 이해하는 과정에서 자발적으로 틈을 메우는 작업을 행한다고 이미 설명했다.* (교차 리듬이 충분히 빠르게 전개될 때 관객은 A 계열이 B 계열 사건과 같은 디제시스 내부에서 동시에 벌어지며 스크린에 B 계열 사건의 이미지들이 나타나는 동안에도 A 계열 사건은 진행된다고 생각한다.)

하지만 자연스럽게 영화 문법이 이해되는 측면이 모든 것을 결정하지는 않는다. 이러한 이유로 부분적 약호작용에 관해 언급하는 것이다. (제법 많은) 이미지 구조를 만드는 방법 중에서 겨우 몇몇 형태만이 관습화된다. 영화에서 통합체적인 배열을 구축하는 데 기반이 되는 자연스러운 (혹은 **논리적인**) 유형 중에서 매우 적은 숫자만이 관습화된다. 이 유형들만이 효과적인 형태로 자리 잡아 모든 성인 관객, 영화 문화가 보편적인 사회에 속한 평범한 관객이라면 매번 쉽게 이해하는 대상이 된다. 흥미롭게도 구상이 가능한, 시도될 수 있는 모든 잠재 수에 비해 검증된 이미지 배열 방식의 숫자는 현저히 적다. 의미론에서 어휘화 과정의 자의성이 존재하는 것과 마찬가지로 영화에는 문법화 과정의 자의성

---

* 이 책 제4장에서 언급한 안 수리오의 연구와 관련이 있다.

이 존재한다.

자연 법칙과 관습화된 약호작용이 공존하는 현상은 이미 심리-사회학자, 교육학자, 영화학자, 대중교육 전문가들이 주목했던 결론으로 통한다. 영화를 실제 즐기는 과정에서 만들 때나 감상할 때나 일종의 학습이 요구되는데, 이 학습 정도는 언어를 배우는 과정에서 단어를 학습하는 것에 비해서는 비교적 약하다. 영화의 약호작용과 랑가주가 형성된 시기는 대략 1895년부터 1915년까지 20여 년간 안 뤼미에르에서부터 그리피스까지로 볼 수 있다. 이 시기 동안 많은 양의 랑가주가 만들어졌다고 볼 수도 있으나 동시에 매우 적은 양이라고도 할 수 있다. 우리가 영화 랑가주를 이해하는 나이는 대략 열세 살이 지나서이다. 열세 살 이전에는 영화관에 자주 가본 아이라도 일반적으로 제작된 현대 장편영화의 의미를 전체적으로 이해하지 못한다. 하지만 열세 살이 지나면 외국어를 학습하는 교육(심지어 모국어를 제대로 아는 교육)에 비교할 만한 교육이 전혀 없이도 차츰 영화 랑가주를 이해한다. 성인 관객일지라도 (아프리카처럼) 영화가 보편화되지 않은 사회에서는 마찬가지인데, 다시 말해 영화를 처음 볼 때에는 서구 사회의 다층적이고 복합적인 영화를 이해하지 못하지만 얼마 지나지 않아 금세 적응한다. 모든 연구가 이 부분을 뒷받침하고 있다.*

9. '영화 문법'에서 통합체와 계열체

이 글에서 언급된 거대 통합체는 동시에 계열체 역시 구성한다. 왜냐하면 시네아스트가 영화를 만들면서 매 순간 선택해야 하는 통합체 배열 유형의 범주가 정확히 이 두 영역 사이에 위치하고 있기 때문이다. 이러한 맥락에서 **통합체들의 계열체**가 핵심 사안이며 이 상황도 어떤 면에서

---

* 영화의 지적 작용 문제에 관해서는 이 책 제3장을 참조하기 바란다.

는 대부분의 음성언어에서 존재하는 통사 규칙('절''목적절''결과절' 등 여러 형식 중에서 선택하는 문제)과 유사하다.

(옐름슬레우가 이미 언급한 대로[168]) '계열체'를 작은 단위, '통합체'를 큰 단위라고 생각해서는 안 된다. **배열**과 **선택**을 구분하는 일, **대단위 분절체**와 **소단위 분절체**를 구분하는 일은 서로 별도의 작업이다. 길이가 짧은 분절체 수준에서도 통합체 현상(언어에서의 음절)이 있고, 역으로 (영화의 '문법'과 관련된 것처럼) 길이가 긴 분절체 수준에서도 계열체 현상이 있다.*

10. 영화의 고유 기표 시스템의 정의와 비교를 통한 대단위 요소와 소단위 요소들의 상호 위치

(확실히 단언하기에는 아직 이른 감이 있지만) **대단위들의 계열체**가 영화 랑가주의 전체 계열체를 구성한다고 주장할 수 있다. 이 부분에 대해 네 가지 관점에서 좀더 상세히 살펴보자.

1) 카메라 워크, 숏 내부 구조, 디졸브, 페이드인·아웃 같은 시각 기법, 이미지와 소리의 관계 유형 등 이 글에서 구체화시키지 않은 영화의 다양한 계열체는 제법 큰 통합체 요소들과 공통점을 내포한다. 통합체의 대단위란 숏들의 연속 전체, 숏 전체, **소재들의 관계**(즉 숏 전체에서 분리시켜볼 수 있는 시각 혹은 청각 소재들 간의 관계, 이 소재들은 여러 형식으로 지각된다), **소재의 형식 사이의 관계**(동일 대상의 여러 측면이 개별적으로 고립되어 지각 가능할지라도, 소재의 형식은 여전히 복합적이고 전체적인 성질로서 인식된다) 등을 지칭하는 것이다. 영화의 고유한 여러 형태를 참조할 수 있는 범주(언어학 용어로 하자면 **참조 틀**cadre de référence,

---

* 둘을 구분하는 작업은 원칙상 매우 간단하지만 구체적이고 새로운 영역의 연구에 적용하기란 확실히 간단하지 않다. 이 작업이 우리의 연구 초보 단계에서 놓쳤던 부분이기도 하다. 이 점에 관해 이 책 제3장에서 이미 설명했다.

해리스의 용어로 하자면 **영역**domaine)는 그것이 아무리 협소할지라도 결국 상당히 크고 넓다.

2) 유성영화 시절부터 말은 영화에서 핵심 (가끔은 가장 중요한) 요소가 되었다. 영화 전체 메시지에서 파롤만이 언어에 고유한 진정 작은 단위들을 개입시킨다고 할지라도, 이 음성언어의 요소에 관한 연구는 제한적일 수밖에 없으며, 대단위 분절체 속에 포함된 부분일 뿐이다. 따라서 음성언어 연구의 일부분만이 특정하게 영화에 초점을 맞춘 기호학에 해당한다. 가령 말과 이미지 사이의 관계에 관한 주요 형태 분석, 말과 (음악, 현실 소리 등) 그 외 음향 사이의 관계 분석 등. **말이 영화에서 나타나는 방식**을 주목하는 작업이 그렇다고 해서 말의 역할, 즉 영화에 랑가주의 힘을 부여할 수 있다는 역할을 무시하는 입장은 아니다(게다가 영화에서 말이 그토록 중요하게 된 상황에서는 더욱). 말의 최소 단위들을 연구하는 것과 같은 작업이 영화의 고유한 이론을 정립하는 일과 다소 거리가 있음을 의미하는 것이다.

3) 영화 계열체의 여러 측면 중에서 상당수가 영화 작품마다 **차이**를 분석하는 작업에 해당한다. 다시 말해 어느 정도 고정된 '영화적 사실'[169] 을 상정하고 개별적으로 어떻게 구체화되는지에 관해 관심을 갖는 연구이다. 독창적인 개별 작품으로 간주되는 여러 영화 분석, 개별 장면으로 간주되는 영화의 여러 부분 분석, 혹은 '어떤 시네아스트의 작품', (서부극과 같은) '영화 장르' '시대 유행' '국가별 작품' (누벨바그처럼) '어떤 계열' 등으로 지칭되는 경우처럼 독창적인 개별 영화 그룹의 다양한 종류에 주목하는 것이다. (레몽 벨루르가 제시한 '영화의 문체론'은 바로 이런 연구를 지칭한다.*) 요컨대 이 연구들은 엄밀한 의미에서의 영화 랑

---

* "Pour une stylistique du film," *Revue d'esthétique*, tome XLX, fasc. 2, avril-juin 1966, pp. 161~78. 영화 기호학에서 이 연구들을 배제한다면 아직 초기 단계에 있는 영화 연구에 전혀 도움이 되지 않을 싸움, 용어와 개념 정의의 싸움을 유발시키는 문제로 직결된다. 영화 개별 작품을 연구하는 일이 전체 할 일에 비하면 일반적인 영화 랑가주 연구와는 구별되는 한 단면이거나

가주 연구와는 다른 분야이다. 영화 랑가주 연구는 자율 기표 시스템을 구축하는 반면, 개별 영화(혹은 영화의 부분, 영화 그룹)는 그 나름의 기표 시스템을 만들어낸다. 게다가 이 시스템을 구성하는 요소는 아무리 작은 단위일지라도 (적어도 상단에서 설명한 바에 따르면) 상당히 '큰' 경우가 많다. (영화 작품들의 차이를 분석하는 일은 일반적으로 영화 랑가주 연구가 관심을 갖는 단위보다 더 소규모이다.)

4) 추상적 의미에서 영화 연구이건, 개별 작품 분석에서 영화 연구이건 이미지 전체 길이와 비교해서 통합체 차원을 고려하다 보면 결국 그 요소들이 비교적 작다는 확신이 설 것이다. 이때에는 더 이상 이산적 단위들(결과적으로 계열체)을 찾지 않아도 될 것이다. 대신 일반 의미론, 문화 기호학, 사물 대상 기호학 등이 연구하는 단위만 생각하면 될 것이고, 영화 랑가주의 고유한 이산적 단위들은 분석하지 않게 될 것이다. 영화 랑가주를 정의하는 것은 사실 '현실의 조각'을 재생산해서 배열하는 방식에 있다. (여기에서 이 조각 자체에는 영화적인 특별한 그 무엇도 포함하고 있지 않다.) 우리가 '영화를 만든다'라고 할 때 지칭하는 대상이 바로 이 배열이다. 사진적이고 음향적인 복제라는 기본적인 영화작용의 기계적 특성은 결과적으로 최종 생산물에 의미작용 측면을 포함하는 것이며, 그 내부 구조는 영화만의 특성은 아닌 다른 성질, 상당히 문화적인 계열체에 속하는 성질을 보유한다. 하지만 (미장센의 개념과 같이) '현실 조각' 중 몇 조각은 특별히 영화의 입장에서만 제작되는데 이 경우라도 처음부터 끝까지 스크린 예술에만 해당하는 고유 시스템에 복종하는 것은 아니다. 게다가 현실 조각은 사물을 다시 만드는 것이 아니기 때문에 완전한 재구성은 어렵다. '현실 조각'은 이미 존재하고 있

한 분야일 수는 있다. 따라서 영화의 문체를 연구하는 작업이 영화 기호학에 속한 분야로 생각하건 혹은 별도의 분야로 생각하건 별 중요하지 않다. 사실 음성언어 연구에서도 문체론과 순수 언어학의 관계에 대해 명확히 밝혀진 바 없다. 우선은 '문체론'이라는 용어가 레몽 벨루르가 정밀하게 조사했던 분야에 적합한 용어라는 사실만 인정하기로 하자.

는 사물이나 과정을 촬영할 때 개입하는 문화적 의미작용과도 상당히 관련된다.

* * *

현재 영화 기호학 (그리고 일반 기호학 이론) 연구에서 우리가 '대단위'라고 부르는 요소들을 '소단위'라고 부르는 요소들에서 정확하게 구별하기란 불가능하다. 이 구별 기준을 촬영된 대상에 둘 것인가? 다시 말해 (이미지에 등장하는 '자동차', 그에 수반되는 '차 소리'와 같은) 시각적 혹은 청각적 소재를 기준으로 삼을 것인가? 이때 이 대상을 잘게 조각내고 그 숫자를 세는 일이 가능한가? 그렇다면 구별 기준을 (자동차의 '색깔', 그 '크기', 차 소리의 '굉음' 등) 촬영된 대상의 형태에 둘 것인가? 이때 이 형태를 잘게 조각내고 그 숫자를 세는 일이 가능한가? 아니면 구별 기준을 (자동차 덮개, 차 소리가 시작되는 시점 등) 촬영된 대상의 일부분에 둘 것인가? 이때에는 과연 부분을 셀 수 있는가?

대략적으로만 생각해봐도 해결할 수 없는 문제들이 무궁무진하다. 영화에서 제시하는 것과 같은 동일한 경험을 정확한 단위로 잘게 나눌 수 있는 것은 오직 언어뿐이다. 결국 영화에서 영화 분석자의 모국어에서 유래하는 단위들과 상응하는 단위들을 찾기란 어렵다. 영화 분석은 메타언어이다. 영화 현실에 기의를 배분하고 맞추는 메타언어라고 할지라도 자연어에서 기표들을 가져와 설명할 수밖에 없는 상황이다. 현재로서는 이 메타언어 수준이 초보단계에 머무르기 때문에 더욱 그러하다.

영화의 '큰' 요소들과 '작은' 요소들 사이의 경계 위치가 어디 있는지에 관해서는 불확실한 반면, 경계가 존재한다는 점에서만큼은 확실하다. 그 이유를 두 가지 관점에서 살펴보자.

1) 촬영하는 작업에서 피사체를 최대한으로 조작하는 경우일지라도, 이 작업이 선험하는 **미장센**에 의한 것이든 (카메라 각도, 축, 거리 등의

차이, 필름, 렌즈의 선택과 같이) 촬영 자체에 의한 것이든 (여러 대상의 담화적 배열에 해당하는) **데쿠파주**와 **몽타주**에 관한 것이든, 여하튼 이 대상을 분석하고 재구성하는 과정에는 도저히 조작할 수 없는 한계점이 있다. 가장 기본이 되는 영화작용의 기계적 특성, 즉 최소한 사진이 현실에 충실하다는 수준은 넘어설 수가 없다. 특수 효과를 쓰거나 시각 기법을 동원한다고 하더라도 각 단면은 변조된 것이 아니며, 이 기법들은 개별적인 변형 혹은 왜곡 등에 기반을 둔 것이 아니라 (슬로모션 혹은 패스트 모션처럼) 전체적인 변형이며, 게다가 (패스트 모션일지라도 움직임의 형태와 방향은 현실에서 보통처럼 보이는 것과 같다는 점에서) 어떤 측면은 전혀 변조된 것이 아니다. '대단위' '소단위'의 구분을 소단위 쪽에 초점을 맞춰 생각한다고 할지라도 별로 달라지는 점은 없다. 여전히 영화가 내포하고 있는 요소들에서 그 어떤 것도 변화시킬 수 없는 영화적 수단의 정도를 발견할 것이고, 이를 크기의 측정 기준으로 삼았을 때 작은 단위라고 지칭될 만한 요소들을 만나게 될 것이다. 이 요소는 대상을 재생산할 뿐이며, 나아가 이 요소들 자체에 이미 포함된 **영화 외적인** 부분, 즉 문화와 연결된 (전체이건 부분이건 일정 정도 관습화되었다고 할 수 있을 상징적 혹은 외연적) 의미작용을 재생산하는 길을 멈출 수 없다.

2) 하지만 의미론적인 관점에서 보면 영화의 작은 단위들은 음성언어의 작은 단위들(그레마스의 의소와 같은 단위)보다 항상 더 크다. 또한 낱말처럼 언어학에서 꽤 크다고 간주되는 단위일지라도 비교해보면 항상 영화의 소단위들이 크다. 조금 앞서 설명한 촬영 소재들 혹은 이 소재들의 형태 중에서 제일 작다고 여겨지는 영화 요소라도 그 자체에 이미 **상당한 정보량**을 포함하고 있다. 이 정보량은 언어로 옮기고자 하면 적어도 문장 수준에 해당한다. 영화 랑가주가 아직 말하기조차 시작하지 않은 반면, **통합적 규모의 의미론 영역**에서 언어는 **이미** 매우 복합적이고 심층적인 분석을 제공해왔다. (문장에는 여러 형태소, 통사 규칙 등이 포함되고, 문장 내부에 단어 전체를 내포하고 있기 때문에 복합적이고 심층

적인 사고를 요한다.) 이런 관점에서 보면 영화는 그리 세련되지 못한 랑가주이지만 동시에 세련된 랑가주라고도 할 수 있는데, 왜냐하면 영화는 작용하기 이전에 이미 다른 것에 대해 말할 수 있고, 영화가 말한 것은 곧이어 말하지 않은 것을 풍부하게 만들기 때문이다.

* * *

영화에서 '최소' 단위들에 관해 고민하다 보면 영화 기호학의 한계를 절감하게 되고 매우 효율적인 방법론은 아니라는 생각을 하게 된다. 우리가 원하든 원하지 않든 언제나 문화의 수천 가지 면모와 여러 언어의 수천 가지 속삭임이 한데 어우러져 있음을 접하게 된다. 인간 신체의 상징적인 면, 사물의 언어, (컬러영화일 경우) 색채 시스템, (흑백영화의 경우) 명암의 어조, 의복의 의미, 풍경과 자연의 이야기 등. 이와 같은 모든 경우에, 우리가 잊고 있는 모든 것에서 의미작용의 순전히 영화적인 측면을 찾아서 본질적인 계열체를 구축하기란 불가능한 일이다. 의미와 인간성의 창조적인 측면은 늘 문화에 속하게 되며 이 부분에 관해서는 심층적인 일반 의미론이 관심을 갖는 것이 더 합당하다. 문화적 측면이 영화에서 분산된 형태로 등장하면서 부분적으로 문화 자체의 어떤 면을 재구성하는 데 기여한다고 할지라도 말이다.[170]

* * *

음성언어가 (음운론적 혹은 의미론적 관점에서 변별적 자질, 음소, 형태소, 의소 등) 아주 작은 단위들에서 출발하여 특정 단위를 제시할 수 있다면, 이는 언어가 지시하는 대상과 전혀 공통점이 없는 음성 대체물로써 인간 경험의 여러 측면을 재구성하면서 **처음부터 끝까지** 우리의 경험을 분석할 수 있다는 특성 때문이다. 반면 '영화 랑가주'가 대단위 요소들을 통해서만 특정 단위를 꽤 제시하는 이유는 영화 랑가주가 영화 고유 질서에 따라 인간 경험의 다양한 측면을 배열하고 발화하면서(처음에는 인간 경험을 묶어내는 데 영화 개입 이전에 이미 존재하고 있던 형태를 취한다) 우리의 경험을 부분적으로만 분석하고 재구성할 수 있다는 특성 때문이다. 이 지점에서 우리는 영화 미학자들이 강력하게 주장하는 명제에 동의하게 된다. 영화는 현실의 랑가주이다. 영화의 고유성은 '세상의 고유성'을 그대로 보존한 채 세상을 담화로 변형시키는 것이다. 어찌 보면 음성언어가 완벽하게 현실을 재구성한다는 특성 때문에 엄밀한 의미에서 랑가주, 나아가 인간의 언어라고 정의되는 것이다. 이에 상응하는 특성이 부재하기 때문에 영화 랑가주는 그리고 다른 종류의 기표 집합들도 인류학적 관점에서 언어만큼 결정적인 중요성을 부여받지 못하는 것이다. 바로 이러한 특성 때문에 (심지어 시청각 기호학이 차지하는 비중이 높은 최근 산업 사회에서조차도) 영화 랑가주는 언어만큼 항구적이거나 전통이 깊거나 오래되거나 보편적이지 못하다.

11. 영화와 디제시스, 영화 기호학과 서사 기호학

이 글을 지금까지 읽으면서, 특히 자율 분절체의 여러 유형에 관한 정의 부분을 읽으면서 영화의 거대 통합체가 **영화**와 관련이 있는 것인지 아니면 **영화 서사**와 관련이 있는 것인지 확신에 차서 결론을 내리지 못할 수 있다. 이 글에서 언급한 모든 단위가 영화에서 발견되기는 했으나 항상 이야기 플롯과의 상관관계 속에 있었기 때문이다. 하지만 기표로 대변되는 스크린 심급과 기의로 대변되는 디제시스 심급 사이를 왕복 운동하는 작업은 원칙상 우리의 방법론으로 인정될 필요가 있다. 두 심급을 동시에 고려하는 일만이 치환을 가능하게 하고 결과적으로 자율 분절체라는 단위들의 정체성을 밝히는 데 도움을 주기 때문이다.

(영화 동호회에서 영화가 다루는 인간 문제나 서사 플롯에 대해 토론하는

것과 같은) 디제시스에 관한 **직접적인** 언급은 결코 영화를 분석하는 데 도움이 안 된다. 왜냐하면 이런 종류의 사고는 기표를 고려하지 않은 채 기의만을 조사하는 것이기 때문이다. 역으로 (몇몇 이론가가 무성영화 시대에 시도한 몽타주 도표처럼) 디제시스 **전체**를 고려하지 않고 단위들을 잘게 쪼개려는 작업 또한 기의 없이 기표만을 고려하는 것이다. 왜냐하면 서사영화의 고유성은 당연히 이야기를 하는 것이기 때문이다.

사실 영화의 자율 분절체는 디제시스 **요소들**만큼이지 단순히 **디제시스**에 해당하는 것이 아니다. 디제시스는 한 덩어리로 만들어진 영화와 **멀리 떨어진 기의**라고 할 수 있다. 가령 어떤 영화를 보고 우리가 '19세기 말 프랑스 지방 부르주아 연인의 불행한 사랑 이야기'라고 말하는 식이다. 반면 디제시스의 부분적인 요소들은 영화 분절체 각각에 **가까이 있는 기의**들인데, 이 기의는 분절체 자체와 기호학적인 상호성 관계 속에 완전히 결합되어 있어서 결국 치환 법칙의 토대를 만들고 있다.

이상에서 언급한 스크린 심급과 디제시스 심급 사이를 왕복 운동하는 일은 문화적이고 사회적인 현상으로 인해 발생한 당연한 결과라고 할 수 있다. 사실 영화는 탄생한 그 시점에 다양한 용도로 사용되었을 수도 있었지만 그중에서 특히 **이야기를 전달하는** 용도로 가장 많이 쓰였기 때문이다. 다큐멘터리 단편영화, 교육영화 등 이론적으로 비서사적인 작품도 근본적으로는 '대형 영화'의 기호학적인 메커니즘을 따르는 게 사실이다.

만약 양화가 처음부터 끝까지 서사적이지 않았다면 '영화 문법'은 확실히 완전히 다른 형태가 되었거나 혹은 존재하지 않았을지도 모른다. 역으로 영화가 받아들인 서사는 소설, 발레, 만화 등 다른 서사 장르에서 사용되는 형태와는 완전히 다른 기호학적 형태를 취하고 있다.

따라서 대체가 불가능한 두 분야가 존재할 수밖에 없다는 결론을 내리게 된다. 한쪽에는 우리가 목표로 삼는 서사영화 기호학, 다른 한쪽에는 **서사성**의 구조 분석, 다시 말해 영화나 책과 같이 이야기를 담고 있는 그

릇인 매체와 독립적으로 고려할 수 있는 영역이다. 주지하다시피 서사성 연구는 현재 많은 관심을 받으며 클로드 브레몽과 같은 학자에 의해 서사 매체의 개입 전에 서사를 구성하는 '의미 층위couche signifiante'와 같은 개념이 논의되고 있는 중이다. 필자는 고유하게 서사적인 층위의 자율성에 관해서는 브레몽의 의견[171]에 전적으로 동의한다. 즉 서사 매체(영화)에 관한 기호학에서 기의에 해당하는 **서술된 사건**은 서사성의 기호학에서는 기표가 된다는 것이다.

결론

'영화 문법'이란 개념은 오늘날에는 매우 비난받고 있는 데다 심지어 존재하지 않는다는 생각이 들기도 한다. 하지만 이는 우리가 찾아야 할 곳을 제대로 찾지 못했기 때문에 발생한 일이라고 여겨진다. 우리는 항상 (영화 이론가의 모국어와 같은) 특정 언어의 규범 문법을 간접적으로 참조하면서 연구를 지속해왔다. 사실 언어학적이고 문법적인 현상은 무한대로 넓고 모든 정보를 전달하는 근본적인 대단위 형태를 포함하고 있는데도 말이다. (규범 문법이 아닌 단순히 분석적인 이론에 해당하는) 일반 언어학과 일반 기호학만이 유일하게 영화 랑가주 연구에 적합한 방법론적 모델을 제시할 수 있다. 전혀 보편적이지도 않고 필수불가결한 현상도 아닌 프랑스의 관계절이나 라틴어 형용사에 해당하는 것이 영화에 존재하지 않는다고 확인하는 작업만으로는 충분하지 않다. 영화 이론가와 기호학자 간의 대화는 어휘의 특정 현상 혹은 언어에서 반드시 지켜야만 하는 원칙 등을 훨씬 초월하는 지점에 있어야 한다. 이해되고 연구되어야 하는 대상은 영화가 이해되는 사실이다. 도상적인 유사성에만 근거해서 관객이 영화 담화에 공존하는 많은 요소를 이해하는 것은 아니다. 그 이유를 찾아내는 작업이 바로 거대 통합체의 임무라고 할 수 있다.

제3부

이미지의 통합체 분석

제3부에 실린 논문은 미셸 라코스트와의 공동 연구를 통해 진행
되었다.

제 6 장

자크 로지에의 영화
「아듀 필리핀」의 자율 분절체 구분

이 글은 1967년 1월『이미지와 소리』제201호(Paris: Édition de l'Union Française des Œuvres Laïques d'Éducation par l'Image et le Son), pp. 81～94에 수록되었다.

일러두기

이 글에서 제시된 자율 분절체 분류는 영화 전개 순서에 따라 정리된 것이다. 이 책 제5장에서 제시된 기준에 근거하여 그 유형을 구분했다. 제5장에서 제시된 분류는 이미 설명했듯이 여러 개의 이분법적 분류 기준을 심화시키는 방식을 도입한 결과물이다.

이 장에서 소개할 (상당히 긴 작업의 결과인) 분류표는 도입 부분만 자세히 설명하고 나머지 부분은 요약해서 제시하는 정도로만 그치고자 한다. 물론 보충 설명을 필요로 하거나 까다로운 경우에는 부연하기로 한다.

영화 속에서 분절체로 구분될 수 있는 지점은 구체적으로 세 가지 정도의 특징을 지니고 있다.

첫째, 두 분절체가 평범한 스트레이트 컷으로 편집되어 병치되는 경우이다. 가령「아듀 필리핀」시작 첫번째와 두번째 통합체의 경우인데, 이때 '제로zéro'라고 구체적으로 밝힐 것이다.

둘째, 시각 기법을 사용한 편집의 경우이다. 디졸브, 페이드인·아웃, 와

이프 등 사용될 때마다 기법에 관해 언급할 것이다.

셋째, 그 어떤 구분 기표를 사용하지 않으면서 특정 효과를 의도하는 경우이다. 이는 주제나 어조가 매우 다른 두 분절체의 차이를 강력하게 드러내면서, 기호는 없는 반면 매우 강조된 기의를 표상하게 된다. 세번째 경우는 첫번째 평범한 스트레이트 컷 편집과 비교하여 특정 효과의 스트레이트 컷 편집이라고 지칭하기로 한다. 이는 문장에서 접속사를 생략하는 기법과 유사한 형태라고 할 수 있다. 「아듀 필리핀」에 사용될 때마다 언급하기로 한다.

[1]* 괄호연결 통합체

영화의 첫 장면은 음악 담당, 카메라 감독, 기술 스태프들이 바쁘게 움직이고 있는 TV 녹화 무대로 시작한다. 현장을 부분적으로 다양하게 보여주는 짧은 숏들이 빠르게 연결된다. 이 부분은 거대 통합체 유형 중에서 괄호연결 통합체로 분류될 수 있다. 이 장면에서 등장인물들은 군중처럼 조명을 거의 받지 않은 채 있다가 화면에서 곧 사라진다. 인물들의 움직임은 현실적인 전후 상관관계 속에 일련의 질서를 쫓는 것도 아니고, 그 행동이 구체적인 결과로 연결되지도 않는다. 단지 텔레비전 방송국에서 일어나는 일과 관련된 현실을 표상하기 위해 선택된 것이다. 텔레비전은 고유한 세계로서, 더 일반적으로 말하자면 영화 촬영 현장으로 「아듀 필리핀」에서 계속 등장하는 주요 소재이다.

자크 로지에는 영화만의 기법을 사용하여 이 부분을 보여주고자 했다. 촬영 현장의 분위기를 특별히 환기시킬 수 있는 이미지들, 이 특성을 공통분모로 하는 이미지들을 리듬 있게 조합하면서 말이다. 따라서 첫번

---

* (옮긴이) 메츠는 「아듀 필리핀」을 총 83개의 자율 분절체로 구분하고, 그 구분 지점에 따라 번호를 매기고 그 유형을 언급한다. 또한 분절체 1에서 2로(1-2), 2에서 3으로(2-3) 전환될 때 사용된 편집 기법 역시 필요한 경우 구체적으로 밝히고 있다.

째 통합체는 이 영화가 '영화-텔레비전 소재'를 다룰 것임을 보여주면서 서사 플롯의 기초가 된다.

1번 통합체 마지막 숏에 해당하는 8번 숏은 2번 통합체의 시작 숏이기도 한데, 그 연결 지점이 겹쳐 있어 정확하게 구분하기가 그리 쉽지 않다. 제법 긴 8번 숏은 (그 전 숏들처럼) 텔레비전 녹화장이지만 곧이어 카메라 감독이 있는 위치로 초점이 맞춰지고 그 옆에 주인공 미셸이 보인다. 카메라 감독은 고장 난 장비를 찾으러 미셸을 보낸다. 바로 이 지점에서 등장인물의 실제 행위가 시작된다. 정확한 목적을 위해 움직이는 개별화된 인물, 동시에 대화도 시작되며, 이 두 가지 요소는 한 단위를 구별할 수 있는 주요 표시로 기능한다. 이 마지막 부분은 기호학에서 이미 잘 알려져 있으면서 영화에서도 자주 발견할 수 있는 '포개기 혹은 겹치기chevauchement'라는 현상이다. 즉 거대 통합체의 마지막 분절체가 동시에 다음 통합체의 시작 분절체인 경우이다(음악 구조에서 자주 발견된다).

[2] 시퀀스: 1-2 = 제로

겹치기 현상 때문에 당연히 첫번째와 두번째 통합체를 구분하는 특정 기표는 등장하지 않는다. 새로운 분절체는 시퀀스 유형이다. 다시 말해 연대기적 순서로 제시되는 하나의 사건 행위지만 몇몇 순간은 건너뛴 경우이다. 미셸은 헤드폰을 찾으러 스튜디오를 나가는 중이다. 가는 길에 입구에서 두 명의 젊은 여자와 마주치고, 감독이 있는 텔레비전 조정실로 들어갔다가 스튜디오로 돌아오는 길에 아까 그 두 여자(녹화장을 기웃거리고 있는)를 보고는 함께 데리고 들어간다. 프로그램이 끝나고 미셸은 두 여자에게 카페에서 만나자는 약속을 한다.

이상의 요약에서 중요한 것은 작업 현장과 두 젊은 여자와의 만남 장면의 교차이다. 간략하게 설명된 이 교차는 디제시스적으로 연속선상에 있는 주인공의 행동처럼 제시되어 결국 기호학적인 특별한 의미는 없는 것으로 보인다. 따라서 교체 통합체라고 지칭할 수는 없다.

[3] 신scène: 2-3 = 의도된 효과를 위한 스트레이트 컷

카페의 주크박스 클로즈업으로 새로운 분절체가 시작된다. 이를 분명한 구분 표시를 위한 스트레이트 컷으로 볼 수 있다. 카페에 미셸과 두 여자(쥴리에트, 릴리안)가 함께 있다. 주문이 끝나고 세 사람 간의 대화가 이어지는데, 이 부분에서 인물 중 말하는 사람 각각을 교대로 보여주면서 숏-리버스 숏reverse shot 방식이 이어진다. 카페 종업원, 미셸, 두 여자의 교차 숏은 카페에서의 대화라는 행위 단위를 전혀 손상시키지 않는다. 오히려 부분적으로 기표들이 연결되고 있으며, 이 영화들만이 가지는 고유성이라고 볼 수 있다. 연속된다는 인상이 만들어지는 과정은 (연극에서나 자율 숏에서처럼) 디제시스의 모든 요소가 동시에 공존하기 때문에 발생하는 것이 아니라, 부분 숏들의 병치에서 발생한다. 그 전체 집합이 다른 종류의 연속성을 구축하는 것이다. 「아듀 필리핀」의 3번 분절체가 교체 통합체가 아니라 신scène임을 확신하기 위해서는 머릿속에서 이 부분을 자율 숏과 치환해보면 간단하다. 이 부분은 무리 없이 자율 숏으로 치환될 수 있고, 별 다른 변화 없이 같은 주제 혹은 같은 내포를 다루고 있다. 게다가 카메라는 단순히 이쪽에서 저쪽으로 왔다 갔다 하는 왕복 운동을 하고 있으며 여기에서 그 어떤 변별적인 기능도 수행하지 않는다.

한 개의 숏이 갑자기 중간에 삽입되면서 3번 '신'은 두 개의 분절체로 나눠지기 때문에 이 통합체의 영화 기표는 비연속적이다. 하지만 이 숏의 앞뒤를 보면 결국 두 개의 부분이 서로 단절 없이 합쳐진다. 등장인물과 그들의 대화 장면은 스크린에서 사라졌다가 다시 나타난 뒤에도 서로 연결된다. 게다가 삽입된 숏은 통합체의 나머지 부분을 수정할 만큼의 어떤 새로운 정보도 제시하지 않는다. 이 숏은 단순히 미셸의 우스꽝스러운 허풍을 암시하는 부분이며 미셸의 허풍은 '신' 전체를 통해 암시되기도 한다.

'신'과 시퀀스의 미묘한 차이는 디제시스의 단절과 카메라 단절 간의 차이라고 앞에서 설명한 바 있는데, 「아듀 필리핀」에서는 카메라 단절은 많은 반면, 디제시스 단절은 결코 발견할 수 없다.

[4] 자율 숏: 3-4 = 제로

3번 통합체 내부에 특정 구분 기표 없이 삽입된 짧은 이미지는 스튜디오에 있는 미셸을 보여준다. 방금 전에 미셸은 두 여자에게 텔레비전 프로그램에서 자신의 역할이 정말 중요하다고 자랑을 늘어놓았다("내가 실수하면 프로그램이 진행되지를 않는다고……"). 그리고 삽입된 '과거 숏'에서 실제 모습이 어떠한지 바로 폭로되는 것이다. 이 숏에서 관객은 실력 있는 스태프들이 일을 하고 있는 동안 미셸은 약간 떨어져 아무 할 일 없이 마냥 기다리는 모습을 본다. 3번 '신' 속에 삽입된 고립 숏(정확하게 시간에 대한 언급이 없다)은 카페 안이라는 직접적인 콘텍스트와 비교해서는 다소 낯설지만 디제시스 측면에서는 전혀 낯설지 않다. 과거 어떤 순간이었는지는 전혀 중요하지 않고, 단지 이 숏의 행위가 실제 발생했다는 것만이 중요하다. 또한 삽입된 맥락을 참조했을 때에만 그 가치를 획득한다. 미셸이 다른 상황(영화 처음에 이미 보여준)에서는 어떠한지 암시해주는 숏이 현재 대화 가운데 끼어들면서 우스꽝스러운 유머가 발생한다. 삽입된 숏이 주관적인 의미가 아니라 현실적이고 실제적이란 차원에서 원래의 맥락에서 벗어난 디제시스 삽입이라고 정의할 수 있다.

[5] 에피소드 시퀀스: 3-5 = 디졸브

5번 시퀀스 전체가 미셸과 두 여자와의 약속에 관해 보여준다. 이 시퀀스는 일요일 하루 종일 벌어졌을 법한 수많은 에피소드 중에서 선택된 서로 다른 세 가지 작은 '신'으로 구성되어 있다. 시퀀스의 지속 시간은 장시간 지속될 디제시스 시간에 비하면 훨씬 축소되어 있다. 이렇게 의도적으로 생략한 특성을 주목하여 에피소드 시퀀스라고 지칭할 수 있다.

세 가지 간단한 에피소드는 혼자서 자율성을 확보하기에는 너무 암시적이기 때문에 전체가 어우러졌을 때 비로소 의미를 획득한다.

① 파리의 한 기차역. 미셸, 릴리안, 쥘리에트가 함께 있다.

② 시골. 세 사람이 즐겁게 농담하며 들판을 거닐고 있다.

③ 비행장. 비행기를 바라보며 셋이서 이야기를 나눈다.

시간적 축약은 이 시퀀스 내부에 사용된 시각 기법, 즉 공간적으로 시간적으로 서로 완전히 다른 에피소드들을 연결하는 스트레이트 컷으로 더 강조된다. 게다가 시퀀스 내내 다른 장소에서라도 모든 대화가 이어지는데 다음 두 가지 측면을 보완한다. 즉 관객이 이 시퀀스를 잘 이해할 수 있도록 도와주는 것과 동시에 완전히 다른 에피소드들이 연결되어 있음을 강조한다.

[6] 신scène: 5-6 = 디졸브

다른 일요일, 6번 '신'에서는 미셸이 카페에서 친구들을 만나고 있다. 그들은 공동 구매하려는 자동차에 대해 이야기하고 있다. '신'의 일반적 특성상 (이 분절체를 구성하는 숏들의 지속 시간인) 영화 시간은 디제시스 지속 시간과 일치한다. 친구들 사이의 만남은 현실적으로 몇 분 정도 지속된다.

만약 우리가 영화의 거대 단위로 구분하려고 한다면 6번 '신'은 다음 7번, 8번까지 합해서 서사의 좀더 큰 단위로 통합될 수 있을 것이다. 하지만 여기에는 자율 통합체 차원에서 (다른 어족에 속하는 언어끼리 비교하는) 대비 연구[172]적인 특성이 두드러진다. 하나는 대화 장면을 중심으로, 다른 장면은 행동을 중심으로 하기 때문이다.

[7] 에피소드 시퀀스: 6-7 = 디졸브

차를 시험 주행하는 행위가 중심인 이 시퀀스는 여러 개의 에피소드로 시퀀스를 잘게 구분한다. 몇 시간 동안 벌어진 일이 단 몇 분 만에 이야기되면서 분명히 디제시스의 지속 시간은 집약된다. 연속적이지만 서로 뚜렷하게 구분되는 에피소드들을 체계적인 방식으로 연결하고 있다. 사실 일반 시퀀스에서 단절은 관객이 지각할 수 없을 정도로 무의미하게 사용된다.

이 시퀀스를 다섯 가지 에피소드로 나눠보자.

① 차고. 친구들은 차를 검사하고 있다.

② 앞으로 움직였다가 뒤로 움직이는 자동차 숏.

③ 고장 난 차.

④ 운행 중인 자동차. 차를 타고 노래 부르는 친구들, 여자들을 천천히 따라가고 있다.

⑤ 자동차 내부. 여자들이 자동차에 타서 같이 이야기하고 있다.

에피소드 간의 구별을 뚜렷이 보여주기 위한 스트레이트 컷 편집으로 인해서 이미지가 강조된다. 잘 달리던 차가 갑자기 고장 나는 이미지로 (단순한 병치로) 연결된다.

[8] 신scène: 7-8 = 제로

8번 '신' 처음 (이미 관객이 봤던) 카페 앞에 차가 선다. 미셸이 차에서 내려 데데라는 친구에게 인사를 하고 차를 함께 산 친구들 쪽으로 돌아와 이야기를 나눈다.

이 분절체가 7번 시퀀스와 통합되지 않고 별도로 자율 분절체를 형성하는 것은 바로 자동차라는 테마에 낯선 요소(= 데데)가 개입하기 때문이다. 미셸과 데데의 만남은 바로 다음 일어날 행위에 필수불가결하다. 8번 '신'은 7번을 중심으로 6번과 형태적인 차원에서 일종의 대칭 구조를 형성하는데 반복적인 변주처럼 보인다. 확실히 구별되지 않은 여러 장소를 지나치는 간단한 여행 뒤에 익숙한 장소로 다시 돌아오고, 비슷한 대화가 지속된다. 요컨대 7번 시퀀스를 중심으로 6, 7, 8 세 분절체가 구성하는 내러티브 묶음의 시작 '신'과 그에 대응하는 종결 '신'이라고 볼 수 있겠다.

[9] 신scène: 8-9 = 제로

같은 일요일 정오, 미셸의 부모님이 친구들과 점심식사를 하고 있다. 미셸과 데데는 좀 늦게 도착해서 합류한다. 식사가 진행되는 동안 오고 가는 대화. 매우 단순한 구조로 된 이 '신'에 대해서는 굳이 설명할 필요가 없을 듯하다.

[10] 신scène: 9-10 = 디졸브

같은 장소, 같은 인물들, 몇 분 후. 9번 '신'에서 막 시작되었던 식사가 이미 끝나고 지금은 커피를 마시고 있는 것으로 미루어 새로운 분절체로 넘어갔다고 생각할 수 있다. 디제시스적으로 혹은 대화에 주의를 기울이면 알 수 있는 변화에도 불구하고, 9번에서 10번으로 넘어가는 동안의 식사 시간 생략을 강조하기 위해 디졸브 기법이 사용되었다. 디졸브의 구분 효과를 통해 이 에피소드를 서로 다른 두 통합체로 다룬 감독의 의도를 엿볼 수 있다.

[11] 신scène: 10-11 = 페이드아웃

쥘리에트와 릴리안이 극장 로비에서 기다리고 있는 간단한 '신.' 11번 '신'에서 파샬라라는 제작자를 위해 광고를 찍었다는 사실을 알게 되고 고객과 함께 곧 파샬라가 도착할 것임을 알게 된다. 한 장소만이 등장하는 '신', 영화 시간과 디제시스 시간이 일치하는 분절체, 신scène이다.

[12] 교체 통합체: 11-12 = 제로

극장 안. 쥘리에트, 릴리안, 파샬라, 고객이 있는 관객석과 (편집 전의) 광고 필름이 영사되는 스크린이 교대로 나온다. 점점 재미있고 우스

쨍스러워지는 필름 중간중간 관객 숏이 끼워진다. 하지만 두 계열이 똑같이 발전되는 것은 아니다. 이 부분의 독창성은 가편집 필름의 활용에 있다. 관객 숏은 사실 다양한 면모를 충분히 보여주지 않는다. 단순한 개입으로 보기에는 의도적으로 반복되는 횟수가 너무 많다. 게다가 관객을 보여주는 장면들은 적어도 한 번은 두 개의 숏이 연속된다.

이러한 자율 분절체는 '동시적'이라고 간주될 수 있는 '신', 원래 디제시스 맥락에서 벗어난 '신'이 삽입되면서 단절된 '신'이라고 볼 수도 있다. 이 경우 (서사에 선행하는 구조를 상정하지 않고) 서술된 사건들 액면 그대로 그 의미를 이해하게 된다. 여기에서 분명 체계적이고 계산된 교차 효과가 드러날 것이다.

('영화 속의 영화' 기법인) 서로 교차하는 두 계열 사이의 디제시스 지위가 다르다는 특성을 고려하여 교체 통합체의 변이체로 볼 수 있다. 교체 통합체에서 일련의 서사 묶음은 다른 계열의 묶음과 상호작용하지 않는다. 광고 필름은 고객을 불쾌하게 만들고 쥘리에트와 릴리안은 깔깔 웃어대며 파샬라는 자포자기하고 만다. 하지만 광고가 삽입된 맥락에 의해서 변형되는 것은 하나도 없다.

스크린과 관객석이 규칙적으로 교차되는 것은 전체적인 관계에서 볼 때에는 이 두 계열이 동시에 발생함을 의미한다. 우리가 관객의 얼굴을 보고 있는 동안 필름은 스크린에서 계속 영사되고 있음을 아무도 의심하지 않을 것이다.

[13] 신scène : 12-13 = 제로
극장에 딸린 대기실. 파샬라는 매우 불만스럽게 떠나는 고객을 붙잡으려고 한다.

[14] 자율 숏 : 13-14 = 페이드아웃
쥘리에트, 릴리안과 함께 파샬라는 엘리베이터를 타고 있다. '신'과 치환할 수 있는 자율 숏(플랑-세캉스).

[15] 시퀀스: 14-15 = 디졸브

밖으로 나오자 릴리안은 파샬라와 함께 차에 타는데 좀 있다가 고장이 난다. 이 짧은 시퀀스는 의심스러운 경우의 좋은 사례이다. 시각적인 비연속성은 매우 약하고 심지어 불확실하기까지 하기 때문에 '신'과 매우 흡사하다. 영화 다음 부분을 보더라도 차에 타는 순간과 고장 난 순간 사이에 건너뛴 생략 부분이 있는지 없는지를 결정하기가 쉽지 않다. 숏들 사이에서 서사적으로나 지각적으로 단절된다는 인상은 매우 약하다. 자동차는 화면에서 사라졌다 조금 후 다시 등장한다. 다른 한편으로 이 분절체는 장소 단위 없이 행동을 보여주기 때문에 결국 '신'보다는 오히려 시퀀스에 해당한다.

[16] 신scène: 15-16 = 의도된 효과를 위한 스트레이트 컷

16번 '신'에서는 두 분절체 사이의 침묵으로 모든 이야기가 일관된다. 인물들은 (고장 난 차에서 내려) 다른 차 안에 앉아 있다. 그리고 잠시 후 우리는 이 차 안이 택시라는 것을 알게 된다. 여기에서 사용된 스트레이트 컷은 놀라움의 효과를 의도한 것이다. 숏-리버스 숏 계열이 파샬라, 릴리안, 운전기사 사이의 대화 '신' 구조를 실타래처럼 짜고 있다.

[17] 자율 숏: 16-17 = 디졸브

텔레비전 녹화장에서 일하고 있는 미셸과 그 친구 다니엘을 보여주는 숏(플랑-세캉스).

[18] 자율 숏: 17-18 = 디졸브

17번 분절체와 시각 기법으로 뚜렷이 구별되는 자율 분절체, 새로운 숏은 다른 장소에서 벌어진다. 식당에서 미셸이 다른 동료들과 점심식

사를 하고 있다. 17번 분절체와 마찬가지로 플랑-세캉스(플랑-세캉스가
반드시 길 필요는 없다. 중간에 삽입된 것이 전혀 없는 자율 숏은 플랑-세
캉스일 수 있다).

[19] 에피소드 시퀀스: 18-19 = 제로
서로 보완적이고 연속적인 두 개의 에피소드는 전체로서 고려될 때만
그 의미를 찾는다.
① 전화. 쥘리에트의 이웃이 전화를 받아 쥘리에트가 없다고 대답한
　　다. 전화 중인 미셸 숏.
② 전화. 릴리안이 응답하자 삽입되는 미셸 숏.
이 숏들이 통합적으로 만들어내는 중요한 의미작용을 이해하기 위해
서는 두 장면 각각을 고립해서 따로 해석하면 안 된다. 요약해보자면,
미셸이 두 여자에게 전화를 해서 저녁에 같이 외출할 수 있는 상대를 찾
는 시퀀스의 이중적인 구조는 미셸이 말한 문장과 통한다. "잠깐만 아
직 선택을 못했는데……"
에피소드는 두 여자의 입장에서 제시되기 때문에 교체 통합체의 두번
째 계열을 이루기에는 미셸 숏이 충분히 발전되지 않고 자주 반복되지도
않는다.

[20] a, b, c, d 자율 숏: 19-20 = 제로
19번 시퀀스는 미셸과 통화한 쥘리에트의 이웃 그리고 릴리안을 중심
으로 이루어졌다. 사실 미셸은 공간적으로 다른 맥락의 디제시스 삽입
속에서만 등장했다.
여기에서 (단어의 경계 문제, 비연속적인 기표의 경계 문제 등) 언어학
에서 발견할 수 있는 경계면에 접한 경우를 접하게 된다. 자율 분절체
A 가운데 별도로 B 계열의 삽입 숏이 한 개만 있는 것이 아니라 세 개
혹은 네 개가 포함되어 있는데, 이 숏들은 모두 동일한 소재를 지니고

있으며, 삽입된 맥락의 통합체로 돌아오는 과정을 통해 서로 구별된다. 시간적으로 봤을 때 A 계열 이미지가 점유하고 있는 부분과 B 계열 이미지가 점유하고 있는 부분이 매우 현저한 차이를 보이고 있어서 교체 통합체라고 약호화하기에는 어렵다. 또한 B 계열 소재를 서로 다른 네 개의 자율 분절체로 구분하기에도 좀 억지스러운 듯 여겨진다. 따라서 우리는 이 네 개의 이미지를 동일한 삽입의 가벼운 변주로서 생각하고자 한다(블라디미르 프로프 역시 러시아 민담을 분석하면서 동일한 문제에 당면했었다).

[21] 자율 숏: 19-21 = 페이드아웃

제법 천천히 이루어지는 페이드아웃 후에 매우 서정적인 플랑-세캉스, 오랫동안 지속되는 시퀀스가 이어진다. 대로를 따라 산책하고 있는 쥘리에트와 릴리안을 쫓아가는 측면 트래블링이 그녀들을 따라 공중전화 박스까지 이어진다. 이 지점에서 그녀들의 산책에 리듬을 맞추던 음악이 멈춘다. 자율 숏의 마지막 소재, 전화는 다음 통합체의 시작 부분으로 연결된다(= 겹치기 현상).

[22] 신scène: 21-22 = 제로

미셸과 두 여자 사이의 전화 대화 '신.' 텔레비전 스튜디오를 배경으로 하는 이 '신'은 두 여자가 개입되는 숏으로 구분된다.

(음향 조정실, 프로그램 연출가 숏처럼) 스튜디오 분위기를 자세하게 보여주는 반면, 쥘리에트와 릴리안의 얼굴은 연속된 두 숏 이상 보이지 않으면서 매우 빨리 지나간다. 이러한 맥락에서 교체 통합체가 아니라 삽입 장면이 있는 '신'이다.

[23] a, b 자율 숏: 22-23 = 제로

공중전화 박스 안에 있는 릴리안과 쥘리에트의 얼굴이 삽입되는 두 개의 숏(두 숏을 한 단위로 축소하는 부분에 관해서는 20번 분절체에서 설명된 내용을 상기하자). 다른 맥락에 속한 디제시스 삽입이라고 할 수 있다.

[24] 교체 통합체: 22-24 = 제로

명백한 교체 통합체. 서재에 있는 파샬라보다 그에게 전화한 미셸이 좀더 짧게 등장한다. 엄격한 의미에서 이 두 테마가 동등하지는 않지만, 미셸의 숏 역시 제법 많은 편이고 하나의 연속처럼 동일 계열로 묶인다. 이 숏들은 삽입처럼 기능하지 않고 계열을 구성하면서 좀더 길이가 긴 다른 계열과 교차한다.

일반적으로 영화에서 전화 대화 장면은 다양한 방식으로 표현된다.

① 시퀀스. 대화 자체에 집중할 수 없기 때문에 매우 드문 경우이다.

② 삽입 없는 '신.' (「아듀 필리핀」 36번 분절체에서 나오는 것처럼) 전화를 하는 사람 중 한 명만 스크린에 등장한다.

③ 삽입 있는 '신.' (「아듀 필리핀」 19번 혹은 22번 분절체처럼) 전화하고 있는 두 명 중 한 명에게만 집중되다가 갑자기 완전히 다른 숏이 삽입된다.

④ 교체 통합체. 두 대화자의 숏이 동등하거나 혹은 다소 비균형적인 형태의 계열로 결합된다. (이 유형이 24번 분절체에 해당한다.)

이미 설명한 것처럼 교체 통합체는 두 개 혹은 여러 개의 계열이 서로 혼합되는 과정에 기반을 둔다. 화면에서 보는 이 두 계열의 교차는 디제시스적으로는 동시에 발생한 사건들의 기표로 인식된다. 24번 분절체는 그렇다면 이 정의에 부합하는 것일까?

어떤 의미에서는 아니다. 왜냐하면 대화자 각각이 말하는 순간 화면에 등장하기 때문에 이미지들의 교차는 행위의 동시성이 아닌 대화가 번갈아 진행되는 것으로 해석될 수 있기 때문이다. 가령 같은 장소에 있는 인물들의 대화 장면과 같은 경우가 해당된다고 볼 수도 있을 것이다. 하지만 이 경우 '신'의 단위를 구분할 수 없기 때문에 정확하게 일치한다고 보기 어렵다.

24번 분절체의 경우 같은 장소의 두 인물이 아닌 다른 방식으로 보인다. 파샬라와 미셸은 각각 친근하고 익숙한 장소에 있다. 파샬라는 그의 부인과 함께 먼지 쌓이고 짐이 여기저기 놓인 서재에 있는 반면, 미셸은 스튜디오에서 프로그램 연출가 옆에 있다. 둘 모두는 (파샬라는 본인의 집에서 일상적인 삶, 미셸은 직장에서의 삶이란) 서로 다른 행위를 하고 있으며, 보다 전체적인 차원에서 볼 때에만 동시적으로 발생하는 행위이다. 파샬라와 미셸이 전화 통화를 통해 서로 연결되는 순간에 말이다. 그럼에도 불구하고 일상을 대변하는 상황, 즉 구체적인 삶의 무게로 인해 두 개의 영역으로 나눠진다.

[25] 자율 숏: 24-25 = 디졸브

메종 뒤 카페 2층에 앉아 있는 파샬라 단독 숏(플랑-세캉스).

[26] 신scène: 25-26 = 디졸브

잠시 후 25번 숏과 같은 장소, 파샬라와 미셸의 약속. 미셸은 직장 동료인 다니엘과 함께 도착한다. 광고에 관한 대화.

[27] 자율 숏: 26-27 = 제로

카페 1층, 미셸을 보러 쥘리에트와 릴리안이 카페로 들어온다. 계단을 올라가는 그녀들을 쫓는 플랑-세캉스.

[28] 신scène: 27-28 = 제로

26번 '신'과 같은 장소, 릴리안과 쥘리에트가 도착했을 때 세 남자는 대화 중이다. 이 부분을 26·28번 두 '신'으로 구분한 이유는 사실 27번 분절체인 두 여자의 등장 때문이 아니다. 두 여자가 카페에 도착하는 숏이 동일한 '신' 가운데 삽입되었다고 볼 수 있을지 모르나, 26·28번으로 구분한 진짜 이유는 남자들의 대화 속에서 단절을 감지하기 때문이다. 화면에서 이 세 남자가 사라진 지점 이후 다시 되돌아왔을 때 이어지는 대화는 연장선상에 있지 않기 때문에 그사이에 몇 분 정도 흘렀다고 판단된다.

[29] 시퀀스 : 28-29 = 의도된 효과를 위한 스트레이트 컷

음악과 함께 강조된 스트레이트 컷 이후, 광고 준비 작업과 촬영으로 이어지는 제법 긴 시퀀스가 진행된다. 이 시퀀스 내내 냉장고 매장이라는 장소는 변하지 않지만 시간은 비연속적이다. 디졸브 기법을 통해 그리고 광고에 출연한 배우들의 지루한 모습(이 모습을 담은 이미지 자체)을 통해 촬영이 우리가 실제 보는 것보다 훨씬 오래 지속되고 있음을 유추할 수 있다.

[30] 신scène : 29-30 = 디졸브

전화 통화, 대화하는 사람들 중 한 명의 삽입 숏. 파샬라의 부인이 미셸의 전화를 받고 있다. 파샬라가 소파에서 자고 있는 서재는 제법 오랫동안 등장한다. 전화 통화가 끝나고도 지속된다.

[31] a, b, c, d 자율 숏 : 30-31-30 = 제로

다른 맥락의 디제시스 삽입(미셸). 이 부분에 관한 설명은 20번 분절체를 참조하기 바란다.

[32] 교체 통합체 (?) : 30-32 = 제로

릴리안의 방에서 두 친구가 속내를 털어놓고 있다. 릴리안은 지난번에 미셸과 몰래 외출했었다는 이야기를 한다. 디제시스적으로 봤을 때 교차하는 서로 다른 두 계열, 하나는 현재 행위의 배경이 되는 디제시스, 다른 하나는 과거에 발생한 여주인공이 이야기하는 디제시스이다.

① 릴리안의 방. 대화의 시작.

② 릴리안과 미셸(플래시백).

③ 릴리안의 방, 부모님의 방. 대화 장소.

④ 미셸과 릴리안의 약속 계속.

⑤ 릴리안의 방.

「아듀 필리핀」 32번 분절체가 유일한 사례는 아니겠으나 여기에서 제시된 교체 유형은 상대적으로 매우 드문 경우이다. (현재/과거) 정확한 시간적 상황이 지시된 두 계열 간의 교차가 일어난다. 바로 이 특성에서 교체 통합체라는 잠정적 결론을 내릴 수 있다. 각각의 묶음으로 촬영된 이 두 계열은 동시에 일어난 일이 아니다. 분명 '릴리안과 쥘리에트의 대화' 계열은 교체 플래시백인 '릴리안과 미셸의 약속' 계열 이후에 일어난 일이기 때문이다. 전체적으로 동시 발생적이지 않다는 사실로 인해 여기에서 재현된 유형과 교체 통합체의 일반 형태와 다르다고 하겠다. 그렇다고 해서 어떤 시각적 지표도 포함되지 않는 평행 통합체와 유사하다고 말할 수는 없으며, 이 유형에 관해서는 차후 재정의할 필요가 있다. 이 특정 유형의 자리는 우리가 제5장에서 제시했던 통합체 전체 관점에서 재조정될 것이다.*

---

* 이 문제는 단순한 차원에서 머물지 않고 더 광범위하고 미묘한 문제와 반드시 연관된다. 우리는 앞에서 계열별 이미지의 교차에 근거를 둔 '교차 통합체' 유형을 정의했지만 얼마 지나지 않아 교차 통합체의 개념이 부적절하다고 판단했다. 하지만 평행 통합체와 교체 통합체라는 특정한 교차 통합체의 유형이 부적절하다는 인식을 했다고 해서 교차 현상의 모든 문제가 해결된 것은 아니었다. 사실 아직까지도 만족할 만한 해결책을 제시하지 못하고 있는 실정이다. 아마도 진정한 해결책은 영화에서 자주 발생하지만 아직까지 명확하게 규정되지 못한 두 문제에 대해 기호학적으로 매우 정치한 이론을 정립하는 방법일 것이다. 첫번째 문제는 '삽입의 변형'이라고 지칭하는 현상이다. 단독 삽입 숏을 포함한 자율 분절체는 매우 쉽게 다수의 삽입이 포함된 자율 분절체로 변형될 수 있다. 이를 교차 유형이라고 하겠다. 「아듀 필리핀」에서는 12, 20, 22, 24, 30, 31 분절체에 해당한다. 두번째 현상은 진짜 교차(서사적으로 양분화되는 분절체)와 유사 교차(동일 공간에서 시각적으로 왔다 갔다 하는 형식 혹은 단순히 촬영된 대상이 이러저러한 상관관계 속에서 모호하게 교차하는 듯한 형태) 사이의 구분에 관한 문제이다. 「아듀 필리핀」에서는 2, 3, 16, 68 자율 분절체의 예들을 찾아볼 수 있다. 현 시점에서 가장 문제시되는 이 부분들을 해결한다면 거대 통합체 유형의 두번째 버전을 더 통합적인 관점에서 보완할 수 있으리라고

[33] 신scène: 32-33 = 제로

33번 분절체는 32번 분절체와 유사한 서사 맥락에 있지만 다음 두 가지 이유로 별도로 구분했다.

① 두 여자의 대화가 릴리안의 약속에 관해 이야기하던 맥락을 벗어난 이후부터 서사는 더 이상 두 계열의 교차에 기반을 두지 않는다.

② 대화 장소 역시 완전히 동일하지는 않다. 쥘리에트와 릴리안은 33번 분절체에서는 부엌에서 그들의 식사를 준비하고 있는데, 서사가 32번에서 33번으로 장소 이동하는 부분을 모두 따라가지는 않는다(두 통합체 간의 단절). 오히려 준비를 끝낸 순간 부엌에서 침대로 따라간 후 그녀들이 점심식사 하는 장면을 보여준다.

[34] 자율 숏: 33-34 = 디졸브

다음날 아침, 쥘리에트와 릴리안이 잠에서 깨는 장면을 플랑-세캉스로 보여준다.

[35] 자율 숏: 34-35 = 디졸브

릴리안과 쥘리에트가 백화점 에스컬레이터를 타고 올라가는 것을 쫓아가는 제법 긴 플랑-세캉스 동안 그녀들은 미셸의 군 입대를 막을 방법에 대해 이야기한다.

[36] 신scène: 35-36 = 제로

잠시 후 쥘리에트는 매우 영향력 있는 친구 레니에게 전화를 걸어 약속을 정한다. 그녀는 미셸에게 좋은 쪽으로 레니가 도움을 줄 수 있

기대된다. 이러한 맥락에서 「아듀 필리핀」 32번 분절체는 쥘리에트와 릴리안 사이의 대화 시퀀스 속에 릴리안이 미셸과의 약속에서 벌어진 일을 시각화한 이미지들이 끼워진 일종의 주관 삽입의 변형처럼 판단된다.

을 것이라고 생각한다. 화면에는 통화 상대방은 결코 한 번도 등장하지 않고 그 목소리조차 전혀 들리지 않는다. 36번 '신'은 모두 쥘리에트의 모습에만 초점을 두고 있다.

[37] 시퀀스: 36-37 = 페이드아웃
저녁, 미셸과 릴리안이 차 안에 앉아 있다. 차가 출발하고 잠시 후 파리 시내를 통과하는 중이다.

[38] 시퀀스: 37-38 = 제로
같은 날 저녁 한 클럽에서 쥘리에트는 레니에와 춤을 추고 있다. 미셸이 릴리안과 함께 도착하여 그들의 자리로 합석한다. 시퀀스 중에 디졸브로 연결된 몇몇 순간을 통해 화면에서 시간이 생략되었음을 알 수 있다.

[39] 신scène: 38-39 = 디졸브
클럽 화장실에서 쥘리에트와 릴리안은 화장을 고치면서 서로 지금 상황에 대해 이야기한다. 39번 '신'에는 삽입 숏이 끼어들어 그 전후를 두 개로 나누지만, 그래도 디제시스상에서 시간적인 연속성은 그대로 유지된다. 삽입 숏으로 인해 두 개의 부분으로 나뉘기는 하지만 전체적으로는 하나의 '신'으로 판단되는데, 삽입 숏 이후 두번째 부분이 시간적으로 정확하게 첫번째 부분 바로 다음에 이어지기 때문이다.

[40] 자율 숏: 39-40-39 = 제로
클럽에 앉아 있는 미셸과 레니에는 여자들이 화장실에 간 사이 아무 말 없이 서로 마주 보고 있다. 이 모습은 39번 '신'에서 쥘리에트와 릴리안이 화장실에 있는 동안 동시적으로 발생하는 일을 담은 것이다. 40번 자율 숏의 삽입은 39번 맥락과 다른 이야기를 환기시키기 때문에 다른 맥락의 디제시스 삽입에 해당한다.

[41] 신scène: 39-41 = 제로
클럽 출구, 쥘리에트의 태도에 불쾌해진 레니에가 인사를 하고 떠나
버린다.

[42] 신scène: 41-42 = 제로
잠시 후 클럽 안, 미셸과 두 여자의 대화 장면.

[43] 교체 통합체: 42-43 = 페이드아웃
43번 분절체에서는 뚜렷이 알 수 있는 혹은 잘 모르는 소재들이 매우
복합적인 방식으로 결합되어 있다. 텔레비전 녹화장이라는 동일 장소에
서 디제시스적으로 동시에 발생하는 세 가지 계열이 빠른 리듬으로 교차
한다.
① 음향 조정실, 스태프, 이해할 수 없는 명령을 하는 감독.
② 녹화 무대, 스태프, 몽세라를 연기하고 있는 배우들.
③ 방송 확인용 모니터.
녹화 무대라는 두번째 계열은 카메라 감독, 기계를 밀고 케이블을 당
기는 스태프가 있는 부분과 배우들이 있는 부분 둘로 양분된다. 사실 이
때 계열들 간의 다양한 결합이 얼마든지 가능하다. 조정실/모니터에 보
이는 배우, 모니터에 보이는 배우/실제 배우, 실제 배우/스태프 등. 이
중에서 가장 흥미로운 결합은 단연 모니터 화면에서 배우와 함께 스태프
가 등장하는 경우일 것이다. 사실상 TV 모니터에서 연기 중인 배우들
사이로 미셸이 갑자기 끼어드는 실수가 발생한다. 미셸의 실수 때문에
감독은 무척 화가 난다.

[44] 시퀀스: 43-44 = 제로
다음날 아침 스튜디오. 미셸은 실수에 책임을 지도록 강요당하고, 불

만이 가득한 미셸은 이번 기회에 친구 다니엘과 코르시카로 떠날 결심을
한다.

시퀀스의 시간보다 서사의 시간이 아주 약간 길게 지속되기는 하지만
감독과의 언쟁, 다니엘과의 여행 계획이라는 중요한 두 지점 사이에 짧
은 생략이 전혀 없는 것은 아니다.

[45] 묘사 통합체: 44-45 = 제로
파리, 코르시카.

텔레비전 방송국 앞 두 친구 숏으로부터 클럽 메디테라네에서 바캉스
를 즐기는 사람들의 일상 묘사로 넘어가는 전환을 위해 어떤 시각 기법
도 쓰이지 않았다. 수영복 차림의 남녀, 비치웨어를 두른 사람들, 꽃목
걸이를 걸고 있는 남녀, 일광욕을 즐기는 사람들, 바에서 맥주를 마시는
사람들, 산책하거나 혹은 음악에 맞춰 춤추는 사람들. 계속 이어지는 다
섯 개의 숏을 묘사 통합체로 분류할 수 있고, 휴가를 묘사한 이 숏들을
시간상 한 지점에서 공간적으로 모두 함께 공존하는 집합이라고 해석할
수 있다.

이러한 유형의 편집은 움직이지 않는 부동의 사물이나 인물을 묘사하
는 데에만 사용되지 않는다. 부동성은 사실 숏의 내부에서 시간을 측정
하는 단위가 아니기 때문에 묘사의 적절한 기준이 될 수 없다. 카메라가
그 의도를 조명하지 않고 그 행동의 전개를 쫓지 않는다면, 그 반대로
묘사의 대상이 되는 등장인물들의 행동을 시작도 끝도 없는 단면으로 잘
라내어 고립시킨다면, 충분히 행동 역시 묘사될 수 있다. 이미지로 환기
된 순간의 행동 뒤에는 다음 행동이 연결되고 그 둘 사이에는 어떤 연속
성도 없다. 숏 내부에서만 얼마만큼의 시간이 지속되었는지 측정할 수
있을 뿐, 숏들 사이의 시간적 연결성은 없는 것이다. 이 숏들의 관계는
단지 공간적으로 공존한다는 기준으로 정의될 수 있다.

젊은이들이 수영장 풀 주변에 앉아 있고, 군중 속 한 남자가 주변을

둘러보고 있으며, 두 남자는 산책 중이다. 각 숏은 겨우 몇 초 정도 지속되는데, 한 숏에서 나타난 인물의 행동을 쫓아서 전개되는 것이 아니며 숏들 사이에 관계가 있는 것도 아니다. 이 숏들이 이어진 이유는 단한 가지, 1960년 여름 어느 날 클럽 메디테라네에서 휴가를 즐기는 모습의 표상이란 것이다.

45번 통합체의 마지막 숏은 다음 시퀀스의 첫번째 숏과 겹쳐지면서 전환된다. 바로 이 지점이 묘사에서 서사로 전환되는 구체적 형태이다. 마지막 숏 처음에는 군중 속에서 모습을 제대로 알아볼 수 없는 두 사람이 산책을 하고 있다가 점점 (미셸과 다니엘이란 것을 알 수 있게 되고) 원하는 방향 쪽으로 이동한다.

[46] 시퀀스: 45-46 = 제로
45번 통합체의 마지막 숏에서 휴가를 즐기는 사람들 무리로부터 미셸과 다니엘이 분리된다. 46번 시퀀스를 구성하는 두 숏은 그들의 산책을 따라 잠시 쫓아간다. 이때 두 남자의 대화 내용은 들리지 않는다. 이전 분절체에 없었던 대화가 새롭게 등장한 사실만으로 변화의 지표 기능을 하고 있다.

[47] 신scène: 46-47 = 제로
바닷가에 앉아서 미셸과 다니엘은 클럽 메디테라네에 놀러 온 여자들 얘기를 하고 있다.

[48] 신scène: 47-48 = 제로
잠시 후 같은 장소. 대화 내용의 변화와 (방금 전에는 멀리 배가 있었는데 지금은 사라짐) 시각적 구성으로 두 장면 사이의 단절이 있음을 감지할 수 있다.

[49] 시퀀스: 48-49 = 제로

휴양지에 새로운 바캉스 손님들을 내려놓는 차. 휘황찬란하게 차려입은 사람들이 차에서 내리고 요란한 환영 인사가 이어진다. 그들 사이에서 쥘리에트와 릴리안을 알아볼 수 있다.

[50] 신scène: 49-50 = 디졸브

쥘리에트, 릴리안, 미셸, 다니엘, 네 친구는 수다를 떨면서 그들의 방으로 이동한다.

[51] 신scène: 50-51 = 와이프 기법

잠시 후 바닷가, 릴리안과 쥘리에트가 미셸에게 파샬라가 코르시카에 있다는 이야기를 전하면서 출연료를 받기 위해서 그를 찾으러 가야 한다고 덧붙인다. 두 숏으로만 구성되어 있다.

[52] 신scène: 51-52 = 제로

51번과 비슷한 '신', 장소만 수영장 근처로 바뀌었다. 네 젊은이가 함께 있는 '신.'

[53] 신scène: 52-53 = 디졸브

매우 단순한 구성의 53번 '신'은 앞선 '신'들보다는 좀더 길다. 클럽 메디테라네의 바에서 미셸은 여자에게 수작을 걸고 있다. 이를 지켜보며 비웃는 쥘리에트와 릴리안.

[54] 신scène: 53-54 = 디졸브

미셸이 클럽 메디테라네의 샤워실에서 쥘리에트와 릴리안을 다시 만나 잠깐 다투는 '신.'

[55] 신scène: 54-55 = 페이드아웃

클럽 메디테라네의 저녁 축제. 만약 감독이 저녁 시간 동안 다양한 시점에 일어난 일들을 보여주었다면 이 에피소드는 시퀀스로 구성되었을 수도 있다. 그러나 감독은 축제 분위기를 특징적으로 잘 보여주는 한 순간만을 선택했다. 요란한 게임을 즐기는 댄서들, 흘러나오는 음악에 맞춰 격렬하게 춤추는 댄서들. 음악이 멈추자 카메라는 바까지 한 커플을 따라가고, 거기에는 미셸이 릴리안과 이야기를 하고 있다. 내일 쥘리에트와 함께 파샬라를 찾으러 떠나자고. 이 '신'은 제법 복합적이다. 계속 이어지는 행동들이 다양하게 모여 있는 집합으로 생각할 수 있다. 물론 이 행동들은 연속적이다.

[56] 시퀀스: 55-56 = 제로

두 숏으로 구성. 미셸의 자동차가 코르시카 길을 달리고 있다. 첫번째 숏에서는 차를 멀리서 보여주고 두번째 숏에서는 더 가까이서 보여준다.

[57] 시퀀스: 56-57 = 제로

날이 저물 무렵 멈춰서는 자동차, 밤에 주인공들이 캠핑할 준비를 하고 있다. 이 시퀀스는 연속적으로 다양한 행동을 보여주고 있지만 그렇다고 해서 하위 범주로 구분할 만큼은 아니다. 따라서 에피소드 시퀀스로 구분할 수는 없다.

[58] 에피소드 시퀀스: 57-58 = 페이드아웃

매우 짧지만 분명히 구별되는 세 가지 에피소드로 구성.
① 한밤중, 쥘리에트가 조용히 (릴리안과 같이 나눠 쓰는) 텐트를 빠져나온다.
② 눈물을 참는 릴리안의 얼굴.

③ 새벽, 미셸 곁에 누워 있던 쥘리에트가 살며시 일어난다.

페이드아웃 기법으로 에피소드가 전환되는데, 이 기법은 각 에피소드 사이의 생략된 부분을 강조한다. 세 가지의 비교적 간단한 암시, 관객은 하룻밤 사이에 벌어진 사건과 그에 따른 감정 변화를 유추할 수 있다.

[59] 자율 숏: 58-59 = 디졸브

햇살 좋은 아침, 산길을 달리는 자동차 트래블링 숏. 56번 시퀀스와 유사해 보이지만 이번에는 감독이 자율 숏을 통해 연속성을 강조한다.

[60] 시퀀스: 59-60 = 디졸브

차가 바닷가에 도착하고, 세 친구는 차에서 나와 수영도 하고 피크닉도 즐기려고 하나 말벌들로 인해 방해를 받는다. 사실 이 에피소드의 진짜 테마는 미셸과 두 여인 사이의 관계가 점점 악화되는 상황에 대한 암시이다. 한편으로 미셸과 쥘리에트, 다른 한편으로 미셸과 버림받았다고 느끼는 릴리안.

'신'과 유사하게 60번 시퀀스의 행위는 실제 디제시스 속에서 소요되는 시간대로 거의 진행된다. 하지만 감독은 '대화 장면'을 피하고 풍경과 경치를 중심으로 바닷가 드라이브, 자동차가 출발하고 도착하는 움직임 등을 통해 구성을 다각화하면서 불필요한 순간들을 건너뛴다.

[61] 신scène: 60-61 = 디졸브

길에서 고장이 나버린 차. 미셸과 쥘리에트는 물을 찾으러 간다.

[62] 자율 숏: 61-62 = 디졸브

차 근처에서 혼자 기다리고 있는 릴리안의 단독 숏.

[63] 신scène : 62-63 = 디졸브

잠시 후 같은 장소. 잘생긴 어떤 남자(호라시오)의 등장. 그의 차 역시 고장이 난 탓에 릴리안과 함께 기다리기 시작한다. 릴리안과 호라시오의 대화 장면.

[64] 자율 숏 : 63-64 = 페이드아웃

쥘리에트와 미셸은 대화하면서 나란히 걷고 있다. 이 숏을 삽입이 아닌 플랑-세캉스로 간주하는 이유는 숏의 길이와 이 숏이 삽입된 연결 부분의 시각 기법이 플랑-세캉스로서의 실제 규모를 완성하고 있다는 점이다. 뿐만 아니라, 그 뒤에 이어질 상세 부분들을 포함하고 있는 65번 '신'이 63번 '신'과는 완전히 구별되고 있기 때문이다. 따라서 삽입 숏으로 흐름이 끊기는 동일한 통합체로 63번과 65번 '신'들을 묶어내기는 곤란하다.

[65] 신scène : 64-65 = 제로

호라시오와 릴리안이 춤을 추고 있다. 날이 저문 것으로 봐서 63번 '신' 이후 어느 정도 시간이 흘렀음을 유추할 수 있다.

[66] 신scène : 65-66 = 페이드아웃

호라시오와 릴리안이 춤을 추고 있는 사이 미셸과 쥘리에트가 물통을 들고 차 있는 곳에 도착한다. 네 명 모두 미셸의 차에 올라탄다.

[67] 시퀀스 : 66-67 = 제로

(날이 밝은 것으로 보아) 다음날. 빠르게 전개되는 시퀀스, 호라시오가 고장 난 차를 밀다가 시동이 걸리는 즉시 차에 올라타고 있다. 간단한 방식으로 이 행동이 몇 번 반복되고 있음을 암시한다.

[68] 시퀀스: 67-68 = 제로

차 안, 호라시오가 끊임없이 노래를 부르면서 다른 세 명의 신경을 거스른다. 미셸은 또다시 차가 고장 난 것처럼 하여 호라시오를 길에 버리고 가버린다. 시퀀스 마지막, 버려진 호라시오 숏과 그를 비웃으면서 멀어지는 다른 세 명의 숏이 교차된다. 하지만 이 교차 방식은 특정 통합체를 구분하기에는 너무 약한 정도여서 별도로 구분하지 않기로 한다.

[69] 신scène: 68-69 = 제로

파샬라가 촬영하고 있는 작은 반도半島로 가기 위한 배 타기. 뱃사공과의 '신.'

[70] 신scène: 69-70 = 제로

잠시 후 배, 릴리안과 뱃사공의 짧은 대화.

[71] 묘사 통합체: 70-71 = 제로

즉각적으로 알아볼 수 있는 서사에서 묘사로의 전환. 배가 섬까지 가는 동안 내내 서정적 분위기의 음악이 흐른다. 앞으로 나아가는 배, 바다, 하늘, 주변의 요트, 뱃머리에 있는 두 여자 등을 보여주는 흐릿한 느낌의 숏은 어떤 서사도 전달하지 않는다. 오히려 바다의 아름다움을 시적으로 표현하는 것이라고 하겠다. 목표 지점을 향해 전진하는 배에 초점을 맞추거나 시시각각 변화하는 경치를 강조하지 않는다. 음악이 멈추고 이미지가 동시에 바뀌는 순간까지 시간은 마치 멈춘 듯하다. 이제 이미지는 훨씬 또렷해지고, 배는 정박 중이다. 이 마지막 숏은 다음 통합체로 연결된다.

[72] 교체 통합체: 71-72 = 제로

앞서 항구로 들어서는 배를 보여주던 숏은 바닷가 절벽에서 촬영 중인 파샬라를 보여주는 이미지로 연결되면서 끝이 난다.

파샬라의 영화/세 주인공의 도착이라는 두 계열이 통합체의 시작 숏에서는 함께 등장하지만 곧 서로 다른 종류로 구분되어 교차한다.

① 파샬라가 영화를 찍고 있다.

② 다른 세 명은 배에서 이 광경을 보고 있다.

③ 파샬라의 촬영 현장.

④ 미셸과 두 여자의 배가 항구에 도착한다.

[73] 시퀀스: 72-73 = 페이드아웃

파샬라가 배우들에게 출연료를 지급하고 있다. 이때 미셸이 돈을 받으러 온다. 이 시퀀스는 시간적으로 봤을 때 72번 통합체와 약간 간격을 두고 있기 때문에 서사의 연대기적 전개상 한 분절체로 구분된다. 처음 시작 숏에서 편집 기법 때문이라도 분명히 구별된다.

[74] 에피소드 시퀀스

세 종류의 에피소드는 페이드아웃을 통해 서로 구분된다. 페이드아웃은 이런 유형의 시퀀스에서 자주 사용되는 기법이다.

① 저녁. 미셸, 쥘리에트, 릴리안이 바닷가에 모여 있다. 쥘리에트는 파샬라를 보러 가기를 원하고 미셸은 그녀를 쫓아가다가 캠프로 되돌아온다. 매우 압축적인 이 사건들은 동일한 하나의 계열로 묶을 수 있다.

② 미셸과 릴리안이 몰래 배 근처에서 만난다.

③ 잠시 후 텐트 근처에 누워 있는 릴리안. 쥘리에트가 도착했을 때에는 잠든 척한다.

분명 이 시퀀스와 58번 시퀀스 간에는 대칭 효과가 있다. 페이드아웃으로 구분된 에피소드들이라는 기표의 유사성 그리고 두 여자 중 한 명과 미셸이 가까워지는 행위, 이때 다른 한 여자는 혼자 남게 된다는 기의의 유사성.

[75] 시퀀스: 74-75 = 페이드아웃
다음날 아침 세 친구는 선착장 근처로 파샬라를 찾으러 간다.

[76] 신scène: 75-76 = 제로
파샬라와 그의 작업팀은 가방과 짐을 들고 가파른 오솔길을 따라 언덕
을 넘으려고 애쓰는 중이다.

[77] 신scène: 76-77 = 제로
세 주인공은 산 밑에 있다가 결국 파샬라를 쫓아가는 대신 차를 타고
좀더 멀리 가서 따라잡자고 결정한다.

[78] 시퀀스: 77-78 = 제로
아작시오로 달리고 있는 차 안, 비연속적으로 중간중간 끊기는 대화.

[79] 에피소드 시퀀스: 78-79 = 페이드아웃
이 시퀀스는 세 사람 사이, 그들의 내면에서 진행되고 있는 심리적 긴
장감을 요약한다. 페이드아웃으로 뚜렷이 구분되는 세 종류의 짧은 '신'
들이 서사를 진행시키고 있다.
① 밤, 야외. 미셸과 쥘리에트가 춤을 춘다.
② 같은 장소, 릴리안이 홀로 춤을 추다가, 이후 미셸과 함께.
③ 주유소, 같은 날 밤, 쥘리에트와 릴리안이 서로 싸운다.

[80] 시퀀스: 79-80 = 페이드아웃
다음날 아침, 아작시오. 미셸은 방금 군 입대 영장을 받았다. 카페에
서 여행사까지 미셸을 쫓아 이동, 여행사에서 미셸은 배표를 구하고자

한다.

[81] 신scène: 80-81 = 제로
연속성을 보여주는 '신.' 주인공들은 칼비까지 밤에 차로 움직이고 있다. 세 명의 심리적 갈등은 미셸이 떠나야만 하는 상황에서 모두 사라져 버린 후다.

[82] 자율 숏: 81-82 = 페이드아웃
동틀 무렵 산길을 따라 이동하고 있는 자동차의 단독 숏, 이 숏은 59번 분절체를 떠올리게 한다.

[83] 시퀀스: 82-83 = 제로
칼비 항구에 도착했을 때에는 이미 날이 환하게 밝아 있다. 배를 타고 작별하는 길고 아름다운 시퀀스.

제7장

자크 로지에의 영화
「아듀 필리핀」의 통합체 연구

이 글은 (제6장 논문과 같이) 1967년 1월 『이미지와 소리』 제201호(Paris: Édition de l'Union Française des Œuvres Laïques d'Éducation par l'Image et le Son), pp. 95~ 98에 수록되었다.

영화 기호학은 너무나 새로운 연구 방법론이기에 다른 분야에 영감을 주기에는 아직 이른 감이 있다. 그럼에도 불구하고 영화 거대 통합체 시스템을 발전시키고자 하는 연구 계획은 영화 이미지를 분석하는 과정에 적용할 수 있을 만큼 충분히 체계적이라고 하겠다.

「아듀 필리핀」을 이미지 중심으로 분석하는 과정에서 우리는 여덟 개 통합체 유형을 기본적인 분석 틀로 사용했다. 이를 통해 자크 로지에 영화의 '시퀀스들' 각각이 토대 구조를 구축하기 위해 어떻게 서로 결합되어 있는지 이해할 수 있게 되었다. 이 과정은 로지에 영화뿐만 아니라 다른 영화에도 충분히 적용해볼 수 있다. 사실 로지에의 영화는 (다른 이유도 있지만) 필자가 상당히 좋아하는 작품이어서 선택된 것이기도 하다. 하지만 통합체의 모든 유형이 한 영화에 포함된다는 뜻은 아니다. 로지에의 영화에서도 여덟 개를 전부 찾아볼 수 없다.

더 솔직히 말하자면 시도해볼 수 있는 모든 영화 랑가주의 '통사 규칙'을 시도하는 작품을 보기란 매우 드문 일이다. (같은 맥락에서 하나의 문자 텍스트가 문법 구조의 모든 유형을 제시하는 경우도 확실치 않다. 물론 문법 구조를 실험하는 목적을 달성하기 위해 특별히 작성된 텍스트나 문법 유형이 포함될 가능성이 최대한 높아질 수 있는 매우 방대한 텍스트 등의 경우는 열외로 한다.)

영화 텍스트의 경우에는 영화 랑가주와 언어 랑가주의 차이를 고려하여 두 가지 점에 주목해야 한다.

첫째, 우리가 고려했던 통합체는 비교적 '긴 단위'에 해당하며, 언어 문법에서 찾을 수 있는 단위들의 양보다 훨씬 적다. (물론 영화 문법과 언어 문법은 완전히 일치하지 않는다.) 예를 들어 중편소설은 중편영화를 구성하는 '자율 분절체'보다 더 많은 '절'로 구성된다.

둘째, 영화의 단위는 문법 단위보다 훨씬 덜 관습적이고, 작가의 문체 선택, 개별 스타일에 더 가깝다. 시네아스트는 미학적인 의도로 영화 단위들을 배치하는 경우가 많다.* 한 영화에서 몇몇 통합체가 부재한다고 하더라도 다른 영화에서 이 통합체들이 등장할 수 있기 때문에, 분석 대상이 되는 영화에 존재하는 통합체, 부재하는 통합체를 정리해보면 결국 그 영화의 스타일에 관한 지표를 제시할 수 있게 된다.

영화가 제작되는 전체 차원에서 생각해보면 자율 분절체 여덟 가지 거대 유형의 빈번도가 동일하다고는 할 수 없다. 각각의 유형이 여러 작품에서 나타나는 횟수를 셈해보는 단순 통계법을 이용해보자. 일반 시퀀스가 괄호연결 통합체보다 더 많이, 신scène이 교체 통합체보다 더 많이, 서사 통합체가 묘사 통합체보다 더 많이, 플랑-세캉스가 비非디제시스적 삽입보다 더 많이 나타난다는 결론을 도출할 수 있다. (같은 방식으로 '프랑스어에서 독립절이 결과절보다 더 많다'라고 이야기하는 것이다.) 드물게 사용되는 유형의 경우를 작가의 스타일과 연결시켜 일반적으로 더 심혈을 기울인 유형이라고 부르기도 한다. 다양한 수준의 평행

---

* 이 점은 영화 랑가주의 고유한 특성, 나아가 제일 중요한 특성 중 하나라고 할 수 있다. 즉 문법과 스타일을 서로 분리해서 생각할 수 없다는 것이다. 이 점에 관해서는 이 책 제5장을 참고하기 바란다.

통합체, 괄호연결 통합체, 묘사 통합체, 교체 통합체 그리고 자율 숏의 하위 범주 중 비非디제시스적 삽입, 주관 삽입, 상세 설명 삽입 등을 들 수 있다. 반면 빈번하게 사용되는 경우도 있다. 이는 문체적으로 서사 플롯의 단순한 영화적 소개에 해당하는 경우, 더 투명한 랑가주인 경우이다(물론 외관상만 탈脫문법화된 듯 보이는 것이다). 이 범주에 다양한 수준의 일반 시퀀스, 에피소드 시퀀스, '신'과 자율 숏의 하위 범주 중 플랑-세캉스와 다른 맥락의 디제시스 삽입을 들 수 있다.

이 주제와 관련해서 **영화 역사**를 살펴볼 필요가 있다. 고전 영화가 영화 랑가주의 수사학적인 모든 시도를 감행했던 시절에 비하면(영화 역사학자와 비평가들의 연구 결과가 이를 증명하고 있다) 오늘날에는 통합체적인 배열에 관해 그다지 고민하지 않는다. 가령 프리츠 랑의 「M」이나 오손 웰스의 「시민 케인」과 같은 작품은 통합체 거대 유형과 하위 유형들이 거의 모두 등장한다(비非디제시스적 삽입을 제외하고. 사실 이 유형은 유성영화에서는 거의 등장하지 않는다).

기호학 이론의 관점에서 보면 이 상황에 관해 다음 두 가지 점을 언급할 수 있다. 첫째 영화 문법이 완전하게 구비된 시스템은 일정 기간 동안 전개되었을 뿐이다. (클로드 레비-스트로스가 친족관계 시스템을 연구하면서 설명한 바와 일맥상통하는 부분이다.) 둘째, 개별 영화 각각은 영화 문법의 특성을 자신에게 맞는 고유한 형태로 구현한다. 즉 어떤 경우에는 유형 중에서 일부만 선택하고 어떤 경우에는 모두 선택하는 식이다. 이 두 가지 해결책은 (역사적으로 등장한 모든 다른 형태의 하위 변주들과 함께) 시네아스트가 의식적으로 채택하는 문법적이고 문체적인 선택이란 점에서 의미가 있다.

이제 「아듀 필리핀」에서 나타난 통합체 유형 목록을 영화에서 가장 많이 사용된 순서대로 정리해보기로 하자.

① 신scène

② 일반 시퀀스

③ 자율 숏 (플랑-세캉스 혹은 다른 맥락의 디제시스 삽입)

④ 에피소드 시퀀스

⑤ 교체 통합체

⑥ 묘사 통합체

⑦ 괄호연결 통합체

반면 평행 통합체, 자율 숏 중 비非디제시스적 삽입, 주관 삽입, 상세 설명 삽입은 찾을 수 없다. 평행 편집의 경우 (직접적으로 주장하지 않는) 상징주의에 기반을 두는 형태인 데다 오늘날에는 예전 영화만큼 의식적으로 사용되는 경우가 거의 없다. 같은 맥락에서 비非디제시스적 삽입 역시 잘 쓰이지 않고 상세 설명 삽입도 어느 정도는 마찬가지이다. 반면 주관 삽입의 경우에는 현대 영화 스타일에서 아주 많이 사용되었음을 상기할 필요는 있다. 알랭 레네의 「지난해 마리앵바드에서」 「전쟁은 끝났다」 혹은 펠리니의 「8과 1/2」 「영혼의 줄리에타」 등의 작품에서는 주관 삽입이 굉장히 많이 사용되는 반면, 다이렉트 시네마cinéma-direct의 경우에는 거의 등장하지 않는다. (고다르의 작품과 같이) 다이렉트 시네마의 영향을 받은 픽션영화의 경우에도 드물게 사용된다. 「아듀 필리핀」은 사실 후자 쪽에 더 가깝다(제작 환경으로 봐서도 그렇다).

로지에의 영화에서 시퀀스보다 신scène이 훨씬 많은데, 이는 영화의 '사실주의'와 관련이 전혀 없는 것일까? 파리에서 코르시카의 도로까지 우리를 안내하는 이야기는 현대인의 삶에 관한 다큐멘터리라고 해도 과언이 아니다. 바캉스, 텔레비전, 자동차, 젊은이들, 그들과 부모 세대와의 관계, 친구들, 가벼운 연애, 사랑, **특히 이 젊은이들의 말하는 방식** 등. (이상 설명한 구체적이고 분명한 이유 때문에) '신'은 플랑-세캉스와 더불어 대화에 가장 잘 어울리는 통합체 유형이다.

에피소드 시퀀스가 상대적으로 많이 등장하는 것은 이야기를 조직하는 편집에 관한 해결책이기 때문이다. 몇몇 사건을 이야기하면서 동시에 다른 사건을 보여주는 시퀀스의 자유로운 형태는 「아듀 필리핀」 서사 구조의 성공적인 면모로 볼 수 있다.

전체적으로 단순하고 선형적으로 전개되는 행위들이라고 해도 그 내부에 이야기가 여러 갈래로 나뉘고 서로 다른 두 계열의 작은 사건들이 교차적으로 나타나는 부분을 포함한다. 다시 말해 교체 통합체는 대위법적인 구조를 효과적으로 구현하는 형태이다.

다른 맥락의 디제시스 삽입 혹은 플랑-세캉스라는 자율 숏이 많이 등장하는 이유는 끊어지지 않고 계속 이어지는 긴 숏들 사이의 대비로 구성된 서사 방식에서 필수적이기 때문이다. 또한 충격적이면서 빠르게 전개되는 숏들이 전체적으로는 복합적인 면모를 구성하는 서사 방식이기도 하다. 따라서 삽입은 결국 교차 편집의 역할과 유사한 역할을 하고 있다.

묘사 통합체와 괄호연결 통합체는 「아듀 필리핀」에 아주 적게 등장한다. 그 이유를 문체적으로 해석하려면 신중해야 할 것이다. 왜냐하면 이 유형이 다른 영화에서도 매우 드물게 사용되는 형태이기 때문이다. 한 작품의 스타일은 그 작품에 절대적으로 많이 사용되는 기법에 근거하기보다는 많이 사용되는 유형과 적게 사용된 유형 사이의 격차와 더 밀접한 관련이 있다. 다시 말해 한 작품에서 각 기법이 얼마나 자주 사용되는지와 일반적 약호 속에서 그 기법이 얼마나 자주 사용되는지를 비교해 보는 것이다.

요컨대 「아듀 필리핀」에서 발견되는 유형들이 얼마나 자주 사용되는지, 혹은 드물게 사용되는지 혹은 전혀 사용되지 않는지 등을 고려하면 이 영화의 스타일에 관해 영화 비평에서 언급되던 특성이 과연 얼마나 정확했는지를 확인하는 좋은 방법이 된다는 뜻이다. 비평가들은 「아듀 필리핀」이 현대 영화의 전형이라고 보았다. 자유로운 외관, 수사학적으로 너무 겉으로 드러나는 기법에 대한 반감, 서사를 전달하는 '투명하고' '단순한' 형태 그리고 (현대 영화의 여러 하위 범주에서도 특히) '고다르의 다이렉트 시네마'라고 지칭하는 경향 등에 주목하고 있다. (고다르의 다이렉트 시네마 스타일은 언어 요소를 중요하게 여기고 전체적으로 '사실주의'적인 신scène을 많이 사용하면서 새로운 형태의 편집 기법을 자유자재로 사용하는 방식 등을 일컫는다.)

마지막으로 우리가 언급한 자율 분절체가 통상적 의미의 '시퀀스' 보다 평균적으로 더 '짧게' 지속되는 단위임을 다시 한 번 상기할 필요가 있다. 자율 분절체는 온전히 영화에서만 적용되는 단위이다. 이는 주제와 직접적으로 상관관계를 맺으면서 구분되는 단위가 결코 아니다. **주제를 다루는 방식**에 맞춰 구분된 단위이다. 사실 일반적으로 시퀀스라고 부르면 ('이별 시퀀스' '사랑 고백 시퀀스' 등) 서사 플롯의 관점에서, 즉 **시나리오** 구성 단위로 구분하는 경향이 강하다. 하지만 시나리오 단위는 종종 (신scène 이후에 이어지는 시퀀스, 두세 개의 삽입으로 끊기는 시퀀스, 교체 통합체가 신scène으로 마무리되는 경우 등) 여러 가지 다양한 형태로 구체화된다. 다양한 편집 유형이 서사 플롯의 관점에서 보면 같은 맥락을 이야기할 수 있는 것이다. 이 경우 이야기 요약 혹은 줄거리 설명은 하나의 **시퀀스**를 지칭할지라도 여러 개의 자율 분절체로 구분이 가능하다. 「아듀 필리핀」의 자율 분절체를 상세하게 분석해놓은 자료에서도 이와 같은 사례를 많이 발견한다.

요점 정리하면, 일반적 의미의 '시퀀스'보다 더 많은 자율 분절체를 영화에서 찾아볼 수 있다는 뜻이다. 보통 혹은 평균 길이의 영화라면, 「아듀 필리핀」이 83개의 자율 분절체로 나눠진 것처럼, 그보다 더 많은 분절체로 잘게 나눠지는 경우는 드물다는 뜻이다.

제4부

'현대' 영화에 관한 몇몇 이론 문제

제8장

현대 영화와 서사성

이 글은 1966년 12월 『카이에 뒤 시네마』 제185호, 특집 「영화와 소설 — 서사 문제」
(Paris: Éditions de l'Étoile), pp. 43~68에 수록되었다.

I

'현대' 영화에 관한 정의를 둘러싸고 애매모호한 의견들이 분분하다.
우리는 종종 '젊은 영화' 혹은 '새로운 영화'가 '서사'에 대한 관심을 벗
어나 있고, 현대 영화는 모든 의미에서 대단히 실험적인 작품이며 고전
영화의 핵심 구성 요소인 서사성을 주목하지 않는다고 이야기한다. 이
를 '서사의 폭발(혹은 분산)'이라고 지칭되는 중요한 테마로서 정리해볼
수 있다.

몇 년 전부터 현재에 이르기까지 많은 영화 비평가가 다양한 표현을
사용하면서 이와 같은 특성을 언급해왔다. 1962년 1월, 현대 영화에 관
한 의견들을 종합해보려는 시도를 했던 토론*을 참고해보자. 우선 르네

---

* "Qu'est-ce que le cinéma moderne? Tentative de réponse à quatre voix"(Pierre Billard,
René Gilson, Michel Mardore, Marcel Martin), in Cinéma 62, n° 62, janvier 1962, pp.
34~41, 130~32. 네 명의 영화 비평가가 현대 영화란 무엇인가에 관한 답을 제시해보려는 논
의. 이 토론장에서 매우 심화된 결론을 도출하는 데 성공한 것은 아니지만 여기에서 제시된 의견
들은 현대 영화와 관련해서 당시 시대적으로 형성되었던 다양한 흐름을 충분히 반영하고 있다.

질송이 '안토니오니 경향'이라고 정의한 '극(劇. drama)적인 요소 제거하기' 를 들 수 있다. 마르셀 마르탱은 이 경향에 미조구치 겐지도 포함시킨 다. 둘째 현실에 더 직접적으로 다가가는 경향, **본질적 사실주의** 경향을 들 수 있는데, 미셸 마르도르와 피에르 빌라르는 이 특성을 기존의 서사 적인 관습을 희생하는 대신 얻는 사실주의라고 보았다. 이에 관해 미셸 마르도르는 '즉흥영화cinéma d'improvisation' 개념으로 설명했고, 여기에 '시네마 베리테cinéma-vérité' '다이렉트 시네마cinéma-direct' 등의 개념 을 연관시킬 수 있다. 셋째 마르셀 마르탱이 제안한, 시나리오 작가의 영화라는 예전 개념을 대체할 수 있는 **'시네아스트의 영화'**를 들 수 있다. 넷째, 미셸 마르도르가 제안한 **'숏의 영화'**도 들 수 있다. 숏의 영화는 빨 리 전개되는 숏들을 통해 서사에 집중시켰던 기존 영화를 대체하는 개념 이다. 다섯째, 다양한 방식의 읽기를 가능하게 만드는 **'자유로운 영화'** '관조의 영화' '객관성의 영화'를 들 수 있다. 이 개념은 마르셀 마르탱 에 따르면[173] 고전 영화의 한 방향 독서만 고집하는 권위적인 이미지 연 쇄들을 거부하는 것이며, '미장센'을 '현존하게 놓기'로 대체하면서 연극 을 거부하는 것이다.

현대 영화에 관해 세심한 관찰과 정확한 사유를 행했던 피에르 파올로 파솔리니는 '시적인 영화'가 스펙터클과 서사 모두를 위태롭게 만드는 상황에까지 도달할 만큼 실제적인 승리를 거두었다고 보았다.[174]

오늘날 우리는 영화 문법의 소위 통사 규칙이라고 불리는 것들을 모두 멀리하는 자유로운 영화의 탄생을 목도하고 있다.

이 글의 제한된 지면을 통해 현대 영화에 관한 모든 의견을 전부 설명 할 수는 없지만, 앙드레 바쟁, 로제 레엔하르트Roger Leenhardt, 프랑수 아 트뤼포, 알렉상드르 아스트뤽 등이 제시한 저명한 분석은 필수 참고 문헌으로 제시하려고 한다. 그들의 용어를 빌려 현대 영화를 다음과 같 이 정의해보자. 우선 현대 영화는 기존 영화의 개념에 반대하는 경향이 강하다. 영화 랑가주를 우선으로 하기 위해서 스펙터클 영화 거부하기

(트뤼포), 너무 완벽하게 계획된 프랑스의 '품질' 영화cinéma de qualité
(문학, 시나리오 작가, 스튜디오 시스템에 의존하는 영화) 거부하기(트뤼
포), 현실의 모호함을 다루는 데에 너무 가시적인 기호signe 거부하기
(바쟁), 기존의 이론가들에게 매우 중요한 유사 통사 규칙 거부하기(레
엔하르트), 유연하고 다루기 쉬운 표현수단인 영화-에크리튀르cinéma-
écriture를 위해 스펙터클 영화와 서사 플롯 영화 거부하기(아스트뤽).

이 글의 목적은 이상에서 열거한 분석들의 옳고 그름을 따지기 위한
것이 아니다. (게다가 이상에서 설명한 내용은 매우 예리한 관찰에 근거한
정당한 분석을 포함하고 있다.) 우리의 목적은 다양한 입장에서 부분적으
로 드러나는 (결코 총체적으로 드러나지는 않는) 개념들을 살펴보면서
'절대 자유주의라는 신화'를 비판하고자 하는 것이다. 물론 영화 이론가
들의 글에서 직접적으로 이 표현이 사용되지는 않는다. 하지만 모든 주
장을 떠받치는 핵심 개념임에는 틀림없다. (파솔리니의 경우는 예외적인
데, 그가 이 개념에서 완전히 벗어나 있지는 않지만 그래도 비교적 다른 관
점에서 접근하고 있기 때문에 별도로 언급하고자 한다.)

방금 '비판'이라는 표현을 썼는데, 그렇다고 해서 이 글에서 현대 영
화를 공격하고자 하는 뜻은 아니다. 다른 분석과 마찬가지로 이 글 역시
오늘날에는 결코 지루하지 않게 보이는 영화, 우리가 사랑하는 영화를
지지하려는 목적을 가지고 있다. 모든 비평 글은 근본적으로 현대 영화
의 점진적인 상승세와 밀접하게 연관되어 있다. 현대 영화가 오늘날 생
기 있는, 활발한, 살아 있는* 유일한 영화라는 상승세(적어도 문화적으로

---

* 현재로서는 우리와 직접 상관되는 두 종류의 영화를 언급할 수 있겠는데, 우선 이 글에서 중점
적으로 다루고 있는 현대 영화, 생생한 영화이다. 다른 하나는 기존부터 있어왔던 서부극, 스릴
러, 코미디 등의 종종 미국에서 만들어진 장르영화이다. 지적인 면이 거의 없지만 매우 영리하
게 작업된 이 영화들은 안타깝게도 현재 점점 사라지는 추세이다. 간혹 옛 시절을 그리워하는
노스탤지어의 감정으로 현대 영화에서 인용되곤 하기 때문에 그래도 아직은 우리의 관심을 완전
히 벗어나지는 않고 있다. 예를 들어 고다르의 「네 멋대로 해라」에서 인용된 험프리 보가트, 「국
외자들」에서 참조된 필름 누아르 등. 이런 종류의 영화는 '대형 영화'이며, 어떤 문제도 일으키
지 않는, 사람들이 결코 지루해하지 않는 영화이다. 사실 현대 영화가 포섭할 수 없는 범주에서

교양이 있는 사람들은 단연코 현대 영화를 지지한다) 와도 관련이 있다. 1966년에 장-뤽 고다르 혹은 알랭 레네를 이해하지 못하는 것은 어떤 의미에서는 스스로를 영화 밖으로 밀어내는 행위이다. 이는 마치 1966년에 알랭 로브-그리예나 미셸 뷔토르의 작품을 위대한 문학으로 평가하기를 거부하면서 문학 영역에서 스스로를 소외시키는 것과 같다. (구조를 통찰하는 능력이 없을 경우) 각 시대 각 예술에서 퍼져나오는 **생생한 목소리**는 오로지 한 장소에서만 존재한다고 생각할 수 있을 것이다. 생생한 표현이 처음 등장했을 때 우리가 그 이전에 느끼지 못한 생동감, 신선함을 통해 다가온다. 이후 점진적으로 우리는 그 핵심으로 접근하게 될 것이다. 분명 바로 이 첫 느낌, 분명히 다가오는 첫 감동이 우리가 「몽테크리스토 백작」에서 느끼던 지루함 대신 「미치광이 피에로」를 통해 경험한 감동적인 혼란스러움의 진정한 이유일 것이다. 이 감정을 통해 우리는 더 많은 사유를 하게 된다. 생생한 목소리를 포함한 작품의 유일한 목적은 분석·설명/감정·신념을 서로 분리시킬 뿐만 아니라 메타담론/영화 랑가주를 서로 고립시키는 바로 '그 거리'를 없애는 데 있기 때문이다. (이 거리는 애초에는 대단히 멀고, 고통스럽고, 비속해 보인다.) 우리는 비평가들이 사실은 완전히 이론가의 입장만 고수하는 것이 아니란 사실을 상기할 필요가 있다. 비평가는 언제나 약간은 투사鬪士이기도 하다. 비평가는 영화를 분석하는 일뿐만 아니라 본인이 사랑하는 영화를 지지하는 일 역시 도맡곤 한다. 이러한 맥락에서 살아 있는 현대 영화를 둘러싼 모든 담론이 쓸모 있는 좋은 것이라고 생각할 수 있겠다.

언젠가는 우리가 사랑하는 현대 영화에 관한 이론적 분석이 이 글에서 이의를 제기하는 맥락에서 역시 견고하게 구축되기를 기대해본다. 이제

이 영화들은 어쩌면 관념주의와 불확실한 도덕·선행을 주장하는 영화들로 대체될지 모르겠다. 존경받을 만한 의도로 가득 찬 지적인 영화들로 말이다. 이런 영화들은 예술이 직접적으로 인간을 발견하게 만든다는 생각에 기대고 있다. 하지만 예술은 특정한 우회수단을 통해서만 (적어도 우리가 살아가고 있는 이 시대처럼 문화적으로 한 발 늦은 시대라면) 인간을 재발견하게 된다.

우리는 거의 모든 비평 담론이 주장하고 있는 현대 영화가 반反서사적이라는 신화에 도전해보고자 한다.

II

모든 사람의 공통된 의견은 현대 영화, 새로운 영화가 '어떤 것'을 넘어서거나, 거부하거나, 분산시켜버린다고 정의한다. 이 '어떤 것'은 스펙터클, 이야기, 서사, 연극, 통사 규칙, 단일한 의미작용 등으로 비평마다 상당히 다양하게 해석되고 있다. 이제 이 글에서 순서대로 이 개념들에 관해 짚고 넘어가기로 하자.

스펙터클의 죽음? 이상의 비평 글에서 사용된 '스펙터클'의 개념은 이미지와 직접 연관되지만 그렇다고 해서 엄격한 사유 과정을 거친 것은 아니다. 오히려 시각이 강조된 이벤트를 선호하는 인간 성향을 뒷받침하기 위한 사회적 제의로서의 스펙터클을 말한다. 현대 영화가 도대체 어떤 면에서 전통 영화보다 덜 스펙터클적인지 설명할 길이 없다. 따라서 현대 영화의 혁명은 연구 대상이 되는 영화를 진정으로 고려하지 않은 비평의 메타언어 어휘에만 틀어박힌 채 남게 된다. 과연 자크 리베트의 「파리는 우리의 것」을 보러 가는 관객은 제도적으로 고정된 장소로 일정한 시간에 맞춰 모여들지 않을까? 영화를 보기 위한 좌석을 구매하지 않을까? 자리를 안내하는 안내원에게 고맙다고 인사하지 않을까? 사실 이런 측면에서 보자면 현대 영화에 열광하는 이런저런 사람들의 의견과 달리 영화는 여전히 스펙터클이며 앞으로도 오랫동안 스펙터클로 남을 것이라는 사실을 그리 어렵지 않게 주장할 수 있다. 우리가 알고 있는 것과 정말로 다른 아주 기발한 방법이나 형태를 상상해야만 하는 상황은 아직 도래하지 않았고, 그러기에는 아직까지 현 영화들의 엉뚱한 혹은 기괴한 정도가 미치지 못하고 있다. 그 정도로 이상한 영화들이 배급되고, 흥행되고, 소비되는 과정이 보편화되지 않았다. "현대 영화는 더 이상 스펙터클이 아니다"라고 말하는 것은 실제로는 일어나지도 않은 변질이나 왜곡에 대해서 쓸데없이 비싼 값을 치르는 형국과 같다고 할 수 있다. 스펙터클 개념을 좀더 심리학적인 입장에서 생각해볼 수도 있다. 이 경우 스펙터클은 우리가 경험할 수 있는 시각이 우세한 모든 사건을 지칭하는데 우리 자신을 외부에서 바라보는 일종의 증인처럼 간주된다. 그렇다면 고다르의 「여자는 여자다」보다 더 스펙터클적인 작품은 무엇이 있을까? 이 영화는 스스로를 패러디하는 방식으로서 뮤지컬 코미디임을 매우 자랑스러워하기도 하지만 동시에 그 때문에 약해지고 움츠러드는데, 그럼에도 불구하고 여전히 뮤지컬 코미디임에는 변함이 없다.

비非시각적인 기표(특히 언어적인 기표)는 현대 영화에서 매우 중요하게 되었고, (르네 클레르의 「파리의 지붕 밑」, 찰리 채플린의 「모던 타임스」처럼 소리가 도입된 시기에 매우 예민하게 반응했던 시절) 더 이상 이 기표들을 부끄러워하지 않게 되었고, 나아가 매우 당당하게 이 기표들을 사용하게 되었다(프랑스 영화의 일상 대화는 이제 거리에서, 가깝게 혹은 멀리 들리게 되었다). 하지만 현대 영화가 예전 유성영화보다 더 효과적으로 말을 할 줄 알게 되었다고 해서 더 많이 말을 하게 된 것은 아니다. 여전히 이미지는 매우 중요한 위치를 점유하고 있다. 새로운 영화가 기여한 바를 독창적인 관점에서 설명하고자 한다면 단연 스펙터클의 개념으로는 불가능할 것이다. 최근의 대형 영화들은 더 훌륭한 스펙터클을 제공하고 있지만 여전히 스펙터클이다.

가끔 현대 영화는 더 이상 "순수한 스펙터클이 아니다"라는 말도 듣게 된다. 그러나 현대 영화는 스펙터클이다. 모든 문제는 스펙터클이라는 본성에 그 이상으로 덧붙여진 것을 정의하는 일과 관련된다. 따라서 스펙터클 개념은 우리가 정확하게 답변해야 하는 질문에 올바른 해결책을 제시하기에는 역부족처럼 보인다.

연극의 죽음? 현대 영화, 젊은 영화는 연극으로부터 자유로워졌을까? 특별히 더 자유로워진 것은 아니다. 더 정확한 답변을 위해서 우리가 언급하고자 하는 것이 어떤 종류의 연극이며 어떤 종류의 영화인가에 대해 자문해볼 필요가 있다. 언제나 나쁜 연극을 모방한 나쁜 영화가 존재해왔다. 무성영화 시절부터 이미 말 없음에도 불구하고('예술영화'와 그와 유사한 영화) 말이다. 영화의 출현 이후 '심리영화' '극영화'가 그 뒤를 이어 받았으며 아직까지도 이러한 장르영화를 볼 수 있다. 이 글에서 특히 초점을 맞추고 있는 프랑스 영화의 경우 얼마나 많은 영화가 장르적 관습을 쫓아 만들어졌었는지 익히 잘 알고 있다. 심지어 파운드케이크 레시피 4분의 4*와 같이 장르영화에서도 5분의 5와 같은 일종의 레시피에 대해 말할 수 있을 정도이다.**

현대 영화가 모든 관습에서 해방되고 자유로워진 것은 사실이지만, (부르주아적 색채가 강한 상업극인) 불르바르 연극에서 멀어졌던 것이지 연극에서 완전히 멀어진 것은 아니다. 기존의 위대한 작품들도 이미 불르바르 연극을 넘어선 지 오래였는데, 어렵지 않게 무르나우, 슈트로하임, 플라어티 등의 작품과 (다른 방식을 시도한) 에이젠슈테인 등을 떠올릴 수 있다.

그렇다면 이제 좋은 연극과 좋은 영화에 대해 언급해보자. 예전 시대의 위대한 시네아스트 중에 (에이젠슈테인과 같은) 몇몇 현 시대 감독

---

* (옮긴이) quatre-quarts: 밀가루, 버터, 달걀, 설탕을 똑같이 4분의 1씩 첨가하여 만든 케이크.
** 장르물 '심리영화' 레시피를 적어보자.

   ① 사회적인 측면―비행 소년, 직업적 비밀을 가진 의사의 양심 문제, 매춘 문제 등.
   ② 심리적 진실성―가짜로 지어내지 않은 진실되어 보이는 세부 사항, 면밀하게 관찰된 특성, 별로 중요해 보이지 않는 사소한 것이지만 결국 결정적 단서가 되는 것들.
   ③ 작가의 말―대화, 매우 영리한 대사, 번뜩이는 재치가 담긴 표현 등.
   ④ 배우의 연기―열연(여자 주인공 혹은 남자 주인공의 눈부신 활약).
   ⑤ 약간의 벗은 모습―정말 필요한 정도만, 절대 야하거나 천박해서는 안 된다. 매력적인 젊은 여배우가 우아한 몸짓으로 옷을 입거나 벗는 장면.

중에서 (오손 웰스와 같은) 몇몇, 그리고 이 두 시기의 (잉마르 베리만, 비스콘티와 같은) 몇몇 감독은 모두 연극 세계에 몸담고 있었거나 계속 관여하고 있다. 또한 알랭 레네나 아녜스 바르다가 연극에서 소격 효과 개념의 영향을 받았고, 장 카르타Jean Carta를 조명했다.[175] 뿐만 아니라 오늘날의 연극 역시 (밀로스 포만, 자크 로지에, 장 루슈의 영화들에서 관찰할 수 있듯) 처음부터 끝까지 '고정된 플롯'을 따르는 작업과는 거리가 멀다. 발라즈[176]와 같은 영화 이론가, 고트홀트 에프라임 레싱*과 같은 연극 이론가의 주장을 참고해보면 연극은 서사시(혹은 세속 서사시라고 할 수 있는 소설)와 상반된 분야이다. 왜냐하면 연극에서 허구는 진행 중인, 현재 일어나고 있는 것이고, 사건을 통해 구체적으로 출현하기 때문인데, 심지어 등장인물들의 대사가 아닌 다른 상황에서 언어로 설명된 허구와는 다른 종류로 구별된다. 요컨대 연극과 매우 다른 예술인 영화일지라도 연극과 하나로 묶일 수 있는 근본적이고 명확한 상관관계를 단절하기란 (적어도 그 본성 자체를 모두 변화시키기 전에는) 쉬운 일이 아니다.[177] '스펙터클'을 '비非스펙터클'과 대립시키는 일만큼이나, '연극'과 '비非연극'을 대립시키는 일도 우리가 이론을 정립하는 과정에서 그다지 중요한 역할을 하지는 못한다. 다시 말해 우리가 사랑하는 영화를 왜 사랑하고 있는지 이해하도록 도와주고, 새로운 영화가 과연 어떤 이유 때문에 새로운 것인지 이해하게 도와주는 이론 정립에는 별 도움을 못 준다는 뜻이다.

즉흥영화? 현대 영화는 그렇다면 '즉흥영화'여서 새로운 것일까? 그렇

---

* 특히 『함부르크 연극론』의 도입부(소설을 연극으로 각색하는 문제에 관해 서술). 소설가는 심리적 내용을 묘사하는 반면, 극작가는 "이 심리적 내용이 관객의 눈앞에서 존재할 수 있게끔 해야 하고 가공의 연속성 흐름을 단절시키지 않고 발전시켜야 한다." 영화에서 '가공의 연속성'은 매 신scène 내부에서 작용하지만, 두 '신' 사이에서는 단절되는데, 이 현상은 연극에도 똑같이 해당된다. 이런 맥락에서 영화가 어떻게 연극과 차별화될지, 진정으로 어떻게 연극에서 벗어날지는 아직 확신할 수 없다.

지 않음을 주장하기 위해 이 글에서 이 정의가 합당하지 않는 영화들의 목록을 일일이 나열하지는 않을 것이다. 그중 간략하게 폴란스키의 「물속의 칼」, 트뤼포의 「쥘과 짐」, 오손 웰스의 작품들, 자크 드미의 작품들, 알랭 레네의 작품들 정도만 들어보자. 현대 영화의 특성으로 즉흥영화라는 표현을 처음 사용했던 미셸 마르도르조차도 이 개념은 현대 영화 중 특정한 몇몇 작품에만 해당된다고 보았다. 하지만 이 생각은 전체적으로 널리 퍼지게 되었고 매우 모호하고 일반적인 방식으로 적용되었다. 이 개념은 한편으로 고다르의 영화에서 발견되는 것인데, 고다르는 주지하다시피 천재 감독이었고, 천재성이란 늘 예외적인 면모이다. (혹자는 고다르의 영화를 '시네비뒤cinévidu'라고 부르기도 한다. 고다르는 매우 즐겁게 즉흥 작업을 하지만 동시에 매우 열심히 일하는 감독이기도 하다.) 다른 한편으로 즉흥영화 개념은 넓은 의미*의 '다이렉트 시네마'와 관련된 경향에서 발견된다. 또한 (클로드 레비-스트로스가 언젠가 지적했듯이[178]) 예전 시대에는 완결되지 않은 작업의 중간 단계, 만들어가는 과정이라고 생각될 만한 미완성 초안을 대중에게 공개하는 입장과도 연관된다. 다이렉트 시네마의 있는 그대로의 모든 촬영 대상은 매우 종종 너무 게으르다는 혹은 서두른다는 인상을 주곤 한다. (베르나르 팽고Bernard Pingaud에 따르면[179]) 다이렉트 시네마는 예술의 위엄 혹은 완성된 작품이 되기를 너무 자주 포기한다. 거기에는 최선의 경우 좋은 기록영화reportage를 만들고자 하는 의도 외에는 다른 어떤 진실도 없다. 사람들은 일련의 다이렉트 시네마가 완벽하지 않다는 사실을 거의 주목하지 않지만, 사실은 완성도가 없는 경우도 종종 있다.** 영화 역사 속에

---

* 마리오 루스폴리Mario Ruspoli의 다이렉트 시네마, 장 루슈의 다큐멘터리 영화 「어떤 여름의 기록 Chronique d'un été」뿐만 아니라 (몰래카메라로 번역될 수 있는) '캔디드 카메라candid camera' '캐나다 국립영화위원회'의 작품들, 뉴욕파라고 불리는 경향, 영국의 '프리 시네마', 리콕Leacock, 메이즐스Maysles 형제 등 미국의 다큐멘터리 거장 감독들, 몇몇 텔레비전 프로그램 등도 모두 포함한다.

** 미셸 마르도르가 즉흥영화에 대해 언급하면서 넓은 의미의 다이렉트 시네마 전체를 동일시한

서 이런 작품들을 찾을 수 있을 뿐만 아니라 다이렉트 시네마라는 미적 대상이 지니는 가장 근본적인 특성에서도 찾아볼 수 있다. 예술 작품이 현실 그대로를 폭넓게 담아내려고 하기 전에, 이를 유일한 목적으로만 삼을 것이 아니라 스스로 변화하여, 애초에 보여주려는 부분만 담았다는 진실 외에도 다른 진실을 추구할 능력을 가져야 할 것이다. 좋은 다이렉트 시네마 작품은 좋은 영화이기 때문에 좋은 작품이 되는 것이다. '즉흥'이 오랜 작업 동안 천천히 축적된 대가만이 도달할 수 있는 능력, 빠르게 결정하고 집행하는 능력이라고 한다면(위대한 외과의사라면 그역시 수술대 위 개복된 환자를 두고 즉흥적으로 순간적으로 행동을 취할 것이다), 혹은 천재의 축복받은 능력이라고 한다면, 혹은 두 가지 모두라고 한다면, 결과적으로 모든 위대한 시네아스트는 즉흥 연출의 대가일 것이다(적어도 작업의 일부분에서만큼은 확실히). 반면 즉흥이 게으른 태도와 무엇인가 만들어내고자 하는 욕망이 충돌하면서 상쇄된 지점이라고 한다면 이 경우에는 어제와 오늘의 모든 나쁜 영화들을 즉흥적으로 만든 작품이라고 정의내릴 수도 있을 것이다. 어떤 경우이건 간에 즉흥적으로 연출된 것과 그렇지 않은 것을 대립시키는 방식은 현대 영화를 정의하는 과정에는 별 도움을 주지 못하는 것이 확실하다.

극(劇, drama)**적인 요소가 제거된 영화?** 극적인 요소 제거하기? 안토니오니? 죽은 시간? 무위無爲의 시간? 아니다. 영화에 결코 무위의 시간이란 없다. 왜냐하면 영화는 생산물이기 때문이다. 우리의 삶에만 무위의 시간이 있다. 시간은 관심 여부에 따라 죽었다는 느낌, 아무것도 발생하지 않는다는 느낌을 전달할 뿐이다. 나와 대화를 나누고 있는 상대방이 확실한 답을 말하기 전에 15분 정도 기다리게 한다면 이 기다림은 바로 죽은 시간에 해당한다. 왜냐하면 내 인생에서 발생한 여러 다양한 일과

것은 아니다. 오히려 마르도르의 기준은 엄격한 편이어서 이 글에서 제시하고 있는 입장과 통한다. 하지만 안타깝게도 즉흥영화 개념 자체도 그리 명확하게 규정된 것은 아니다.

이 기다림은 매우 다른 종류이기 때문이다. 하지만 이런 일은 내 인생을 의지대로 조정할 수 없기 때문에 발생한다. (에티엔 수리오의 표현을 따르자면[180]) 우리 인생은 계속해서 가장 만족하다고 판단되는 감정 곡선을 그릴 걱정을 하지 않아도 된다. 안토니오니의 작품 경향을 쫓아서 영화를 만들 때 15분 정도 기다리는 시간은 더 이상 죽은 시간, 무위의 시간이 아니다. 왜냐하면 아무것도 하지 않는 시간처럼 보일지라도 잠정적으로 (항상 조직되고 구축되어 있는) 영화 자체와 연관되어 있기 때문이며, 잠시 후 영화의 모든 삶이 이 무위의 시간을 통해서 전달되기 때문이다. 영화에서 정말로 죽은 시간이 있다면 그것은 우리를 지루하게 만드는 장면들이라고 할 수 있다. 단조롭고 맥 빠진 시간. 관객을 졸린 나머지 잠들어버리게 하는 것은 이 관객의 기다림을 배신하는 것이며, 그리하여 우리 인생의 죽은 시간을 만드는 조건을 그대로 영화 속에 재현하는 것이다. 영화에서 무위의 시간을 결정하는 것은 바로 영화가 존재하기 전, 데쿠파주와 몽타주의 편집 단계에서이다. 시네아스트가 지루하다고 느끼는 부분은 영화에서 이미 삭제되기 때문에 우리는 이 부분을 결코 볼 수가 없다. 우리 인생과 달리 영화는 아예 존재하지 못할 가능성에 늘 노출되어 있다. 따라서 시네아스트가 그의 작품 속에 담은 모든 시간은 존재하기 위한 시간이다. 안토니오니의 작품 경향은 인생에 포함된 모든 것 혹은 인생에서 죽은 시간이 아닌 것에 관한 새로운 평가이자 이 해석을 영화적으로 구현한 것이지, 결코 영화에서의 죽은 시간에 관한 미학과는 상관이 없다. 안토니오니의 개혁적이고 창조적인 면은 영화 내부에서보다는 오히려 관념적인 부분이다. 그의 작품이 현대적인 이유는 그의 작품에서 사용하는 랑가주의 차원이라기보다는 그의 작품에서 그려지는 인간의 실체 때문이다.[181] 안토니오니는 일반적으로 무의미하다고 생각되는 삶의 순간들에 의미를 부여하는 데 뛰어난 재능을 지니고 있었다. 영화에 포함된 죽은 시간은 의미 있는 순간으로 재탄생된다. 드라마의 매우 세밀한 조직망 속에 우리 일상에서 잃어버린 의미작용을 포함시킨 점은 안토니오니의 가장 훌륭한 덕목이라고 할 수 있다. 그리하여 안토니오니의 영화가 다이렉트 시네마의 영화 중에 최고로 꼽히는 것이다. 또한 특별히 의미작용을 계획하지 않고서도 동시에 의미작용이 완전히 사라지는 것을 막는 방법을 알고 있었던 점도 높이 평가해야 한다. 다시 말해 기의에 확실한 의미작용을 연결하지 못한 채 계속해서 주저하고 망설이게 하는 방법을 알았던 것이다. 애초에 의미작용이 없었다면 잃어버린 의미작용 역시 없을 것이다. 안토니오니는 의미작용을 다시 찾지 않고서도 그것을 보존하는 법을 알고 있었다.* 이러한 맥락에서 (편리한 표현이지만 동시에 위험한 표현이기도 한) '극적인 요소 제거하기'는 드라마의 새로운 형태 이외에는 그 어떤 것도 아니라는 결론에 이르게 된다. 바로 이러한 이유에서 우리가 안토니오니의 「외침」과 「정사」를 사랑했던 것이다. '드라마'가 없다면, 픽션도 없고, 디제시스도 없고 따라서 더 이상 영화도 없다. 이 경우 다큐멘터리나 보고용 기록영화일 것이다. 우리가 종종 잊곤 하지만, 영화 작품들을 구분하는 유일한 경계선은 오직 두 계열의 영화 사이에만 있다. 한쪽에 일반적으로 통용되는 의미의 영화(픽션영화, '사실적이건' 그렇지 않건)와 새로운 드라마 쓰기를 선도하는 장르가 있다. 그리고 다른 쪽에 (안토니오니나 고다르적인 작품 경향을 포기하는 모든 특정 장르에 해당하는) 원칙상 서사를 포기하는 장르들, 사건사고 뉴스, 광고, 과학영화 등 요컨대 넓은 의미의 '다큐멘터리적인' 영화. 다시 말해 둘로 구분된다. 사실 중간 수준의 다이렉트 영화는 본질상 그 상황에 어울리는 다큐멘터리일 뿐이다 (필리프 오디케Philippe Haudiquet의 주장에 전적으로 동감한다[182]).

---

* 예를 들어 안토니오니의 「정사」에서 완벽하게 진짜처럼 보이는 염소치기 인물, 그는 무엇을 한 것인가? 그는 어디까지 알고 있는가? 혹은 장 루슈의 「어떤 여름의 기록」에서 가비용의 인터뷰, 정치 투쟁한 과거를 어디까지 후회하고 있는가? 세속화되기 시작한 진정한 이유는 무엇인가? 등.

본질적 사실주의? 새로운 영화는 그렇다면 현실에 직접적으로 더 가까운 영화, 일종의 본질적 사실주의 영화 혹은 '객관성'의 영화라고 정의하겠는가? 우선은 모호한 점들을 짚고 넘어갈 필요가 있다. 만약 여기에서 언급되고 있는 사실주의라는 개념을 영화가 그 탄생부터 내포하고 있었으나 그 힘을 인식하기까지 오랜 시간이 걸린 일종의 범우주적인 권력으로 본다고 해보자. 즉 모든 인식에서 합당한 관점이라고 사실주의를 해석한다면 그야말로 장 미트리가 그토록 비판했던[183] 신화로 후퇴하는 형국이다. 또한 현상학적인 화려함 이면에 본질적 사실주의를 부여하려는 욕망을 감추려고 하는 태도이기도 하다. 사물을 보고 의미를 부여하는 과정이 마치 자연스러운 것처럼 여기게 하는 단일한 의미작용을 비교적 쉽게 이루어지도록 하려는 속셈을 감추는 태도이기도 하다. 앙드레 바쟁과 로제 뮈니에의 이론에서 가장 비판받는 점 역시 다름 아니라 바로 이 본질적 사실주의에 있다. 게다가 미셸 마르도로와 피에르 빌라르 역시 이러한 맥락의 사실주의 개념을 적용하지 않았다는 사실 역시 상기할 필요가 있다. 마르셀 마르탱 역시 '객관성' '현존하게 놓기'식의 그리 만족스럽지 않은 표현을 사용하기는 했으나 본질적 사실주의라는 개념에 동의하지 않았다. 영화 작품은 결코 객관적일 수 없다. 영화에는 항상 시선이라는 상관물이 개입한다. '현존하게 놓기'가 '미장센'을 완전히 없앨 수는 없다. 단지 미장센의 다른 모습일 뿐이다. 「불멸의 여인」의 감독 알랭-로브그리예는 '주관성을 옹호하는 편'으로 돌아서면서 영화는 모든 예술 중에서 가장 주관적인 예술이라고 강조했다. 영화의 촬영 작업은 반드시 카메라 앵글을 선택하는 과정을 전제하기 때문이다.[184] 현상학을 통해 우리가 진정으로 깨달은 것이 있다면 이는 모든 현상에 보편적으로 적용할 수 있는 한 가지 논리의 부당성을 인식하는 자세이다. 다시 말해 도저히 넘어설 수 없는 '스펙터클' 속에서 사물 본연의 모습과 사물이 존재하는 목적 사이를 오가며 다양한 입장을 취하는 자세이다. 스펙터클은 이미 존재하는 것 내부에 온전한 모습으로 있으며 존재의 가장 기초적인 형태라고 하겠는데, 이는 영화에서도 마찬가지이다. 존재하는 것은 항상 무엇인가가 있다는 것을 연관시키기 때문이다. 이 무엇인가는 누군가를 위해서 존재한다는 것을 전제한다. 이 누군가를 위해 대상을 촬영하는 과정, 그리고 피사체가 존재한다.

본질적 사실주의의 범우주적 권력에 관해 통용되고 있는 신화는 사실 현대 젊은 영화 전체에 관련된 것이 아니라 시네마-베리테를 중심으로 발전된 과도한 낙관주의와 연관이 있다. 이미지가 순수하다는 믿음, 이미지가 신비하게도 모든 내포를 벗어나 있다는 믿음, 카메라의 작은 움직임을 통해 담화 상황을 드러낸다고 할지라도 이미지는 단어가 받는 의혹의 무게는 벗어나 있다는 믿음,[185] (바르트의 용어를 사용하자면) 도상에 관한 아담파adamisme의 절망적 신화이다. 시네마-베리테의 몇몇 걸작 그리고 수많은 졸작을 둘러싼 관념론적인 과도한 논의들 속에 한쪽으로 밀쳐진 기호학적인 방식을 발견한다. 특히 기술적인 측면을 외면하고 매우 감정적인 차원에서 고려할 경우 기호학적인 접근은 쓸데없이 고집부리는 안 좋은 태도처럼 취급받는다. 오늘날 랑가주와 단어를 향한 불신의 의혹이 매우 강력하게 도처에서 불거지고 있다. 세상에 대해 질문하기 위해 만들어진 말이 오늘날에는 오히려 조사받고 있는 실정이다. 계산하고 셈하기 위해 만들어진 말이 오늘날에는 스스로 평가받는 실정이다. 바로 이 의문의 소용돌이 속에서 미국의 '일반 의미론'이 예상치 못한 긍정적인 평가를 얻게 된 셈이다(언어를 순수하게 만드는 작업은 곧 인간관계를 정화할 것이다). 반면 '논리실증주의'는 부정적인 평가를 얻게 되었다(진정한 담화는 적절한 담화일 뿐, 단어는 정확한 사회-언어학적인 사용에만 국한된 진실 이외에 그 어떤 진실도 담아내지 못한다). 시네마-베리테는 언어 대신 도상 기호에 의지하면서 비난을 피하고자 했다. 주인공의 언어조차 가공되지 않은 자연스럽게 생겨난 것처럼 보이게 만들려고 한다. 나아가 언어를 인간이 만들어내는 음향 효과처럼 쓰면서 이미지의 순수함 속에 폭넓게 분산시키고자 한다(많은 시네마-베리테 작품 속에 인터뷰가 넘쳐나는 이유). 비장한 시도*가 아닐 수 없다.

그럼에도 불구하고 (다이렉트 시네마 포함) 새로운 영화의 걸작들은 과거의 걸작들에서 볼 수 있는 것보다 훨씬 더 자주 '일종의 진실'을 내포하고 있다. 이런 종류의 진실은 정의하기에는 매우 어렵지만 본능적으로 감지할 수 있는 그러한 진실이다. 태도의 진실, 목소리 어조의 변화가 담고 있는 진실, 몸짓의 진실 등. 가령 고다르의 영화「미치광이 피에로」에서 소나무 숲 가까운 바닷가에서 "Ma ligne de chance(내 행

---

* (팝 가수 폴 앵카의 다큐멘터리 영화)「론리 보이Lonely Boy」, 장 루슈의「신들린 제사장들」, 마리오 루스폴리의「대륙에서 낯선 사람들」등과 상업성이 짙은 비슷한 정도의 다른 영화들을 본 이들은 어쩌면 이 글의 비판이 심하다고 말할지 모르겠다. 하지만 한편으로는 미국 럭비 경기를 연속적으로 보여주는 영화(계속되는 줌과 파노라마의 향연, 코치와 선수들의 야만적인 고함 소리 등), 퀘벡 학생들의 섹스와 관련된 심리적 어려움에 대한 15개의 인터뷰(횡설수설, 감정적 노출증 등), 권투 선수들, 배우들, 자동차 경주 선수들, 제작자들, 식민지 대농장 주인 등에 관한 수많은 르포(순전히 단순한 저널리즘), 정신병자, 농부, 마약환자들, 학생들, 아프리카 주민들, 나아가 '문제 있는' 모든 사람에 관한 심리 앙케트 등 다양한 특성이 혼합된 작품도 있음을 잊어서는 안 된다. 사실 열거한 영화들은 두 종류의 이데올로기, 즉 이미지의 객관성과 약간 이상한 행동주의 사이에서 갈팡질팡하고 있다. 뿐만 아니라 이런 종류의 영화들은 (사이코드라마, 그룹이 보여주는 역동성, 브레인스토밍, 심화된 인터뷰, 정신요법 등) 현대 사회-심리학에 속하는 치료 방법 혹은 폭로나 고발의 방식을 절충하여 도달한 수준이라고 하겠다. 다만 우리는 이런 종류의 영화들이 기술적이고 적절히 통제된 방식으로 작업되지 않았을 경우 다음과 같은 두 결과를 도출할 뿐이라는 사실을 종종 잊곤 한다. 다시 말해 이런 분야에 관심 있는 사람들은 애초 본인들의 입장을 견지하고, 모든 장애물은 그대로 유지된 채, 관습적인 평범한 부분들을 이야기하게 될 뿐이란 점이다. 또한 이 방법이 전문가의 손을 벗어나는 경우 발생하는 문제들로 인해 무책임하고 저속하고 경솔한 방식에 놀라게 된다. 그리하여 우리는 잠재되어 있는 내용이 외부로 폭로되는 현상을 목격하는 것이 아니라 일련의 흥분된 인위적 생산물들을 보게 될 뿐이며(너무 흥분한 나머지 울면서 아무거나 말해버리는 것처럼), 결과적으로 차라리 예전에 품행을 중요시 여기던 교육 방식이 옳았다고 후회하게 되는 결과를 낳을 수도 있다. 모든 현대적인 방법들 중에서, 모든 시네마-베리테 영화들 중에서 상대적으로 덜 존중받는 대상은 구체적으로 가장 기술적인 경우이다. 즉 전문가의 말이 정확한 작업 규칙을 따르면서, 진실을 표현하는 데 열중하기보다 통제되고 예상되는 결과를 유발하는 것에 더 많은 비중을 두는 경우이다. 엄밀한 의미에서 정신분석(다양한 영화적 개입과 구별된다는 의미에서)은 원칙상 통제된 과정이라는 보호막 없이 개입한다. 다시 말해 말을 이용하고 다루는 방식이 항상 그 유효함과 효과에 대해 고민한다는 것은 아니다. 또한 직접적으로 진실을 표현하려는 의도에 늘 부합하는 것도 아니다. 왜냐하면 말이 엄격한 지위를 부여받지 않으면서, 약화되지 않으면서 정신분석의 특성이 드러나기 때문이다. 요컨대 현실을 담아내고자 하는 영화 내부에는 다이렉트-시네마의 계열(외부 세상에 관한 객관성이라는 이데올로기)과 시네마-베리테(구원을 목적으로 현실에 참여하고 개입한다는 이데올로기) 간의 상반되는 근본적인 차이가 있는 듯하다.

운의 라인), Ta ligne de hanches(네 허리 라인)"라고 말하며 춤추는 멋진 장면을 상기해보자. 얼마나 비현실적인가. 무대 연출 그리고 미국 코미디 뮤지컬을 인용한 장면이란 점에서 더더욱 비현실적이다. 이 부분은 영화 문화적 전통에서 의미하는 사실주의, 영화 애호가들이 생각하는 사실주의와는 거리가 멀다. 하지만 그 어떤 다른 영화 장면도 시간과 장소의 외부적 현실감, 진실다움을 전혀 개의치 않고 이만큼 냉철하고 직접적으로 사랑이 만들어내는 그리고 사랑을 만드는 암묵적인 동조의 육체적인 몸짓을 느끼게 하지는 못한다(에리히 폰 슈트로하임의 「결혼 행진곡」에서 군대 퍼레이드 동안 일어나는 무성의 유혹 장면을 제외하고). 「미치광이 피에로」의 바닷가 신scène은 모든 몸짓, 미소가 조성하는 분위기, 수많은 작은 세부 요소가 복종의 인상이 아닌 온화함 속에 사랑받는 여자의 햇빛 받아 반짝이는 얼굴을 느끼게 한다. 사랑하는 남자는 그녀 주위를 감싸면서 감정이 넘치고 재미있고 부드러운 발레 제스처가 만들어내는 분위기를 느끼게 한다. 이와 같은 정교하게 들어맞는 연출은 고다르의 모든 작품에서뿐만 아니라 트뤼포의 모든 영화, 안토니오니의 몇몇 작품, 그리고 현대 영화의 상당 부분에서 발견할 수 있다. 밀로스 포만의 「블랙 피터」, 자크 로지에의 「아듀 필리핀」, 카렐 라이츠의 「토요일 밤과 일요일 아침」 그리고 조지프 로지, 에르마노 올미, 프란체스코 로시, 비토리오 데 세타 등의 작품들 모두. 정의하기는 어렵지만,* 진실의 순간은 우리가 1966년 당시 '현대적'이라고 부른 영화에서 가장 값진 작업으로 여전히 간주되고 있다. 물론 필자가 현대 영화를 정의할 수 있는 것이 원칙상 어떤 객관성인지를, 결점 없는 어떤 사실주의인지를 확실히 알고 있지는 못하다. 하지만 젊은 영화를 좀더 어른스러운 영화로 만드는, 예전 고루한 영화를 좀더 신선한 영화로 만드는 데 적합한 진실, 혹은 태도를 발견한 것은 사실이다. 매우 아름다운 작품일지라

---

* 이 부분에 관해서는 이 책 제10장에서 좀더 설명하고자 한다.

도,* 예전 영화들은 일반적으로 약간씩 어조가 강했다. 마치 부모님이 초대한 손님들 사이에서 들뜬 기분에 (어리석은 행동을 하지는 않지만) 약간 큰 목소리로 말하는 청소년처럼 말이다.

규칙을 따라 미리 결정된 영화? 이상의 이야기들이 옳다고 판단하기 위해서는 과거 영화인들이 전체적으로 현재의 영화인들보다 덜 지적이거나 덜 똑똑하거나 감수성이 덜 했다거나 교양이 부족했다는 이유는 충분치 않다. 합당한 판단 기준을 위해서는 새로운 극작법 연구를 시도해야 한다. 서사 플롯이 희생시키거나 눌러 없앨 수 있는 요소들을 좀더 세밀하게 살펴보는 연구가 필요하다. (전통 영화의 일부분을 시대에 뒤처진다고 판단하거나 소용없다고 판단해도 무리가 없는) 합당하고 논리적인 어조는 이 연구에서 결과적으로 따라오는 부분이 될 것이다.

다른 한편으로 이 새로운 형태의 '사실주의'가 현대 영화 전체를 모두 규정하는 것이 아님을 기억해야 한다. 그 반대편에 구축된 일련의 작품 경향은 새로운 사실주의에 맞서 그리고 그것과 비교하여 점진적으로 좀더 뚜렷해지는 작품들이다. 즉 일련의 규칙을 따르는 표현법 그리고 (오페라에서 대사 내용에 중점을 두는 창법인) 레치타티보의 일반화, 알랭 레네의 영화, 이와 유사한 측면을 다양하게 포함하고 있는 아네스 바르다, 크리스 마르케르, 아르망 가티, 앙리 콜피 등의 작품을 들 수 있다.[186] 이상의 작품들에서 텍스트와 이미지의 프로토콜은 매우 꼼꼼하게 정해져 있다. 모든 것이 마치 영화를 통해 내재된 잠재적 사실주의가 (이전에는 마르셀 카르네와 프레베르의 영화에서처럼 조심스럽게 연극화된 사실주의의 평균 정도를 관습적으로 따르던 것이) 이제는 '열정적인 영화' (르네 질송이 현대 영화에 관한 토론장에서 언급한 것처럼 '열광적인 사랑'

---

* 가령 무르나우의 「선 라이즈」에서 여자가 처음으로 도시에 등장하는 장면이라든가, 빅터 시외스트룀의 「바람」에서 릴리안의 표정이라든가, 슈트로하임의 「탐욕」에서 등장인물 마르쿠스 등. 그리고 (「전함 포템킨」을 제외한) 에이젠슈테인, 푸도프킨의 다른 작품들.

이라는 의미에서), 새로운 발상의 기묘한 영화라는 한 계열과 다른 쪽 계열, 즉 미리 숙고하고 지시한 방향으로 계획된 영화(알랭 레네와 그 시나리오 작가들이 만든 훌륭한 작품을 떠올려보자), 재구성된* 진실만을 믿는 영화, 생각했던 것보다 훨씬 더 브레히트적인 영화라는 계열 사이에서 양분된 것이다. 후자의 경우 미리 계산된 기호들을 면밀하게 배열하는데, 이 과정에서 그 해독이 어렵고 불확실한 여지를 남기도록 치밀하게 계산된다. 그 결과 필연적으로 의도한 바를 고민해야 한다. 애매모호함과 수수께끼를 동시에 내포하는 영화라고 할 수 있다. (알랭 레네의 「뮈리엘」에서 알퐁스는 그가 주장하는 것처럼 20년 전 지키지 못한 약속 당시

---

* 상당수의 비평가가 아네스 바르다의 「행복」을 혹평했다. 여기에서 일종의 오해가 발생한 것이다. 그들은 영화를 사랑하지 않았다. 오히려 「행복」이 너무나 비현실적이라고 비난했는데, 이는 심각한 오역이다. 분명 「행복」이 보여준 공장 노동자들의 삶의 방식은 환상적이지만 그 표현에는 충분한 이유가 있었다. 이 영화는 18세기적인 의미에서 철학적 이야기 혹은 19세기적인 의미에서 전투적인 유토피아를 그리고 있다(불행히도 영화가 다루고 있는 문제와 충돌하고 있는 계급 문제와 같은 사회적 요소들에 관한 좀더 명석한 사유가 부족하긴 하지만 말이다). 하지만 그녀의 작품은 용감한 행동임에 틀림없다. 왜냐하면 영화가 만들어진 사회적 집단 내부에 속한 몇몇 사람은 진정으로 자유롭게 사랑할 수 있는 세상, 더 본능적이고 인간적인 세상, 육체적인 민첩함에 대해 너그럽고 우호적인 세계, 여성과 남성이 공존하는 세상, (기독교의 지배로 인해) 이교도가 추방된 후 혼란스럽고 무책임한 것으로 평가된 감정이 지배하는 세상을 꿈꾸었는지도 모르기 때문이다. 지적이고 예술적인 분위기를 내포한 담론들이 만들어낸 프랑스 사람들의 생각을 고려한다면, 아네스 바르다만큼 솔직하게 도발적인 생각들을 한 작품 속에 담은 시네아스트는 없었다. 새로운 형태의 인간관계, 실제 질투나 고통은 배제된 채 진지한 척 가장된 부르주아들의 간통과 연애사건 말고 다른 종류의 사랑 등을 「행복」은 실제적인 방식으로, 다시 말해 이것들이 우리 삶에 정말 존재하는 것처럼, 아니 이미 존재하고 있었던 것처럼 표현하고 있다. 소망을 나타내는 언어 표현을 현재형으로 번역하는 것과 같은 유토피아에 관한 그녀만의 정의가 아닐까? 사실 그녀의 영화가 보여준 인간관계나 사랑의 형태가 몇몇 자유로운 '예술가'들 사이에서는 이미 찾아볼 수 있는 실제 형태였다. 하지만 만약 아네스 바르다가 그녀 영화의 플롯을 그런 범주의 사람들 사이에서 발생하게끔 했다면, 이야기는 그 결과 사실적이 되었긴 하겠으나, 작품이 갖는 전투적인 영향력, 힘은 잃어버렸을 듯하다. 왜냐하면 「행복」이 우리에게 이야기하고자 하는 것은 공장 노동자들도 역시 이런 방식으로 살아갈 수 있다는 것이기 때문이다. 요컨대 모든 오해와 오역은 고다르의 경우처럼 영화가 전형적으로 규칙을 따르는 영화이기 때문에 발생한 것이다. 사람들은 이 영화를 좋아하지 않았다. 그 이유는 바로 이 영화가 유토피아를 너무나 구체적으로 표현했기 때문이다. 하지만 그 누가 현재의 여성 감독이 우리에게 그토록 특정한 주제를 이야기하면서 보여준 용기와 아름다움을 평가하지 않을 수 있겠는가? 어떻게 그녀의 작품 의도에 배어 있는 진실함을 인정하지 않겠는가?

에 헬렌에게 해명하는 편지를 보냈을까 아닐까? 마리앵바드에서 지난해를 보냈던 것일까 아닐까? 앙리 콜피의 「단 한 번의 오랜 부재」에서 남편은 건망증에 걸린 것일까 아닐까? 등.) 불확실성의 영화는 매일 접하는 우리의 일상에서 발견할 수 있는 의미의 논리적 난점들을 그대로 모방하기보다는 의도적으로 미로 같은 복잡한 초벌 그림을 만들면서 현대적인 이상한 규칙들을 환기시킨다. 그 속에서 관객은 길을 잃어버릴 수도 있으나 이역시 미리 의도된 바이다.* 알랭 레네와 장-뤽 고다르는 영화의 현대성의 거대 양축을 표상한다고 볼 수 있다. 아무렇지 않게 무질서하고 혼란스러운 사실주의 그리고 주도면밀한 간접적인 방식의 사실주의(진실은 이편 혹은 저편에 있을 수 있다). 바르트의 개념을 참조하자면 '포이에시스'의 화려한 현신現身, '미메시스'의 승리, 표본 재구성의 승리 등으로 생각할 수 있다. 예전 영화는 대체적으로 항상 사실주의적이었지만 동시에 항상 단순화되어 있었다. 예전 영화는 두 가지 경향 모두에서 하위 수준에 있었다.** 분명 영화의 현대성의 중요한 특성 중 하나는 두 가지 경향

---

* 일상에서 '모호함'이란 단어는 (그 어원에도 불구하고) 구체적인 두 가지 해결책 중 한 가지를 선택하는 문제가 아니다. 주어진 영역에서, 그 속에 이산적 단위들을 포함하지 않는 속에서 의미론적으로 결정할 수 있는 경우일 때가 가장 많다. 동일한 맥락에서 「미치광이 피에로」의 예를 들어보자. 페르디낭이 고문을 견디다 못해 "돈이 Dancing de la Marquise 술집에 있다"라고 말할 결심을 했을 때, 이 배반은 셀 수 없는 동적인 요소들의 정의하기 힘든 축적과 연관된다. 이 요소들은 동일한 의미 연쇄의 같은 지점에 공존하고 있다. 고문에 대한 공포, 파란색 셔츠를 입은 두 남자가 진짜 원하는 것이 무엇인지에 관한 불확실성, 마리안이 그들과 한편이고 자신을 배신했다는 불신, 마리안이 결코 자신의 질문에 대답한 적이 없다는 사실에 관한 불만, 희망했던 것들이 갑작스럽게 전복되는 것에 관한 허탈한 감정(마지막에 페르디낭이 자살한 시점과 같은 감정) 등. 베르나르 도르Bernard Dort가 『현대 시대Les temps modernes』에 실린 논문에서 언급했던 것처럼 장-뤽 고다르를 '남용된 낭만적인'이라고 표현할 수 있지 않을까? 물론이다. 하지만 어떤 측면에서는 프랑스 영화에서 최초의 '사실주의 작가' 중 한 명이라고 말할 수 있다.
** 물론 예전 영화에도 환상적이고, 놀랍고, 비현실적인 영화는 있었다. 하지만 이 작품들은 (적어도 1935년부터 1940년대를 지나면서 그 이후로는) 분명 예외적인 경향에 속하는 것이었으며, 알랭 레네를 그 계승자로 볼 수는 없다. 규칙을 따라 미리 결정된 영화는 사실주의라는 공통의 나무 밑동에서 솟아나온 두 개의 가지 중 하나인데, 대략 1940년과 1950년 사이에 '환상적인' 경향 전체와 비교했을 때 훨씬 지배적인 경향이 되었다.

을 선보이면서 영화의 영역을 재조정하도록 일조했다는 데 있다(몇몇 랑가주 현상에서 발견되는 그 중요성에 대해서는 익히 알고 있는 바이다).

시네아스트의 영화? '시네아스트의 영화'를 예전 '시나리오 작가의 영화'와 대립되는 것으로 본다면 영화의 현대성, 그 영향력과 결과를 느낄 수는 있지만 그토록 규정하기 힘든 현대성의 기준으로 삼을 수 있을까? 오늘날의 영화는 종종 '영화-영화'라고 말해지고, 예전 영화는 미리 매듭지어져 완결된 플롯의 부차적인 삽화라고 말해지곤 한다. 맞는 말이기도 하다. 고다르의 작품을 다시 한 번 예로 들자면 (미셸 쿠르노Michel Cournot가 삽화 가능성의 상황을 잘 설명했듯이) 매우 훌륭한 삽화에 해당한다. 하지만 (「노스페라투」 「M」 「북극의 나누크」 등) 과거 기존의 위대한 영화들에서 관객을 사로잡았던 것은 시나리오적인 요소라기보다는 영화 대상이었다. 그리고 알랭 레네의 모든 영화는 우선은 시나리오 작가의 영화이다. 혼자 작품 구상하기를 거부했던 알랭 레네는 다른 사람들과 함께 시나리오 단계에서 그들만의 고유한 세계를 만들고자 했으며, 레네의 체계적인 방식은 모든 영화에서 (레네 자신 내부에서 층층이 배열되고 축적된 영화일지라도) 촬영에 선행하는 전반부 작업이 대단히 중요함을 인정하게 만들었다. 반면 안토니오니의 영화는 연인의 문제, 고독의 문제 등에 초점을 맞춰 고민했고, 따라서 경험, 대화, 정신적이고 감정적인 변화 과정, 다시 말해 모든 영화 외부적인 현상들에 전반적으로 밀접하게 관련된 사고를 수반했다. 반면 고다르의 영화는 일종의 서사적 발명과 연관되었는데, 영화가 되기 이전의 관찰, 환상, 감수성을 서사적으로 풀어내는 문제였다. 여기에서 '이전'이란 표현은 반드시 시간적으로 먼저 온다는 의미가 아니라, 본질적으로 위계관계에서 우위를 점한다는 뜻으로 사용된 것이다. 고다르는 촬영장에서 영감을 얻는 감독들에 속하며, 영화에 관한 다소 무질서할지라도 끊임없는 고민과 사유를 통해 영화를 만드는 사람이라고 할 수 있다.[187] 다시 말해 시를 창작하면서 동시에 시에 관한 에세이를 쓰는 그 중간 지점에서 작업이 가능한 작가라고 하겠다(이 점은 현대 문학에서 가장 두드러진 특성에 해당할 것이다). 고다르에게 영화가 실물로 존재하기 이전에 정신적으로 이미 현존한다고 할지라도 영화 창작이 필수적인 촉매였음에는 틀림없다. 동일한 맥락에서 '책'이라는 생각이 현대 작가들이 글을 쓰는 중이거나 혹은 겨우 글쓰기를 시작했을 때 이미 작가 머릿속에 현존하는 것처럼 말이다. 고다르가 그에게 필요한 영화 조각을 만드는 의식의 중재를 통해 우리에게 선보였던 것은 결국 영화 카메라 앞에 놓인 세상의 무게를 내포하는 이야기라고 할 수 있다. 사랑, 정치, 건달, 현대 사회, 바다, 태양, 파리, 여성을 향한 부드러운 마음 등 우리 내면 깊숙이 자리하고 있는 원형적 환상에 일치하는 것들. 고다르의 영화에는 **항상 이야기**가 있다.* 이 이야기가 무난하게 선형적인 대신 파편화되고 혹은 엉뚱하다고 할지라도 변하는 사실은 없다. 고다르는 우리 시대의 훌륭한 시나리오 작가 중 한 사람이다(고다르에게 시나리오가 촬영 도중에 탄생한다거나 혹은 작품 결과로서 만들어진다고 할지라도 여전히 그가 훌륭한 시나리오 작가라는 사실은 변하지 않는다). 현대 영화에서 시나리오 차원을 배제하는 것 혹은 그 중요성을 평가절하하는 것은 장 오랑슈Jean Aurenche와 피에르 보스트Pierre Bost**만이 시나리오 작가라고 생각하는 것과 다르지 않다.

---

* 에릭 로메르가 『카이에 뒤 시네마』 인터뷰에서 "나는 왜 이야기를 하지 않는다는 사실이 다른 그 어떤 것보다 더 현대적이라고 평가받는지를 모르겠습니다"라고 했다. 누보로망과 누보시네마가 만약 어떤 차원에서 서로 닮은 면이 있을 수 있는데, 누보로망은 영화 분야에서 파편적으로 나타나는 현상들을 더 극한 정도로 시도했다고 볼 수 있다. 가령 서사 넘어서기 같은 경우. 우리는 종종 소설과 영화 사이에 상당한 나이 차이가 있다는 사실을 잊곤 한다. 소설은 거의 노인에 가깝고, 영화는 이제 막 어른이 된 젊은이에 가깝다. 문제를 더 복잡하게 만드는 것은 새로운 소설가들과 새로운 시네아스트들이 항상 거의 같은 연령대란 사실이며, 따라서 유사한 사고방식과 문화적 흐름의 영향을 받는다는 점이다. 만약 영화가 문학보다 훨씬 진보적이라고 말하는 이가 있다면 이는 문학 작품을 결코 한 번도 읽지 않은 사람일 것이다.

** (옮긴이) 1942년 처음으로 장 오랑슈와 피에르 보스트 두 명의 시나리오 작가가 공동으로 집필을 시작한다. 이후 1960년대까지 30편 이상의 영화에 참여했다. 주요 대표작으로 클로드 오탕-라라Claude Autant-Lara와 함께한 작품들을 꼽을 수 있다.

숏의 영화? 현대 영화는 그렇다면 숏 사이의 빠른 전개를 기반으로 시퀀스를 더 중요하게 여기는 예전 영화와 상반되는 '숏의 영화'일까? 장 미트리가 표현주의라고 지칭한 경향(엄밀한 의미에서 독일 표현주의, 에이젠슈테인의 후반 작품들), 기존의 오래된 것이라고 간주되는 경향은 사실 리듬적인 내포를 희생시키는 대신 조형적인 내포를 우선시했다(영화-음악이 아닌 영화-그림). 또한 각 이미지에 오래 머물면서 영화를 전체 아우르는 사유가 가능하다는 생각 혹은 희망에 상당 부분 근거하고 있다. 이와 같은 경향에 대해서는 뭐라고 하겠는가? 역으로 플랑-세캉스가 지배하던 시기 후에 등장한 현재 새로운 영화의 가장 두드러진 특성으로 고려되는 몽타주의 위대한 재탄생에 관해서는 뭐라고 할 것인가? 광범위한 실존적 상처와 연관된 감정을 전달하는 「뮈리엘」은 빠른 편집을 통해 연결된 숏들 사이의 끊임없는 균열을 사용하여 그 메시지를 소통하고 있지 않은가? 프란체스코 로시의 「살바토레 줄리아노」는 처음부터 끝까지 편집의 영화가 아닌가? 클로드 를르슈 「여자와 총」에서 느껴지는 청춘들의 역동성은 서사 플롯 내부에서뿐만 아니라 풍부한 편집 덕분이 아닌가? 또 「쥘과 짐」에서, 그리고 고다르의 많은 작품에서 이미지가 멈추는 것, 편집이 표현하는 것, 즉 고정된 사진의 중요성은 어떤가? 고다르의 「비브르 사 비Vivre sa vie」, 아녜스 바르다의 「5시부터 7시까지의 클레오」에서 (편집 외에) 자막이 서사적 흐름에서 갑자기 끊기는 듯한 단절을 만들어내는 것은 어떠한가? 「히로시마 내 사랑」에서 히로시마/느베르의 대응관계는 그 현대적 어조에도 불구하고 발라즈, 아른하임, 푸도프킨 혹은 티모첸코의 편집 책상에서 방금 완성된 것처럼 보인다면 어떻게 할 것인가? 도처에서 발견되는 '콜라주'는……?

시 영화? 이제 파솔리니가 최근 언급한 '산문영화'와 '시영화'라는 두 개념의 대립에 대해 생각해보자. 이 설명은 무척 솔깃하긴 하지만 그 근본부터 흔들리기 쉬운 생각이었다. 왜냐하면 '산문'과 '시' 개념은 영화에 도입하기에는 음성언어 사용과 너무 밀접하게 연결되어 있기 때문이다. 혹은 일반적으로 '시'라는 개념을 매우 확장된 의미에서 사용하기 때문에(사물을 보고 느끼는 감정, 외부 세상에 대한 내면의 진동, 세계의 현존감 등처럼), 성공한 영화건 실패한 영화건 작업의 처음 단계에서는 '언제나' 시적이란 사실도 잊어서는 안 된다. 반면 시라는 개념을 협소한 의미에서 (즉 정해진 규칙에 따라 단어들을 배열하고 보충적인 제약들을 두어 일반적인 약호 이외에도 그 이상의 약호를 따르는 장르라는 의미에서) 사용하면 도저히 넘어설 수 없는 어려움을 만난다. 이는 영화에는 음성언어와 같은 전체적인 단일한 약호가 없고, 영화 '랑그'도 없기 때문이다. 파솔리니는 이 난제를 인식하고 있었고, 심지어는 스스로 구체적인 언급도 했다.[188] 하지만 파솔리는 그 난제에도 불구하고 다른 부분을 조명할 수 있는 이점이 있다고 보았다(필자는 불가능하다고 보지만 말이다. 그 이유에 관해서는 잠시 후 부연하기로 한다). 앞에서 설명한 시 개념의 어려운 점 외에도 산문 개념이 영화에 적용할 만한 어떤 대응 항이 없다는 사실도 해결하기 어려운 부분이다. 단어를 사용하는 분야에서 산문이 존재한다면 이는 시와 반대되는 개념으로 간주되는 것이다. 왜냐하면 오랜 수사학 전통이 문학 영역을 두 가지 분야로 구분했기 때문이다(엄밀한 의미에서 산문은 샤토브리앙 혹은 스탕달의 산문처럼 문학적인 산문을 의미한다. 주르댕 씨가 무엇에 대해 생각했는지 말하는 글이 아니다. 산문은 애초에 언어의 예술적 사용을 의미했고, 의사소통 수단으로 사용한 랑가주와는 다른 것으로 생각되었다. 산문은 랑가주가 도약하기를 멈춘 그 지점에서 그 자신을 위해 가치가 있는 대상을 창작한다). 반면 영화는 결코 일상의 의사소통을 위해 사용되지 않는다. 영화는 항상 작품을 창작한다. 산문과 시의 구분은 따라서 더 넓은 의미에서의 구분에만 연결지을 수 있다. 다시 말해 도구로서 사용되는 단어의 단순한 사용과 문학을 구분하는 경우에만 의미를 얻는다. 영화에는 적용할 수 없는 이 구분은 결과적으로 어떤 영화도 협의의 산문이나 협의의 시와 같은 맥락에 두고 생각할 수 없다는 결론에 도달하게 한다.

이제 파솔리니가 이론적으로 사용한 언어에 관한 언급은 잠시 접어두고 영화 역사에서 중요한 역할을 한 주장을 살펴보자. 영화 역사를 전반적으로 지배한 흐름이 있다면 그것은 영화-시에서 영화-소설로 이어지는, 다시 말해 '시영화'에서 '산문영화'로 흐르는 (그 역이 결코 아닌) 경향이다. 파솔리니는 (현대 영화에서 자주 발견되는) 시적인 어조를 시적인 구조와 혼동하거나 오늘날 영화에서 가장 완성도 높은 작품들과 예전의 가장 평범하고 밋밋한 영화들과 (꼼꼼하게 기존의 영화들을 폭넓게 고려하지 않고) 비교하곤 했다. 클로드 샤브롤의 「레다À double tour」, 자크 드미의 「롤라」, 트뤼포의 「피아니스트를 쏴라」, 리처드 레스터의 「여자를 유혹하는 요령The Knack ... and How to Get It」, 캐나다 다큐멘터리 「세상이 지속되기 위하여Pour la suite du monde」 혹은 펠리니의 「8과 1/2」이 분명 앙리 베르뇌유Henri Verneuil의 「대통령Le président」, 이브 시앙피Yves Ciampi의 「위대한 주인Un grand patron」, 모리스 투르뇌르 Maurice Tourneur의 「볼폰Volpone」, 자크 베케르Jacques Becker의 「마지막 카드Dernier atout」보다 더 시적임에는 틀림없다. 전자 계열에 속하는 영화들 각각의 형태와 내용은 후자 계열의 영화들 각각의 형태와 내용보다 더 시적이고 덜 저속하지 않은가? 전자 계열 영화들에서 사용된 일반적인 랑가주가 후자 계열 영화들에서 사용된 랑가주와 근본적으로 다름에 안심하지 않는가? 그렇다면 파솔리니가 영화에서 기법적으로 시적인 랑그의 측면을 보여주기 위해서 정확하게 설명한 '간접적인 자유로운 주관성'에 충분히 확신하는가?[189] 파솔리니는 이 주관성을 후반 분석에서는 (모든 영화의 특성에 해당하는) 촬영하는 사람의 시선이 대상으로 향하면서 생기는 피할 수 없는 주관적 색조와 혼동하고 말았지 않았던가? 그 결과 진짜 차이는 결국 시적인 시선과 비슷한 시선 사이에서 발생하는 차이로 귀결되고 만다. 이 차이는 각 작품을 분석하는 과정에서만 명확하게 밝혀질 뿐, 반드시 영화에서 시의 고유한 일반적 제약에 대립되는 산문 특성과 일치하는 것은 아니다. 좀더 거슬러 올라가면 오늘날의 유행에 가장 뒤처진 작품일지라도 시를 창작하는 것처럼 영화를 만드는 과정에서 더 논리적이고 더 체계적인 시도를 하는 작품을 절대 만나지 않으리라는 확신이 있는가? 장 미트리가 분석한[190] 푸도프킨의 '서정적 몽타주'에 대해서는 뭐라고 하겠는가? 「폭군 이반」의 성스러운 장면, 「전함 포템킨」의 안개 장면 등에 관해서는 뭐라고 하겠는가? 아벨 강스의 「바퀴」 「나폴레옹」에 관해서는 뭐라고 하겠는가? 플롯의 영화를 테마의 영화로 대체하기 위해 시도했던 '순수 영화'들의 수많은 시도는? 클로즈업 시적 가치에 관한 장 엡스탱의 열정적인 분석은? 장 비고의 「품행 제로」 기숙사 장면에서 슬로모션의 사용은? 앞서 언급한 몽타주 기법으로 유명했던 모든 감독의 작품들은? (그들은 영화적인 대위법을 공식처럼 만들고 형식적인 통사 규칙들을 만들면서 주제적인 측면을 강화하려고 했다.) 「노스페라투」의 검은 사륜마차 장면에서 퀵 모션은? 무르나우의 「파우스트」 도입부에서 불가능할 법한 공중에서 찍은 트래블링 숏에 관해서는? 이상은 모두 파솔리니가 새로운 영화를 고려하기 위해 언급했던 '시적인 기능의 문법적 요소들'에 해당하는 것이다. 오늘날의 영화가 시적인 울림이 풍부하다고 한다면, 그 어떤 시기의 영화건 나쁜 영화는 대상의 시적인 측면을 시적인 구조와 함께 배제시킨다고 할 때, 우리는 시적인 영화에서 그리고 조직화된 시적인 랑그로서의 영화(파솔리니가 의도한 의미)에서 찾을 수 있는 작업 역시 예전 영화에서 반드시 발견되는 현상이라고 말할 수 있다. 즉 그 탄생부터 영화는 한 번도 (기술적으로 비속할지라도) 유연하고 환상적인 자유로움을 이상으로 추구*하

---

* 필자의 견해에 따르면 이와 같은 시도는 결국 일반적인 이론 차원에서 보면 고립된 훌륭한 성공이 상쇄할 수 없는 실패로 끝나고 말았다. 영화 한 편이 시적인 소설이 될 수 있을지 모르나 시는 될 수 없다(루트만Ruttmann의 「베를린」, 석스도르프Sucksdorff의 「도시 리듬」 등 서사 플롯이 전혀 없고 주제만 부각된 단편영화의 경우라면 몰라도). 시 속에서 이야기는 없고, 아무것도 작가와 독자 사이에 개입하지 않는다. 소설가는 세상을 만들어 세우는 반면, 시인은 세상에

지 않은 적이 없다는 점이다. 이 주제와 관련되어 (전통 소설의 현대적이고 사회적인 대체물로 영화를 본) 프랑수아-레지 바스티드의 분석, (영화가 연극보다는 소설에 가깝다고 본) 앙드레 바쟁과 영화학자들, ('서정적·지적·구조적인' 편집에 비해 서사적 편집이 점진적으로 우세하게 되었다고 본) 장 미트리, (다소 뒤늦게 등장한 사실주의 영화들의 진실다움 속에서 더 교활하고 매력적인 힘을 추구하기 위해 초창기 영화들에서 발견되었던 원초적이고 원형적인 상상계를 멀리했다고 본) 에드가 모랭 등 여러 학자가 설명한 바 있다. 더 일반적으로 환상영화라고 말해지는 작품은 예전 어떤 시점에서는 (1910년부터 1930년까지 독일-스웨덴의 표현주의, 「프랑켄슈타인」「투명인간」「킹콩」 등의 1930년부터 1935년까지 공상적인 작품 등) 주요 흐름과 혼동되었던 때도 있었지만, 차츰 하나의 장르로 국한되었으며, 어느 정도는 별도의 장르가 되었다. 심지어 장르 영화 중 굉장히 상업적이거나 B급 무비라는 이름으로 지칭되는 부분까지 포함하게 되었다. 괴기스러운 영화, 고대 로마 복장의 이탈리아 영화, 가학적인 일본 영화, 소련의 요정 판타지, 공포물 영국 영화 등. 그 필연적 결과로서 사실주의라고 말해지는 영화는 오랫동안 ('뤼미에르 VS 멜리에스'의 구분과 같은) 영화의 거대 양축에서 환상 혹은 공상영화와 상반되는 영화로 간주되면서 오늘에 이르러서는 영화 전체를 포괄하는 영화와 동일시되고 있다.

파솔리니는 카메라의 존재를 부각시키는 특성으로 새로운 영화를 정의하기도 했다. 현대 영화에 반하여 전통 영화들에서 카메라는 보이지 않는 존재로, 카메라가 보여주는 스펙터클 앞에서 자신의 존재를 지우기 위해 노력했다. 하지만 이 카메라의 존재에 관한 특성을 기존 영화 작품 중 몇몇에 (가령 카메라가 없는 것처럼 연출된 고전주의 미국 코미디, 더 일반적으로 바쟁이 '고전적 방식의 데쿠파주'라고 부른 방식이 도입된 모

대해 말한다. 픽션영화는 항상 시보다는 소설에 가까운 것처럼 보인다. 하지만 영화가 시가 될 수도 있다고 믿는 시절은 오히려 현대 영화보다는 예전 영화를 만들던 시절이다.

든 영화에) 적용할 수 있지만, 동시에 카메라의 존재를 매우 적극적으로 드러내는 미학에 기대고 있는 이전 작품들에는 적용하기 곤란하다. 아벨 강스, 푸도프킨, 에이젠슈테인의 몽타주, 독일 실내극 혹은 표현주의 영화들에서 카메라 움직임, 프랑스 아방가르드 영화에서 특이한 카메라 앵글 혹은 시각적 변형, 왜곡, 드레이어의 「잔 다르크의 수난」에 사용된 클로즈업, 그리고 엡스탱, 에이젠슈테인, 발라즈, 아른하임 혹은 스포티스우드와 같은 이론가들이 피사체는 촬영 과정에서 특히 풍부하게 재구성되는 것이라고 끊임없이 주장한 미학을 포함하는 영화들에는 적용하기 어렵다. 하지만 현대 영화 범주 안에는 에릭 로메르, 안토니오니의 몇몇 특성, 데 세타, 다이렉트 시네마 등과 같은 '객관적'이라고 부를 수 있는 경향, 카메라 효과를 지우는 데 고심하는 경향도 존재한다(이 주장에 관해서는 에릭 로메르의 의견을 따랐다).

III

스펙터클/비≠스펙터클, 연극/비≠연극, 즉흥영화/미리 계산된 영화, 극적인 요소가 제거된 영화/극적인 영화, 본질적 사실주의/인위적 사실주의, 시네아스트의 영화/시나리오 작가의 영화, 숏의 영화/시퀀스의 영화, 산문영화/시영화, 카메라 존재가 부각된 영화/카메라 존재가 지워진 영화, 이상에서 살펴본 개념들 중 그 어떤 대립 쌍도 현대 영화의 특수성을 정확하게 밝혀주지 못하는 것처럼 판단된다. 이상의 개념 쌍 각각에서 '현대적'이라고 간주된 특성은 기존의 많은 영화에서도 발견할 수 있고, 심지어 오늘날의 영화에서 발견하지 못하는 것도 있다. 이 테제들 각각은 기존의 몇몇 영화 그리고 현대 몇몇 영화의 함축적인 특성이자 이 범주 내에서는 매우 합당한 개념으로 보인다. 하지만 역사적으로 고려할 수 있는 가능한 많은 수의 작품을 대상으로 하기에는 노력이 충분치 않은 듯하다. 분명 고심해야 할 부분이 많이 남아 있고 이 글에서 면밀히 모든 문제에 관해 관찰하기란 어렵다. 따라서 피할 수 없는 불충분한 결과를 인정하면서 논의를 진행시켜보자.

우선 이상의 모든 개념 쌍은 어쩌면 한 가지 동일한 이유에서 충분치 않은 것처럼 보인다. 함축적인 한 가지 생각에서 비롯된 것인데, 다시 말해 이전 영화는 완전히 서사적이었고 오늘의 영화는 더 이상 서사적이지 않다는, 적어도 훨씬 덜 하다는 생각이다. 하지만 이 글의 입장은 그 반대이다. 다시 말해 오늘의 영화가 더 서사적이거나 더 나은 방식으로 서사적이며, 새로운 영화의 주된 기여는 영화 서사를 풍부하게 만들었다는 데 있다는 주장이다.

서사성을 넘어섰거나 혹은 약하게 만들었다는 생각과 혼동된 맥락에서 많은 비평가가 영화의 '문법' 혹은 '통사 규칙'을 넘어선다고 단언하곤 한다. 이 글의 입장은 영화가 결코 언어학에서 이 용어들이 사용되는 맥락과 같은 의미로 통사 규칙이나 문법을 포함한 적이 없다는 것이다. 영화는 모든 정보를 전달하는 과정에서 반드시 필요한 근본적인 기호학적 법칙을 언제나 따랐고, 오늘에도 여전히 따르고 있다. 이 기호학적 법칙은 구체적으로 세세하게 규정하기 어려운 요소들이기에, 그 규칙은 특정 언어의 규범 수사학이나 문법 분야가 아닌 일반 언어학이나 일반 기호학의 측면에서 찾아져야 하는 것이다. 모든 오해는 사람들이 단어의 발현 과정에서 '랑가주'를 찾기 때문에 발생한다. 또한 이 분야가 이미 매우 특정적이고 파생된 범주이며 (영화적 현실과 매우 멀어지면서) 영화 법칙이 일반적으로 사람들이 기대하는 지점에서 상당히 떨어져 위치하고 있다는 생각을 하지 못하기 때문이다. 다시 말해 영화 법칙은 훨씬 더 심층적인 차원에서, 어떤 의미에서는 음성 랑가주와 다른 모든 기호학 분야와의 차이점을 선행하는 지점에 존재한다.

'영화 통사 규칙'이 더 이상 존재하지 않는다고 말들을 한다. 혹은 이 규칙이 무성영화 시절에는 합당했으나 생생한 현대 영화에서는 속박으로 느껴질 뿐이라고 말한다. 하지만 **통합체적인** 분절(통사 규칙이라기보다 통합체적인 분절, 왜냐하면 일찍이 소쉬르가 지적했듯이[191] 통사 규칙은 통합체의 일부분일 뿐이기 때문이다)은 주르댕 씨의 산문과 같다. 모든 담론이, 스스로 원하건 원하지 않건, 이해되고 싶다면 통합체 분절을 따라야만 한다. 젊은 영화를 옹호하는 몇몇 사람이 영화에서 더 이상 통사 규칙이 존재하지 않는다고 과도하게 반응하는 사실은 '시네-랑그'* 시절 그리고 그 이후에도 언어 문법만큼 엄격하고자 했던 통사 규칙에 역으로 대응하는 것이라고 하겠다. 하지만 영화의 더 유연한 새로운 형태는 본질적인 주요 규칙들을 덜 따른다고 말할 수는 없다. 왜냐하면 이 규칙이 없다면 그 어떤 정보도 전달될 수 없기 때문이다. 일정 길이의 담화는 언제나 이러저러한 방식으로 나눠질 수밖에 없다. 영화 랑가주 연구는 규범 규칙을 찾고자 하는 경우 일종의 속박이 될 뿐이다. 오늘날 '영화 랑가주' 연구가 영화 작품을 좌지우지하기를 의도하는 것은 곤란하다. 작품을 연구하는 일로 충분하다. 영화 랑가주 연구가 작품을 앞서는 척하기보다는 그 뒤를 따라간다고 솔직히 고백할 필요가 있다. 음성 언어 분야에서 가장 선진적인 언어학 이론마저도 우리가 사용하는 언어에서 발생하는 진화에 영향을 미칠 수 없다. (규범 문법학자들과 언어학자를 구분하는 일은 1963년 『예술Arts』에 발표된 에티앙블Étiemble과 마르티네 사이의 논쟁을 상기시킨다.) 매우 자유분방한 작품들도 여전히 기호학적으로 접근해야 하므로, 기호학은 새로운 대상을 이해하기 위해서 더 유연해져야 한다.

영화 규칙이라고 하면 다음과 같은 두 가지 사항을 떠올리게 된다. 한편으로 더 이상 유효하지 않고 쓸데없이 엄격하다고 생각되는 **규범 미학****과 다른 한편으로 일정량의 구조주의적 외관, 현상의 법칙에 해당하는

---

* 시네-랑그 개념에 관해서는 이 책 제3장에서 이미 설명한 바 있다.
** 다른 오해의 원인은 새로운 영화가 180도 법칙을 존중할 것, 앵글을 바꾸지 않고 롱 숏에서 미디엄 숏으로 넘어가지 않을 것, 배우가 카메라를 똑바로 직시하지 않을 것 등의 규칙을 전복시켰다는 점이다. 하지만 이러한 규칙들은 영화 기호학과는 아무런 상관이 없다. 아주 미세한 균

것들이며 이는 그 자체로 세부 사항에서 끊임없이 진화한다. 가령 '누벨바그' 영화는 "완전히 서사를 분절하지 않는다" 혹은 "통사 규칙을 완전히 전복시킨다"라고 말할 때, 문제의 비중을 과소하게 보면서 '이야기' 그리고 '통사 규칙'에 관한 너무 협소한 생각을 갖고 있기 때문이다. 그리하여 원하지 않는 사이 우리가 설득하고자 하는 미학 옹호자들이 그들 생각이 맞는다고 주장할 빌미를 주게 되는 것이다(왜냐하면 이 옹호자들은 서사와 통사 규칙 개념을 순수하게 관념적이거나 상업적인 약호작용 차원으로 축소하는 것이기 때문이며 더구나 일반적으로 영화적 전달 방법에 딱 맞는 약호화된 구조주의와 그 어떤 관계도 없기 때문이다). 바로 이 편견에 맞서 대항하기 위해 젊은 영화의 개혁적인 측면을 관심 있게 살펴보아야 한다. 우리가 통사 규칙이 존재하지 않음을 증명하려고 하면 할수록, 새롭게 탐구된 사례들이 영화 담화의 기능적인 존재에 굴복하는 것처럼 간주될 것이다. 사실 고다르의 「알파빌」, 알랭 레네의 「지난해 마리앵바드에서」는 처음부터 끝까지 디제시스 영화이며, 이 작품들은 반박의 여지가 전혀 없는 독창성, 데쿠파주, 몽타주에도 불구하고 여전히 서사적 픽션이 요구하는 것들에 맞춰 구상되었다. **영화에는 불가능한 구조가 있다.** 예를 들어 주인공이 계획된 정확한 여정을 따라 전진하는 동안 묘사적 통합체는 배제된다. 만약 살인 자체를 모든 비교를 벗어나 그 자체로만 다루고자 한다면 평행 통합체는 나타날 수 없다. 자율 숏은 모스크바에서 시작하여 파리에서 끝날 수는 없다(적어도 현재 영화 기술 상태로서는). 비非디제시스적인 이미지는 비非디제시스 영화라고 이해되지 않으려면 어떤 방식으로든 디제시스 이미지와 연결되어 있어야 한다. 하지만 이상에서 설명한 배열 법칙에 관해 일반적으로 시네아스트들은 (일부러 관객이 이해하지 못할 것을 의도하는 극심한 아방가르드주의자가

열, 하찮은 처방일 뿐, 이러한 시도는 이미 장 콕토가 1951년 「시네마토그래프에 관한 인터뷰 Entretiens autour du cinématographe」에서 비꼰 바 있다. 법칙 몇 가지를 깨뜨리는 시도를 했다고 해서 통사 규칙을 전복시키는 것과 같은 무게를 지닐 수는 없다.

아니라면, 그리고 서사 픽션영화 원칙과 매우 다른 영화 장르가 아니라면) 심각하게 고려하지 않는다. 시네아스트들은 이상에서 언급된 불가능한 구조를 작품 안에서 쌓아보려는 생각을 하지 않는다. 심지어 존재할 수 있다는 생각조차 하지 않는다. 왜냐하면 영화적으로 명료하고 이해하기 쉬운 주요 형태들이 그들의 정신 속에 의식하는 것보다 훨씬 더 견고하게 자리 잡고 있기 때문이다. 같은 맥락에서, 매우 독창적이라고 여겨지는 작가도 새로운 단어를 만들 생각을 하지 않는 것이다.

IV

이제 영화사에서 다루는 방법 대신 더 기호학적이고 기술적인 접근을 시도해보자. 이 과정에서 영화의 현대성에 관한 파솔리니의 글을 재검토하면서 일반적인 느낌이나 인상 수준을 넘어 좀더 정확하게 대상을 파악하고 설명해보려고 한다.

이미지-기호 혹은 도상적 유사성? 파솔리니의 말을 처음 얼핏 접하면 영화에는 문학 작가가 단어를 사용하는 것과 같은 단위가 전혀 없는 것처럼 보인다. 다시 말해 순전히 미학적인 작업에 선행하는 약호화된 심급이 없다는 뜻이다. 하지만 파솔리니는 그래도 영화에는 문학에서의 언어와 같은 역할을 하는 무엇인가가 있다고 주장한다. 왜냐하면 영화는 '기괴하고 괴상한' 어떤 것이 아니기 때문에, '무의미한 기호들'로 구성되지 않을뿐더러 항상 '의사소통'을 원하기 때문이라고 가정한다.[192] 필자가 보기에는 바로 이 지점에서 다소 부적절한 확신이 생겨난 듯하다. 영화 기호학처럼 예술과 관련된 기호학은 앞서서 약호화된 랑가주를 끌어들이지 않고서도 작동할 수 있어야 한다. 구상 회화를 두고 레비-스트로스가 『날것과 익힌 것』에서 분석한 것처럼 영화도 마찬가지이다. 분절의 첫번째 차원에 해당하는 것은 '자연스러운', 즉 문화적인 의미작용이다. 우리의 지각이 캔버스 위 혹은 스크린 위에 재현된 대상을 보고 생각하는 자연스러운 의미작용을 말한다.

만약 문학이 언어를 필요로 한다면 이는 음성 기관이 생산하는 소리가 그 자체로 의미작용을 하지 못하기 때문이다. 이 소리는 의미를 획득하기 위해서 분절되어야만 한다. '분절되지 않은 외침'은 의미를 갖지 못한다. 음성언어를 구성하는 두 가지 종류의 분절(마르티네의 용어를 따르자면 음소로 분절되는 것 그리고 형태소로 분절되는 것)은 외연적인 문학적 의미작용을 만드는 데 반드시 필요한 심급에 해당하는 것이다. 이 부분이 없다면 시인은 자신의 내포를 만드는 두번째 작업을 전혀 할 수가 없게 된다. 하지만 시네아스트는 의미가 배제된 자신의 목소리를 사용하여 작품을 만들지 않는다. 시네아스트의 첫번째 질료는 이미지이다. 다시 말해 언제나 의미를 이미 내포하고 있는 현실의 광경을 사진적으로 복제한 이미지이다.* 약호화된 랑가주, 파솔리니가 주장한 바를 따르면 적어도 약호화할 수 있는 랑가주는 불안정하고 정의할 수 없는 집합, 하지만 잠재적으로는 조직할 수 있는 집합으로서 정의된다. 그는 영화에 앞서는 '이미지-기호'가 있다고 보았고 이는 우리 입장에서 보면 불확실하고 거추장스러운 인공물처럼 보인다. 이 사유 과정에는 도상적인 단순한 유사성, 사진적인 닮음이 우선시되고 있다. 물론 영화는 커뮤니케이션한다. 하지만 설명이 요구되는 신비스러운 측면은 이 부분이 아니다. 이 특성 때문에 파솔리니 스스로 가정을 전제로 한 보완적 심급을 영화 이론에 포함시킬 필요는 없다. 예를 들어보자. 자동차에 관해 가장 최소한의 내포를 지닌 매우 평범한 사진이 있다고 하자. 이 사진

---

* 대화의 경우는 예외이다. 시네아스트가 대화를 사용하는 과정에서는 거의 작가(구어/문어 차이에 관해서는 일단 접어두자)의 입장과 같다. 현실의 소리는 청각의 차원으로 옮겨왔다는 차이 이외에는 사실 이미지와 같은 문제들을 본질적으로 제기한다. 여기에서 음향적인 것과 음성적인 것을 혼동해서는 안 된다. 세상의 소리는 증기기관차의 기적 소리 등과 같이 그 자체로 구체적인 의미를 갖는다. 하지만 음성, 인간의 언어 소리는 언어학적인 분절을 통해서만 정확한 의미를 가진다.

역시 언제나 자동차라는 의미를 소통할 수 있다. 이러한 맥락에서 시네아스트는 기의가 이미 내재된 질료를 사용한다. 반면 음성언어는 기의를 전달하려면 이중 분절에 의지해야만 한다(음성언어에서의 이중 분절이란 ㅈ, ㄷ, ㅊ과 같은 음소 분절 그리고 자동차, 기차, 비행기 등과 같은 형태소의 분절을 지칭한다). 요컨대 영화는 **심리 사회학적이고 문화적인 상황에서 지각되는 약호 이외에는 그 어떤 다른 약호의 도움을 받지 않고** 같은 결과에 도달한다. 다시 말해 영화에는 **랑가주적인 어떤 약호도 없다.**

파솔리니가 강력하게 주장한 '이미지-기호' 개념이 몇몇 특정 영화의 특정 이미지를 이해하는 데 중요한 역할을 한 것은 사실이지만, 그렇다고 해서 영화의 일반적인 지적 작용과 관련된 가장 근본적인 메커니즘을 밝혀준 것은 아니다. 파솔리니는 시각 이미지의 상징적 가치를 전혀 학습하지 않고 어떻게 영화를 이해할 것인지 질문한 바 있다. 각 사회마다 각 시대마다 함축적인 무게를 지니고 있는 일상의 이미지, 애정 생활의 이미지, 기억의 이미지, 꿈의 이미지 등을 어떻게 이해할 것인가? 확실히 어떤 영화이건 전체적으로 완벽하게 이해하려면 파솔리니가 말하는 이미지-기호의 현실적인 동시에 복잡한 사전을 반드시 참조할 필요가 있을 것이다. 샤브롤의 「사촌들」에서 장 클로드 브리알리의 자동차가 스포츠카란 사실을 모른다면, 이것이 영화의 디제시스 배경인 20세기 프랑스에서 의미하는 바를 모른다면 어떻겠는가? 하지만 우리는 사실 이 모든 지식이 없다고 하더라도 영화 속 이미지가 자동차란 것을 알 수 있으며, 나아가 그 부분이 영화에서 지시하는 의미를 이해하는 데에는 충분할 것이다. 만약 어떤 에스키모, 단 한 번도 산업사회에서 살아본 적이 없는 에스키모 관객이라면 자동차가 무엇인지조차 못 알아볼 것이고 그렇다면 문제가 될 수도 있겠다. 여기에서 에스키모가 경험하지 않은 부분은 번역이 아니라 문화 동화이다. 다시 말해 에스키모의 '이미지-기호'에 관한 지식이 너무 빈약해서가 아니라 사회-심리학적인 통합 차원에서 그의 지각이 문제시되는 것이기 때문이다. 자동차라는 생산품은 세상에 나온 순간 다른 물건과 마찬가지로 지각 대상이 되며, 우리 사회에서 자란 어린아이라면 어렵지 않게 고양이나 트럭처럼 무엇에 쓰이는 물건인지 알아볼 수 있다.*

* 지금 이 부분은 1966년 초에 집필된 내용인데 파솔리니의 주장에 관한 찬성과 반박을 동시에 포함하고 있다. 필자가 찬성하면서도 동시에 반대하는 모순적인 입장을 취하는 이유, 지난 시간 동안 변하지 않은 이 태도의 근거가 오늘날 좀더 분명하게 설명될 수 있을 듯하다. 하지만 여전히 영화 기호학에서 사진적인 그리고 음향적인 유사성에 관한 개념과 그 역할 정의는 구체적이지 못하다. 파솔리니의 '이미지-기호'는 영화에 선행하는 의미작용의 조직된 혹은 조직할 수 있는 기초적인 집합, 다시 말해 엄밀한 의미의 '영화 랑가주'를 의미한다. 이 집합 없이는 영화는 이해할 수 없는 대상이 될 것이며 이미지-기호들은 따라서 우리가 현재 '문화적'이라고 부르는 다양한 약호 요소이다. 필자와의 인터뷰에서 스스로 밝혔듯이 파솔리니는 각 사회-문화 집단에 고유한 **도상해석**iconologique 그리고 **도상적 기호**iconographique의 약호작용을 숙지하고 있었다. 이런 종류의 약호작용 없이는 이미지 자체도 의미를 갖지 못한다. 이 심급의 존재에 관해서는 파솔리니의 의견에 동조하는 입장이며, 뿐만 아니라 이 약호작용은 이미 랑가주적인 성격을 포함한다는 파솔리니의 생각을 적극적으로 수용하는 바이기도 하다. 이 약호작용은 영화 랑가주와 같은 성질을 공유하고 있으며 어떤 의미에서는 첫번째 단계를 구성하는 요소들이며, 시네아스트는 이미지-기호들과 동시에 영화 언어를 다루어야만 한다(혹은 부분적으로는 창조해야만 한다). 불확실하고 거추장스러운 인공물처럼 보이는 것, 파솔리니가 제안한 가정을 전제로 한 보충적인 심급 등은 사실 '이미지-기호'가 아니라 '랑그'의 영역에서 정당화되지 않는 그들의 지위이다. 이미지-기호의 약호는 시네아스트에게 마치 단어의 약호가 작가에게 의미하는 바와 같은 결과를 낳는다. 바로 이러한 이유에서 필자가 영화의 고유 약호의 랑가주적인 특성(오늘날 이 부분은 '특정 약호'라고 분류한다)과 완전히 다른 이미지-기호의 문화적이고 지각적인 지위를 주장하는 것이다. 그리하여 파솔리니가 뭉게뭉게 피어나는 수증기 한가운데로 돌진하는 기차 바퀴 이미지를 들면서 고정된 형태이고 약호화된 형태라고 주장하였을 때, 우리 입장에서 보면 이 형태는 영화 랑가주라기보다는 도상해석·도상기호에 속한다고 말할 수 있다. 바로 이런 이유에서 **영화 기호학**의 입장에서 보면 조직 과정의 첫번째 차원이 이미지-기호가 아니라 시각적이고 청각적인 유사성으로 구성된다고 주장하는 것이다. 소설 독자가 이야기에 등장하는 '개'를 알아보는 것은 '개'라는 언어학 단위 때문이며, 영화 관객이 영화 플롯 속에서 '개'를 알아보는 것은 현실의 개 모습과 시각적으로 유사하기 때문이다. 더 일반적인 기호학을 위해서는 파솔리니가 이미지-기호라는 용어로서 지칭한 많은 현상이 **유사성이란 범주** 속에서 재-조정되어야야 할 것이다. 왜냐하면 사실 사용자의 눈에는 (비非특정 약호라는) 형태의 약호들은 정말 문자 그대로의 시각적 혹은 청각적 해독과 구별하기가 쉽지 않기 때문이다. 다른 말로 하자면 매우 일반적으로 문화적인 약호작용이 영화 속에 개입되었을 때(특정 영화의 내용을 생각하면 흔히 발생하는 일이다), 문화 약호작용은 종종 **이미지** 혹은 소리 자체에 포함되어 있다. 다시 말해 '유사성' 속에 내재되어 있다. 이는 영화 약호작용 전체의 전략적 차원에서 영화 랑가주라고 지칭하는 것을 구성하는 약호작용과는 구별되는 지점이다. 기차 바퀴 이미지는 영화에서 만들어진 것이 아니라 사회에서 만들어진 것이다. 영화에 기차 바퀴 이미지가 등장하면 우리는 기차의 진짜 바퀴와 시각적으로 닮았기 때문에 알아보는 것이고, 바로 이 유사성에 근거해 영화는 문화 속에서 이미지가 갖고 있는 의미작용의 보충적 차원을 사용하게 되는 것이다. 아벨 강스의 「바퀴」에서처럼, 만약

'이미지-기호'라는 첫번째 언어(약호화할 수 있다고 판단되지만 결코 진짜로 약호화된 적은 없는)가 존재한다고 가정한 파솔리니는 시네아스트가 우선은 언어를 만들고('이미지-기호'를 분명하게 밝히려는 노력) 그 후에 예술을 만들어야 한다고 생각했다. 반면 단어를 사용하는 작가는 미학적 차원에서만 창작자가 되면 된다고 보았다. 하지만 바로 이 '우선'이란 부분에서 모든 오해가 발생하는 것이다. 설사 시네아스트가 필수불가결하게 예술적인 영감과 랑가주적인 창작을 혼합해야 한다는 것이 사실이라고 할지라도 시네아스트는 항상 우선은 예술가란 사실에는 변함이 없다. 현실의 것들을 다르게 배치하기 위한 노력을 통해, 미학적인 의도와 내포 작업을 통해 시네아스트가 가끔 차후에 '랑가주의 현상'이 될 만한 표준화할 수 있는 몇몇 형태를 남기게 될 수는 있을 것이다. 영화적 외연이 오늘날 풍성하고 다양하다면 이는 오직 예전 내포 작업이 남긴 결과일 뿐이다.*

기차 바퀴 이미지가 교차 편집으로 다른 이미지들과 함께 배열되었다고 할 경우, 이때에는 문화석이라기보다는 영화만의 약호삭용이 개입한다. **나른 종류의 약호삭용**, 시삭석 유사성 내부에 삼겨 있는 약호작용이 아니라 서로 겹쳐지는 과정에서 발생하는 약호작용이다. 동시에 문화적 약호작용이 영화에 개입되었을 때에는 **촬영된 대상의 소재** 차원일 때가 많다는 점 역시 상기할 필요가 있다. 반면 영화석 약호삭용은 근본적으로 소재의 배열과 너 관련된다. 바로 이러한 이유에서 이 글에서 영화적 계열체를 영화의 '거대 통합체' 범주로 구분했던 것이다.

물론 배열 법칙 전체 집합은 영화 랑가주에 해당하지만 이 자체도 다양한 사회문화적 약호작용의 영향을 받는다는 것은 엄연한 사실이다. '촬영된 소재'는 그 대상이 내포하는 영화 외적인 의미를 영화 내부로 끌어들인다. 또한 영화 배열 형태는 사회에서 명료하게 이해되는 방식을 따르게 된다. 평행 편집은 순전히 영화적 형태이지만 그렇다고 해서 전혀 이러한 구조를 이해하지 못하는 사회에서 이해될 수 있는 방식으로 보기 어렵다. 교차, 평행주의, 대응 등 더 일반적인 관계로서 평행 편집의 상징적인 문제를 이해할 수 있는 사회에서 쉽게 수용된다. 영화의 고유한 것은 서로 다른 요소들을 배열하도록 만든 전체 시스템, 다시 말해 관계들의 관계, 혹은 통합체들의 계열체라고 하겠다. 반면 촬영된 소재 차원에서는 영화 랑가주에만 해당되는 전체 시스템이 존재하지 않는다(다양한 개별 작품에 나타나는 소재들의 다양한 시스템이 있지만 이는 다른 문제이다).

* 이 점에 관해서는 이미 이 책 제5장 네번째 소단원에서 상세히 설명했기에 반복하지 않기로 한다. 또한 내포 형태 중 명료하게 이해할 수 있는 외연으로 고착된 경우 역시 이미지의 거대 통합체 부분에서 이미 언급되었기에 다시 설명하지 않기로 한다. 이 책을 출간하기 위해 논문들을 재구성하는 과정에서 처음 이 논문이 발표되었을 당시 포함되었던 각주의 설명을 삭제했다.

영화적 통사 규칙의 쇄신. 앞서 살펴본 평행 통합체, 교차 통합체, 괄호 연결 통합체, 삽입, 에피소드 시퀀스 등과 같은 이미지 구성, 플래시-백(연속된 이미지는 과거 일의 선행을 나타내는 기표) 혹은 플래시-포워드(미래 연속의 기표로서 삽입)와 같은 기법 등은 내포의 형태였지만 이해하기 쉬운 도식적 외연으로 자리 잡은 경우이다. 기호학적 형태의 대부분이 효력을 잃는 대신 현대 영화에서 보편적으로 사용되었다는 점에 주목할 필요가 있다. 물론 그리피스 시절에 사용되던 형태가 우리 시대에서도 그대로 똑같이 사용된다는 뜻은 아니다. 영화에도 통시적 관찰이 가능하다. 가령 비非디제시스적 은유(차후 다시 언급하게 될 고다르의 쇄신 경우를 제외하고), 슬로모션, 퀵 모션, 아이리스(트뤼포의 「피아니스트를 쏴라」에서 사용된 노스탤지어적이면서 재미있는 사용을 제외하고), 편집 기법의 과도한 남용(고다르의 「결혼한 여자」 첫번째 시퀀스처럼 새롭게 적용한 경우들을 제외하고), 탁구 경기를 모방하는 듯한 기계적으로 도입된 숏-리버스 숏(반면 고다르의 「미치광이 피에로」에서 안나 카리나가 사랑 노래를 부르는 동안 파리의 흰 벽 아파트를 보여주는 신scène은 좀더 유연한 방식으로 숏-리버스 숏을 사용했다) 등과 같이 시간이 지남에 따라 낡은 기법이 된 경우도 물론 있다. 시대마다 다르게 변화한 양상을 보고서도 영화 통사 규칙이 어느 순간 더 이상 중요하게 생각되지 않았다고 말할 수는 없다. 또한 자유로운 시적 영감과 더 구조적이고 심층적인 분절을 선택할 때의 가능성을 혼동해서는 안 된다. 분절이 가령 임의로 이루어지는 부분이 있고, 게다가 시대에 따라 계속해서 변화한다고 할지라도 일정 시점의 공시적 상태에서는 정보를 정확하게 전달하는 데 만전을 기한다. 이런 종류의 법칙을 모두 벗어난 지점에 우리가 찾으려는 특성이 있다. 말하는 행위, 즉 의사소통하고자 하는 욕망, 대중을 고려하는 행위 등이 끼어드는 순간 곧 생각 자체보다는 생각의 표현을 특성짓는 기호학적 제약이 나타나게 마련이다. 생각은 생각의 표현과는 다른 법이다. 언어학자들이 이미 주장했듯이 문장은 생각, 현실 혹은 지각의 단위가 아니라 담화의 단위이다.

현대 영화와 함께 영화 통사 규칙이 폭발적으로 새롭게 변화했다고 주장할 수는 없지만, 현대 영화 속에는 영화 통사 규칙을 풍부하게 하고 새롭게 하는 거대하고 복합적인 움직임이 있다고는 말할 수 있다. 이 움직임은 서로 균등한 세 가지 진화 과정으로 설명된다. ① 몇몇 형식은* 현재로서는 거의 버려졌다(예를 들어 슬로모션과 퀵 모션). ② 다른 형식들은 계속해서 사용되지만 더 심층적인 기호학적 메커니즘을 위한 유연한 변주 형식들이 있다(예를 들어 숏-리버스 숏, 신scène, 시퀀스, 교차 편집 등). ③ 결국 새로운 형식이 등장하고 영화의 표현 가능성을 증대시키게 된다. 이 세번째 특성을 잠시 더 살펴보자.

우리는 초기 영화부터 지금까지 영화에 적용될 수 있는 기본적인 여덟 개의 거대 통합체 유형을 관찰했다. 하지만 「미치광이 피에로」의 어떤 부분은 우리가 모델로 규정하거나 그 변주에 전혀 속하지 않는다. 두 주인공이 서둘러서 파리의 흰색 아파트를 떠나는 장면에서 두 주인공은 빗물받이 홈통을 타고 내려와서 빨간색 푸조 자동차를 타고 센 강 일반통행 차로를 달려 도망간다. 이 '시퀀스'는 한 개 시퀀스라고 도저히 말할 수 없는 경우인데, 왜냐하면 건물 밑 주차장 이미지(빗물받이 홈통에서 몇 미터 떨어진 곳, 건물 벽 앞에 주차되어 있는 푸조를 서둘러 타는 장면, 자동차 시동과 출발 등)와 디제시스적으로 몇 분 후에 다른 장소에서 발생할 장면들이 교차되기 때문이다. 잠시 후 빨간색 푸조가 전속력으로 센 강 차로를 달리는 장면이 나온다. 이 부분에서 각각의 여러 여정이 동시에 나타난다. 강둑에서 빗물받이 홈통으로 다시 돌아오고, 차를 타

---

* 여기에서 형식이란 단어를 '스타일의 형식'이라는 의미로 혹은 이론적인 의미, 내포 기법으로 사용하지는 않는다. 반면 훨씬 더 일반적인 의미에서 사용하는데, 바로 알아볼 수 있는 특정적인 모든 통합체적 형식을 의미한다. 영화에서 내포적인 도식과 외연적인 도식을 혼용해서 쓰는 것과 통한다.

고 출발하는 장면에서 다시 건물 밑으로 돌아온다. 약간씩 위치를 바꾸고 인물의 움직임을 바꾸면서 두세 번 다시 나타난다(여기에서 알랭-로브그리예의 『엿보는 사람』 『밀회의 집』에서 사용된 구조를 상기하지 않을 수가 없다).

「미치광이 피에로」의 통합체에서 시간은 서사적인 접근의 가장 공통적이고 가장 단순한 경우에 해당하는 물리적 법칙을 따라 작용하지 않는다. 다시 말해 (신scène, 일반 시퀀스 혹은 에피소드 시퀀스와 같은) 선형적인 서사 통합체가 아니다. 교차하는 이미지들이 동시에 발생하는 사건이 아닌 명백하게 시간적으로 연속되는 사건들을 교차시키고 있기 때문에 일반적 의미의 교차 통합체도 아니다(강변 차로 이미지는 분명 차후 일어나는 일이다). 이미지들의 교차는 사건들의 교차와 동일하지 않다(교차 통합체의 교차적인 변이체). 사실 주인공들이 강변길에서 건물까지 왔다 갔다 여러 번 했을 리가 없다. 이미지 교차는 시간을 지시적으로 가리키는 외연(평행 통합체) 기의를 임의로 사용하지 않기에 순수 내포의 대위법과 상응하지도 않는다. 왜냐하면 이미지에 나타난 사건들은 오직 디제시스라는 기의 차원에서만 정확한 시간적 질서를 따르고 있기 때문이다. 우선 빗물받이 홈통을 타고 내려온다. 차에 탄다. 자동차 시동을 켜고 출발한다. 그리고 강변길을 따라 달린다. 또한 이 부분은 묘사 통합체도 아닌데, 공간적으로 공존하는 요소들을 보여주는 것에서 멈추지 않고 시간적으로 인과관계가 분명한 사건들이 보이기 때문이다. 동시에 '반복적인' 모든 양태는 배제되어 있다. 이 부분은 그 어떤 방식으로든 반복적이고 관습적인 과정을 담고 있지 않으며, 오히려 독창적인 연속 형태로 발생한 사건들을 그려내고 있다. 그렇다고 해서 (이 부분에서는 분명 한 사건이 제시되고 다른 사건들과 혼동되지 않기 때문에) 괄호연결 통합체도 아니며, 자율 숏은 더더욱 아니다. 왜냐하면 디제시스의 한 단위로서 여러 이미지가 연결되어 있기 때문이다. 이 시퀀스는 일종의 분리 시퀀스라고 할 수 있다. 매우 효과적으로 주인공들의 위험,

공포, 동요 등(분명히 이해할 수 있는 내포 기의)을 표현한다. 그리고 이 시퀀스는 주인공이 서둘러 출발하는 야단법석 통에(외연 기의) 필사적으로 도주하는 다양한 모습이 약간씩 변주된 모습이긴 하지만 현실적으로 일어났고 제법 뚜렷한 범위 내에서 파악될 수 있게 제시된다. 이는 서사성의 차원에서 보면 스스로 이야기라고 솔직히 드러냄과 동시에 이야기 만드는 과정의 한 단면을 보여주는 것이라고 하겠다. 여기에서 잠재된 심리적 상태가 정확하고 날카롭게 드러나는 삶의 다양한 상황을 감지한 프루스트의 사유 과정을 떠올릴 수 있을 것이다. 하지만 프루스트는 스스로 사건이 일어나기 전에는 미리 예견할 수 없다고 주장하곤 했다. (프루스트의 생각은 한 개인이 자신의 주변 상황을 관찰할 수 있는가 없는가를 구분하는 유형학과 맥을 같이한다. 유형학의 관점에서 보면 두 종류의 정신 혹은 두 형태의 지적 능력이 존재한다. 무엇이 나타날지 예견할 수 있는 사람은 종종 현실적으로 발생한 상황보다 일어날 가능성이 적은 변주들을 상상해서 묘사하는 데 심리적 정확성이나 꿰뚫어보는 능력이 부족하다.) 앞서 살펴본 고다르는 동시에 가능한 여러 요소를 진실되게 환기시킨다. 이 부분에서 고다르는 새로운 통합체 유형, '편집 규칙'으로서는 기존에 전혀 볼 수 없었던 형식인 일종의 **잠재적 시퀀스**(멈추지 않는 시퀀스)를 소개하고 있다. 이 시퀀스는 **처음부터 끝까지 서사성의 외관을 유지한다**(두 주인공, 사건, 장소, 시간, 디제시스 등). 같은 맥락에서 「미치광이 피에로」에서 르누아르 그림을 사용한 장면 역시 비非디제시스적인 기존의 은유를 쇄신하여 재사용한 경우이다. 게다가 이러한 식의 은유는 에이젠슈테인 「10월」의 상징적인 사자 조각상 장면 이후 이미 통용되고 있던 방식이었다.

　이외에도 좀더 살펴볼 필요가 있는 다른 사례들이 많이 있으나 그중에서 특히 고정 사진에 대한 이야기를 덧붙이자. 아른하임이 언급했듯이 편집 테이블에서 그리 중요하지 않은 위치를 차지하고 있었던, 최근까지 거의 사용되지 않았던 (동영상이 아닌 고정) 사진은 현대 영화에 이르러 진정으로 도약하게 된다. 「쥘과 짐」에서 잔 모로의 얼굴, 「여자는 여자다」에서 "장담컨대 너는 내가 한 모든 것을 할 줄 몰라" 시퀀스, 크리스 마르케르의 「환송대」와 아네스 바르다의 「안녕 쿠바」 전체. 또한 여러 현대 영화 작품에서 사용된 화면 밖 소리(voix-off, 보이스오버)도 다양한 형태를 띤다. (알베르 라파이가 다른 영화와 관련해서 언급했듯이[193] 작가보다는 서사성 구현에 더 가까운) 익명의 내레이터의 화면 밖 소리, 혹은 「미치광이 피에로」의 벨몽도 목소리, 「지난해 마리앵바드에서」의 첫번째 시퀀스 등에서처럼 영화 주인공의 보이스오버, 즉 관객에게 직접 말을 거는 새로운 형태의 독백, 여기에 직접 대사 처리된 장면들의 화면 안 소리voix-in와 (고다르, 아네스 바르다처럼) 매우 자주 자막을 삽입하는 형태도 덧붙이자. 게다가 이 화면 안 소리가 레치타티보로서 사용될 경우 이미지에서 분리된 소리만의 농축된 밀도를 얻게 된다. (「히로시마 내 사랑」「라 푸앵트 쿠르트로의 여행」과 같이) 어떤 경우에는 보이스오버 중간에 들어가기도 하고 디제시스에서 벗어나기도 한다. 결국 영화는 말을 녹음하는 다섯 가지 유형을 동원하게 된 것이다. 다섯 가지 방법과 다섯 가지의 '나.' 고다르나 알랭 레네의 작품에서 목소리에 관한 연구는 너무나 흥미로운 주제이지만 결국 주요 관심사는 '누가 말하는가?'의 문제이다. 또한 펠리니의 「영혼의 줄리에타」「8과 1/2」, 레네의 「지난해 마리앵바드에서」, 알랭-로브그리예의 「불멸의 여인」 등에서 나타나는 '주관적 이미지'라고 지칭한 것의 쇄신에 대해서도 살펴볼 필요도 있을 것이다.

'통사 규칙'은 진부하지 않다. '통사 규칙'은 항상 잘못 이름 붙여지는 경향이 있으나 그럼에도 불구하고 내재한 바는 언제나 풍부하다. 사실 '통사 규칙'과 '진부한 것'(혹은 클리셰)을 혼동한 데서 많은 오해가 발생한다. 독창적인 영화는 자발적으로 영화 문법을 깨뜨리고 변화시키고자 한다. 영화 문법은 형편없는 작품에서만 언급될 수 있다. 바로 이 지점에서 랑가주의 심급과 미학적(혹은 문체적인) 심급을 혼동하게 되는 것이다. 예술은 랑가주를 통해 복잡한 기호학적 관계를 맺지만, 랑가주 자체와 동일시될 수 없다. 예술은 항상 랑가주를 넘어 혹은 그 옆에 존재하기 때문에 문법을 따르고 존중한다고 해서 어리석은 자라고 단정지을 수는 없다. 우리는 이미 플로베르가 반과거를 사용해 이룩한 모든 것에 대해 잘 알고 있다. 물론 이 결실이 랑그 안에 이미 만들어져 있었던 것은 아니다. 반과거는 그 자체로는 반과거였을 뿐 달라진 점이 없었고 플로베르가 사용한 반과거 역시 언어학적으로는 다를 게 없었다. (나아가 문법학자와 통사 규칙자 등이 분석하는 반과거와 동일한) 약호화된 형태 통사론의 단위였을 뿐이다. 같은 맥락에서 숏-리버스 숏은 최근 현대 영화 작품에서 새롭게 사용된 방식으로 인해 흥미로워진 것이다. 스크린 공간을 둘로 나누면서 디제시스 공간 단위를 재구성하도록 도와주기 때문이다. 따라서 여전히 '평범한' 형태를 재현하지만 그 의미작용이 새로워진 것이다.

이제 파솔리니의 이야기로 돌아오자. 파솔리니는 영화 문법은 진짜 문법을 구성하기보다는 '문체론적인 문법'에 해당한다고 평가했다. 다시 말해 예술과 랑가주 양쪽에 걸려 있는 하이브리드적인 시스템이란 의미이다. 파솔리니는 "문법적인 것 이전에 문체적인 것에 더 관심을 두는"[194] 컨벤션들의 사전일 뿐이라고 주장한다. 하지만 그 정교한 분석에도 불구하고 두 가지 지적하고 넘어갈 부분이 있다. 첫째, 이 분석을 통해 파솔리니 스스로 기본이 되는 영화적 층, 시네아스트의 예술 작업에 선행하는 이미지-기호로서 이미 약호화된 영화적 층에 관한 가정을 실제로는 믿지 않는다는 점을 알 수 있다. 왜냐하면 파솔리니가 이제는 영화의 최초 약호작용은 문체적이라고 시인하면서 우리의 입장과 공통된 관점을 보이기 때문이다. 즉 영화에서 내포 작업을 통해 외연을 풍부하게 하고 약호화한다는 입장이다. 둘째, 하지만 파솔리니가 '문체적 컨벤션'을 설명하기 위해 드는 사례는 오해를 발생시키기 쉽다. 파솔리니는 자주 반복되는 규범화된 이미지로 뭉게뭉게 피어나는 수증기 한가운데로 돌진하는 기차 바퀴를 설명한다. 파솔리니의 말처럼 이 바퀴 이미지는 문법적 현상은 분명 아니고, 오히려 '문체의 기본 단위stylème'라는 편이 적합하다. 파솔리니의 입장에 동조하는 것은 아니지만, 사례로 든 기차 바퀴 이미지가 '영화 통사 규칙'과 아무 상관이 없다는 것만은 분명하다. 영화 통사 규칙은 일정량 **영화 구조**와 관련이 있는 것이지, 촬영된 소재와 관련이 없다. 기차 바퀴 이미지는 '통사 규칙'을 넘어서는 범위를 지시하는 것도 아니고, 고착화되고 평범하게 된 통사 규칙적인 것을 지시하는 것도 아니다. 단지 기차 바퀴 이미지는 통사 규칙과는 거리가 먼 현상, 피사체가 될 만한 '형식'과 '내용'을 지닌 특별한 소재를 구성할 뿐이다.

영화만의 통합체적인 모든 현상은 적어도 두 종류의 소재를 (편집으로 연결된) 두 개의 이미지에서 혹은 (카메라 움직임 혹은 고정된) 한 개의 이미지 속에서 서로 근접하게 만드는 것과 관련이 있다. 기차 바퀴 이미지는 스타일의 문제, **문체적** 현상이라고 말하는 것은 정확한 표현으로 보이지만 부족한 감이 있다. 왜냐하면 이 이미지는 클리셰이고 진부하기 때문이다. 개별적인 현상이기 때문에 그렇게 보일 수도 있다. 문법은 사실 각 문장 속에 우리가 담아야 하는 생각의 내용을 구체적으로 지적하지 않는다. 문법은 문장의 일반 구조를 조정할 뿐이다. **문법적 현상이 클리셰가 되거나** (역사적으로 처음 등장했을 경우) **독창적 기법이 될 수는 없다.** 가령 대구법이 의미를 얻기 시작하는 차원보다 문법은 하위 단계에 머문다. 즉 기본적 랑가주의 수준에 머무는 것으로 예술이라는 상위 수준의 랑가주로 직접 연결될 수가 없다. 예를 들어 알랭-로브그리예가 사용한 직설법 현재는 직설법을 가장 '평범하게' 사용한 것이지만 그 누구도 거기에서 클리셰라는 것을 생각하지 않는다. 같은 맥락에서 말레르브가 명사 보어를 사용하거나, 빅토르 위고가 관계사절을 사용하거나, 보들레르가 형용사 두 개를 연속해 썼을 때, 그 누구도 그 사용이 평범하다고 말하지 않는다. 기차 바퀴 이미지는 어떤 방식으로든 앞서 언급한 문법 요소들에 해당하는 영화적 대응물이 전혀 없다. 이 이미지는 오히려 (언급한 작가들의 사례 중에서 비교하자면) 말레르브가 장미에 젊은 여인을 은유한 방식에 대응하는 것이다. 이 방식은 (형식적이고 의미론적인) **개별** 구조에 해당하며, 따라서 결과적으로 독창적이거나 평범하다고 범주를 평가할 수 있는 대상이 된다. 이러한 사례들에 관해 생각하면 할수록, 영화에서 '문체적 문법' 요소들을 열거하게 되기보다는 **순수하게 수사학적인** 요소들을 떠올리게 된다. 전혀 문법적이지 않고 영화적인 특별한 무엇인가도 포함하지 않은 요소들 말이다. 왜냐하면 기차 바퀴 이미지(그리고 비슷한 사례들 모두)는 영화에서뿐만 아니라 다른 표현수단에서도 사용되는 문화적 고정관념, 스테레오타입을 표상하기 때문이다. (물론 영화에서나 다른 분야에서나 부분적으로 재구성되곤 하지만 **문화적 스테레오타입**임에는 변함이 없다.) 하지만 영화에 문법(더 정확하게 말하자면 픽션영화의 거대 통합체)은 있다. 이상에서 설명한 차원이 아니라 다른 차원에 속해서 말이다. 즉 신scène, 시퀀스, 여러 가지 통합체, (간단하게 설명하긴 했으나) 다른 '유형들', 규범화되고, 기표적이게 되고, 구조화된 통합체적 배열 속에 있다. 이 배열들은 결코 클리셰라고 할 수 없으며, 가장 처음 등장했을 때만 독창적 기법이라고 할 수 있다. 이 배열들은 ('유사성', 다른 과정에 중요하게 작용하는 대화 등) 영화를 분명히 이해할 수 있도록 만드는 약호의 흩어지고 분산된 요소들을 구성하면서, 개별 내용이나 형태의 목록이 아닌 진짜 통사 규칙의 초보적 대응 항에 해당한다.

영화 문법은 촬영해야만 하는 대상을 규정하는 것이 아니다. 가령 교차 편집은 단순히 이미지의 교차가 대응하는 지시 대상이 동시에 발생하고 있다는 것을 의미한다는 사실을 예견해줄 뿐이다. 그 이미지 속에 무엇을 담아야 할지에 관해서는 아무것도 말해주지 않는다. 스테레오타입화된 기계적 '문법' 그리고 문법과 상관없는 자유로운 독창성 사이의 대립(이 대립은 현대 영화에 관한 논쟁의 근저에 깔려 있다)은 근본적으로 논란의 여지가 많다. 왜냐하면 정의상 오로지 스테레오타입으로 구성된 문법은 스테레오타입일 수 없기 때문이며 창조적 독창성은 메시지를 '전달하는' 순간 **반드시** '문법적일' 수밖에 없기 때문이다.*

* 이런 종류의 토론에서 자주 발생할 수 있는 오해의 폭을 축소시키기 위해 한 가지 점을 분명히 하고자 한다. 이 글에서 이야기하고 있는 부분은 영화에서 형식과 내용을 구분하려는 의도가 전혀 없다. 여기에서 형식이란 일반적인 것이며, 독창적인가 평범한가의 범주에서 벗어나 있는 것이며, 내용이란 항상 개별적인 것이기에 경우에 따라 독창적인지 평범한지를 논할 수 있는 것이다. '형식/내용' 구분은 반드시 없어져야만 하기에 대신 언어학자 옐름슬레우가 제안한 해결책을 따르도록 하자. 나름의 형식과 실질을 포함하고 있는 (내용에 해당하는) 기의 현상 그리고 나름의 형식과 실질을 포함하고 있는 (형식이라는 용어 대신 옐름슬레우의 용어를 따르자면 표현에 해당하는) 기표 현상. (이 개념을 영화 분석에 적용할 수 있는지 여부는 이 책 제10장에서 살펴보기로 하자.) 이 글은 개별적 영화 작품에 나타난 구조들에서 일반적으로 영화 랑가주의 고유한 구조를 구분하는 작업을 목적으로 하고 있다. 이 두 분야는 각각 그들의 기표와 기의(통용되는 표현을 따르자면 형식과 내용)를 포함하고 있다. 이 기의와 기표는 각각 그 나름의 형식 (이때 형식이란 단어는 비교적 정확한 의미를 담고 있다)과 실질을 가진다. 이 글은 정의상 영화 매체 자체와 관련되는 '외형figure'으로 구성된 특정 차원(영화 랑가주를 정의하는 범주)의 존재에 관해 주목하면서 동시에 다른 기호학적 차원이 이 범주를 구분하고자 한다. 후자는 이중적 의미에서 전자와 구별된다. 특정 작품과 연관되기 때문에 좀 덜 일반적이면서 동시에 영화를 넘어서는 매우 보편적인 문화적 체계를 끌어들이기 때문에 훨씬 더 일반적이라는 점에서 다르다는 것이다. 바로 이 차원에서 우리는 각 영화(혹은 각 작품의 어느 부분, 혹은 감독 누구)가 문화 체계를 스테레오타입화된 그대로 사용했는지 혹은 이를 거부하고 변화시키거나 쇄신하거나 혹은 기묘하게 숨겼는지 등에 따라 독창적인지 혹은 상투적인지에 관해 언급할 수 있다.

하지만 그럼에도 불구하고 '영화 랑가주' 자체는 일정 부분 독창성과 상투성이란 용어로 평가된다. 그 이유에 관해서는 이미 언급한 바 있는데, 영화 랑가주가 진짜 '랑그'를 구성하지 않고 순수한 '문법'도 아니지만 문법과 수사학의 분리할 수 없는 혼합이란 특성 때문이라고 정리할 수 있다. 시네아스트의 개별 창작은 문학 작가가 개별적으로 만들어낸 단어가 미치는 영향에 비해 훨씬 빨리 영화 랑가주에 영향력을 행사한다. 독일어, 프랑스어와 같은 진짜 언어는 결코 그 자체로 독창적이거나 진부할 수 없다(혹은 이 글의 주제와는 전혀 다른 의미에서 언어들을 비교 연구하는 분야에서 혹시 말할 수 있을지는 몰라도). 반면 영화 분야에서는 스타일뿐만 아니라 랑가주 차원에서 비교적 독창적이라고 볼 수 있는 작품들을 찾아내기가 훨씬 쉽다(이 글에서 설명했던 장-뤽 고다르의 '잠재적 시퀀스'의 경우처럼). 바르트가 (『글쓰기의 영도』에서) 랑그 langue, 글쓰기écriture, 스타일style, 세 범주로 구분했던 개념을 따르자면 '영화 랑가주'가 글쓰기에 가장 가깝다는 것을 알 수 있다. 왜냐하면 이 둘은 개인 문제와 구별되는 심급을 표상하지만 그럼에도 불구하고 랑그와는 구별되기 때문이다. 하지만 물론 영화와 음성언어의 차이를 간과할 수 없다. 음성언어에서 글쓰기는 랑그와 뚜렷이 구별된다. 랑그는 별도로 존재하기 때문이다. 하지만 영화에서 글쓰기는 랑그라고 할 수 있을 것과 구별된다. 왜냐하면 랑그라고 할 수 있을 것이 영화에는 아예 존재하지 않기 때문이다. 바로 이 특성이 영화만의 고유한 특성이다.

최근 몇몇 언어학자는 순전히 의미론적으로 추정되는 변칙성의 문제에 관해 관심을 기울이고 있다(문법적으로는 정확하지만 그 메시지가 전달되지 않는 경우). 예를 들어 "바타비아 속옷이 식사 후에 갑작스럽게 웃어대는 소리를 듣고 깜짝 놀라 잠에서 깨어났다." 이 경우 메시지를 이해할 수 없도록 만드는 담화 구조의 문제가 있을 수도 있다. 하지만 **엄밀한 의미**(혹은 통용되는 의미)에서의 문법 구조와 상관된 것이 아니란 점은 확실하다. 우리가 이 문장을 이해할 수 없는 이유를 (그레마스의 입장에서) 프랑스어의 **의미론적인 구조**라고 보기도 하고, (장 뒤부아의 입장에서) 규범 문법 속에 정리·분류하기에는 너무 세분화된 규칙이라고 생략한 (언어학파에 따른) **하위 규칙**의 문제라고 설명하기도 하고, (촘스키의 입장에서) 문법성에서 어느 정도 벗어나는 경우이지만 그래도 문장을 구성하는 구조가 있는데 이에 대해 무지하기 때문이라고 설명하기도 한다. 사실 '잠에서 깨어나다'라는 동사는 최소 길이의 언표에서일지라도 항상 의미론적으로 생명체가 있는 주어, 적어도 은유적으로 생명체와 상응하는 주어에 연결된다. 가령 '개가 잠에서 깨어난다' '증오와 분노가 깨어난다.' 따라서 비인칭적인 속옷이라는 주어와 어울리지 않는 것처럼 보인다. '식사 후의'라는 형용사는 복부팽만, 소화불량, 위산과다 분비, 소화불량 등 식사와 관련해서 체감으로 느끼는 불편한 증세와 관련해서만 쓰이는 단어이다. 따라서 (전후 상황에 관한 특별한 설명 없는) '웃음'이라는 명사와 어울리지 않는다. 기타 등등. 주지하다시피 '영화 문법'은 엄밀한 의미에서의 문법이 아니다. 여기에 덧붙여 영화 문법

랑그에 소용될 수 있는 것은 글쓰기, 다시 말해 스타일이 아닌 어떤 것이지만 적어도 근본적으로 랑그가 아닌 스타일과도 구별되는 어떤 것이어야 하기 때문이다.

이상에서 보여준 신중한 태도에도 불구하고 우리가 영화 분야에서 독창성 혹은 상투성을 이야기하는 경우 이 개념을 영화의 일반 랑가주의 독창적인 면모 혹은 개별 작품 한 편에 대해 생각하는 것과 같은 수준에서 다루지 않기 위해 항상 주의를 기울여야 한다. 가장 평범한 영화 랑가주를 사용한다고 할지라도 매우 독창적인 작품이 될 수 있다는 가정을 잊어서는 안 된다. 반면 모든 개별 구조가 평범할 경우에는 분명 평범한 작품이 될 수밖에 없을 것이다.

은 부분적으로 약호화된 의미론적인 작용의 집합(혹은 세분화된 문법적 규칙)에 해당된다는 점을 상기할 필요가 있다.

현대 영화의 가장 두드러진 특성 중 한 가지는 그 이해도가 높다는 점이다. 과장되고 아방가르드적인 텍스트로 장식을 하여 다양한 충돌을 배경으로, 타당한 이유 없는 이미지들을 무질서하게 퍼붓는 이러저러한 실험영화들과 확연히 구분된다. 이와 반대로 현대 영화 걸작들의 자유분방한 이야기들은 그 내용을 이해시키기 위한 가장 직접적인 길을 찾는 데 성공했다. 또한 현대 영화에 어느 정도 익숙한 관객이라면 상업영화 제작에 적합한 서사를 이해하는 것보다 더 빨리 이해되기 위한 방법으로 관객 개인에게 공통적이면서 저마다의 기억을 불러일으키고자 했다. 진정한 반향(관객 숫자만큼의 영화를 이해하기 위한 비슷한 방식들)을 일으키고자 했다. 상업영화에서 표방된 (게다가 매우 현실적인) 평범함은 (과도하게 내세우지만 가능할 것 같지 않은) 시나리오의 다양한 왜곡과 변형을 배제하지 않는다. 아니 오히려 더 많이 시도한다. 하지만 우리는 이 왜곡들이 일상적 삶과 너무 많이 다른 외형들을 다루기 때문에 보는 순간 미처 생각하지 못한다.

문법과 독창성을 대립시키는 것은 두 가지 다른 종류의 사안을 섞어버리는 결과를 낳는다. 첫번째 사안은 다른 분야에서와 마찬가지로 영화에서도 독창적인 텍스트가 있는가 하면 그렇지 못하거나 좀 덜 독창적인 텍스트가 있다는 사실이다. 두번째 사안은 영화 문법은 내포가 외연 방식이 되고, 기발한 표현이 전달수단이 되는 모호한 상태를 지니고 있다는 점이다. (이 모호한 상태로 인해 이 글에서 규명하고자 한 혼동이 생겨난 것이다.)

사실 영화 외연(즉 서사 플롯을 그대로 전달하는 것)은 항상 모든 약호 작용과 상관없이 이루어질 수 있다. 지각적인 유사성에만 근거해서 혹은 비非영화적 약호인 대화에 의해서 얼마든지 가능하다. 우리는 심지어 한 시간 반 동안 숏 하나로 구성된 영화를 상상해볼 수 있다. 이 경우 카메라 앵글은 변하지 않고 수평, 정면을 유지할 것이다. 어떤 카메라 움직임도 없고, 디졸브, 페이드인·아웃과 같은 어떤 광학 기법도 없이, 시간적 생략도 없고, 밋밋하게 통일된 조명 외에는 다른 조명도 없이, 화면 안 소리인 엄격하게 디제시스적인 말 이외에는 다른 어떤 말도 등장하지 않을 것이다. 그러나 우리는 이 영화를 보면서 영화 같지 않다는 생각을 하게 될 것이다. 오히려 (매우 선형적인) 연극 작품을 카메라로 촬영했다고 여겨질 것이다. 히치콕의 「로프」, 장 루슈의 「북역」과 같은 작품일지라도 우리가 방금 상상한 영화에 비하면 기호학적으로 노골적인 남용을 한 셈이다. 우리가 상상한 영화는 이론적으로 가능하고, 이런 종류의 영화도 그 무엇 하나 상상할 수 없는 것은 없다. (존재하기만 한다면) 가장 순수한, 글쓰기의 영도零度는 여전히 언어 약호를 보존할 수 있다. 반면 영화에서는 지각적 유사성이 언어 약호를 대신하고, 고유하게 랑가주적인 모든 약호작용을 효과적으로 사용하도록 할 것이다. 하지만 기호학적 연구는 이미 입증된 영화에 관심을 기울여야지 상상의 영화에 대해 사유할 필요가 없다. **영화가 서사성을 만나자마자,** 영화는 유사성의 메시지 위에 약호화된 구조라는 두번째 집합을 병치시키게 되었다. (이 만남의 결과는 아직 끝나지 않았거나 무한대일 수 있다.) 점진적으로 정복되어가고 있던 이미지를 넘어서는 어떤 것(특히 그리피스 덕분), 외연의 방식을 다양화하고 우리가 알고 있는 영화의 매우 문자적인 메시지를 유기적으로 구성하는 어떤 것을 덧붙이게 된 것이다. 그리하여 이야기를 좀더 생생하게 만들고자 하는 욕망, 연속적인 단조로운 도상의 흐름을 회피하려는 욕망, 요컨대 내포를 가능하게 하고자 하는 욕망에 초창기부터 응답하게 되었다고 하겠다.

V

현대 영화에서 '통사 규칙'을 풍성하게 하거나 유연하게 만드는 사례들을 더 많이 찾아서 더 자세하게 분석할 필요가 있을 것이다. 그러면서 디제시스와 관련된 새로운 모든 시도를 더 정확하게 살펴볼 필요가 있으며, 서사를 포기하거나 배제하기보다는 오히려 새로운 영화가 우리에게 더 다양한, 더 세분화된, 더 복합적인 이야기들을 제공하고 있다는 것을 상기해야만 한다. 이 글에서 지면 부족을 핑계로 부분적으로만 분석이 이루어진 점은 아쉽기만 하다. 부연하자면 필자는 단지 '서사의 몰락'에 관해 (종종 정교한 사유 과정 없이) 이야기하는 것을 듣는 일이 얼마나 이상한지를 강조하고 싶었을 뿐이다. 그것도 영화 이야기꾼의 새로운 세대가 막 탄생하는 시점에서 「외침」 「정사」 「8과 1/2」 「히로시마 내 사랑」 「뮈리엘」 「쥘과 짐」 등을 감상할 수 있는 시점에서 「네 멋대로 해라」 「미치광이 피에로」의 작가가 이제 막 그의 경력을 시작하는 시점에서 말이다. 물론 이 감독들이 모두의 마음에 들 재주를 갖고 있지는 못하지만 그래도 일반적인 관심을 주목시킬 만한 능력은 충분히 있으며, 이 감독들에게 발명의 풍요로움 혹은 도전의 힘에 관해서 왈가불가하기란 곤란해 보인다. 그들에게는 이미 도전, 쇄신 등의 특정 기질이 넘쳐나며 훌륭한 이야기꾼으로서의 자질도 충분해 보인다.

제 9 장

펠리니의 「8과 1/2」에 나타난 액자 구조

이 글은 1966년 1~3월 『미학 연구』 제19권(Paris : Klincksieck) 제1집, pp. 96~101
에 수록되었다.

그림 액자 속의 액자, 소설 속의 소설과 같은 맥락에서 「8과 1/2」은
'영화 속의 영화'라는 구조에 기대어 예술 작품에 관해 고민하는 액자
구조이다. 이런 종류의 작품에 나타나는 특정 구조를 정의하기 위해 문
장紋章학*의 용어를 빌려 '액자 구조construction en abyme'라는 표현[195]을
쓴다. 이 용어는 액자 구조가 담고 있는 모든 거울 효과를 지칭하는 데
효과적이다.

펠리니 영화에 관한 알랭 비르모Alain Virmaux의 흥미로운 연구에 보
면, 영화 분야의 액자 구조는 펠리니의 발명이 아니라 그 이전 다양한
작품에서 이미 등장했다고 한다(뒤비비에의 「앙리에트의 축제」, 르네 클
레르의 「침묵은 금」, 잉마르 베리만의 「감옥」**). 하지만 「8과 1/2」의 펠리
니는 영화 전체를 액자 구조로 구축한 첫번째 감독이며, 모든 요소를 미

---

* 문장학에서는 첫번째 가문 문장 속에 좀 작은 크기로 동일한 가문 문장을 새겨 넣는 경우 '액자
구조'라는 용어를 사용한다.
** 여기에 레엔하르트의 「자정의 약속」도 덧붙이자. 이 작품에서 '영화 속의 영화'는 좀더 복합적
이고 중심적인 역할을 수행한다.

장아빔mise en abyme(액자 구조로 만들기) 기능에 맞춰 배치했다. 「8과 1/2」 전작들은 사실 그 이름의 반 정도만 활용했다고 할 수 있는데, 왜 냐하면 '영화 속의 영화'는 이 작품들에서 제시 기법이었을 뿐이기 때문이다. (「침묵은 금」 같은 경우) 주변적인 혹은 장식적인 기법, (「앙리에 트의 축제」 같은 경우) 시나리오 작가의 단순 기교, (「감옥」 같은 경우) 부분적이고 파편적 구조의 경우 중 가장 좋은 사례 등 이들은 모두 영화의 내용 일부분에 구조를 사용했을 뿐이고, 나머지는 이중 구조와 상관 없이 직접적으로 전달되었다. 알랭 비르모, 레몽 벨루르,[196] 크리스티앙 자코티[197] 그리고 피에르 카스트[198]는 펠리니 영화의 전체 내용과 핵심 주제가 액자 구조와 어느 정도까지 밀접하게 연결되어 있는지에 관해 주 목했다. 시네아스트인 등장인물 귀도는 영화에서 펠리니를 대변하는 인 물인데 그 작가와 형제처럼 닮아 있다. 나르시스적인 자기만족, 놀라운 진솔함, 혼란스러운 존재, 우유부단함, 한 번에 모든 문제를 해결하러 나타날 일종의 '구원'을 향한 끈질긴 희망, 종교적인 만큼 에로틱한 성 적 집착, 모든 것을 영화에 담고자 하는 욕망(펠리니가 모든 것을 자신의 작품에 담고자 했던 것처럼 말이다. 특히 「8과 1/2」은 펠리니의 경력에서 휴지기를 의미하는데, 과거를 되돌아보고 미학적이고 감정적인 부분을 정리 하는 작품이었다.*) 피에르 카스트에 따르면 영화 스타일 혹은 일반적으 로 펠리니와 관련하여 비평할 수 있는 모든 부분(혼란, 자기만족, 부조 화, 진짜 결론의 부재 등)이 「8과 1/2」 속에서 발견된다고 한다. 주인공 귀도를 통해서 혹은 (귀도가 매우 부정적으로 생각하지만 양심의 가책을 느끼게 하는 존재인 동업자) 시나리오 작가 도미에를 통해서 직접 설명되 고 있다. 이러한 맥락에서 펠리니가 타인이 비판할 수 있는 점에 관한 사유의 모호한 부분들을 자신의 영화에 포함시키고 있는 것이다.

하지만 지금까지도 「8과 1/2」에 관해서 반드시 언급해야만 하는 특성

---

* 알랭 비르모에 따르면 「8과 1/2」 제목 자체가 펠리니 전작들에 대한 일종의 회고를 의미한다.

에 관해서는 한 번도 강조된 적 없다. 「8과 1/2」은 이중 구조인 다른 영화들과는 차별된다. 왜냐하면 이 작품에서 중복은 훨씬 더 시스템과 깊게 연관되었으며 더 핵심적인 역할을 하기 때문만이 아니라 특히 다른 방식으로 작용하기 때문이다. 우리가 좀더 주의를 기울이면 「8과 1/2」은 이중적으로 중복된 작품이다. 액자 구조를 말할 때 이중적인 미장아빔에 관해서 생각해보아야 한다.* 「8과 1/2」은 영화에 관한 영화뿐만 아니라, 영화에 관해 집중적으로 다루고 있는 영화에 관한 영화이다. 시네아스트에 관한 영화뿐만 아니라, 자신의 영화에 관해 사유하고 있는 시네아스트에 관한 영화이다. 사실 (「침묵은 금」 같은 경우) 영화에서 두 번째 영화가 보여주는 것은, 그 주제는 첫번째 영화의 주제와는 관계가 전혀 없거나 거의 없다. 반면 「8과 1/2」에서 진행 중인 영화에 대해 말하는 것은 다르다. (「감옥」 같은 경우) 영화에서 시네아스트라는 인물은 진짜 영화 작가로서는 매우 약한 정도로만 환기될 뿐 오직 장소적으로만 제시된다. 반면 「8과 1/2」에서는 자신의 영화에 대해 정말로 고민하는 작가를 주인공으로 하고 있다. 이 작품에서 '펠리니적이고', 자서전적인 다양한 요소는 액자 구조와 분리할 수 없을 정도의 긴밀함을 유지하고 있는데, 전체적으로 봤을 때 바로크적이고 사치스러움 속에서 이 구조의 이중성에 근거해서만 설명되는 것이다.

귀도의 문제들은 예술에 관해 펠리니가 사유하는 문제들 자체이다. 이런 점에서 귀도를 펠리니처럼 시네아스트로 만든 것일까? 두 인물 간의 닮음은 일반적인 차원에서 이해될 만하다. 귀도는 본인의 예술에 관해

---

* '액자 구조'라는 표현(특히 용어 차원에서)은 우리가 이중적으로 중복되었다고 정의하는 작품에만 적용되는 것이다. 영화 속에 영화가 등장하는, 책 속에 책이 등장하는, 혹은 연극 작품 속에 연극이 등장하는 보통의 경우에는 적용하지 않기로 한다. 가문 문장이 어떤 크기나 형태이건 간에 두 번 반복된다고 해서 무조건 '액자 구조'라고 지칭할 수는 없다. 단지 정확한 크기의 가문 문장이 첫번째와 완전히 똑같을 때에만 그렇게 부를 수 있다. 용어를 사용하는 범위를 이와 같이 규정짓는다면 사실 「침묵은 금」은 미장아빔 구조가 아니라고, 「감옥」 혹은 「자정의 약속」에서는 미장아빔 구조가 부분적이라고 말할 수 있을 것이다.

고민하는 시네아스트이고, 이와 같은 연속적인 중복성은 어떤 의미에서 사라지는 것처럼 보이기도 한다. 결과적으로 「8과 1/2」이 완벽한 우연 일치의 영화가 된다. 극도로 복합적인 구조는 가장 투명한 단순성으로 전환되고 즉각적으로 해독할 수 있는 구조가 된다. 왜냐하면 귀도가 본인의 영화에 관해 고민하기 때문에, (적어도 잠정적으로*) 펠리니와 혼동될 만한 귀도의 모습에 집중하기 때문이다. 왜냐하면 귀도가 만들고자 하는 영화가 의식을 탐구하는 문제이기 때문이고, 펠리니가 만들었던 영화가 귀도의 영화처럼 혼동될 수 있는 시네아스트에 관한 부분이기 때문이다.** 이중 구조의 일반적인 법칙은 펠리니와 그 인물(인물 자체가 펠리니의 중복) 사이의 관계, 울림, 반향에서 발생하는 풍요로움과 깊이를 만들어낼 수 없다. 시네아스트, 고민하는 시네아스트, 귀도는 그에게 생명을 준 시네아스트를 이중적으로 닮아 있고, 그 창작자를 두 번 복제하고 있다

펠리니 영화의 '영화 속 영화' 기법은 특히 구체적인 세부 사항에서 평범한 사용과 차별화된다. 귀도가 촬영하게 될 영화 「우리는 그것을 결코 본 적이 없다」는 영화 내내 단 한 번도, 약간의 발췌본이라도 등장하지 않는다. 귀도가 꿈꾸는 영화와 펠리니가 이미 작업한 영화 사이의 거리가 바로 이 이유 때문에 모두 사라지는 것이다. 펠리니의 영화는 귀도가 자신의 작품에 담고자 하는 모든 것을 가지고 만들어졌다. 바로 이러한 이유에서 귀도의 영화가 별도로 관객에게 제시되지 않는 것이다. 「자정

---

* 전체적으로 봤을 때 펠리니와 귀도의 관계는 분명 더 복합적이다. 게다가 귀도가 모든 면에서 펠리니의 특성을 포함하지는 않는다. 여기에서는 심리적인 측면보다는 (신분증을 말할 때의 일반적 의미로) 정체성의 문제와 관련된다. 영화가 지속되는 시간 동안 귀도는 분명 펠리니라는 인물을 재현하고 있다.
** 우리는 여기에서 언급되는 작품이 제작자와 같은 외부 압력이 귀도에게 촬영 시작을 결정하라고 강요하는 작품에 관한 것이 아니라, 귀도가 꿈꾸는 영화에 관한 것임을 정확히 할 필요가 있다. 펠리니의 영화에서 (귀도가 서명한 계약서에 거의 지시 사항들이 보이지 않는데) 작업 일정의 구체적인 상황과 제작팀의 의도를 이야기하지만 이보다는 오히려 귀도의 작품을 향한 가장 심층적인 욕망에 관해서 매우 정확하게 이야기하고 있다.

의 약속」과 같은 경우에 '영화 속 영화'의 상당량은 이 영화를 품고 있는 영화의 특정 부분에서 여러 번 분명히 등장하고, 따라서 우리는 두 영화를 확실히 구분하게 된다. 이 구조와 분명 「8과 1/2」 구조는 다르다. 「감옥」과도 차별화되는 특성이 있는데, 「8과 1/2」에서 우리는 귀도가 촬영하는 장면 혹은 그와 관련해서 일하는 장면조차 볼 수가 없다. 우리는 단순히 귀도가 작품을 구상하고 준비하는 시기 동안 어떻게 살고 꿈꾸고 혼란스러운 가운데 어떻게 그가 영화에 담고자 하는 자료들을 수집하는지(귀도는 성공하지 못하지만 펠리니가 자신의 영화에 담게 될 것이다)를 볼 뿐이다. 요컨대 '영화 속 영화'가 이를 포함하고 있는 영화 속에서 별도로 단 한 번도 등장하지 않기 때문에 그 결과 우리는 두 영화를 일치시키게 된다.

귀도가 생각하는 영화에 관해 우리가 아는 것은 단지 여자 배우들을 캐스팅하기 위한 일종의 테스트 숏이 전부이다. 영화의 **삼중적인** 중복 구조가 바로 이 지점에서 가장 분명히 드러난다. 귀도는 자신의 영화에 시 부인 역할을 맡을 여배우를 생각해두었는데, 「8과 1/2」에서는 아누크 에메가 연기했다. 하지만 아누크 에메도 펠리니가 개인적인 삶에서 겪는 문제를 구현한 것 이외에는 다른 의미가 없었다.* 「8과 1/2」의 한 등장인물이 테스트 숏 비공개 영사 동안 귀도를 생각하면서 "이런, 완전 그의 삶과 똑같잖아"라고 중얼거린다. 중복 행위는 펠리니를 생각하면서 진정한 중복의 의미를 얻게 된다.

'영화 속 영화'에 대해 더 살펴봐야 할 것이 있다. 「8과 1/2」은 만들어지고 있는 중인 「8과 1/2」의 영화이다. '영화 속의 영화'는 여기에서

---

* 테스트 숏의 여배우는 펠리니의 영화에서 다른 여배우가 연기한다는 점과, 테스트 숏 다른 부분에서 펠리니의 진짜 부인 줄리에타 마시나가 연기하고, 그녀도 역시 배우인 점을 생각하면, 더욱 혼란이 가중되는 것은 당연지사이다. 펠리니는 「8과 1/2」 이후 「영혼의 줄리에타」를 촬영했는데, 「8과 1/2」에서 여성이 주인공으로 되는 버전이라고 생각할 수 있다. 이 작품에서 여자 주인공은 줄리에타 마시나가 연기했는데, 이 사실은 「8과 1/2」의 테스트 숏에 나타난 삼중 구조 시퀀스를 증명해주고 있다.

영화 그 자체이다. 펠리니의 영화와 같은 구조로서 비교되는 작품 중에 기존의 문학 작품이나 영화 작품 중에서 앙드레 지드의 『팔뤼드』가 가장 설득력 있다고 이야기되곤 한다.* 왜냐하면 이 작품에서 『팔뤼드』를 집 필하고 있는 소설가를 보기 때문이다.**

「8과 1/2」의 다소 느슨해진 삼중 구조는 (여러 가지로 해석되었던) 작 품의 결말에 이르러 진정한 의미를 획득하게 된다. 펠리니가 결국 선택 했던 버전***은 한 가지가 아니라 세 가지 결말이 이어지는 버전이었다. 처음 단계에서 귀도는 매우 혼란스럽고 정리되지 못한 상태에서 작품을 하기에는 스스로에게 너무 빠져 있다는 결론을 내리고 영화 촬영을 포기 한다. 왜냐하면 그 자신이 울려 퍼지는 메아리와 반향의 부조화 자체였 고 통일할 수 있는 핵심적인 어떤 메시지도 결론 내리지 못한 상태였으 며, 특히 자신의 삶을 앞으로도 변화시킬 수 없었기 때문이다. 이는 요 란스러운 기자회견이 끝날 무렵 그리고 도미에의 마지막 말에서 상징적 으로 암시되는 귀도의 자살을 의미하기도 한다. 두번째 단계에서 귀도 는 영화를 포기하자 다시 살 수 있게 되고 사람들이 둥글게 무리지어 춤 을 추는 장면(의 알레고리를 결말과 연관지어 생각해보자)을 목격한다. 귀도는 부인에게 현실을 있는 그대로 받아들일 것을 요구하며, 영화를 포기하는 것과 동시에 카오스적인 요소들을 단번에 정리해줄, 그리하여 미래에 근본적 의미를 얻게끔 재구성해줄 '구원의 손길'을 향한 메시아

---

* Pierre Kast(p. 52), Alain Virmaux(p. 33), Raymond Bellour(p. 28), *Études cinémato-graphiques*, n° 28~29, 4e trimestre 1963; Max Milner, "8과 1/2", *Études*, septembre 1963. 하지만 그 이유에 대해 정확하게 설명하는 경우는 거의 없다.

** 『교황청의 지하실』『사전꾼들』 역시 생각할 수 있을 것이다. 비르모, 벨루르, 카스트, 밀너는 펠리니가 지드의 특성을 본인의 작품에 반영했다는 사실을 강조하는데, 비르모가 *Journal*(1899~1939)에서 인용한 문장을 살펴보자. "나는 예술 작품 속에서 그 작품의 주제가 인물 들 차원에 겹쳐 있는 경우, 그것이 바로 작품의 주제가 되는 경우를 매우 좋아한다." 사실 지 드는 펠리니의 구조에서 보여주는 중복의 특정 형식에 비해 일반적인 이중 구조에 관해 사유 했는데, 지드 스스로 '액자 구조'라는 표현을 사용한 사람 중 한 명이기도 하다.

*** 펠리니는 원래 다른 결말을 생각했었다고 한다(Camilla Cederna, *8 1/2 de Fellini, histoire d'un film*, Paris: Julliard, 1963 참조).

적 희망도 포기한다. 하지만 더 이상 시네아스트가 아닌 귀도가 된 시점에서, 다른 사람들과 비슷한 한 남자가 된 시점에서, 귀도는 새롭게 **연출가의 목소리**를 대변하는 인물로 변하게 되고 소용돌이치는 기억들을 정리하는 주관자의 역할을 수행하게 된다. 따라서 이제 영화는 만들어질 것이다. 핵심 메시지를 담게 되지는 않을 것이지만, 영화는 귀도의 혼란 그 자체를 기반으로 만들어질 것이기에 인생을 변화시키지는 못할 것이다. 하지만 바로 이 혼란이 영화를 만드는 힘이 될 것이다. 결말의 두번째 단계는 단순히 「8과 1/2」의 존재를 알려주는 것뿐만 아니라 그 창작 원리 또한 설명해주고 있다. 다름 아닌 그 창작자의 인생으로 짜인 영화, 인생의 무질서를 있는 그대로 담아내는 영화이다. 여기에 신비한 원형 군무 장면을 넣으면서 귀도는 부인의 손을 잡고 **그 서클 안으로 들어간다.** 이는 귀도가 이전 시퀀스에서 자기만족도 연민도 없이 비난했던 스스로의 기억들 그리고 자신의 꿈과 화해하는 자기만족에서 우러나오는 부드러움의 상징이 아닐까? 이제 우리는 다단식 영화의 마지막 움직임, 몸체에서 떨어져나온 불꽃이 진정으로 날아오르는 것을 보는 것이 아닐까? 서클 안으로 들어가면서 귀도는 무리 속으로 역시 들어가게 된다. 「8과 1/2」을 만들기를 꿈꾸는 작가는 이제 「8과 1/2」의 등장인물 중 한 명이 된다. 그는 하녀에게, 제작자에게, 추기경에게, 애인에게 손을 내밀 수 있게 되었으며, 더 이상 시네아스트의 대변자가 아니게 된다. 왜냐하면 이 순간부터 **펠리니**의 영화가 시작될 것이기 때문이다. 신비스러운 서클 중심에 귀도는 더 이상 없다. 거기에는 온통 흰옷을 입고 피리를 부는, 이 모든 환상의 최초이자 최상의 영감 근원이었던 소년이 있을 뿐이다. 어린 귀도는 어린 펠리니의 상징이다. 왜냐하면 **이제 주변이 비어버린** 연출가의 자리는 영화 액션의 외부에 속한 인물, 즉 펠리니 자신에 의해서만 표상될 수 있기 때문이다.

그렇다. 펠리니의 영화가 시작된다. 창작의 무능력함에 관한 창작하는 입장에서의 사유인 「8과 1/2」 속에 명석하면서도 모순적인 점이 있다고 말할 수 있다면, 이 특성은 펠리니가 스스로 처하는 행동을 넘어 더 근본적이면서 덜 모순적인 상황을 생각하게 만든다. 영화가 우리에게 그 탄생을 목도하게끔 만드는 모든 종류의 혼란을 근거로 놀라울 정도로 잘 구축된 가능한 가장 혼란스럽지 않은 영화가 만들어진 것이다. 하지만 창작의 마지막 단계(사물들의 무한대 범주를 어느 정도 정리하고 **작품**을 만들고자 노력하는 자발적인 도약)는 결코 이미 창작된 작품 내부에서 묘사될 수는 없는 것이 아닐까? 귀도와 펠리니를 구별하는 모든 것이 나타나는 아주 미세하면서도 엄청난 순간에만 가능한, 거리를 둘 수 있는 최후의 입장에서만 창작이 가능한 것이 아닐까?

제10장

영화에서 말하기와 말해진 것
─ '진실다움'의 쇠락

이 글은 1967년 5~6월 이탈리아 페사로에서 개최된 '제3회 누보 시네마 페스티벌'의 프로그램「영화에서의 이데올로기와 랑가주」라는 컨퍼런스에서 토론된 내용을 정리한 것이다. 차후 1968년 『코뮈니카시옹』 제11호, 특집 「진실다움」(Paris: Éditions du Seuil), pp. 22~33에 수록되었다.

영화에서는 매우 종종 '말하기'가 말해진 것의 상위에서 결정하는 경향이 있다. 말하기가 항상 어디에서나 말해진 것을 결정하는 것이 당연하다는 일반적 의미에서기 이니라, 다른 어떤 예술 분야보다 더 대중의 기호와 산업에 밀접하게 연결되어 있는 점을 고려하여, 더 엄격한 관점에서 더 영향력 있는 결과를 낸다는 의미에서이다.

암묵적이고 일반화된 관습은 영화를 표현수단으로, 말하기의 형태로서 선택하는데 애초부터 말로 표현할 수 있는 영역에 제한을 두게 하며, 몇몇 주제를 더 선호하도록 여건을 조성한다. (표현이 강력하게 의미하는 바 그대로) 영화의 주제들 그리고 몇몇 내용이 (다른 주제와 내용을 밀어둔 채) '영화적'이라고 인식되기까지 한다. 사실 동일한 의미에서 '책의 주제'는 존재하지 않는다. 비관적 견해를 지닌 이들은 은연중에 영화는 무엇이든 말할 수 있는 매체가 아니라고 생각하기도 한다. 그리하여 영화는 이전에 소리를 낼 수 없었던 것처럼 여전히 목소리를 낼 수 없다고 말이다.

몇 해 전부터 세상에 등장한 다양한 '새로운 영화'의 주요 장점은 이 문제를 극복할 수 있었다는 것이다. 오늘날 활력 넘치는 영화에서 말해 진 것은 말하기를 결정하는 문제와 직결되곤 한다. '새로운' 시네아스트 는 영화의 주제를 고민하지 않는다. 그는 말할 것이 있고 영화를 통해 말한다. 가끔은 말할 내용을 동시에 책으로 혹은 글로 전하기도 한다. 혹은 그의 영화 자체가 책이거나 그렇지 않으면 가까운 친구의 책 혹은 잘 모르는 친구의 좋아하는 책 등이 영화가 되기도 한다. 왜냐하면 스크 린 예술에서 말하는 바의 제약을 약간 더 벗어난 점은 역시 '영화 문화' 라고 일컬어진 것에서 너무 오랫동안 유지되었던 상대적 고립에서도 벗 어났음을 의미하기 때문이다. 영화가 모든 것을 말할 수 있게 되리라는 광적인 희망(이 희망이 알렉상드르 아스트뤽에게 데카르트의『방법서설』을 영화로 각색할 수 있다는 생각을 불러일으켰고 그 작업에 도전하게 했던 것 이다), 아스트뤽의 도발보다 더 낮은 수준에라도 아직 미치지 못한 희 망, 실현되기에는 여전히 불가능해 보이는 희망 등이 과거 걸작들 이후 현대 영화의 좋은 작품들의 등장과 함께 좀더 독창적이고 좀더 진실되고 좀더 다양한 어조를 띠게끔 변화되면서 더 닿을 수 있는 희망처럼 여겨 지게 된 것이다.

* * *

영화와 세 종류의 검열

앞서 설명한 현대 영화의 자유로움은 두 가지 차원에서 시작되었다. 첫번째는 직접적으로 정치적·경제적인 차원, 두번째는 관념론적·윤리 적인 차원이다.

영화 내용이 훼손되는 일은 순전히 **정치적인 검열**만으로도 발생할 수 있는 단순한 결과일 때가 자주 있다. '외설'이란 미명하에 검열을 통과 하면서 훼손되는 일과 같이 말이다. 요컨대 이 경우는 우리가 **엄밀한 의**

미에서 생각하는 검열에 해당한다. 이보다 더 자주 발생하는 내용 훼손은 상업적 검열을 통해서이다. 손익분기점이라는 경제적 이익을 위해 제작자의 입장에서 자체적으로 검열하는 경우인데, 결과적으로 실제적으로 **경제적 검열**이 이루어진다. 경제적 검열은 정치적 검열과 함께 '제도적 장치, 체제에 의해 발생하는 검열'이라는 공통분모를 가지고 있다. (경제적 검열이 자체-검열이라면 이는 검열하는 기관과 검열당하는 기관이 잠정적으로 한 심급 내부에서 서로 섞여 있기 때문일 뿐이다. 가령 1930년대 윌 헤이스가 만든 할리우드 검열 제작 규약을 떠올려보자.) 제도적 검열은 책, 그림, 음악보다 영화에 훨씬 엄격하게 적용되고 있기 때문에, 결과적으로 영화에서 내용의 문제는 다른 예술에서보다 더 직접적인 방식으로 **외부의 허락**과 밀접하게 연관된다.

관념론적이고 도덕적(혹은 비도덕적?)인 검열은 제도적 장치에 의해 행해지지는 않지만, 스크린에서 이야기될 만하다고 요구되는 것들의 협소한 테두리를 벗어날 의도가 전혀 없는(혹은 한 번도 시도하지 않았던) 몇몇 시네아스트에게 지나치게 제도 자체를 내면화한 결과로 나타난다.

아이디어를 영화로 옮기는 긴 과정 동안 정확한 지점에서 개입하는 이 세 종류의 검열은 매우 효과적으로 구속력을 발휘하기 위해 '자연스럽게' 순서대로 정렬된다. (엄밀한 의미의) 정치적 검열이 배급을 훼손하고, 경제적 검열이 생산을 훼손하고, 관념론적 검열이 창작을 검열한다.

실제적으로 촬영된 영화들의 내용과 영화가 말할 수 있는 것의 집합 사이에서 발견되는 차이는 (현대 관객은 영화를 매우 사랑하지만 영화 작품은 거의 사랑하지 않는 경우가 제법 있는데) 사실 제도적 검열들의 개입 때문일 때가 종종 있다. 이러한 관점에서 보면 폴란드, 체코슬로바키아, 브라질, 스페인, 동독 등의 나라에서 '새로운 영화'가 개화한 사실은 스탈린주의 여파, 즉 의사 표현의 제약에 대항하여 거둔 정치적 승리를 표상한다고 하겠다. 영화 촬영 팀을 축소하고 친구들의 도움을 얻어, 저예산, 16mm 필름, 배급과 재정 문제를 타계하기 위한 방법 강구 등, **직업**

적 제약을 개선하기 위하여 각국의 '젊은 시네아스트들'이 들이는 공통적인 노력은 경제적 검열에 대항하여 승리하고자 하는 목적에서이다.

하지만 이 사안과 관련해서 관념론적인 측면은 여전히 남아 있는데, 밀접하게 연관된 정치적이고 경제적인 측면은 원인이자 동시에 결과이기도 하기 때문이다. 새로운 학파의 성공은 일반적으로 영화의 관념론적인 분위기를 감지할 수 있을 정도로 쇄신하는 데에서 시작한다. 이 성공을 가능케 하는 투쟁은 **더 해방된 영화**라고 할 수 있는 것의 전망 혹은 계획이 없었다면, 그 목표를 위해 추진할 의지가 없었다면 불가능했을 것이다.

영화의 관념론적인 문제는 자율성의 문제를 나타내는 것이기도 하다. 영화 체제가 꿈꾸는 형식의 원인과 결과, 영화 작품들의 관념론은 이 체제 자체와 동일시되는 것도 아니고 기계적이고 직접적인 반영물도 아니다. 영화 분야의 자유라는 관점에서 실제적으로 중요한 역할을 했던 초기 단계보다 훨씬 이전에 작업된 기존의 몇몇 영화도 물론 근본적으로 현대적 색깔을 지닐 수 있었으며 '새로운' 영화의 진정한 일부분을 담당하기도 했다. 다른 한편으로 생각해보면 관념론적 검열만으로도 충분히 스크린에서 많은 주제가 사라질 수 있었던 것도 사실이다. 제도적 검열은 실제 억압하지 않았을지라도, 주제들을 다루는 다양한 방식이 자체적으로 검열된 것이다. 예를 들어 1965년까지 영화에서 45세 독일인 등장인물의 모습은 장-마리 스트로브의 「화해 불가」의 나이 든 건축가의 아들과 같은 진실된 인상을 전혀 남기지 못했다. 여기에는 그 어떤 제도적 검열도 개입하지 않았으나 표현 가능한 것을 교묘하게 제약한 결과로 도출된 것이었다. 그 제약은 '진실다움'이라는 영화의 다른 얼굴이며, 이제 좀더 자세히 살펴보자.

* * *

진실다움(1차적 접근)

아리스토텔레스는 '진실다움'을 공통된 의견에서 봤을 때 '가능한 것의 전체 집합'으로서 정의했다. 그리하여 진실다운 것은 알고 있는 사람들의 관점에서 가능한 것의 집합과 상반된다(후자의 '가능성'은 실재의 가능성, 진정한 가능성과 일치하는 것으로 가정되었다). 재현 예술('사실적이건' '공상적이건' 영화는 재현 예술에 속하며 항상 구상적이고 거의 항상 허구적이다)은 모든 가능성을 재현하지 못하는 대신 진실다운 가능성들을 재현한다. 아리스토텔레스 이후 전통 담론에서 진실다움에 다른 차원을 부가하면서 처음의 개념을 더 풍요롭게 만든다. 이때 부가된 개념이란 그리스 철학에서 전혀 고려하지 못했던 부분이고, 따라서 처음과 매우 다른 부분이었다. 다시 말해 일정 정도 구축된 장르의 법칙에 부합하는 진실다움이란 측면이다. 대표적인 사례로는 17세기 프랑스 고전주의 연극에서 나타나는 '진실다움' '예법bienséance' '적합성convenance' 개념을 들 수 있다. 보편적 의견, 장르 법칙이라는 두 경우 모두 진실다움이 정의된 범주는 '발화된 담화'와 관련해서였다. 즉 자료체의 결과로서 나타난다는 것이다. 장르 법칙은 이 장르에 속한 그 이전 작품들에서 생겨나는 것이라고 할 수 있는데, 다시 말해 일련의 담화에서 결과적으로 발생하는 것이다(시 예술이나 혹은 다른 특정 담화에서처럼 법칙이 명시적으로 공표된 경우가 아니라면 말이다). 또한 보편적 의견은 수많은 분산된 담화일 뿐인데, 왜냐하면 사람들이 말한 것을 통해 최종적으로 만들어지는 것이기 때문이다. 따라서 진실다움은 애초부터 가능한 것의 축소였으며, 현실적인 가능성들 중에서 문화적이고 임의적인 제한을 표상하게 되었다. 다시 말해 진실다움은 처음부터 검열이다. 구상 픽션의 모든 가능성 중에서 이전의 담화를 허용하는 것들만이 이 검열을 통과한다.

17세기 프랑스 고전주의 연극의 경우 (궁정과 도시 관객들의 보편적 의견 혹은 그들의 비밀스런 바람, 사실 진실다움은 희망하는 것과 결코 멀지 않다. 당대 사람들에게 공통된 취향, 윤리적 감각에 부합하는 것과 밀접하게 관련되어 있다) 피로스는 (실제로는 그랬을 가능성이 더 컸을) 전장의 답답하고 무지막지한 수장이 아닌, 문명의 혜택을 받은 친절하고 예의를 갖춘 왕으로 그려지는 것이 더 진실다워 보였다. 이 법칙은 희극에도 마찬가지로 적용되면서 희극의 등장인물은 탐욕스럽고, 겉치레를 좋아하는 등의 특성을 지닌 절대적인 악으로 묘사되었다. 이 인물이 보여주는 모든 끔찍한 재난과 불상사는 반드시 그가 지닌 결함과 악함에서 결과적으로 발생하는 것이었으며, 어찌할 수 없는 본질에 관한 단순하고 명쾌한 관계를 보여주곤 했다.

* * *

영화적 진실다움

매우 오랫동안 **영화적 진실다움**이 존재했다. 물론 오늘날에도 여전히 존재하긴 하지만 이전보다는 다소 줄어들었으며, 이 정도의 변화만으로도 상당한 상징적 의미를 내포하고 있다. 일반적으로 혼동의 여지가 없는 장르들이 영화에도 존재한다. 서부극, 탐정영화, 프랑스식의 코미디 드라마 등. 각 장르는 고유하게 말할 수 있는 것을 선택하는 대신 다른 가능성들을 배제했다. 예를 들어 서부극에서 주인공이 노쇠하거나 피곤해 보이거나 두려워하거나 하는 모습은 거의 50년 동안 금기시되는 가능성이었다. 반세기 동안 무적의 젊은 남자 영웅만이 서부극에서 유일한 주인공의 유형으로 가능했다. 기존의 담화인 서부의 전설이 인정하는 것 또한 이러한 유형의 영웅이었다. 존 포드의 영화 「리버티 밸런스를 쏜 사나이」의 마지막 시퀀스에서 신문기자가 늙은 의원의 진짜 이야기라고 쓴 부편집장의 기사를 찢으면서 다음과 같이 말하지 않던가? "서부에서 전설이 진실보다 더 아름다울 때에는 전설을 쓰는 게지."

하지만 그 이상의 것이 있다. 사실 영화 분야에서는 영화 전체가 하나의 거대 장르처럼 기능했다. (그리고 아직도 매우 종종 그렇게 작동하고 있다.) 허용된 특정 내용의 목록과, **찍을 만한 어조와 주제**의 목록을 지닌 거대한 문화 구역으로 간주되곤 한다. 코앙-세아가 1959년에 언급했던 것처럼,[199] 영화 내용은 네 종류로 구분할 수 있다. ① (격심하게 현실과 결별한, 그래서 기분 좋게 빠져들 수 있는) 환상적·공상적 **판타지** ② (다루기 어려운 복잡한 문제들과 멀리 떨어진 상태에서 소소한 웃음을 가미한 진짜 사건들로 구성된) 친숙한 생활의 **일상 이야기** ③ (일상에서는 도저히 불가능한 관대함과 너그러움을 보여주는) **영웅물** ④ **극적인 드라마** (여기에서는 보통의 관객이 감정적으로 동화될 수 있도록 그 문제를 마치 관객 스스로 직면한 것처럼 선동적으로 다룬다. 하지만 결코 이 문제를 관객이 해결하거니 초월할 수 있을 만한 거리를 두고 관조하는 자세를 취하지는 않는다. 예를 들어 감상적인 어린 여점원이 주인공인 영화가 쓸데없이 비극적인 어조로 그녀의 현실 문제를 도저히 빠져나올 수 없는 상황처럼 자의적으로 보여주면서 그 속에 가두어버리는 경우를 들 수 있다. 만약 당신 마음에 드는 젊고 친절한 남자가 저녁 식사에 초대를 한다면, 이때 그의 의도는 순수한 호의는 아닌 것처럼 보이는데 이 상황에서 어떻게 할 것인가? 핑크빛 영화는 절대 친절한 '멋진' 남자의 의도가 욕망 때문이라고 말하지 않을 것이다. 순수한 호의와 친절 외에 다른 어떤 의도도 없는 것이라고 말할 것이다. '극적인 드라마'에서 진실다움을 따라, 가볍고 감상적인 소녀 취향의 영화 장르에서 그녀들의 공통된 의견을 따르기 위해, 이 문제와 관련되어 유추해볼 수 있는 다른 10가지의 유사 상황은 모두 사라져버린다. 만약 영화에서 확실한 해결책 이외에 다른 의미를 상대적으로 고려한다면 이는 곧 드라마를 파괴하는 일이 될 것이며 이 장르의 고유한 진실다움을 벗어나는 길이다.

진실다움은 결과적으로 각자의 소외를 좀더 강화시키게 되는 길이다.)

이제 다시 코앙-세아의 네 가지 영화 내용 유형으로 돌아오자. 영화에서 말할 수 있는 내용을 네 가지 범주로 구분한 그 기준들 사이를 넘나드는 작품은 어찌 보면 가장 풍요롭고 가장 새로운 영화들의 고유 특성이라고 할 수 있을 것이다(1920년에도 이런 영화들은 있었다). 또한 언급된 구분 기준(뿐만 아니라 장르에 대한 다른 분류 역시)은 상업적으로 통용되는 제작 방식의 영화들을 고려한 것, 즉 영화 작품들 중에서 10분의 9에 해당하는 영화에 관한 것임을 어찌 부인할 수 있겠는가?

1946년 잡지 『현대 시대Les temps modernes』 창간호[200]에서 로제 레엔하르트는 전통 영화가 지난 50년 동안 형식적인 측면에서 미학을 완성시킨 과정 외에 내용 차원을 변화시킨 바는 매우 적다고 주장했다. 사막, 눈, 바다 등 단순히 광활한 풍경에 비해 엑상프로방스의 시골과 같이 좀더 복잡하고 미묘한 풍경은 담아내지 못했다는 것이다. 대도시, 군중, 기계, 어린아이, 동물, 공포, 폭력, 사랑, 기초적인 감정 등은 담아낼 수 있었지만 이후 우리 사회에서 나타난 실제 감정과 같은 다른 유형의 감정들은 담아내지 못했다. 정리해보면 전통 영화는 우리에게 표현의 새로운 형태로서 영화 자체를 가르쳤을 뿐 그 내용상으로는 별로 새롭게 가르친 것이 없다는 주장이다. 레엔하르트의 생각은 물론 코앵세아의 구분과는 다르다. 하지만 이 두 비평가는 모두 말하기의 형식으로 영화가 도입되면서 특정하게 잘 들어맞는 말해진 것에 맞춰 그 내용을 제한했다는 점에는 동의하고 있다. 근본적으로 영화의 진실다움이 존재하고 이것에서 벗어나는 경우는 어제 혹은 오늘날의 몇몇 특정 작품일 뿐이다. 이 작품들에 관해서 '젊은 영화'를 만드는 다양한 분파의 노력 전체가 모여 달성한 정치적·사회적 권리라고 해석할 수 있다.

영화의 제도적 검열 뒤에는 혹은 그 주변에는 진실다움으로 작동하는 검열이 두번째 장애물처럼 버티고 있다. 보이지 않는 필터이지만 실제 검열이라고 지칭되는 것보다 훨씬 더 효과적인 검열이 있다. 제도적 검열이 정치적이고 풍습적인 몇몇 주제에만 관련된 반면, 진실다움이라는 보이지 않는 필터는 모든 주제와 관련이 있다. 더 정확히 말하자면 (더 심각한 문제를 일으키는 이유이기도 하다) 주제와 직접 관련된 것이 아니라 주제를 다루는 방식에 관련된다. 다시 말해 영화라는 내용 자체를 상관하는 것이다. 사실 주제는 내용이 아니다. 주제는 내용의 매우 일반적이고 초보적인 특성화하기에 해당할 뿐이다.

언어학자 옐름슬레우의 구조주의 용어를 빌리자면, 제도적 검열은 영화에서 '내용의 실질'을 겨냥한다. 이때 그 주제들은 영화가 말할 수 있는 주요 대상의 분류 외에는 다른 어떤 것에도 해당하지 않는다. 정치적으로 너무 참여적인 영화 혹은 감히 정치적인 내용을 시도한 영화는 검열된다. 사랑영화 혹은 역사적 주제를 다루는 영화는 검열되지 않는다. 기타 등등. 반면 진실다움으로 검열되는 영화는 '내용의 형식'을 겨냥한다. 다시 말해 영화가 '말하고자 하는 것을 말하는 방식'을 지칭한다. 그 정의상 그가 말하는 것, 그 내용의 진정한 얼굴이 될 수 있다. 바로 이러한 이유에서 진실다움이 제한하는 바는 잠정적으로 모든 영화를 겨냥한다. 동일한 맥락에서 옐름슬레우가 1953년 코펜하겐에서 개최된 컨퍼런스에서 (언어 랑가주에 관하여) 우리가 관념이라고 지칭하는 것은 대부분 내용의 형식에 주목하는 것이 아니냐고 말했을 것이다. 사실 제도적 검열은 청춘의 젊은이를('주제'의 차원에서, 내용의 실질) 스크린에 재현하기를 금지한 적이 결코 없다. 하지만 우리가 실제 젊은이들을 영화에서 본 것은 영화 역사상 뒤늦은 시기에 이르러서였다(여전히 드문 경우이긴 하지만). 로제 레엔하르트의 「마지막 휴가」, 장-뤽 고다르의 「남성, 여성」, 밀로스 포만 「블랙 피터」, 장 외스타슈의 「산타클로스는 파란 눈을 가졌다」에서야 마침내 우리는 그때까지 '진실'이라고 말하면서 배제시켰던 것을 스크린에서 볼 수 있게 되었다. 즉 영화에서 청춘의 세부 사항(내용이라고 일컬어지는 차원, 진정한 내용, 내용의 형식)을 만나게 된 것이다. 사실 오랫동안 영화 스크린은 **진실다워 보이는 영화적 청**

춘이라는 전통에 얽매여 있었다. 영화에서 그린 전통적인 청춘의 모습은 크게 일곱 혹은 여덟 유형으로 구분할 수 있다. 역사적으로 스크린에 등장한 순서대로 대략 정리해보자. ① 무성영화 시절 대단히 영웅적이고 지나치게 감정적인 젊은이 ② 핑크빛 로맨스 영화에 딱 맞는 잘생기고 멋진 젊은이 ③ 폭소를 자아내는 여드름투성이의 말더듬이 ④ 마르셀 카르네의 「사기꾼들」에서처럼 멋대로 행동하는 젊은이들 ⑤ 검은 가죽 점퍼를 입은 못생긴 젊은이 등등.

* * *

내용과 표현, 형식과 실질

영화에서 '형식'과 '내용'을 구분하고 상반되는 것으로 여기는 태도는 영화를 분석하는 데에도, '형식'이나 '내용'을 분석하는 데에도 전혀 도움이 되지 않는다. 시네아스트의 표현수단이 그만의 **실질적인** 특성(가령 이미지는 소리가 아니고, 비언어적 소리는 말이 아니다)과 동시에 **형식적인** 구성 과정(카메라 워크, 컷, 편집 원칙, 이미지와 말의 관계, 소리 사용 등)을 지닌다면, 영화의 **내용** 역시 그만의 실질적인 고유성(가령 사랑에 관해 이야기하는 것과 전쟁에 관해 이야기하는 것은 다른 문제이다*)과 형

---

* 물론 '사랑'과 '전쟁'을 두 가지 다른 테마로 제시한 것은 이미 기초적인 조직 과정을 개입시킨 셈이다. 따라서 내용의 형식과 관련된 최초 단계가 시작된 것이다. 더 확장된 의미에서 형식과 실질의 관계를 고려하는 것은 반드시 두 가지 중에서 어느 쪽을 선택하는가에 따라 달라지며 우리가 관여하는 분석의 차원에 따라 달라진다. '사랑영화' '전쟁영화' 등으로 구분하는 일이 어떤 시기에 어떤 나라에서 제작된 작품들을 주제별로 구분하는 문제에 관해 관심이 있는 사람에게는 분명 내용의 형식과 연관이 될 것이다. 반면 (주제는 이미 정해져 있고) 한 작품을 분석하는 이에게는 이 주제가 내용의 실질을 담고 있는 비정형의 천처럼 생각될 것이고, 이후 시네아스트가 '전쟁영화'를 다른 전쟁영화와 차별화시키는 그만의 방식에 근거한 내용의 형식을 담게된다고 여길 것이다. 시네아스트의 방식을 분석 대상인 영화의 주요 '전쟁 시퀀스'의 연속이라고 지칭할 수 있다면, 더 가까이서 이 시퀀스들 각각의 내부 형식을 분석하는 사람은 실체적 심급을 관찰하는 것이라고 하겠다.

식적인 구성 과정을 지닌다는 사실을 인정해야만 한다. 에른스트 마리슈카Ernst Marischka의 「시씨」에서 사랑을 이야기하는 것과 비스콘티의 「애증-여름의 폭풍」에서 사랑에 관해 이야기하는 것은 전혀 다른 문제이다. 형식은 결코 내용에 상반될 수 없다(중·고등학교 교육 과정에서 가르치는 수사법이 아니라면 말이다). 형식은 항상 실질 혹은 질료에 상반되는 개념이었다. 내용은 형식에 상반되는 개념이 아니라(왜냐하면 분명하게 지각할 수는 없지만 그 자체로 형식을 포함하고 있기 때문에), 분명내용을 담고 있는 그릇, 즉 표현과 구분된다. 물론 이 구분은 순순히 방법론적인 것으로 현실적으로 분리할 수 있는 부분은 아니다. 단지 모든 랑가주 대상(영화 역시)은 '표상하는 측면'과 '표상할 측면'이 있음을 주지해야 한다. 기표와 기의를 구분하는 것과 같은 내용과 표현의 구분, 형식과 실질의 구분은 '겉으로 항상 보이는 것'과 '항상 탐구되는 것의 구분'을 도와준다.

바로 이러한 맥락에서 제도적 검열에 대항한 현대 영화의 첫번째 성공(그 자체로 이미 대단한 전환점이라고 힐 수 있는)이 영화의 주제뿐만 아니라 그 내용의 현실(내용의 형식)이 점진적으로 더 자유롭고, 더 다양하고, 더 어른스럽게 변화하는 길에 희망을 품게 한 것이다.

우리가 이 글에서 취하고 있는 입장은 영화 개별 작품에 관한 것이지, 영화들의 그룹에 관한 것(나라별 제작 양상, 시네아스트의 창작, 시기별 제작 등)이 아니며, 영화의 부분별 분석(에피소드, 시퀀스, 숏 등)도 아니다. 한 작품에서 주제는 내용의 실질처럼 작동하고 그 주제를 다루는 방식(진정한 내용)은 내용의 형식으로서 기능한다.

더 일반적으로, 심층적인 다른 모든 개념과 마찬가지로, 형식과 실질의 구분 역시 상대적이면서 동시에 절대적인 부분이 있다. 이 구분이 적용되는 다양한 경우를 생각하자면 상대적일 수밖에 없고 그 개별 경우에서는 절대적일 수밖에 없다.

* * *

실재에서 가능한 것들과 담화에서 가능한 것들

진실다움은 **문화적**이고 **자의적**이다. 이 표현을 통해 진실다움이 배제시킨 가능성과 주목하는 가능성(**사회적으로 증진시켜야 할** 진정한 가능성) 사이의 구분 기준이 나라마다 시대마다 예술마다 장르마다 상당수 변화한다는 의미를 생각해보자. 진실다운 영화의 갱스터는 미국에서는 트렌치코트를 입고 중절모를 쓰는 반면, 프랑스에서는 (미국 영화를 모방하는 경우가 아니라면) 로베르 달방 같은 모습에 더 가깝다. 깔끔하지 못한 차림새, 짧게 깎은 스포츠형 머리 모양, 강한 파리 변두리 억양 등. 마찬가지로 18세기 프랑스 문학에서 진실다운 여성은 교태가 넘치고 멋부리기 좋아하는 건강한 모습이었다면, 1830년에는 정숙하고 생기 없는 창백한 모습이었다.

진실다움이 변화하는 사실은 진실다움의 내용에 영향을 미치는 것이지 진실다움의 지위에 영향을 미치는 것은 아니다. 진실다움의 지위는 배제시킨 것과 주목하는 것의 구분 기준 속에 존재하며, 가능한 것들을 제한하는 행위 안에 있다. 항상 그리고 도처에 있다. 순수하게 진실다움에 푹 빠져 있는 작품은 닫힌 작품이다. 이는 동일한 문명, 동일한 장르에서 기존에 만들어진 작품들에 근거하여 형성된 '자료체'에 그 어떤 보충적인 가능성도 부가할 수 없다. 진실다움은 담화의 반복이다. 항상 그리고 도처에서 반복된다. 진실다움에서 부분적으로나마 벗어나 있는 작품은 열린 작품이다. 이는 우리의 삶이나(사실주의 작품의 경우), 인간의 상상력 속에서(공상적이거나 비사실주의 작품의 경우) 가능한 것들 중 하나를 실현시키도록 혹은 다시 작용할 수 있도록 만든다. 이 가능성들이란 사실 기존 작품들 속에서 진실다움이란 이름으로 배제되게끔 조장되었던 것들이다. 창작자의 작업 과정에서 작품의 내용을 결정하는 행위는 (사실주의 작품과 같이) 현실에 대한 관찰을 통해, (비사실주의 작품과 같이) 실질적인 상상력을 통해 이루어지는 것이 결코 아니다. 그 행위는 항상 동일한 분야의 예술에서 이전의 작품들을 비교하면서 가능해진다. 인생을 영화에 담는다고 혹은 그의 환상을 담는다고 믿는 사람일지라도 (그가 생각하는 것보다 훨씬 더) 다른 작품들과의 비교를 통해 작업이 이루어지게 마련이다. 왜냐하면 그가 촬영한 것은 결국 인생의 한 조각 혹은 환상 일부분이 아니라, 영화일 뿐이기 때문이다. 왜냐하면 시네아스트는 항상 영화를 찍기 때문이다. 종종 자기 것이라고 믿으면서 다른 영화의 부분들을 약간씩 가져오기 때문이다. '분야'라는 형태로 문화 자체에 깊숙이 배어 있는 유혹을 떨쳐버리는 일은 대단한 노력과 능력을 요구한다. 책은 서로서로 응답하고 대화하고 있으며, 그림 역시, 영화 역시 작품끼리 서로 영향을 주고받는다.

가장 '쉽다'고 여겨지는 가능성조차, 삶 혹은 꿈이 가장 일반적으로 **구체화시키는** 것조차 허구적 담화 속에 담아내기란 대단히 어려운 일이다. 허구적 담화 속에 형상화하려면 이식하는 과정이 필요하고 다른 세상 속에서 그것을 살게 만들어야 한다. 마치 **현실적으로** 가능한 것(삶과 꿈의 가능성들)처럼 전개되는 모든 것은 한참 뒤에 담화 속에서 하나씩 차례차례 점진적으로 용납될 뿐이다. 하지만 (다른 세상 속에 자주 등장하면서 마치 쉬운 것처럼 간주되는 상황을 넘어서, 이전 담화들 속에서 나타나지 않았다는 이유로 우리의 세계에서 쉽사리 선택되기보다는) 현실적 가능성들 각각을 그 뿌리부터 치밀하게 다시 조사해야만 한다. 아직 말해지지 않은 것들을 처음으로 말하고자 하는 이는 그 대상에 상당한 중요성과 무게를 부여할 것이다. 그는 자신의 임무가 이중적 의미를 지녔다고 믿을 것이다. 어떤 것을 말하는 행위는 항상 상당한 어려움을 전제하며 여기에 다른 말하기가 배제한 것을 말하려는 노력을 덧붙여야 할 것이다. 아프리카에서는 매우 쉽게 많이 볼 수 있는 식물이 모나코에서는 대단한 정성을 필요로 하는 식물이 될 수 있는 것처럼 말이다. 프랑스 파리 라탱 지구에서 매일 만날 수 있는 '극좌파' 대학생은 영화적인 진실다움이란 이름하에 오랫동안 배제되어왔고, 따라서 스크린에서 부재해왔다. 극좌파 대학생을 영화에서 보기 위해서는 「전쟁은 끝났다」를 만든 알랭 레네의 재능과 노력을 기다려야만 했다. 그리하여 우리는 레네에게 대단하다고, 이전에 결코 본 적이 없는 새로운 것이라고, 결국 진실(예술에서의 진실)이라고 감탄을 아끼지 않는 것이다. 하지만 사실 레네에게 갈채를 보냈던 사람들은 그들의 일상에서 길을 거닐며 영화 속 극좌파 대학생과 비슷한 사람들을 끊임없이 마주치고 있었다.

영화 속에서 단지 몇 초라도 진짜 제스처 혹은 억양을 쓰는 여주인공이 있다면 이는 시네아스트의 입장에서 보면 가장 어려운 문제를 성공적으로 해결한 것이라고 가정할 수 있다. 1년에 한 번쯤이나 생길 만한 일, 예민한 관객, 좋은 관객이라면 놀라움을 금치 못할 일이다. 이런 경험을 할 때마다 관객은 단번에 40여 편의 영화를 효력이 다해버린 작품으로 여기게 될 것이고 순수한 진실다움에 관해 생각하게 될 것이다.

* * *

상대적 진실다움, 절대적 진실다움?

진실다움 그리고 (그 반의어라고 할 수 있는) 진실은 상대적이면서 동시에 절대적인 방식으로만 정의될 수 있다. 절대적 기준만으로는 충분할 수 없다. 완전히 진실다움으로 밀봉된 작품은 불가능하며(가장 적합한 영화일지라도 가끔은 몇몇 숏 공간, 다른 것으로 향할 수 있는 가능성을 열어주곤 한다), 모든 진실다움에서 완전히 해방된 영화도 불가능하다(초인간적인 시네아스트가 아니라면). 뿐만 아니라 오늘날의 진실이 내일의 진실다움이 되는 가능성도 언제나 잠재되어 있다. 진실이라는 인상, 뜻밖에 해방되었다는 인상은 진실다움이 진가를 발휘하는 특별한 순간과 일치한다. 새로운 가능성이 영화에 실현되는 순간 말이다. 하지만 일단 영화에서 새로운 무엇인가가 등장하고 나면 담화와 글쓰기의 현상이 되고 곧이어 새로운 진실다움이 될 가능성을 내재하게 된다. 영화에서 젊은 체코인을 그 이전과 다르게 측은히 여기는 어조로 처음 묘사할 때에는 스크린에서 말할 수 있는 내용을 풍부하게 만드는 것처럼 보이지만 이후 말하기의 형식이 되면 더 이상 우리가 새롭게 배울 만한 것이 전혀 없는 상황으로 변한다는 뜻이다.

진실다움의 상대적 정의 역시 모든 것을 설명하기에는 충분치 않다. 왜냐하면 영화적 진실다움은 영화의 촬영 내용 전체가 절대적으로 증가하는 것처럼 생산되는 순간 바로 그 지점에서 왜곡되기 때문이다. 진실다움이라고 여겨진 진실에서 진실다움이라고 여겨진 진실로, 영화의 상당 부분이(이웃 예술 분야보다 더 젊고 순진한, 그래서 더 완수해야 할 것이 많은) 점진적으로 시간이 지나면서 점차 말하기와 더 세밀하게 혼합된다.

예술 담화의 '진실'은 기록되지 않은 진실(예컨대 '삶의 진실') 속에 직접적으로 드러나지 않는 대신 명시적이건 그렇지 않건 예술 분야 내부에서의 비교라는 매개를 통해서 이루어진다. 따라서 상대적일 수밖에 없다. 반드시 그럴 수밖에 없다. 왜냐하면 새로운 탐색(어쩌면 새로운 진실 속에서 사라질지 모르는)은 적어도 진실다움만큼은 반드시 풍성하게 만들 것이기 때문이다. 진실다움은 아무리 계속적으로 새로 태어난다고 해도 소용이 없다. 진실다움들 각각의 죽음은 곧 진실의 절대적 순간처럼 여겨질 것이기 때문이다.

* * *

진실다움의 두번째 정의

지금까지 살펴본 문제들이 사실 진실다움 자체라기보다는 오히려 진실다움의 가능한 조건 혹은 진실다움의 선행 단계였음을 주목할 필요가 있다. 사실 기록으로 이행하는 지점에서 가능성들을 제한하는 현상은 근본적으로는 **관습**(혹은 평범함 혹은 진부함) 이외에는 그 어떤 것도 아니다. 다시 말해 **진실다움을 가능하게 만드는 것**이다.

(가능성들을 제외시키고 임의적으로 제한하는) 관습 앞에서 문화는 건강과 병, 도덕과 비도덕이 대립되는 것과 같은 두 가지 태도 중에서 선택을 한다. 첫번째 입장은 관습을 잘 받아들여 좋은 쪽으로 사용하는 단순하면서 동시에 명석한 경우이다(예를 들어 히치콕). 이 경우 같은 장르의 다른 작품들에 비해 **담화 수행 능력**이 매우 뛰어나다고 평가받을 정도로 정해진 장르 규칙을 잘 따르는 관습적인 작품을 생산한다. 그렇기 때문에 이러한 작품의 랑가주는 현실을 이야기하고 있다는 착각을 남기는 교활한 일을 꾸미지 않는다. 이 경우 **진실다움을 아예 포기해버리는 것**이다. **진실 같아 보이기를 포기하는 것**이다. 이런 유형의 작품들은 관객이 장르의 법칙을 잘 알고 있다면 매우 생생한 '미학적' 즐거움을 느끼게 도와준다. 공모하는 즐거움, 이해하는 즐거움, 세부 기술에서 발생하는 즐거움, 같은 장르의 다른 영화와 비교하는 즐거움 등. 서부극이 각광받던 시절 잘 만든 서부극 영화는 시네필에게 이런 종류의 즐거움을 많이 선사했다. 당시 서부극은 대단히 건강한 영화 장르였다고 말하곤 한다. 더 정확히 말하자면 서부극의 건강은 (영웅주의, 단순하고 소박한 생활 등) 건강한 대상을 재현했기 때문이 아니라 그것들을 건강한 방식으로 재현했기 때문이다. 세심한 법칙을 따라 진행되는 고전 발레의 프로토콜을 한 예로 생각해볼 수 있다. 예상하지 못한 변주들이 시도된다면 이는 프로토콜 내부에서의 기발한 결합, 이미 예상했던 일련의 기초적인 요소들의 최초 결합에 해당한다. 고전 서부극은 자유롭게 뛰어다니는 말과 대자연을 이야기하기 때문에 건강한 것이 아니라, 솔직하기 때문에 건강하다. 이러한 장르, **규칙이 정해진 주류 장르들은** (진실다워 보이지 않는 것 혹은 세세한 돌발 경우와 상관없이) 결코 진실 같아 보이지 않는다. 왜

냐하면 이러한 장르들에 속한 작품은 담화 이외에는 그 어떤 것도 의도하는 바가 없다. 요정 이야기, 영웅 이야기, 신화, 동양적 연극 등. 확장된 고전주의 범위이기도 하다.

반면 진실 같은 작품은 허구라는 특성의 한계 지점에서 양심을 거스르면서 관습을 따른다. 진실다운 작품은 가능성들을 억제하는 관습이 담화의 법칙이나 글쓰기의 규칙이 되지 않는 것처럼 관객을 설득하고자 한다. 그리고 작품의 내용에서 확인할 수 있는 관습이 미치는 영향은 사실상 대상의 특성에서 발생하는 효과이며, 재현하고 있는 대상의 내재적인 특성에서 유래하는 것이라고 주장한다. 진실다운 작품은 스스로 현실을 직접 번역하고 표상하기를 원한다(혹은 사람들이 그렇게 믿기를 원한다). 이러한 맥락에서 진실다움은 온전한 모습으로 받아들여진다. 진실 만들기와 관련이 있다고 하겠다. 관습은 경우에 따라서 진실다워 보이기 때문에 관습보다는 진실다움(가령 필름 누아르의 관습은 고전 서부극의 관습보다 더 진실 같아 보인다), 담화를 자연스럽게 보이게 하고 법칙을 숨기고자 하는 기교와 기법을 포함하고 있는 진실다움은 스스로 원하지 않더라도 분석가에게조차 기호로서 보이지 않게 되는 것이다. 이러한 맥락에서 원칙상 적합한 것을 자연스러운 것처럼 보이게 하는 진실다움은 그 정의 내부에 적합한 것이라는 개념을 포함시킬 수밖에 없게 된다. (바로 이러한 이유에서 이 글에서 우리가 가능성의 제한이라는 개념을 통해 진실다움에 관해 설명했던 것이다.) 왜냐하면 바로 그 지점에 자연스럽게 만들기가 작용하는 것이다. 진실다움이란 없다. 진실다워 보이는 관습만이 있을 뿐이다. 진실다움으로 여겨지지 않는 관습은 진실 같아 보이지 않는 것의 집합이다. 어떤 지점에서 관습을 넘어서는 것은 진실다워 보이지도 않고 동시에 진실다워 보이지 않는 것도 아니다. 관습을 넘어서는 어떤 것이 담화 속에서 처음 등장했을 때 진실이라고 할 수 있다. 진실다움은 진실이 아닌 어떤 것이지만 너무 다른 그 어떤 것도 아니다. 진실은 아니지만 진실을 닮은 어떤 것일 뿐이다. (물론 이 글에서는 '진실다움le vraisemblable'이란 단어의 현대 프랑스어 사용 범위를 고려하지 않기로 한다. 이 단어는 "내일 아마vraisemblable 그가 오지 않을 것입니다"에서처럼 일상 언어에서는 가능한 것과 있을 법한 것 중간 지점의 논리적 가능성 정도를 의미하기 때문이다. 이 경우는 완전히 다른 관점에서 설명해야 한다.)

프랑스 '코미디 드라마'를 영화적 진실다움의 대표적 사례라고 할 수 있겠다. 왜냐하면 이 장르에서 각각의 관습은 플롯의 자연스러운 논리 혹은 등장인물들의 심리라는 기준(특별히 필요에 맞춰 만들어진)에 의해 꼼꼼하게 확인된다. (특히 육체적인 부분 그리고 감정과 관련된) 프랑스적인 세련됨과 특유의 가벼움은 모두 서사에 진짜 같은 외관을 불어넣기 위해 사용된다. 제작자가 장르의 관습 때문에 '해피엔드'를 요구했을까? 남편을 배신한 부인이 갑작스럽게 그녀의 애인이 남편보다 형편없다는 사실을 깨닫고 남편에게로 돌아오게 된다(감정적 논리). 장르와 보편적 의견 때문에 약간의 옷 벗는 장면이 필요한 것일까? 극장에서 공연을 보고 집으로 온 남편과 부인 사이의 대화 장면, 남편이 앞쪽에서 침실 거울을 보며 넥타이를 풀고 그 뒤로는 욕실에서 부인이 옷을 벗고 있다. 이때 욕실 문은 반쯤 열려 있다. 남편과 부인이 서로 대화를 하고 있기에 이 반쯤 열린 문틈은 너무나 자연스럽다. 뿐만 아니라 여주인공의 반쯤 벗은 몸이 보이는 것(장르의 관습) 역시 진실 같아 보인다. 너무 한도를 넘지 않은(검열 때문, 즉 장르 법칙 때문) 벗은 몸이어야 한다. 이렇게 시네아스트는 두 마리 토끼를 한 번에 잡은 셈이다. 게다가 파리 부르주아 부부가 잠자리에 드는 장면을 사실적으로 재현하면서 얻는 세 번째 장점, 풍습의 관찰이라는 측면도 있다. 관습 때문에 주인공은 (건축가, 의사 등) 여유로운 경제생활이 가능한 좋은 직업을 가지게 되는 것일까? 하지만 약간의 위험과 폭력이 발생해야만 한다. 얼마나 잘 들어맞는가! 건축가가 길에서 깡패에게 공격당한다. 혹은 병원 업무의 수장인 의사는 젊은 의사들에게 엄격하고 화를 잘 내는 다혈질의 남자여야 한다. 등등. 장르만의 프로토콜 혹은 관객의 공통적 기대에 걸맞은 프로토콜의 각 요소는 장르 내부에 존재하는 왜곡 방식을 통해 역전되고 변화된다. 이상에서 살펴본 장르의 작품은 (장르 법칙을 믿음을 갖고 충실히 따르던) 고전 서부극과는 거리가 멀다. 고전 서부극에서는 (주인공이 술집에서 실수로 옆 사람에 부닥친다. 우연찮게도 바로 그 순간 그 마을에서 가장 험악한 악인이 주인공의 옆을 지나고 있다 등의) 사건이 발생하기 위한 구실은 대강 급조된 것처럼 전혀 진실 같아 보이지 않았다. 작품에서 권총 결투 의식이 치러지기 위한 발단이 되면 그만이었다. 관객이 영화가 시작되고 나서 그토록 기다리던 결투를 위한 구실이면 충분했다.

* * *

진실다움과 '새로운 영화'

진실다움을 벗어나는 방식(네술의 고통스러운 순간이라고 해야 할까?)은 단지 두 종류만 있다. 작품 이전 혹은 이후에만 가능하다. 진짜 장르 영화가 진실다움을 벗어나고, 징말로 새로운 영화가 진실다움을 벗어난다. 벗어나는 그 순간은 언제나 진실의 순간이기도 한다. 첫번째 방식, 진짜 장르영화가 진실다움을 벗어나는 경우에는 약호를 전부 잘 따르면서 그 내부에서 오히려 많은 것을 이야기할 가능성이 생겨나는 것이며, 두번째 방식, 즉 정말로 새로운 영화가 진실다움을 벗어나는 경우에는 기존의 관습을 파기하는 지점에서 새로운 담화를 만들면서 가능한 것이다.

'젊은 영화' 옹호자들이 영화적 진실다움 때문에 배제된 것들의 작은 조각들을 다시 살펴보면서 영화의 말할 수 있는 분야를 늘리고자 노력하는 일은 우연이 아니다. 그들 영화 자체에 종종 인용되기도 하고 영화에 관한 글이나 말을 통해 보여주었듯이 (서부극, 필름 누아르, 코미디 뮤지컬 등) 진짜 장르영화를 향한 일종의 노스탤지어, 같은 편처럼 느끼는 우호적 감정을 관찰할 수 있다. 사실 장르영화들은 (매우 종종 미국 영화들, 미국 영화 외에 영화에서 장르가 존재한다고 할 수 있을지조차 의심스럽다) 그들이 보호하고자 하는 것들과 정반대의 것을 표상하는 것처럼 보인다. 이 영화들, 계열을 이루는 생산물들은 할리우드 기계의 승리, 관습의 정점, 제조된 것의 극치가 아닐까? 반면 젊은 시네아스트는 자유로운 개인적 표현만을 꿈꾸는 것이 아닌가?

분명히 의식하지 못하는 사이 (관념이란 항상 실제 만들어진 현상보다 한 발 늦는 법이다) 많은 새로운 세대의 시네아스트가 개인적인 창조성을 향한 낭만적인 이상을 품으면서 그들의 재능 덕분에 이미 결실을 맺기도 했다. 바로 영화적 진실다움의 점진적인 쇠락 혹은 쇠퇴 그리고 영화에서 말할 수 있는 것의 점진적인 확장과 풍요로움(모두 말하고자 하는 욕망의 결과)이다. 그들을 끔찍하게 만드는 (그들이 이름 붙이지 않았지만) 적군은 진실다움이다. 분명하게 치욕적이라고 간주된 제도적 검열을 통해 그리고 그 검열을 넘어, 말하기와 말해진 것의 은밀한 훼손, 배제와 박탈의 소극적이지만 친숙한 얼굴, 진실다움. 진실다움의 제국은 지금까지 제작된 상당수 영화에 영향력을 미치고 있었지만 아직까지는 (다양한 이유에서) 젊은 영화인들이 사랑하는 장르영화까지는 차지하지 못하고 있었다. 젊은 영화인들은 바로 그 장르영화들에서 영화의 신비한 비밀 무엇인가를 발견했고, 그들이 영감을 얻고 자양분을 얻었던 과거 영화들처럼, 그들이 만들고자 했던 영화들처럼 그리고 가끔 그들이 만든 영화처럼 새로운 영화를 발견했다.

창작하는 학자, 크리스티앙 메츠를 기리며

'창조' 혹은 '창작'은 으레 예술을 떠올리게 하는 단어인 것 같다. 그런데 학자가 창작을 한다? 도대체 무슨 의미일까? 들뢰즈는 익히 '창조 행위란 무엇인가'라는 주제로 프랑스국립영화학교 페미스 학생을 대상으로, 철학은 개념들을 창조하거나 고안해내는 일을 한다고 설명한 바 있다. 개념들이 철학자가 자기를 붙잡아주기를 기다리면서 하늘에서 다 만들어진 상태로 존재하는 것이 아니므로, 개념들을 만들어내야 한다고 말이다. 크리스티앙 메츠는 그야말로 개념을 만들어낸 학자이다. 사유 방식을 만들어낸 학자이며, 그 사유 과정을 체계화하여 영화 기호학이란 이론을 만들어낸 학자이다. 이에 '창작하는 학자'란 표현을 메츠에게 바치고 싶다.

* * *

프랑스에서 영화를 둘러싼 담론의 역사는 그 논의 대상인 영화 역사와 궤도를 같이 했으나, 진정한 이론이라고 할 만한 영화 연구의 역사는 그리 길지 않다. 물론 영화 역사에서처럼 영화 담론의 역사에서도, 몇몇 뛰어난 대가의 족적을 쫓다 보면 실마리를 찾을 수는 있을 것이다. 하지만 일반적으로는 영화 작품을 시기별로 연구하는 영화 역사 연구, 영화 연출가를 중심으로 한 작가 연구, 혹은 문화사적 관점에서 특정 연대의 작품들이 지닌 경향을 찾아보거나 흥행작의 특성을 연구하는 방식이 대부분이었다. 특히 1958년 앙드레 바쟁이 사망하고 나서는 영화 이론의 공백기라고 해도 과언이 아닐 정도였다.

이 시기에 등장한 인물이 바로 크리스티앙 메츠이다. 구체적인 작품이나 작가 중심이 아닌 추상적인 개념을 담론에 끌어들인 인물, 영화 연구를 정의하고 정립하는 데 크게 공헌을 한 인물로 메츠를 꼽지 않을 수 없다. 자크 오몽에 따르면, 메츠는 기존의 연구 방식이 진정한 영화 연구가 아닐 수도 있다는 의심을 품고, 영화를 하나의 의미 체계로서 연구해야 한다는 생각을 피력했다고 한다(메츠는 오몽의 프랑스 국가박사 학위 논문의 지도교수였다). 다시 말해 영화는 대단히 독창적인 방식으로 의미를 생산하고 이야기를 전달하기 때문에, 그 부분에 주목해야 한다는 것이다. 이와 같은 맥락에서, 이미 탄탄한 방법론을 보유하고 있었던 구조주의 언어학에 기반을 두고, 영화가 의미를 구축하는 방식을 분석하기 시작했으며, 결과적으로 영화 기호학을 창시하기에 이른다.

Essais sur la signification au cinéma Tome I (1968)

Langage et cinéma (1971)

Essais sur la signification au cinéma Tome II (1973)

Le signifiant imaginaire (1977)

Essais sémiotiques (1977)

L'énonciation impersonnelle, ou le site du film (1991)

20여 년 동안 발표된 여섯 권의 책은 대부분 논문집의 형태를 띠고 있다. 특히 현재 독자가 보고 있을 이 책『영화의 의미작용에 관한 에세이』제1권과 (문학과지성사에서 동시에 출간한) 제2권은 영화 기호학을 정립하는 과정에서 다양한 경로로 발표된 논문들을 모아 재정비한 경우이다. 『영화의 의미작용에 관한 에세이』제1권(1968), 이 책을 집필할 당시의 부족했던 점을 다듬고 보완하여 발표한『랑가주와 영화』(1971), 그리고『영화의 의미작용에 관한 에세이』제2권(1973)까지, 대략 5년간의 작업을 메츠의 이론에서 첫번째 단계라고 구분할 수 있다.

초기 메츠 이론의 독창성은 영화 미학, 영화 역사, 영화 비평 등에서 논의되는 담론과 확연히 차별되는 다른 시각으로 영화를 관찰하는 데 있었고, 그 시각이 기호학적 접근이라는 데 있었다. 메츠는 "영화처럼 유연한 시스템을 지닌 랑가주는 그에 적합한 분석 틀을 통해 유연한 체계로서 인식되어야 한다"(1968)는 입장을 견지하면서 영화의 각 숏은 그 자체로 이미 여러 요소가 결합된 한 문장이자 언표이자 담화라고 주장한다. 따라서 영화에 걸맞은 기호학, 즉 영화 기호학이 필요하다고 말이다. 10여 년의 시간 동안, 영화 기호학 정립에 필요한 개념들, 용어들, 약호들, 시스템과 구조 분석 틀 등을 제시한 논문들이 발표되고, 세 권의 저서로 응집된다. 요컨대 영화 기호학은 "영화라는 개별 텍스트를 잠정적으로 일순간 멈춰진 작업 결과물로 보고, 그 근저에는 텍스트를 넘어서는 약호들이 있다"(1971)고 설명하는 이론이다. 조직과 배치를 중시하는 구조주의적인 시각이 조금 더 유연한 사고를 대면하면서, 개별 텍스트의 구조 자체뿐만 아니라 그것을 형성하는 역동성과 생산 가능성을 인식하는 이론이라고도 할 수 있겠다. 이처럼 생산 에너지에 관심을 보인 메츠의 사유 방식은 고정된 시스템으로 상징되는 구조주의를 이어 등장한 1970년대 후기구조주의의 흐름과 맞물려 조금 다른 국면에 접어들게 된다.

문학과지성사에서 2009년에 펴낸『상상적 기표―영화·정신분석·기호학』은 메츠 이론의 두번째 단계를 여실히 담고 있는 저서이다. 그에게 영화를 이해하는 작업은 텍스트가 만들어지기까지의 여정을 관찰하는 것이고, 텍스트가 경험했던 여행길을 따라 역으로 거슬러 올라가 보는 것이다. 이러한 맥락에서 영화 세계 내에서 발생하는 일련의 정신적·심리적 경험을 체계적으로 설명하기 위해 정신분석학의 도움을 받아, '영화에 관한 기호·정신분석 연구'란 새로운 영역을 개척한 성과라고 할 수 있다. 영화 텍스트에 내재하는 다양한 요소의 결합은 정신 여정에서 유래하는 추동력에 따른 한 순간의 결정에 해당한다. 구조주의 언어학에서 영감을 받았던 영화 기호학은 이제 두번째 단계에서 구성 요소들을 작동시키게 하는 그 무엇인가, 고정된 의미가 아니라 계속 과정 중에 있는 '생산 중인 의미', 이를 파악하는 관객의 힘, '인간의 근원적인 정신 운동'으로까지 확장되었다고 할 수 있다.

메츠가 자신의 연구서들을 다시 검토하고 수정하면서, 기존의 이론을 더욱 정교하게 다듬는 숙고의 시간을 보내는 동안, 전 지구적으로 정보화시대라고 일컬어지는 1990년대가 도래한다. 이제 학문적 관심은 행위자들 간의 커뮤니케이션 문제로 이동했고, 소통의 담론이 지배적이 되었으며, 언표 그 자체보다는 언표 상황에 더 집중하게 되었다. 그의 마지막 저서에서는 영화를 소통시키는 심급들에 관해 고찰하고 그 개념들을 세분화하기에 이르는데, 언표 주체의 문제나, 텍스트 생산 과정에서의 참여 방식 등에 관한 문제 제기는 후세대 연구자들에게 상당한 영향을 주었다는 의의를 지닌다.

메츠의 학문적 창작 과정의 궤적을 추적하는 일은 불행히도 1990년대 초반에 멈출 수밖에 없다. 1993년 그는 갑작스럽게 이 현실을 버렸고, 수십 년간 한 곳에 정체하지 않고 정신적 고통을 감내하며 정진했던 그의 노력 역시 끝을 맞이한다. 그럼에도 불구하고 20년이 지나 버린 오늘날까지도, 그의 학문적 여정은 곧 영화 기호학의 발전 역사와 (거의) 동일하다.

                                    * * *

『영화의 의미작용에 관한 에세이』 제1권은 크게 4부로 구성되어 있다. 제1부 「영화에 관한 현상학적인 접근」은 영화의 특성들 중 이웃한 다른 매체와 구별할 수 있는 혼자만의 '고유한 특성'에 천착하고 있다. 제1장은 영화가 다른 매체보다 더 대중적으로 친근한 매체가 된 가장 중요한 이유로 '현실 효과'를 설명한다. 일반적으로 현실 효과라고 할 때, 관객이 화면에서 보고 있는 대상을 마치 현실에서 경험하는 것과 똑같다고 느끼는 감정적 차원을 생각한다. 이러한 심리적 혹은 감정적 접근 대신, 이 글은 영화 매체가 재현하는 현실의 면모를 주목한다. 대상의 실제 같은 사진적 외관과 결합한, '움직임의 현실성', 사람이 움직인다는 것은, 구체적으로 살아 있다는 감정을 일으키게 하며, 형태에 육체를 제공하는 과정이다. 그리하여 사진과 비교할 때 영화는 좀더 보완된 현실 지표를 제공하는데, 사실 우리 삶에서 볼거리들은 대부분 움직이기 때문이다. 움직임은 대상에 '신체성corporalité'을 부여하고, '입체감relief'을 부여하고 나아가 생명의 활기를 부여한다. 움직임의 실제적인 현존 앞에서 관객은 바로 현실 자체를 마주하고 있다는 일종의 환상에 빠지게 되는 것이다.

제2장에서는 영화가 탄생부터 이야기 매체로 발전하게 된 이유를 추적하며, '서사'에 대해 사유한다. "서사는 사건들의 시간적인 시퀀스를 비현실화시키는 닫힌 담화이다"라는 결론을 이끌어내기 위해, 서사의 특성을 정의하고 이 특성이 영화와 어떻게 결합되었는지 설명한다. 서사성은 메츠 이론에서 중요한 개념 중 하나이며, 이후 제2부, 제4부에 걸쳐 점진적으로 심화되고 있다.

제2부 「영화에 관한 기호학적인 문제」에서는, 영화 기호학이 태동했을 당시 세간의 관심을 가장 많이 받았던 세 편의 글이 수록되어 있다. 제3장에는 메츠의 영원한 테제라고 할 수 있는 '영화는 랑그가 아니라,

랑가주이다'에 관한 상세한 주장이 펼쳐져 있다. 이 글이야말로 영화 기호학의 기틀을 다졌던 논문이며, 언어학을 적용하지만 언어학을 넘어선, 영화 기호학을 천명한 글이기도 하다. 제4장은 영화 기호학에서 쟁점이 될 수 있는 문제들에 관해 언급한다. 특히 서사성, 내포와 외연의 문제, 계열체와 통합체를 중심으로 하고 있는데, 이 글에서 언급된 문제들은 제5장에서 심화된다. 『영화의 의미작용에 관한 에세이』를 공부하면서 누릴 수 있는 혜택이 제2부에서 극명하게 드러나는 듯하다. 제3장을 쓴 후 4년 후에 집필된 제5장은 메츠가 그사이 어떻게 사유를 진행시키고 실질적으로 발전시켰는지 그 결과물을 관찰할 수 있는 기회를 제공하기 때문이다.

제3부 「이미지의 통합체 분석」은 제5장의 부록 같은 글이다. 영화는 '이미지로 이야기하는 랑가주'이다. 따라서 이미지 배열 법칙과 같은 일련의 통사 규칙을 만들어낼 수 있다. 이를 범주화해보면 제5장의 '거대 통합체'처럼 일종의 분석 틀이 가능하다. 이러한 과정을 실제 작품에 적용해본 것이 바로 제3부의 제6장과 제7장이다. 메츠가 좋아했던 현대 프랑스 영화 중 한 편인 「아듀 필리핀」 전체를 꼼꼼하게 나누어보고, 이 분석을 통해 도출할 수 있는 결과를 설명하고 있다.

제4부 「'현대' 영화에 관한 몇몇 이론 문제」는 1950년대 말부터 1960년대 중반까지, 유럽에서 등장한 누벨바그 영화들의 현대성을 옹호한 글이다. '옹호', 논리적인 입장에서 '지지'한 글이라고 하는 편이 나을 수 있겠다. 제4부에서 제시한 메츠의 생각은 우리가 메츠가 어떤 학자였는지를 짐작하게 하는 단초가 되기도 한다. "현대 영화와 함께 영화 통사 규칙이 폭발적으로 새롭게 변화했다고 주장할 수는 없지만, 현대 영화 속에는 영화 통사 규칙을 풍부하게 하고 새롭게 하는 거대하고 복합적인 움직임이 있다고는 말할 수 있다. 이 움직임은 세 가지 진화 과정으로 설명된다. ① 몇몇 형태는 현재로서는 거의 쓰지 않는다. ② 다른 형식들은 계속해서 사용되지만 더 심층적인 기호학적 메커니즘을 위

한 유연한 변주 형식으로 바꾼다. ③ 결국 새로운 형식이 등장하고 영화의 표현 가능성을 증대시킨다. 〔……〕 그리하여 현대 영화는 이야기를 좀더 생생하게 만들고자 하는 욕망, 연속적인 단조로운 도상의 흐름을 벗어나려는 욕망, 작가만의 독창적인 내포를 만들고자 하는 욕망에 부응하게 된 것이다."

메츠의 글을 읽다 보면 곳곳에서 '쇄신'이란 단어를 발견한다. 약호는 고정된 것이 아니다. 약호만 발견하는 작품은 전혀 새롭지 않다. 관습을 뛰어넘는 정신, 관습을 비틀고, 보완하고, 수정하고, 새롭게 하면서 영화는 예술이 된다. 영화는 랑가주와 예술이 결합한 영역이며, 각자의 힘이 서로 교환될 수 있어야만 아름다운 공동체, 사랑이 가득한 선한 공동체로 자리 잡을 수 있다. 메츠의 이론은 방대한 자료 수집, 철저한 분석에 기반을 둔 것이며, 본인이 제시한 분석 틀을 실제 작품에 적용하면서 당면했을 많은 난제를 뛰어넘으면서 다지고 다져진 틀이다. 메츠는 분명히 덧붙였다. 자신의 분석은 한 가지 사례이므로, 이 분석 틀을 뛰어넘을 더 좋은 분식 틀이 탄생하기를 후대 학자들에게 기대한다고. 그런데 안타깝게도 이후 그 어떤 기호학자도 분석 틀을 보완하고 재창조하기는커녕, 다 만들어진 결과물을 두고 허점이 있다느니, 그 틀로 덮을 수 없는 다른 작품도 있다느니 하면서 비판만 해대곤 한다. 비판은 쉽다. 물론 제대로 된 비판은 어렵다. 그러나 더 어려운 일은 창작이다.

* * *

크리스티앙 메츠는 62세 되던 해 자살로 생을 마감했다. 그의 죽음을 둘러싸고 여러 가지 추측이 난무하지만, 정작 그의 책을 읽다 보면 치밀하고 꼼꼼한 그의 문체에 스며든 학자로서의 고민을 느끼게 된다. 언제나 가능한 적확한 개념으로, 가능한 철저한 분석에 기반을 둔 설명으로 본인이 새로 제시한 학문 분야의 정당성을 확보하고자 노력한 흔적이 역력하다. 또한 근 10년을 주기로 달라진 그의 이론을 접하면서 새로운 학문 분야의 개척에 만족하지 않고 이웃하는 학문과 변화하는 환경에 반응하여 발전을 꾀하려는 도전 정신 역시 엿볼 수 있다. 그런데 그 생의 마감이 자살이라니…… 얼마나 진정한 학자로서의 삶이 버거웠을까 절망적이기도 하다.

필자가 학위를 마치고 강의를 시작할 무렵, 창작을 업으로 하는 지인이 "선생님은 제발 유명하다는 서양 학자 누구누구의 말을 인용하면서 앵무새 같은 사람이 되지 마세요. '창작하는 학자'가 되셨으면 합니다"라는 좋은 말씀을 해주셨다. 논문을 쓰다 보면, 책을 쓰다 보면, 항상 하고 싶은 말을 나보다 먼저 그리고 나보다 훨씬 멋지게 해놓은 학자들이 있다. 전공으로 하는 이론가의 책을 읽다 보면 어찌 그리 감히 뛰어넘을 수 없을 것만 같은 빛나는 생각의 편린들이 구구절절이 담겨 있는지…… 그의 생각을 모두 공부하기 전에는 나의 생각을 앞세워서는 안 될 것 같은 마음이 들기도 한다. 하물며 전공으로 하는 겨우 한 명의 학자, 한 분야의 세계를 이해하는 것만으로도 할 일이 산더미 같은데, 그 외 다른 귀한 생각들에는 심층적인 접근을 꿈꾸는 것마저도 호사인 것 같다. 그리하여 나의 글 속에 나의 말보다 남의 말이 더 많아지는 글이 탄생하게 되는 것이다. 혹자는 남의 말을 내 눈으로 읽고 판단하는 '관점'이야말로 학자가 갖추어야 할 기본자세이며 그 관점을 갖추는 일마저도 험난한 인내의 과정이라고 이야기하기도 한다.

하지만 그래도 괜찮은 것일까? 만약 영화를 창작하는 감독, 그림을 그리는 화가, 조각가, 사진가, 음악가 등 대중을 상대로 자신을 표현하는 일을 하는 사람에게라면, 언젠가는 모방을 뛰어넘어 자신만의 색깔을 드러내야 한다고 서슴없이 주장할 것이다. 학자는 완전히 별개라고 할 수 있을까? 학자 역시 대중을 상대로 자신의 생각을 표현하는 사람이지 않을까? 그렇다면 언젠가는 자신의 글 속에 남의 말보다 나의 말이 더 옹골지게 꽉 들어차 결실을 맺는 날이 있어야 할 것이다. 남이 만들어놓은 공식을 구체적 사례에 도식적으로 적용하는 것만으로 혹은 현상에 개념의 사유 과정을 중첩해보는 것만으로 만족해서는 안 될 것이다.

메츠는 이러한 맥락에서 진실로 '창조하는 학자'였다. 학자가 가야 할 길을 보여주는 스승과 같은 인물이며, 본연의 정신 에너지를 열심히, 분주하게 이동시키는 적극적 자세를 죽을 때까지 고수한 인물이다.

메츠의 저서가 문학과지성사의 노력에 힘입어, 이제 두번째로 한국의 독자를 만나게 된다. 이 자리를 빌려 마지막 순간까지 최선을 다해 꼼꼼하게 챙겨주신 문학과지성사 모든 관계자분께 감사의 마음을 전한다. 그리고 그 중간자 역할을 필자에게 맡겨주신 점에 대해서도 깊은 고마움을 전한다. 메츠의 저서를 통해, 국내에 제대로 소개된 적 없는 영화 기호학이란 학문 분야가 원전의 깊이를 담고 대중을 찾아갈 수 있기를 기대해본다. 더불어 필자의 번역이 이 과정에서 누를 끼치지 않기를 희망해본다.

이제 이 글을 마무리하려니, 필자가 가는 창조의 길에 늘 힘이 되어주는 고마운 사람들이 떠오른다. 스승, 선배, 동료, 제자, 친구, 연인, 가족을 막론하고 지적·정서적·예술적·문화적·감각적인 그 모든 면에서 영감을 주는 사랑하는 이들이다. 그들이 아니었다면 (이전에도, 지금도 그리고 앞으로도) 성장이란 없었을 것이며, 또한 행복도, 불행도 느끼지 못했을 것이며, 그리하여 배움도 없었을 것이다. 서강대 불문과 은사님들, 선배님들, 프랑스의 지도교수님, 친구들, 이화여대 이화인문과학원의 원장님 이하 교수님들, 다매체분과 동료 선생님들, 나의 제자들. 그리고 강한 의지로 언제나 우리를 지켜주는 특별한 나의 어머니, 묵묵히 자기 일에 충실하신 나의 아버지, 조용한 지지자 오빠네 가족, 나의 사랑하는 조카 채민이. 패배라는 구렁텅이에서 꺼내준 빛나는 나의 연인. 이미 만났던 혹은 앞으로 만날 나의 적과 동지. 그리고 나를 중독시킨 많은 영화와 영화감독들. 모두에게 순수한 심장에서 우러나오는 고마움의 말을 전한다.

2011년 가을 서울에서

이수진

제1부
제1장 「영화의 현실 효과에 관하여」

1) "L'évocation du monde du cinéma", in *Les temps modernes*, 1946: *Logique du cinéma*(Masson, 1964), pp. 15~30에 재수록.

2) 각색, 촬영 기록된 연극, 예술에 관한 영화 등의 문제는 *Qu'est-ce que le cinéma?* (Éditions du Cerf), tome II(*Le cinéma et les autres arts*), 1959를 참조하라.

3) In *Communications*, n° 4, 1964(특별호 "Recherches sémiologiques"), pp. 40~51.

4) *Ibid.*, p. 47.

5) Éditions de Minuit, 1956, p. 123.

6) *Ibid.*, p. 122.

7) "Le caractère de 'réalité' des projections cinématographiques", in *Revue internationale de filmologie*, tome I, n° 3~4, octobre 1948, pp. 249~61.

8) A. Michotte, *ibid.*, pp. 257~58.

9) *Revue internationale de filmologie*, n° 29, janvier-mars 1957.

10) 인용된 논문, pp. 258~59.

11) "Ontologie de l'image photographique", in *Problèmes de la peinture* (recueil collectif, 1945). Repris in *Qu'est-ce que le cinéma?*(Éditions du Cerf), tome I(*Ontologie et langage*, 1958), pp. 10~19.

12) Éditions du Cerf, 1954.

13) In *Esprit*, 1937(앙드레 바쟁이 "Théâtre et cinéma"에서 재인용했다).

14) In "Théâtre et cinéma", préface à l'ouvrage *Le film de la Duchesse de Langeais* (Grasset, 1942). Marcel Lapierre, *Anthologie du cinéma*(La Nouvelle Édition,

1946), pp. 297~302. Passage cité: p. 298.

15) *Op. cit.*, p. 28.

16) *Op. cit.*, p. 113(특히 스타에 관한 부분).

17) *Revue internationale de filmologie*, n° 13, avril-juin 1953.

18) *Op. cit.*, p. 256.

19) *Op. cit.*, *ibid*.

20) Jean Giraudoux, *op. cit.*, p. 299.

21) *Esthétique et psychologie du cinéma*(Éditions Universitaires, 1963), tome I, pp. 182~92.

22) *Ibid.*, p. 183.

23) *Film als Kunst*, Berlin: Rowohlt, 1932, p. 40.

24) *Ibid.*, p. 39.

25) *Ibid.*, p. 40.

26) "Ontologie de l'image photographique", in *Problèmes de la peinture*(recueil collectif, 1945). Repris in *Qu'est-ce que le cinéma?*(Éditions du Cerf), tome I(*Ontologie et langage*, 1958), pp. 10~19.

제2장 「서사의 현상학을 위한 몇 가지 단상」

27) 주지하다시피 제라르 주네트는 묘사의 문제에 특별한 관심을 갖고 서술과의 관계를 연구했다. 좀더 상세한 설명이나 이 글에서 단편적으로 제시된 개념들을 보완하기 위해서는 다음 책을 참조하기 바란다. *Figures*, Le Seuil, 1966, "Frontières du récit", in *Communications*, n° 8, 1966(특집호 "L'analyse structurale du récit", pp. 152~63, 직접적인 언급은 pp. 156~59).

28) Albert Laffay, "Le récit, le monde et le cinéma", (*Les temps modernes*, mai et juin 1947), *Logique du cinéma*(Masson, 1964) pp. 51~90, 직접적인 언급은 pp. 81~82.

29) *Morphology of the folktale*, Mouton and C°, 1958. 민담을 금지, 위반, 추적 등과 같은 추상명사로서 정의한 '기능' 개념은 발터 포르지히가 설명한 문장에서 술어가 명사화되는 과정에 해당한다. Walter Porzig, "Die Leistung der Abstrakta in der Sprache", in *Blätter für deutsche Philosophie IV*, 1930, pp. 66~67.

30) 이 책에 수록된 논문 제5장 「픽션영화에서 외연의 문제」와 좀 다른 관점에서 접근하긴 했으나 제3장 「영화──랑그인가 랑가주인가?」에서 언급되었다.

31) 제스처에 관해서는 그레마스와 공동집필한 저서, *Projet de recherche collective sur le langage gestuel*, 1966. 그리고 *Supplément scientifique à la grande Encyclopédie Larousse*(1968)에 수록된 "Langage gestuel"을 참조하라. 이 논문들은 이 책에는 수록되지 않았다.

제2부
제3장 「영화──랑그인가 랑가주인가?」

32) *Cahiers du cinéma*, n° 94, avril 1959, 인터뷰 진행자 F. Hoveyda와 J. Rivette.
33) 장 카르타J. Carta는 초창기 에이젠슈테인과의 대화에서 이 점을 분명히 했다. "L'humanisme commence au langage", in *Esprit*, juin 1960, pp. 1113~32, 직접적인 언급은 pp. 1114~16.
34) In *Cinéa-Ciné pour tous*, 1er janvier 1924, Pierre Lherminier, *L'art du cinéma* (Seghers, 1960), pp. 189~200에 재수록.
35) *Ibid.*, p. 190.
36) R. Micha, "Le cinéma, art du montage?", in *Critique*, août-septembre 1951, n° 51~52, pp. 710~24. 이 글과 직접적으로 연관된 문맥은 pp. 723~24.
37) 디킨스와 그리피스를 같은 선상에 놓고 이야기한 부분을 참조하라. "Dickens, Griffith and the film to-day", *Amerikanskaya kinematografyia: D. U. Griffit* (Moscou, 1944). Jay Leyda, *Film form*, 그리고 이 책과 쌍을 이루어 집필된 *The film sense*(New York: Harcourt-Brace et Meridian Books), 1957, pp. 195~255에 재수록.
38) R. A. Fowler, "Les débuts d'O. Welles à Hollywood", in *Revue du cinéma*, 2e série, n° 3, décembre 1946, p. 13.
39) 이 개념은 쿠릴로비츠가 사용한 범주에서 좀더 확장된 의미로 사용했다. J. Kurylowicz, "Linguistique et théorie du signe", in *Journal de psychologie normale et pathologique*, tome XLII, 1949, p. 175. 형태론을 구문론에 포함시킨 아이디어 역시 쿠릴로비츠의 생각을 따른 것이다.
40) 가끔은 마르티네A. Martinet처럼 이 문제에 관해 동조하다가도 회의적인 입장을 취하기도 하지만, 기로P. Guiraud나 야콥슨처럼 우호적인 학자들도 있다.
41) 참조 "La notion de structure en ethnologie", 이 논문은 1952년에 뉴욕에서 개최된 「사회구조」라는 심포지엄에서 발표되었다. 차후 *Anthropologie structurale*, pp. 303~51에 수록되었다.
42) R. Barthes, "L'activité structuraliste", in *Lettres nouvelles*, février 1963, pp. 71~81.
43) *Qu'est-ce que le cinéma?* tome Ⅲ, Éditions du Cerf(*Cinéma et sociologie*, 1961), pp. 172~73. 특히 *Cahiers du cinéma*, n° 36, 1954에 재수록된 "La cybernétique d'André Cayatte."
44) In *Arguments*, n° 27~28, 3e et 4e trimestres 1962, pp. 118~20.
45) A. Moles, "Poésie expérimentale, poétique et art permutationnel", In *Arguments*, n° 27~28, 3e et 4e trimestres 1962, pp. 93~97.
46) 견인 몽타주에 관한 글은 *Lef*, Moscou, mai 1923에서 읽을 수 있다. 이 글에서 주목하고 있는 개념은 특히 다음 글을 참조하기 바란다. "Comment je suis devenu metteur en scène?", in *Réflexions d'un cinéaste*, Moscou, 1958, 번

역본 pp. 11~19, 직접적인 언급은 p. 18.

47) 에이젠슈테인이 직접 밝힌 이야기뿐만 아니라 그에 관해 쓴 Jay Leyda, B. Amengual, Jean Mitry 등의 작업을 참조하라.

48) *Essai sur les principes d'une philosophie du cinéma*, P. U. F., 1958 재판, p. 13.

49) 앙드레 바쟁은 다양한 글에서 이 주제에 관해 언급했지만, 특히 "L'évolution du langage cinématographique", in *Qu'est-ce que le cinéma?*(Éditions du Cerf), tome I(*Ontologie et langage*, 1958), pp. 131~48을 참조하기 바란다.

50) 몽타주 기법의 개념을 아주 잘 요약하고 있는 지가 베르토프의 '시네-랑그'라는 용어는 "Kinoki-Perevorot"라는 선언 중에 처음으로 제시되었고, 1923년 5~6월 호『레프*Lef*』잡지에 수록(같은 호 에이젠슈테인의 선언도 수록)되었다. 이후 *Cahiers du cinéma*, nº 144(1963년 6월), nº 146(1963년 8월)에 G. Sadoul의 번역본이 실렸다. 이 글에서 인용한 부분은 제144호 p. 33 중 일부분이다. 시네-랑그라는 용어는 『키노아이』(Moscou, 1924)에 사용되었고, 프랑스어 저서에는 M. Lapierre에 의해 소개되었다. *Anthologie du cinéma*, La Nouvelle Édition, 1946, pp. 207~209.

51) 1957년 9월 2일 컨퍼런스 "Ambiguïté du cinéma", *Cahiers du cinéma*, nº 100, octobre 1959, pp. 27~38에 수록.

52) In *Radio-cinéma-télévision*(22 novembre 1959), *Cahiers du cinéma*(nº 100, octobre 1959) 이외 다수. 하지만 르누아르가 이미 1938년부터 (*Point* 12월호) 같은 주제에 관해 설명한 사실은 더 주목할 만하다.

53) *L'écran français*, 30 mars 1948.

54) *Ciné-Digest*, nº 1, 1949.

55) Éditions du Cerf, 1ᵉʳ éd., 1955.

56) *Ibid.*, pp. 236~37.

57) Conférence à I. D. H. E. C., 13 mars 1945. Repris dans *Sens et non-sens*.

58) *Ibid.*.

59) *Essai sur les principes d'une philosophie du cinéma*, P. U. F., 1958, p. 128.

60) *Ibid.*, p. 119.

61) 특히 에드가 모랭, *Le cinéma ou l'homme imaginaire*, Éditions de Minuit, 1956, pp. 55~90.

62) F. Ricci, "Le cinéma entre l'imagination et la réalité", in *Revue internationale de filmologie*, nº 2, septembre-octobre 1947, pp. 161~63.

63) 모랭의 용어와 아이디어이다. *Op. cit.*

64) "Le rôle du cinéma", in *Esprit*, tome 38, juin 1960, pp. 1069~79, 직접적으로 연관된 부분은 p. 1071.

65) L. Sève, "Cinéma et méthode", in *Revue internationale de filmologie*, nº 1 (juillet-août 1947), nº 2(septembre-octobre 1947), nº 3~4(octobre 1948).

직접적으로 연관된 부분은 n° 2, pp. 172~74.

66) "Cinéma et langage", in *Diogène*, n° 35, juillet-septembre 1961.

67) 벨라 발라즈의 표현.

68) 이 글에서 참조한 책은 프랑스어 번역본이다. P. L'herminier, *L'art du cinéma*, Seghers, 1960, p. 208.

69) F. R. Bastide, "Le roman à l'échafaud", in *Esprit*, tome 38, juin 1960, pp. 1133~41. 직접적으로 연관된 부분은 p. 1139.

70) 더 자세한 분석은 F. Chevassu, *Le langage cinématographique*, Édition de Ligue française de l'Enseignement, 1962, pp. 36~37을 참조하기 바란다.

71) "Le cas Pagnol", in *Qu'est-ce que le cinéma?* (Éditions du Cerf), tome II (*Le cinéma et les autres arts*), 1959, pp. 119~25.

72) 마르셀 파뇰의 두번째 글, "Cinématurgie de Paris", in *Les cahiers du film*, 15 décembre 1933.

73) R. Leenhardt, "Ambiguïté du cinéma", *op. cit.*, in *Cahiers du cinéma*, n° 100, p. 28.

74) *Du muet au parlant*, La nouvelle édition, 1946.

75) 이 부분에 관해서 자세한 언급은 C. Metz, *Langage et cinéma*, Paris : Larousse, 1971, chapitre XI을 참조하기 바란다.

76) 시네마스코프와 같은 영화의 '신기술'에 관해서 에티엔 수리오가 언급한 내용. *Intervention au Symposium sur les effets du film en fonction des techniques nouvelles* (dans le cadre du 2ᵉ Congr. intern. de Film,, Sorbonne, février 1955. Repris dans *Revue internationale de filmologie*, n° 20~24, 1955, pp. 92~95. 직접적인 언급은 p. 94.

77) In "L'avant-garde nouvelle" dans *Festival du film maudit*, plaquette de luxe à tirage réduit publiée en 1949 à l'occasion du Festival. Repris dans *Cahiers du cinéma*, n° 10, mars 1952, pp. 16~17.

78) *Cours de linguistique générale*, p. 25. 이 책에서 언급하는 소쉬르의 책은 파요 Payot 출판사 1962년 판을 따른다.

79) *Cours de linguistique générale*, p. 33.

80) "L'analyse structurale en linguistique et en anthropologie," in *Word* (N. Y.), août 1945. *Anthropologie structurale* (Plon, 1958) pp. 37~62에 재수록. 직접적인 언급은 pp. 44~45.

81) *Cours de linguistique générale*, p. 34.

82) 언어학이 아닌 기호학과 관련해서 '분절 articulation' 문제는 다음 글을 참고하기 바란다. "Les sémiotiques, ou sémies. À propos de travaux de Louis Hjelmslev et d'André Martinet", in *Communications*, n° 7, 1966.

83) 이 주제에 관해서는 이 책의 제1장 「영화의 현실 효과에 관하여」를 참조하기를 바란다.

84) "Aspects linguistiques de la traduction", in *On translation* de R. A. Brower (Harvard University Press, 1959). *Essais de linguistique générale*, Éditions de Minuit, 1963, pp. 78~86에 재수록. 직접적인 언급은 pp. 79~82.

85) "Arbitraire linguistique et double articultation", in *Cahiers F. de Saussure*, n° 15, 1957, pp. 105~16, *La linguistique synchronique*(P. U. F., 1965, Collection "Le linguiste"), pp. 21~35에 재수록, 인용된 부분은 pp. 26~27.

86) In *Le langage, introduction linguistique à l'histoire*, Éditions de Renaissance du livre, 1921.

87) "La phrase nominale," in *B. S. L. P.*, 1950, tome XLVI. Repris dans *Problèmes de linguistique générale*(Gallimard, 1966), pp. 151~67.

88) In "Le langage commun des linguistes et des anthropologues", intervention-conclusion de la *Conférence des anthropologues et linguistes*(Université d'Indiana, 1952). Repris dans les *Essais de linguistique générale*, pp. 25~42. 인용된 부분 p. 31.

89) *Les langages et le discours*, Bruxelles: Éd. Office de publicité, 1943, Chap. II, § A, pp. 8~12.

90) *Éléments de linguistique générale*, A. Colin, 3e éd., 1963, p. 125.

91) 이러한 관점에서 장 미트리의 저서는 영화 이론 선행 연구에 비해 상당한 진척을 일구어냈다. *Esthétique et psychologie du cinéma*, tome I, Éditions universitaires, 1963.

92) *Cours de linguistique générale*, p. 188.

93) 이는 옐름슬레우의 '문법 특성소taxème'에 해당할 것이다. "La stratification du langage," in *Word*(U. S. A), X, 1954. Repris dans *Essais linguistiques*(Copenhague: Nordisk Sprog og Kulturforlag, 1959) pp. 40~58.

94) "Observation et explication dans les sciences du langage," in *Études philosophiques*, 1958, pp. 446~62. 인용문 pp. 446~47.

95) "Sur la motivation des signes linguistiques", in *Bulletin de la société de linguistique de Paris*, tome XLI, 1940, p. 75 ssq. 인용문 p. 87.

96) Voir pp. 341~43 du *Journal de psychologie normale et pathologique*, 1958, in "Orientations nouvelles en sémantiques"; et *passim* dans le *Précis de sémantique française*(Berne: A. Francke, 1952).

97) 이 점에 관해서 바르트가 이미 언급했다. "Les unités traumatique au cinéma" (*Revue internationale de filmologie*, n° 34, juillet-septembre. 1960).

98) M. Martin, *Langage cinématographique*, pp. 152~54.

99) 영화의 지적 작용에 관해서는 이미 이 글에서 언급했다. 이 문제에 관해서 명석하게 분석하고 있는 에드가 모랭의 책 역시 참고하기를 바란다. *Le cinéma ou l'homme imaginaire*, pp. 194~200.

100) G. Cohen-Séat, *Essai sur les principes d'une philosophie du cinéma*, pp.

145~46.

101) 재현 예술과 비재현 예술에 관한 에티엔 수리오의 분류를 참고하기 바란다. 수리오는 또한 동일한 맥락에서 영화와 시적인 음향에 관해서도 연구했다. "Cinéma et langage" de D. Dreyfus, L. Landry, "Formation de la sensibilité", *L'art cinématographique*, n° 2, 1927, p. 60.

102) 옐름슬레우의 용어를 차용한다. L. Hjelmslev, *Prolegomena to a theory of language*(U. S. A.: Indiana University Publication in Anthropology and Linguistics, 1953) 1943년 덴마크 저서의 영어 번역본.

103) Jean Mitry, *Esthétique et psychologie du cinéma*, Éditions universitaires, tome I, 1963, chapitre 4, "Le mot et l'image", pp. 65~104.

104) M. Dufrenne, *Phénoménologie de l'expérience esthétique*(P. U. F., 1953), tome I(*L'objet esthétique*), p. 240 sq.

105) *Cours de linguistique générale*, p. 98.

106) *Les langages et le discours*, chapitre 5, § B, pp. 44~48.

107) R. Barthes, *Mythologies*(Seuil, 1957)의 결론 p. 222의 도표를 참조하기 바란다.

108) "Langage oral et langage par gestes", in *Journal de psychologie normale et pathologique*, tome XLIII, 1950, pp. 7~33. Passage cité: p. 22.

109) *Les langages et le discours*, chapitre IV, § A, pp. 34~42.

110) "La structure des mythes"("The structural study of myths"). Intervention en symposium(*Myth, a symposium*). Repris dans *Anthropologie structurale*, pp. 227~55. Passage cité: p. 233(la "grosse unité constitutive").

111) *Mythologies*(Seuil, 1957), pp. 215~17("Le mythe est une parole").

112) "Entretien avec Roland Barthes", mené par M. Delahaye et J. Rivette, in *Cahiers du cinéma*, n° 147, septembre 1963, pp. 22~31. Passage cité: pp. 23~24("macro-sémantique").

113) "Les systèmes de communication non-linguistique et leur place dans la vie du vingtième siècle", in *Bulletin de la Société de Linguistique générale de Paris*, tome LIV, 1959(ensemble de l'article).

114) "Closing statements: Linguistics and Poetics." Paru in *Style and Language* (Th. A. Sebeok, ed., U. S. A., 1960); repris dans *Essais de Linguistique générale*, sous le titre "Linguistique et poétique", pp. 209~48, 직접적으로 연관된 부분, pp. 212~13.

115) 이 논문이 집필된 1964년 2월 이후로 '수렴하는 움직임'은 더욱 강화되었다. 오늘날에는 여기에 (일반적인 특성을 가지면서도 이론적으로 기여하고, 게다가 언어 이외에 다른 기표 집합들에도 적용이 가능한) 그레마스와 프리에토의 연구를 추가해야 한다. 이들의 연구는 *Sémantique structurale*(1966)과 *Messages signaux*(1966) 두 저서를 통해 집대성되면서 명백히 그 관심사를 드러낸다. 동

미주 311

일한 방식으로 에밀 벤베니스트가 다수의 논문을 모아서 출간한 *Problèmes de linguistique générale*(1966)에서도 이 문제에 관한 접근을 발견할 수 있고, 더 분명하게 담화 개념을 정의할 수 있다. 1964년 이후부터 몇몇 기호학 연구가 서사 행위 혹은 담화와 같은 문제들을 정확히 이야기하기 시작했고 영화 기호학을 구분하기 시작했다. 문학 연구, 신화 연구, 서사성 연구 등. 프랑스(*Communications*, n° 8 "L'analyse structurale du récit", 1966을 참조하기 바란다)에서뿐만 아니라 이탈리아, 미국, 폴란드, 소련, 체코 등에서 개최된 다양한 학술 행사를 통해 외국에서도 이러한 움직임을 발견할 수 있다. 영화 분야에서는 이탈리아 페사로에서 개최된 *Festival du Nouveau Cinéma*는 1965, 1966, 1967년 3년 동안 연속적으로 토론 프로그램을 열어 파솔리니나 움베르토 에코 등이 제시한 새로운 관점을 보여준다. (이 책 여러 곳에서 이 의견들을 소개하고 있다.) 여기에 장 미트리의 *Esthétique et psychologie du cinéma*, tome II(1965)도 빼놓을 수 없다. 이외 일일이 열거할 수 없을 정도의 많은 작품이 있다.

116) "Les systèmes de communication non-linguistique et leur place dans la vie du vingtième siècle"(*op. cit.*).

117) *Ibid.*, p. 187.

118) Jean Fourquet, "La notion de verbe", in *Journal de psychologie normale et pathologique*, 1950, pp. 74~98. — Louis Hjelmslev, "Le verbe et la phrase nominale", in *Mélanges de philologie, de littérature et d'histoire ancienne offerts à J. Marouzeau*, 1948, pp. 253~81 ; repris dans *Essais linguistiques*, pp. 165~91. (Le verbe comme "connectif de proposition", p. 190). — Émile Benveniste, "La phrase nominale", *B. S. L. P.*, tome XLVI, 1950 ; repris dans *Problèmes de linguistique générale*, pp. 151~67. (La double "fonction verbale" : cohésive et assertive ; le verbe comme "prédicat de réalité"). — André Martinet, "La construction egrative", in *Journal de psychologie normale et pathologique*, juillet-septembre 1958 ; repris dans *La linguistique synchronique*(P. U. F., 1965), pp. 206~22. (La notion de "prédicat d'existence", à propos de la syntaxe du Basque).

119) *Éléments de linguistique générale*, p. 18.

120) *Les langages...*, chapitre III, § C, pp. 30~33("Parole, discours, langue").

121) 뷔상스의 용어를 차용한 것이다.

122) "Principes de bibliographie et de documentation", étude de Cl. Brémond résumée par G. Cohen-Séat, in *Problèmes actuels du cinéma et de l'information visuelle*, P. U. F., 1959, vol. 2, pp. 79~88. Passage considéré : p. 79.

123) 코앙-세아의 구분을 따른다. *Essai sur les principes...*, p. 54.

124) *Essai sur les principes...* 에서 코앙-세아는 영화 현상에 관한 언어학적 접근의 중요성을 지적한 바 있다. 이후 여전히 이 분야 연구는 같은 자리에 머물고 있는 듯하다. 영화와 관련해서는 아직도 매우 종종 사람들은 순진하게 랑가주를 말하

곤 한다. 마치 아무도 랑가주에 대해 공부한 적 없는 것처럼 말이다.

제4장 「영화 기호학의 주요 쟁점들」

125) *Cours de linguistique générale*, p. 33.

126) *Les langages et le discours*, chapitre I, Bruxelles: Éd. Office de Publicité, 1943, p. 5.

127) *Theory of the film*, Londres: Dennis Dobson, 1952, *passim*, et plus particulièrement chapitre III(pp. 30～32, "A new form-language") et chapitre VI(pp. 46～51, "The creative camera").

128) *Esquisse d'une psychologie du cinéma*, paru dans *Verbe*(1940, II-8). Tiré à part: Gallimard, 1946. Constitue pour l'essentiel le chapitre "Cinéma" du *Musée imaginaire*(dans *Psychologie de l'art*). — Reproduit dans le recueil de Marcel L'Herbier(*L'intelligence du cinéma*, Corréa, 1945), pp. 372～84. Pssage cité: pp. 375～76.

129) *Le cinéma ou l'homme imaginaire*(Éditions de Minuit, 1956). Ensemble du chapitre III(pp. 55～90, "Métamorphose du cinématographe en cinéma").

130) *Esthétique et psychologie du cinéma*, tome I, Éditions Universitaires, 1963, *passim*, et plus particulièrement pp. 157～65(§ 30 pp. 149～65, "Les plans et les angles").

131) *Esquisse d'une psychologie du cinéma*.

132) "Georges Méliès et la première élaboration du langage cinématographique", in *Revue internationale de filmologie*, n° 1(juillet-août 1947), pp. 23～30.

133) 이중 인화는 1898년 「La caverne maudite, Rêve d'artiste et L'atelier du peintre」라는 영화에서, 다양한 편집 기법은 마찬가지로 1898년에 「Les quatre têtes embarrassantes et Dédoublement cabalistique」란 영화에서, 디졸브도 1898년에, 파노라마는 1899년 「Panorama de la Seine」에서 소개되었다.

134) *Esthétique et psychologie du cinéma*, tome I, pp. 157～65, pp. 269～79.

135) 옐름슬레우의 의미로 적용한다. *Prolegomena to a theory of language*(U. S. A.: Indiana University Publications in Anthropology and Linguistics, 1953: 1943년 덴마크에서 발행된 저서의 영어 번역본) 마지막 부분, 내포와 메타언어.

136) 실제적으로 사용되는 미학 랑가주는 내포를 많이 활용한다고 하겠으나, 일반 랑가주에 적합한 표현수단, 다양한 현상 속에서도 나타난다. 이에 대해서는 샤를 발리의 연구를 참조하기 바란다. *Le langage et la vie*, Payot, 1926.

137) 루돌프 아른하임을 참조하기 바란다. *Film als Kunst*(Berlin: Rowohlt, 1932), pp 73～74; Jean Mitry, *Esthétique et psychologie du cinéma*, tome I, pp. 337～46; Marcel Martin, *Le langage cinématographique*(Paris: Le Cerf, 1955), chapitre VII, pp. 86～99, "Métamorphose et symboles." '순수 영화' 개념을 둘러싼 논쟁 전체를 참조할 필요가 있다.

138) "Decoding a text: levels and aspects in a Cheremis sonnet", contribution à *Style in language*, Th. A. Sebeok, éd., New York: M. I. T., 1960.

139) *Linguistic structures in poetry*, La Haye: Mouton et C°, 1962.

140) *L'univers filmique*(Flammarion, 1953), ouvrage collectif sous la direction d'E. Souriau. 디제시스 개념과 관련해서 서문 p. 7과 "La structure de l'univers filmique et le vocabulaire de la filmologie", in *Revue internationale de filmologie*, n° 7~8, pp. 231~40을 참조하기 바란다.

141) *Phénoménologie de l'expérience esthétique*(Presses Universitaires de France, 1953), tome I(*L'objet esthétique*), p. 240 sqq.

142) "Rhétorique de l'image", in *Communications*, n° 4, novembre 1964, pp. 40~51. Passage cité: p. 46.

143) André Martinet, *Éléments de linguistique générale*, Armand Colin, 3e éd., 1963. Passage cité : pp. 4~19(p. 117), "Lexèmes et morphèmes: modalités."
— Luis J. Prieto, *Principes de noologie*, La Haye: Mouton et C°, 1964(Janua Linguarum, Series minor, XXXV). Passage cité: pp. 5~12 (pp. 125~27), "Oppositions grammaticales et oppositions lexicales."

144) In *Lingua*, août 1953, pp. 430~70. Passage cité: § 18.

145) Éric Buyssens, *Les langages et le discours*, III B(pp. 22~30, "Distinction entre acte sémique et sème") et VIII C(pp. 74~82, "Modalité et substance du discours").

146) "Les grands caractères de l'univers filmique", contribution(pp. 11~31) à *L'univers filmique*. Pssage cité: pp. 30~31.

147) 소쉬르는 언어학의 기표가 항상 음향 이미지라고 정의했다. 그는 언어 기표는 근육 이미지, 발성 이미지 혹은 동력이 되는 도표가 아니라고 설명한다. 따라서 어법이 아니라 청각적인 현상이다(*Cours de linguistique générale*, p. 30, p. 98). 소쉬르의 저서를 발행한 발리와 세세에도 동일한 생각을 했는데, 이 책 p. 98 각주에 잘 표현되어 있으며, 이후 발리는 자신의 저서 *Le langage et la vie*에서 더 상세히 설명하고 있다. 청자들의 참여를 통해 개인적으로 새롭게 만드는 것이 언어 현상이 될 수 있다.

148) *Esthétique et psychologie du cinéma*(Éditions Universitaires, 1965), tome II 에서 장 미트리는 우리가 영화 '은유'라고 부르는 것이 본질적으로는 거의 항상 환유라고 설명한다(p. 447). 하지만 이 책에서 이 의견에 완전히 동의하는 것은 아니다. "Problèmes actuels de théorie du cinéma", in *Revue d'esthétique*, tome XX, fasc. 2~3, avril-septembre 1967, numéro spécial "Le cinéma", pp. 180~221; 직접적인 관련된 부분 pp. 213~17.

149) *Cours de linguistique générale*, Ier Partie, chapitre II(pp. 104~13), "Immutabilité et mutabilité du signe linguistique."

150) "Succession et simultanéité dans le film", contribution(pp. 59~73) à *L'univers*

filmique. Passage cité: p. 68.

151) R. Arnheim, *Film als Kunst*, pp. 118~19, Marcel Martin, *Le langage cinéma-tographique*, pp. 148~49.

152) 이 책 제3장, 제5장. "Une étape dans la réflexion sur le ciéma"(À propos du livre de Jean Mitry, *Esthétique et psychologie du cinéma*, tome I), in *Critique*, n° 214, mars 1965, pp. 227~48, "Problèmes actuels de théorie du cinéma", pp. 213~21.

153) Albert Laffay, *Logique du cinéma*(Masson, 1964)를 관통하는 기본 철학 그리고 특히 제3장 pp. 51~90을 참조하기 바란다.

154) "La stratification du langage", in *Word* X, pp. 163~88. Repris dans *Essais linguistiques*(Copenhague: Nordisk Sprog og Kulturforlag, 1959), pp. 36~68. Le taxème, pp. 57~65.

155) *Éléments de linguistique générale*, pp. 3~12 ("À la recherche des traits pertinents"), pp. 62~63.

제5장 「픽션영화에서 외연의 문제」

156) 이 부분에 관해서는 움베르토 에코의 견해를 따르는 것이다. 특히 에코가 1967년 6월 이탈리아 페사로에서 개최된 제3회 누보 시네마 페스티벌의 한 프로그램인 토론회 'Idéologie et langage au cinéma'에서 발표한 내용을 참조한 것이다. 토론회 내용은 차후 *Appunti per una semiologia delle comunicazioni visive*, Università di Firenze, Bompiani Editore, 1967, pp. 139~152에 수록되었다. 이 토론회에서 에코는 우리가 일반적으로 사용하는 개념과 다른 유사성 개념을 설명하고 있다.

157) *Sémantique structurale*, Larousse, Collection "Langue et Langage", 1966.

158) *Systématique des éléments de relation*, 박사 논문, 1955(1962년 수정 없이 발행, Klincksieck). 이 책에 우리가 참고하고자 하는 개념이 설명되어 있다. 분명하게 용어로 정의 내리지는 않았으나 차후 *Recherches sur l'analyse sémantique en linguistique et en traduction mécanique*, Publications de la Faculté des Lettres de Nancy, 1963에 등장했다.

159) 앙드레 마르티네의 의미에서, *Éléments de linguistique générale*(Armand Colin, 3e éd. 1963), p. 125.

160) "Le cinéma de poésie", intervention au *Premier Festival du Nouveau Cinéma*, (*Pesaro I*, Italie, juin 1965). Reproduit in *Cahiers du cinéma*, n° 171, octobre 1965, pp. 55~64. Passage cité: pp. 55~56.

161) *Esthétique et psychologie du cinéma*(Éditions Universitaires, 1965), tome II. p. 381.

162) "Considérations sur les éléments sémiologiques du film", *Per una nuova coscienza critica del linguaggio cinematografico, Deuxième Festival du*

Nouveau Cinéma, Italie: Pesaro, 1966. Actes publiés dans *Nuovi Argomenti* (Italie), nouvelle série, n° 2, avril-juin 1966.

163) "Le cinéma, monde et récit", in *Critique*, n° 216, mai 1965 참조.

164) A. Michotte Van Den Berck, "Le caractère de 'réalité' des projections cinématographiques", in *Revue internationale de filmologie*, tome I, n° 3~4, octobre 1948, pp. 249~61, plus spécialement pp. 252~54 "effet-écran."

165) *Esthétique et psychologie du cinéma*(Éditions Universitaires, 1965), tome II, pp. 9~61.

166) "'Montage' et discours dans le film. Un problème de sémiologie diachronique du cinéma", in *Hommage à André Martinet*, volume de mélanges, 1968 참조.

167) "Une étape dans la réflexion sur le cinéma", *Critique*, n° 214, mars 1965, pp. 227~48.

168) "La structure morphologique", 제5회 언어학자 국제회의(1939)에서 발표되기로 예정된 논문이었으나 제2차 세계대전 선언으로 중단되었고, 논문만 인쇄되었다. Repris dans *Essais linguistiques*(Copenhague: Nordisk Sprog og Kulturforlag, 1959), pp. 113~38. 직접적으로 관련된 부분은 pp. 123~28.

169) 코앙-세아가 사용한 의미에서, *Essai sur les principes d'une philosophie du cinéma*, P. U. F., 1946.

170) 이 특성에 관해서는 이 책 제8장에서 파솔리니의 '기호 내부' 개념에 관해 언급하면서 보충하기로 한다. 또한 이 책 제3장에서 파솔리니의 영화 「정사」에 관해 언급된 부분도 참고하기 바란다.

171) "Le message narratif"(*Communications*, n° 4, 1964, numéro spécial "Recherches sémiologiques", pp. 4~32), 특히 pp. 31~32. "La logique des possibles narratifs"(*Communications*, n° 8, 1966, numéro spécial "L'analyse structurale du récit", pp. 60~76).

제3부
제6장 「자크 로지에의 영화 「아듀 필리핀」의 자율 분절체 구분」

172) 앙드레 마르티네의 의미로 쓰임, *Éléments de linguistique générale*, Armand Colin, 3e éd., 1963, p. 52.

제4부
제8장 「현대 영화와 서사성」

173) Marcel Martin, "Le cinéma moderne, spectacle ou langage?", in *Cinéma 62*, janvier 1962, n° 62, pp. 45~53, (*Le langage cinématographique*, Éditions du Cerf, 1962년 결론 부분에 재수록, 특히 p. 49에 좀더 분명한 논지로 설명되

고 있다.)

174) Entretien avec Bernardo Bertolucci et Jean-Louis Comolli, in *Cahiers du cinéma*, n° 169, août 1965, pp. 22~25, 76~77. "Le cinéma de poésie" (Conférence prononcé en juin 1965 au *Premier Festival du Nouveau Cinéma*, Italie: Pesaro); reproduite in *Cahiers du cinéma*, n° 171, octobre 1965, pp. 56~64.

175) "L'humanisme commence au langage", in *Esprit*, juin 1960, numéro spécial "Situation du cinéma français", pp. 1113~32.

176) *Theory of the film*(Londres: Dennis Dobson, 1952), pp. 250~52. '서사시 épique'에 반대되는 '희비극dramatique.' 소설은 서사시와 연관되고, 연극은 '희비극'과 연관된다. 또한 영화의 몇몇 측면도 '희비극'과 연관된다.

177) '촬영 기록된 연극'에 찬성하거나 반대하는 모든 의견 중에서 우리는 영화와 연극의 긴밀한 관계를 끊임없이 주장한 마르셀 파뇰에 전적으로 동의한다. 파뇰이 세밀하게 정확한 용어를 사용하면서 이 의견을 피력하지는 않았지만 말이다. 그는 연극과 영화는 둘 다 모두 희비극 예술의 형태라고 생각했다. Cf. chapitre I de *César*(éd. de Provence, volume de souvenirs, 1966), publié à part sous le titre "Cinématurgie de Paris" dans les *Cahiers du cinéma*, n° 173, décembre 1965(Spécial Pagnol-Guitry), pp. 39~54. Passage cité: pp. 43~44.

178) Entretien avec Michel Delahaye et Jacques Rivette, in *Cahiers du cinéma*, n° 156, juin 1964, pp. 19~29. Passage cité: p. 20.

179) "Nouveau roman et nouveau cinéma", in *Cahiers du cinéma*, n° 185, décembre 1966(numéro spécial "Film et roman: problèmes du récit", pp. 27~41.

180) "Les grands caractères de l'univers filmique", contribution(pp. 11~31) à *L'univers filmique*(Flammarion, 1953, ouvrage collectif sous la direction d'Étienne Souriau). Passage cité: p. 15.

181) 이 주장은 앞서 언급한 토론에서 피에르 빌라르가 피력한 의견을 따랐다. "Qu'est-ce que le cinéma moderne? Tentative de réponse à quatre voix"(Pierre Billard, René Gilson, Michel Mardore, Marcel Martin), in *Cinéma 62*, n° 62, p. 39.

182) "En marge des Festivals de Courts Métrages de Cracovie", in *Image et Son*, n° 187, octobre 1965, pp. 33~36. Passage cité: pp. 33~34.

183) *Esthétique et psychologie du cinéma*(Éditions Universitaires, 1963), tome I, pp. 129~31.

184) "Notes sur la localisation et les déplacements du point de vue dans la description romanesque", in *Revue des lettres modernes*, été 1958, n° 36~38 (Spécial "Cinéma et roman"). 베르나르 도르Bernard Dort는 대상 학파의 주요 테제 중의 하나인 '주관주의'에 대해 정확하게 지적한 바 있다. "Un cinéma de la description", in *Artsept*, n° 2, avril-juin 1963, pp. 125~30. 특히 제라르 주네트의 주장은 새겨둘 필요가 있다. "Vertige fixé", postface à l'édition

10/18 de *Dans le labyrinthe*, 1964, pp. 273~306.

185) Jean-Claude Bringuier, "Libres propos sur le cinéma-vérité", in *Cahiers du cinéma*, n° 145, juillet 1963, pp. 14~17. Passage cité : p. 15.

186) 벨루르가 이미 정의했던 것처럼, '규칙을 따라 미리 결정된 영화cinéma réglé' 라는 범주에 '현실영화cinéma réel'를 어느 정도 포함하고 있다는 것을 밝혀둔 다. Raymond Bellour, "Un cinéma réel", in *Artsept*, n° 1, premier trimestre 1963, pp. 5~27.

187) Eric Rohmer, "L'ancien et le nouveau"(Entretien avec les *Cahiers du cinéma*, n° 172, novembre 1965, pp. 33~42 et 56~59. Passage cité : p. 34.

188) Entretien avec B. Bertolucci et J.-L. Comolli, p. 22. "Le cinéma de poésie", p. 55.

189) "Le cinéma de poésie", p. 60.

190) *Esthétique et psychologie du cinéma*(Éditions Universitaires, 1963), tome I, pp. 359~62.

191) *Cours de linguistique générale*, p. 188.

192) "Le cinéma de poésie", p. 55.

193) *Logique du cinéma*(Paris : Masson, 1964) p. 81.

194) "Le cinéma de poésie", p. 56.

제9장 「펠리니의 「8과 1/2」에 나타난 액자 구조」

195) 영화 분야에서 Alain Virmaux, "Les limites d'une conquête", *Études cinématographiques*, n° 28~29, 4ᵉ trimestre 1963, pp. 31~39. 액자 구조에 관한 부분은 p. 33.

196) "La splendeur de soi-même", *Études cinématographiques*, n° 28~29, pp. 27~30.

197) "Bilan critique", *Études cinématographiques*, n° 28~29, pp. 62~68.

198) "Les petits potamogétons", *Cahiers du cinéma*, n° 145, juillet 1963, pp. 49~52.

제10장 「영화에서 말하기와 말해진 것 — '진실다움'의 쇠락」

199) *Problèmes actuels du cinéma et de l'information visuelle*, Paris : P. U. F., 1959, 2 volumes. Passage cité : pp. 35~37 du volume 2(dans le chapitre "Le contenu des films", pp. 35~43 du volume 2).

200) 같은 주제와 관련해서 레엔하르트는 1957년 9월 2일 엑상프로방스에서 개최된 제9회 '프랑스어의 철학 사회 회의'에서 발표한 바 있다. 발표문은 다음과 같이 출간되었다. "Ambiguïté du cinéma", *Cahiers du cinéma*, n° 100, octobre 1959, pp. 27~38. Passage cité : pp. 33~34

ㄱ